網野善彦著作集

第一巻

岩波書店

中世荘園の様相

凡　例

一　本著作集は、著者の主要な著書・論文を選び、テーマ別に編成して全十八巻・別巻としたものである。

二　収録作品の底本は、著者の校閲を経た最終の版によることを原則としたが、詳しくは各巻の解説および初出一覧を参照されたい。

三　本文は底本の形を再現するよう努めたが、必要に応じて次のような訂正・整理を加えた。

1　明らかな誤字・誤植は訂正した。

2　漢字は原則として通行の字体に改め、振り仮名は底本のものに適宜取捨を加えた。

3　本文中に〔　〕で示した注記は、本著作集の編集にあたり校訂者(巻担当の編集委員)が付したものである。

4　本文中で参照される著者の著書・論文に添えて［　］で示した丸付き数字は、本著作集における収録巻数を示す(たとえば、［①］は本著作集第一巻所収の意)。

5　引用史料のうち、『平安遺文』と『鎌倉遺文』については、収録刊本の番号を略示した(たとえば、〔平1・二三四〕は『平安遺文』第一巻、二三四号の意、〔鎌3・一二三四〕は『鎌倉遺文』第三巻、一二三四号の意、〔鎌補1・補五六七〕は『鎌倉遺文』補遺第一巻、補五六七号の意)。

6　引用史料のうち、鎌倉遺文研究会編『鎌倉遺文研究』(吉川弘文館)誌上に「『鎌倉遺文』未収録「東寺百合文書」」として掲載された文書については、その番号を略記した(たとえば、〔鎌遺研一二・四七二〕は「『鎌倉遺

文』未収録「東寺百合文書」(12)文書番号四七二の意)

7　底本にある「東寺百合文書」の文書番号は東京大学史料編纂所所蔵影写本「東寺百合文書」の番号である。本巻では京都府立総合資料館で付した原本の文書番号を同館編『東寺百合文書目録』第一巻—第五巻(吉川弘文館、一九七六—八〇年)により〔　〕で付記した。その際、平仮名、片仮名で表示されている箱番が同一の場合は、箱番の表記を省略した(たとえば、ア六三—七〇〔一七〕は、底本にア六三—七〇とある文書が『東寺百合文書目録』ではア・一七の文書であることを示す)。

四　校訂者による校注は、本文の当該箇所に番号を〔校注一〕のように示し、巻末に一括して掲げた。

五　巻末に編集委員による解説を付し、所収著書・論文の初出一覧を添えた。

六　別巻に総目次・年譜・著作目録・全巻索引を掲げた。

目次

Ⅰ　中世荘園の様相

中世荘園の様相
——若狭国太良荘の歴史——

まえがき

これからのべてみようとするのは、中世のある小さな荘園——若狭国太良荘《たらのしょう》(現在小浜《おばま》市太良庄)を舞台に生きた人々の歴史である。ほかの多くの荘園と同様、この荘園も中世を通じて歴史の本舞台となることはなかった。だから、およそ三百年もの間、生命を保ったこの荘園に現われる多くの人たちも、また、ほとんどが名もしれぬ人々である。それが京都の東寺の所有になり、そこにこの荘についての多数の文書が幸い長く保存されることがなければ、われわれはその人の名前すら知ることがなかったであろう。

しかし、この人たちもまた、それぞれそれなりの課題を担って生きていた。そして、その解決のための格闘は、小さいながら社会を動かす力となり、日本の中世史の一こまをつくり上げていったはずである。その課題がどのようなものであったか。様々な課題は相互にどのように関係していたのか。その解決のために彼等がいかに闘い、その結果、彼等はいかなる社会をつくり上げていったか。私ができるだけ明らかにしたく思うのはその点である。

それ故、以下にのべることは、中世史のごく小さな断面の、不手際な叙述以上のものにはなりえない。このことを、最初におことわりしておきたい。

若狭国太良荘——それはいまも、小浜市の大字の一つである。近江の今津から、北川沿いに若狭街道(九里半街道)をゆくと、右手にまず、瓜生《うりう》・脇袋《わきぶくろ》・安賀里《あがり》等の小谷を抱く鳥羽谷がひらけ、杉山谷、宮川谷とつづいたところに、やや浅く、口のひらけた小さな谷が現われる。そこが、もと福井県遠敷《おにゅう》郡国富村太良荘、いま小浜市太良庄である。

北川を隔てて、国分寺・遠敷に面し、太興寺の谷、若狭彦姫両神社(一、二宮)・神宮寺を擁する谷と対称する位置にあり、府中までは半里、小浜までは一里ほどの道程しかない。谷は二つの小谷に分れ、一つは太良谷、他の一つはさらに鳴滝・定国・日吉の小谷に分れる。太良谷には太良川が流れ、北川・遠敷川の合流点に合する。

これが、これからのべる人々の住んだ、小さな世界である。

(以下に掲げる写真は、すべて一九六五年四月三日、永原慶二、須磨千頴両氏とともに、同地を訪れた際、須磨氏によって撮影されたものである。同氏の御好意により、拝借、掲載できたことを、心より御礼申し上げる。〔校注一〕)

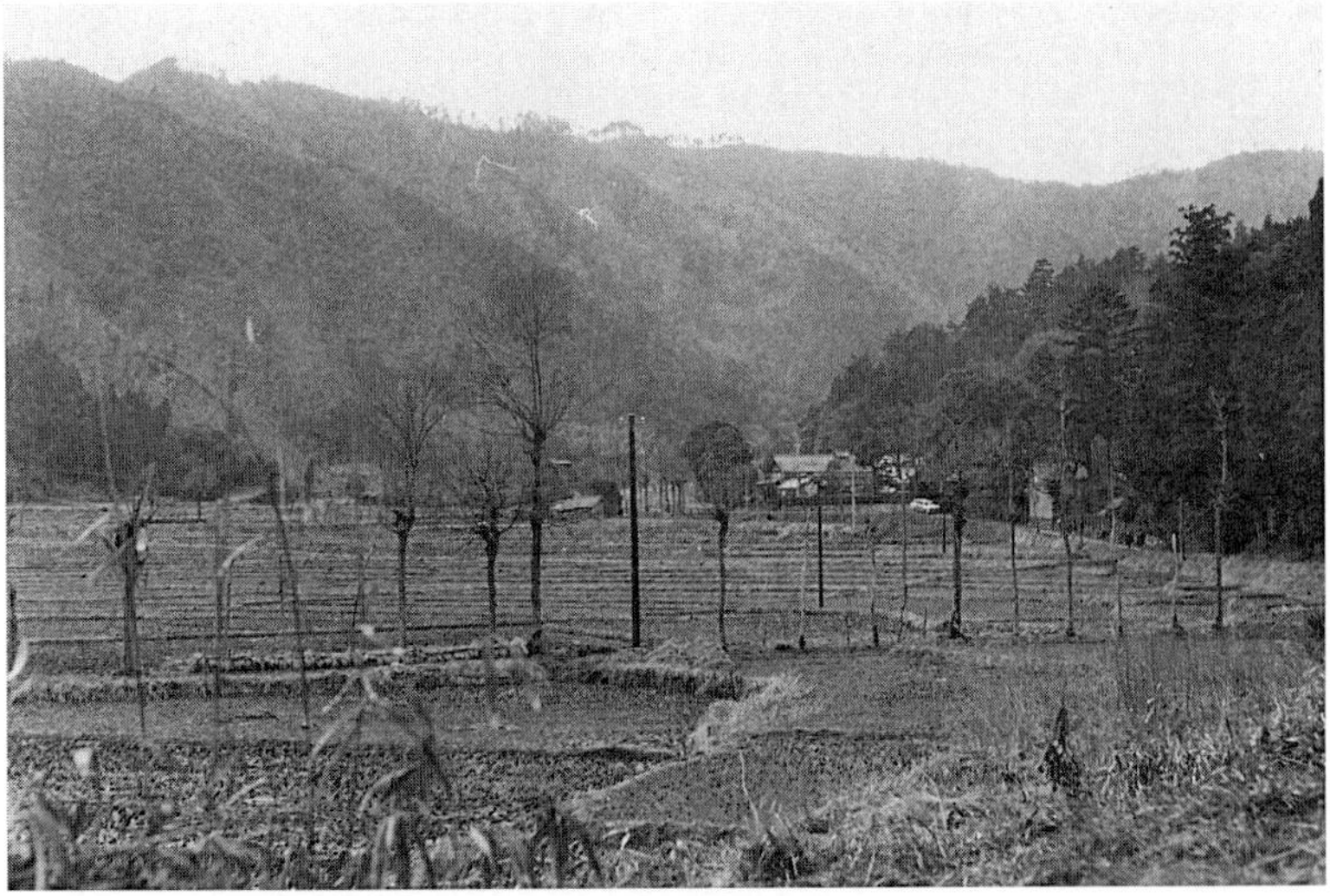

口絵 1　太良荘太良谷の景観(左にみえる森が薬師堂，右にみえる森が丹生神社)

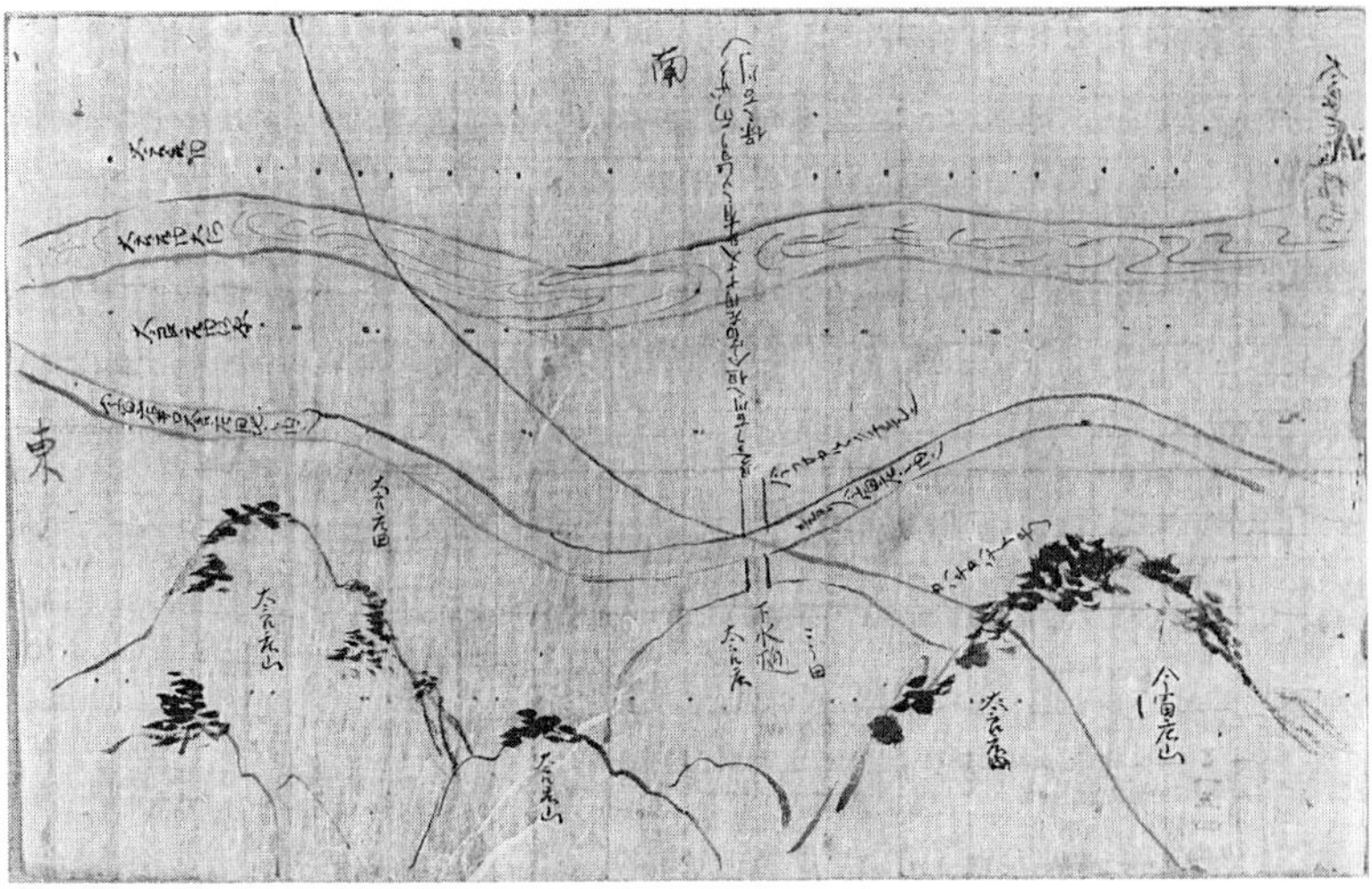

口絵 2　太良荘樋図(大日本古文書，東寺文書之三，と 145 号〔154〕)
(寛正年間の今富庄(名)との相論に当って，作成されたもの．278 頁参照)

第一章　形成期の荘園

第一節　出羽房雲厳――開発領主

一　系　譜

参議平親信《たいらのちかのぶ》の孫、行義の子(一説には孫)、長田下野守平朝臣師季《もろすえ》は、一〇八二(永保二)年、官使を射殺し、その罪によって翌年位記を奪われた。白河院政のはじまる三年前のことである。流刑に当たるほどの罪を犯したことによって、彼の立身の道はふさがれたであろう。のちにその歌が一首、金葉和歌集にとられているが、以後、彼の姿は中央政界には見出し難い。

そうした生涯のいつのころか、師季は若狭国に若干の私領を得た。彼の子供たちのうち、三男永厳は、奇しくものちにこの地を得る東寺に入り、権少僧都で長者になっているが、若狭の私領を師季は次男の二郎隆清《たかきよ》に与えた。

隆清は国府・国分寺にほど近い谷間にある丹生《にう》村に私宅をおいて、丹生を名字とした(現在、太良庄太良に、丹生神社(一宮ともいう)がまつられている。これが後年の太良荘の地域の古名であったろう)。そこを中心に、彼の所従とみられる包安・末恒等の百姓の住む畠地を支配し、中手東郷と西郷にまたがる二町四反百八十歩の田地をこれらの百姓に耕作させるとともに、かなり離れた青《あお》郷(六ケ所)・鞍道《くらち》浦(海一所)にまで、彼の支配の手はのびていた。この田地は、当時松永保の中にあり、恒枝名田といわれている。名田といわれる以上、隆清は松永保司を通じて、なんらかの負担を国衙《こくが》に負っていたであろう。

失脚した受領《ずりょう》の子は、こうして、平安末期、各地にみられる小規模な開発《かいほつ》領主の一人となり、若狭国の一隅に土着した。

しかし隆清は、長くは生きなかった。寡婦となった妻小槻《おづき》氏は、隆清の遠縁にある「東殿」平時信をたより、その公験《くげん》を得て、一一二五(天治二)年、嫡子の太郎忠政に、この所領を「付属」しなくてはならなかった。時信は師季の兄弟の曾孫(ないしは孫)に当たる人で、このころこの国の東郷となにかのかかわりをもっていたとも考えられる。同じ年、若狭国は鳥羽院の分国になっており、時信はまもなく内昇殿を許され(一一三〇年)、一一四三(康治二)年にはこの院の判官代となり、やがては平大納言時忠・建春門院の父として次第にときめいてゆくので

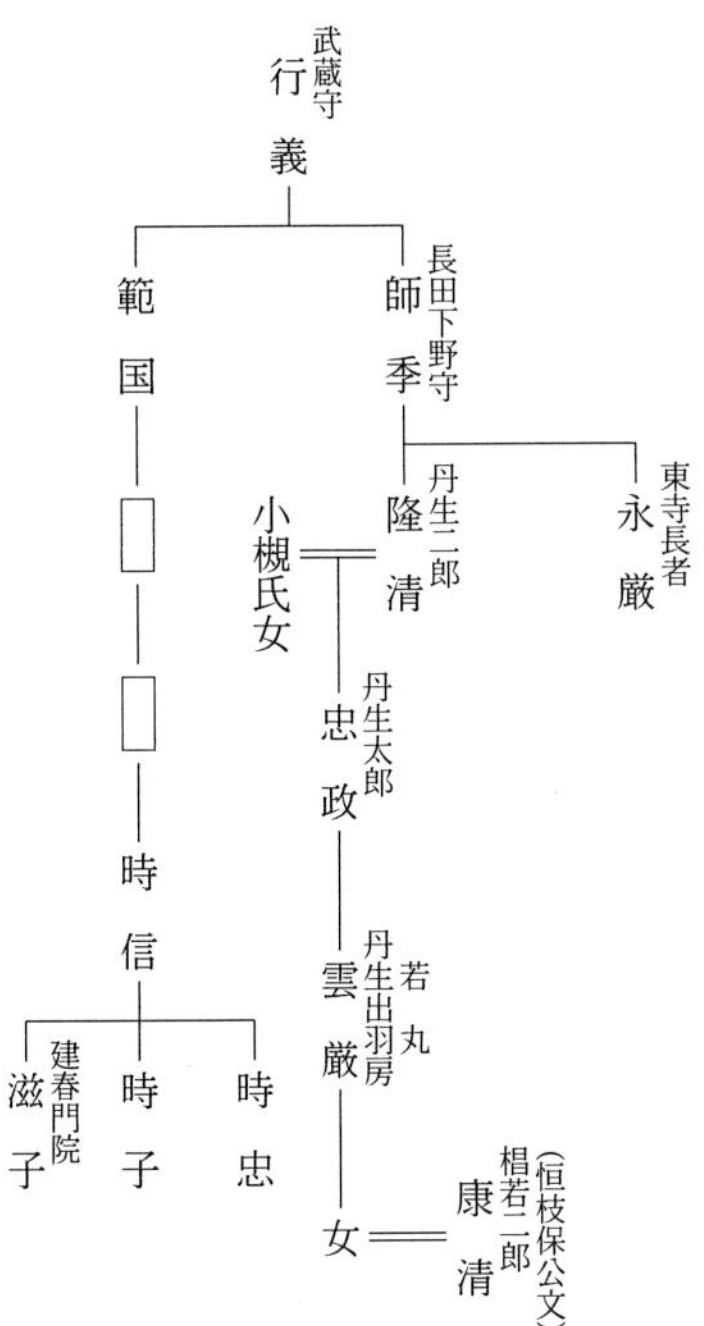

「尊卑分脈」第4篇,「東寺百合文書」により推定.〔校注2〕

系図1　平氏―丹生氏

あるが、この人の公験をうけて、忠政の所領に対する権利は、父隆清の時よりも固まったものになったであろう。(補注1)いつのころからか明らかではないが、忠政は、多分鳥羽院につながる時信の尽力によって、その私領をふくむある範囲の地域に対する一定の権限を、分国主(鳥羽院)によって保証されるようになった。そしてその時、この地域が——恐らく彼の名太郎を冠してであろう——「太良保《たらのほう》」とよばれたのであった。同族の時信の立身ぶりにくらべれば、まことに微々たる地位ではあったが、忠政は、ここに、ともあれ国家によって保証された立場を、この国に固めることができたのである。

しかし、この家系は運に恵まれていない。父と同様、忠政もまた、幼少の子若丸《わかまる》をおいて先立たねばならなかった。そして、兄弟もなく、一人残された若丸の行末を考えてくれたのは、またしても祖母小槻氏であった。一一五一(仁平元)年、丹生若丸は祖母と継祖父平某(小槻氏の再縁の夫か)によって「丹生村・太良保二ヶ所・鞍道浦」を「付属」される。まもなく京では保元の乱がおこり、彼の遠い同族たちをふくめて平氏の栄華がひらかれようとしている頃、幼ない若丸は、貧しい先祖の所領を抱いて、早くも世の荒浪の中に投げ出されたのである。

二　僧形の御家人

若丸はやがて叡山《えいざん》に上る。師匠は大法師乗悟房凱雲《がいうん》阿闍梨《あじゃり》。彼自身はそこで、出羽房雲厳《でわのぼううんげん》となのるようになった。激動する叡山の中で、彼が身につけたのは、仏の教えよりも、むしろ山法師としての武技であったろう。山にいる間、太良保内の彼の所領の耕作は乳母の夫、平大夫成正が預かってくれた。身よりをもたぬ雲厳には、このような人しか託すべき人はいなかったのであろう。このころから、この所領は、保の中で末武名《すえたけみょう》といわれるようになる。

一方、雲厳の師凱雲阿闍梨は、かねてから一宇の薬師堂を建立したく思っていた。薬師如来の木像と両界曼陀羅をそこに安置し、「衆病悉除」を祈願しようというのである。こうした師の宿願実現の地として、雲厳は、太良保の地を師にすすめた。もし堂が成れば、彼の所領にも一つの権威がそなわることになろう。

この申し出を喜んだ凱雲は山を降り、一一七三(承安三)年、保の一角に宿願の薬師堂を建立し終えた(太良荘太良の谷に、いま薬師堂といわれる小堂がある)。ともに下った二人の僧とともに、凱雲はそこで、「六斎の講筵を勤修」しはじめる。それは保の百姓たちにとっても、新たな心のよりどころとなったにちがいない。

図1　丹生神社

式内社．南北朝期には太良宮といわれる．太良谷を間において，薬師堂とほぼ対称の位置にある．丹生氏の居を定めたのは，この近辺であろう．現在，「一宮」と通称されている．

雲厳の乳母も、凱雲に従い、その身近に仕えるようになった。その夫の成正が死んでからは、雲厳の所領を預かったのは彼女だったが、雲厳は彼女の心服する師の凱雲に、所領末武名を預ける形をとった。建立早々で、なんの経済的基礎もない師匠の薬師堂のために、という彼の配慮もあったのだろう。だが、保の百姓たちの目には、山に登ったままの雲厳よりも、成正や凱雲の方がこの名の持主のようにみえたらしい。

実際、雲厳も、いつまでも山にいるわけにはいかなかった。すでに平氏の独裁はゆらぎ、政治情勢は、動乱の切迫をつげていた。山をおり、小なりとも、祖先の所領をふみしめて、自ら立つべき日は迫っていた。一一七八(治承二)年、時の知行国主平《たいらの》修理《しゅりの》大夫《だいぶ》経盛に請うて、彼ははじめて、正式に太良保公文《くもん》職《しき》の補任状《ぶにんじょう》をうける。

それは、師季以来つちかわれてきた、この保に対する丹生氏の権利に、はじめて明確な形を与えるものだった。勧農は「公文の計なり」とのちにいわれたように、保の百姓たちの耕作を保証し、年貢等を収納する実質的な権限、保の公文書を整える職務が、彼のものとして認められたのである。ただ、勧農・収納の公式の権限は、時々の国主に任じられ、彼自身の補任をとり行なった保司《ほうし》(のちの預所《あずかりどころ》)のものとされていた点に、雲厳の立場の限界があった。彼が祖先からうけついだ権利は、他の有力な開発領主たちが多く補任された下司職《げししき》(多く、勧農権をもつ)に相当するほどのものではなかったのである。しかし、大法師丹生出羽房雲厳は、その伝統を負いつつ、自らの道を歩みはじめた。

それから一年おいて、一一八〇(治承四)年、全国をゆるがす治承・寿永の内乱がおこる。頼朝・近江源氏の蜂起に呼応しつつ、この年、若狭国の在庁たちも叛乱に立ち上った。この国最大の在庁、稲庭権守時定《いなばごんのかみときさだ》に従う和久里・木崎・国富・宮河・瓜生・鳥羽等々の土着の領主たちとともに、叛乱に加わってゆく雲厳の姿を、われわれは推測してもよいであろう。

内乱の帰趨はすぐにはきまらず、義仲上京の前年、一一八二(養和二)年に、雲厳は何者かによって〔校注三〕再び公文職に安堵されているが、いずれにせよ、鎌倉殿御家人としての彼の歩みは、この内乱の中で定まっていった。

やがて鎌倉に幕府が誕生する。その首長として頼朝が征夷大将軍に任ぜられた一一九二(建久三)年、雲厳は新たな知行国主、大宮内大臣家藤原実宗により、三度、公文職を保証された。

太良保公文、鎌倉殿御家人。恐らく、彼の生涯の中で、この前後が最も得意な時だったに違いない。北陸の一隅から、彼の夢は、京に、鎌倉に、広く大きくふくらんでいったことであろう。祖先の屈辱と隷従を拭い、その名を挙げるべき道は、いまこそ彼の前にひらけたように見えた。しかし、内乱に加わる過程で、彼は別の新たな主従関係を結んでいた。実宗による公文職補任状には「郷司の命に背くにおいては、その職を改めしむべきなり」という、従来にない一言が書き加えられている。この郷司こそ、西郷々司稲庭時定であった。太良保の田地を多くふくむこの西郷々司職をはじめ、若狭国内に少なくとも二十五箇所の所領をもち、国衙の税所職《さいしょしき》を掌握する最大の在庁稲庭権守時定。いまはまたこの国最大の御家人にして、事実上の守護でもあった時定と、雲厳は内乱の中でこのような関係でつながれていたのである。いわば彼は、時定の従者(郎従)であった。その上時定は、太良保内にも久珍《きゅうちん》名という所領を得て、彼を圧する立場に立とうとしている。

やがてこれは、彼の立場を強く制約してくるが、この時の雲厳にとっては、むしろ逆であったろう。時定も彼と同様、若狭国土着の武士、まして内乱を共に戦った人である。御家人への道は、この人に従ったからこそひらけたのだ。制約どころか、この結びつきは、雲厳にとって、新たな希望につながる道と感じられていたであろう。

一一九六(建久七)年六月、頼朝の下した雑色《ぞうしき》足立新三郎清経は、時定一族をはじめ、雲厳をふくむ三十三人の国御家人交名《きょうみょう》を鎌倉に注進する。雲厳は、ここに正式に、鎌倉殿御家人の一人に列せられたのであった。

一方、彼の師匠凱雲は、この動乱の渦中で、薬師堂の経営に心を傾けつづけていた。一一八六(文治二)年、国衙の許可を得て、荒野の開発をはじめた凱雲は、東西両郷にまたがる一町五反の田地をひらき、一一九二(建久三)年に、これを馬上免《ばじょうめん》(国衙の検注をうけぬ免田)とし、薬師堂の「仏聖燈油料田」にあてたのである。堂の基礎は、これで固まり、同時に、師の力によって、雲厳自身の所領も拡大したことになる。心からの満足をもって、彼も、師の事業の達成を喜んだことであろう。

しかし、前進する鎌倉幕府は、若狭国をこのままにはしておかなかった。

三　没　落――太良荘の誕生

一一九六(建久七)年九月、〔校注四〕稲庭時定は、突如、その所領のほとんどすべてを没収される。「孫子兵衛大夫時方家子如意次郎、かの時方所従を殺害の故」といわれるが、これは処分の重大さにくらべ、余りにも軽い罪である。間違いなく、この処分は政治的なものであった。西国の一国で、土着の豪族が国衙をそのままにおさえ、守護となることを、幕府は嫌ったのであろう。

そして時定にかわって、若狭国守護、遠敷・三方《みかた》両郡の惣地頭として関東から補任されてきたのは、頼朝の乳母子といわれ、比企能員《ひきよしかず》の妹を母にもち、島津忠久の兄弟に当たる、津々見《つつみ》右衛門次郎忠季《ただすえ》だった。時定跡の「郎従所領百姓にいたっては、のこるところなく忠季に付さ」れたのである。

のちに国名若狭を名字とする、この東国武士忠季の入部は、鎌倉幕府の成立したことの本当の意味を、否応ない圧力をもって、この国にかかわりをもつすべての人々にしらせた。

雲厳をとりまく事情も、もとよりここに一変する。太良保に地頭がはじめて出現したのは、この時のことだった。忠季は時定の跡をうけて西郷々司(地頭)になるとともに、この保の時定の所領久珍名をもうけついで、保の地頭として現われたのである。時定の郎従雲厳にとって、これは新たな、全く親しみのない主(惣領)の出現にほかならなかった。雲厳のみではない。時定に従った多くの国御家人にとっても、事情は同じであった。

しかも、この新らしい惣領は、全く横暴だった。藍役をとり、臨時重役を課し、飼馬の雑事を奉仕させ、佃の耕作から京上夫・木津越夫・関東夫、はては女房の雑事にいたるまで、百姓を召し仕う。それも、百姓が養蚕で忙しい時期に容赦なく駆り立て、小さな咎でも科料を責めとり、縁者までも処罰する。たまりかねて百姓が逃亡すれば、その跡の在家は壊し取り、田畠を自分の名田に引き籠めてしまう(「壬生新写古文書」)。

太良保の隣荘、国富荘で、忠季の代官が行なったこのような乱妨は、決して例外的なことではない。この国のいたるところで、土着の人々が長年にわたって築き上げた権利と慣習は、荒々しい関東武士の土足の下に蹂躙されはじめていた。太良保でも「地頭補任の後、保務合期せず」といわれ、雲厳の身辺でも、同様の乱妨が行なわれつつあったのである。西国の人々にとって、これこそが幕府成立の現実だった。もとより雲厳も、この苦い現実をかみしめねばならなかった。

しかし鎌倉の政情も、なお複雑で安定していない。一二〇三(建仁三)年、鎌倉では比企能員の乱がおこり、能員の甥忠季はそれに連座。一旦若狭国のすべての所職を没収される。そのうち守護職と十六箇所は、翌年忠季に返されたが、残る九箇所は関東の豪族中条左兵衛尉家長の手に、なおしばらくはとどめられることになった。太良保はこの九箇所の一であり、雲厳は、こんどは家長を主に迎える。

こうした地頭の地位の動揺と交替、そこに現われた鎌倉政権の不安定は、この国の人々に、地頭の圧力に抗してその独自な立場を固める余裕を与えた。そこにはまだ、将来に対して様々な可能性を考え、期待をよせうる余地が残されていたのである。あるものは、新地頭と結んで、その代官になることによって、地位を固める道を選んだ。今富名領主忠季の代官となった岡安右馬大夫や稲庭一族の古津三郎時通などは、その一人だった。またあるものは、国富荘の公文や百姓のように、京都の領家や本家の力をかりて、地頭の非法に対する不満を鎌倉にぶっつけ、それを抑えさせようとしていた。すべての人々が、この現実を通して、自己の立場を維持する道を懸命に摸索していたのである。

しかしその中で、丹生雲厳の前途は暗かった。彼にとっての危険は、地頭家長の方からのみ迫っていたのではない。むしろ、その圧力が様々にはねかえって、別の面から彼自身の足場をさらおうとしていた。

雲厳の不運は、その所領のすべてを託しておいた師匠凱雲の死にはじまる。もともとこれは彼が乳母に預けておいたもの。師匠が死ねば、なお健在の乳母に再度預けるのが、彼としては当然だった。ところがここに、叡山東塔東谷の住侶、刑部卿法橋《ぎょうぶきょうほっきょう》という人が現われ、凱雲直々の譲与を得たといって、末武名・薬師堂馬上免田に対する雲厳の権利を否認しようとする。しかも、もともとこの所領を凱雲のものと思っている百姓たちは、凱雲の身近にいたと思われるこの法橋の主張を、むしろ自然のものとしたのである。長い間、所領を離れていた雲厳の不利は、ここではっきり現われてきた。

愕然とした雲厳は、国主藤原実宗の政所《まんどころ》に法橋の不法を訴える。この訴訟は、一二〇四(元久元)年、雲厳の勝利に終るが、その翌年、時の保司大夫進は、五町余の末武名の中から三町余をさきとって法橋に与え、雲厳はまたも、これを実宗に訴えねばならなかった。そして今度もまた、実宗の外題安堵《げだいあんど》が彼に与えられたが、三町余の田地は、実際には彼の手に返らなかったのである。これは、自ら荒野を開発して築いた凱雲の権利が、一時代前の雲厳の権利をこえて、自己を貫いたこととみることもできる。しかし同時に一方では、地頭補任後の情勢に対応して、支配を強めようとする保司の積極的な努力の現われも、そこにみなくてはならぬ。こうして、もともと貧弱な所領は、四囲の重圧の中でさらに小さくなり、近隣の御家人椙若《すぎわか》二郎康清(椙若太郎貞通の一族で恒枝保公文であった)に嫁した娘のほかには一人の子息もなく、頼るべき一族をもたぬ雲厳の立場は、いよいよ狭く、苦しいものになってきた。

そこに、手をさしのべてきたのが、稲庭時定の子息右衛門尉時国である。時定失脚後は、この人とても、その立場を保つために懸命だった。その努力の甲斐あって、このころまでに、時国は青郷地頭(代官であろうともいわれる）の地位を一方にもち、他方太良保をふくむ九箇所の地頭中条家長とも、「縁者」といいうるだけの繋りをつけていた。その時国が、過去の父時定との因縁、「年来相親」しんだ自分との関係、さらに保地頭が家長であることの便宜を説き、雲厳に向って、公文職と所領の引渡しを求めてきたのである。しかもこの引渡しは「親子の契約」による「譲与」の形をとること、譲与後の保護も約されていた。この申し出を拒否しぬくだけの見通しも力も、もはや雲厳はもっていなかった。むしろ、この期に及んでは、時国の申し出を受ける道だけが、彼自身の立場を一応なりとも保持しうる最後の逃れ道だったろう。

ついに雲厳はこれを承諾、一二〇八（承元二）年、「末武名並びに薬師堂馬上免、凱雲所従等」を、あげて時国に譲り、「愚身のこと、御成敗たるべきなり」として、その保護下に入ったのである（「東寺百合文書」ア二一―三五〔六・八〕〔鎌3・一七六五、一七七九〕。以下「東百」と略す）。

折しもこのころ保司がかわり、雲厳の論敵刑部卿法橋と仲の悪い、西塔住侶大炊《おおい》殿《どの》法印（実宗の子、西塔院主公暁）が補任されたのを機会に、多分時国の支えをえて、彼は一旦失った末武名の一部の権利を回復する。しかし、小なりとも伝統ある開発領主の子孫、太良保公文・鎌倉殿御家人という地位と栄誉は、もはや彼雲厳のものではなかった。いまの彼は、時国の所従、百姓雲厳でしかないのである。

これに対して、首尾よく雲厳から所領の譲与をうけた稲庭時国は、一二一一（建暦元）年、当時の国主、松殿藤原基房から公文職に補任される一方、地頭家長の代官にもとりたてられてゆく。もとより昔日の稲庭一族の面影はなかったとはいえ、時国の立場は、これでかなり強化されたとしてもよかろう。

雲厳のような人を踏み台にしてではあるが、土着の権利は根強く自己を主張し、最初の打撃を回復しつつすらあった。その間、守護・地頭の存在も、次第に動かし難い現実になろうとしていたが、時国のような人の場合、なお過去の勢威を回復しようとする希望が、心中潜かに育たなかったとはいえぬであろう。承久の乱が醸成されてゆく一つの地盤は、このようなところにあった。

その中で、太良保にも、新たな転機が訪れてくる。一二一五(建保三)年まで、この保を支配する知行国主は藤原基房だったが、翌(建保四)年二月、すでにこの保は太良荘といわれて、領家《りょうけ》前治部卿従三位源兼定の支配下にあり、その年貢の一部は、一二一四(建保二)年に七条院が建立した歓喜寿院の修二月雑事に宛てられている。恐らくこれは、この時までに基房にかわって若狭国の国主となった兼定が、後鳥羽院の母として宮廷に勢力をふるう七条院のために、この保を歓喜寿院に便補した結果であったろう。だが、いずれにせよ、太良保はこの時はじめて国衙の手をはなれ、本家歓喜寿院・領家源兼定をいただく、一個の荘園になったのである。

しかし、これはただ都の宮廷の中での荘園寄進ではなかった。同じ年(建保四)六月に兼定は死に、領家職は土《つち》御門《みかど》少将といわれた子息左少将家兼の手に移ったと思われるが、いつからのことか、稲庭時国は、その家人となっていたのである。この年、時国は在京しているが、それは恐らくは御家人としてよりも、土御門少将の侍としての在京であったろう。彼は決して、地頭代として鎌倉につながることでことたれりとはしていなかった。むしろ、体質的にはより身近な京の公家に結びつくことに、積極的な姿勢を示している。後鳥羽院を中心に、活発に動きつつある宮廷の魅力が、彼をひきつけたのかもしれぬ。とすれば、兼定による太良保の歓喜寿院便補に当たっても、時国が一定の役割を果したとすることは、十分に可能な想定といえよう。

新領家兼定・家兼の下で、彼はもう自ら現地の公文になろうとはしなかった。「在京の身ゆえ」といって、母の中村尼をこの職に推し、彼自身は、生活の重点を京都においたようにみえる。

一方、太良荘の現地では、その年から翌一二一七(建保五)年にかけて検注が行なわれる。領家代官(預所)土佐殿の下、中村尼もこれに協力した。これが、この荘最初の、独自の検注であった。

この検注で、

(1) 凱雲の建立になる薬師堂は、荘の中心的な堂として、供僧三人のための寺用田一町二反が領家から寄進される。

(2) 公文給は、末武名の一部二町余(保司大夫進のさきとった三町余を除く部分であろう)に五反余を加えた三町と定まり、公文職には中村尼が補任される。

(3) 残る末武名二町余は、預所名として領家直轄田となり、百姓に配分される。

(4) 以上になお若干加わるだろう除田を除いた残りの田地は、十二の百姓名に結ばれ、公事負担の責任がきめられた。

小さいながらも、一個の荘園として、太良荘の体制は整えられた。〔校注五〕そして、母を公文にすえ、自らは領家の家人にして地頭代ともなった時国の立場は、これで一段と固められたのである。同時にまた、この検注は、地頭の圧力に苦しむ百姓たちにも、一つのよりどころを与えた。少なくとも、十二人の百姓たちは、公事の負担を義務づけられるかわりに、ここで定まった名田については、領家の権威で保証された権利を得ることができた。

しかし同じ時、雲厳は、さらに一歩、没落への歩みを進めたのである。彼は、時国の保護下で僅かに確保していた末武名の一部をも、預所に奪われた。もちろん、老境に入っていた彼に対して、多少の土地は配分されたろう。だがそれは、預所名(もとの保司名に当たる)や一般百姓名を耕作する小百姓と同じ資格での配分だった。その上前にものべたように、百姓たちは雲厳に対して格別親しみを感じていなかった。と同時に、雲厳自身にも、百姓たちとたやすく同化できぬ気持があったに相違ない。だとすれば、すべての所領を失った彼に残された道は、一人、祖先の伝統を負い、過去の栄光を胸に、この谷の片隅で孤独な余生を過す以外にはなかった。

しかし、こうしたみじめな雲厳の没落をよそに、彼の祖先がひらいた太良荘は、いよいよ荘園としての体制を整え終る。一二二一(承久三)年四月、七条院は、この荘を歓喜寿院領として正式に立券、「検非違使、諸院宮諸司、国使等乱入、勅事院事以下大小国役」の一切が停止され、若狭国太良荘は、ここに一旦成立したのである。

四　承久の乱——雲厳の死

その数ケ月後承久の乱がおこる。西国を大きくゆり動かした動乱は、七条院も、土御門少将家兼も、また稲庭時国や前の年に荘に還補されていた地頭若狭忠季もその渦中にまきこみ、この国の人々の生活を激しくゆすぶった。

若狭忠季は関東方として、乱中、宇治川の戦いで討死。その次男兵衛次郎は京方に味方し、乱後、この荘に逃げ下ってくる。本家歓喜寿院も一旦幕府に没収され、まもなく七条院に返されたというが、太良荘は多分この間に国衙に転倒される。土御門少将や時国がどうなったかは判らぬが、乱の中でその運命に大きな変化のあったことは、まず間違いなかろう。

現地では、忠季のあとをついだ子息四郎忠清が、兵乱にことよせ、時国の代官として在荘していた公文代禅珍を、「搦め取る」と脅して逃走させ、馬上免畠七町余・薬師堂寺用田一町二反をはじめ、公文職をも押領する。

建保の検注で整えられた太良荘の体制は、なにもかも一旦、御破算にされた。七条院や土御門少将は、小さな荘園を一つ失っただけだったとしても、この体制に強力なよりどころを期待した、時国や百姓たちにとって、これは大きな衝撃であった。その上、乱後、いまやゆるぎなく確立した幕府の権力を背景に、勝ちに誇る地頭の乱妨は、もはやとどまることをしらず、彼等の上にふりかかってくる。
忠清は、貞永年中、公文給だったはずの三町の田地を地頭給とし、預所名たる末武名をも「下司名」であると称し、地頭名と主張する。雲厳から時国がゆずりうけたものを、忠清は、根こそぎ自分のものにしようとしているのだ。のみならず、百姓たちには、茜藍代銭・飼馬雑事・二石佃・在家役・大草等々の課役が、続々と賦課されてくる。

これにたまらず逃亡した百姓の土地は、助国の畠地のように地頭のものとされ、やむなく地頭に従った百姓の名田は、延員や三郎丸の名のように地頭名にされてしまう。こうして、建保の十二名の体制は、ほとんど崩れ去った。

もちろんこれは、太良保(国衙領になった太良荘は、また保といわれる)のみのことではない。鳥羽荘・瓜生荘等でも、同様の事態がおこっていたことがわかっており、また一方、所領を地頭に奪われた国御家人は、時国のみならず、木津・薗部・佐分・安賀・倉見・瓜生等々十数人に達し、三十余人いたはずの国御家人のうち、残るところ僅かに十四人、といわれるほどになってしまったのである。

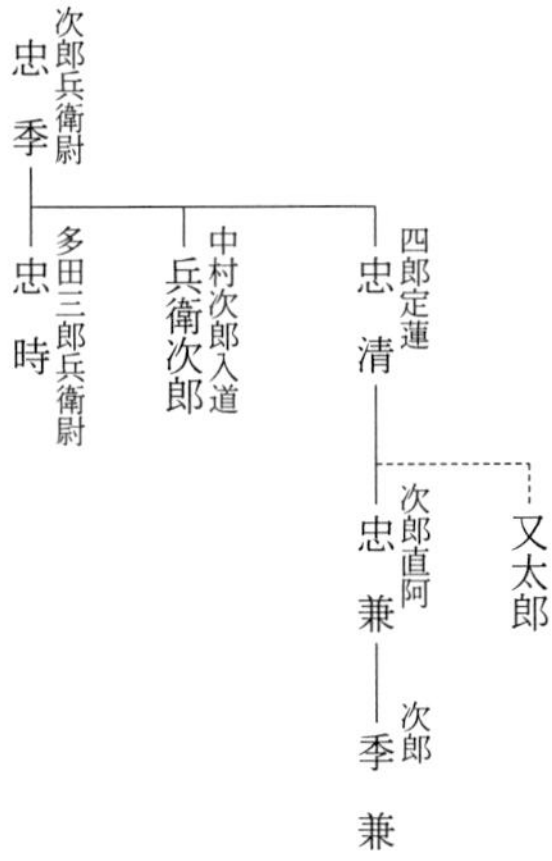

系図2 若狭氏

公権力を確実に掌握した地頭の猛威は、まさに暴風のようにあれ狂い、この国土着の人々の築きあげたものを、今度こそ、徹底的にふみにじった。

しかし、それは国の人々の立場に立った見方である。地頭の側からすれば、これが当然の論理だった。太良保地頭若狭忠清からみれば、時国は前地頭中条家長の代官であり、そのあとをうけた父忠季、ひいては自分の代官なのである。つまり時国は忠清の郎従なのだ。とすれば郎従(所従といってもよい)時国のもつ所領は、当然、忠清の支配下に入ることになろう。しかもその時国が忠清の意志にそむいたとすれば、代官を罷免し、所領を没収して、彼の意の儘になる家人にこれを与えることに、なんで不法があろう。

また、公文時国が勧農を事実上行っていたとすれば、その主に当たる忠清の手にこそ、本来その権利はあるはずだ。とすれば、百姓たちはすべて、忠清の勧農によってはじめてこの保の土地の耕作ができるわけであり、百姓もまた彼の所従とみなせよう。逃亡した所従の土地を没収し、百姓の名田の一部をとりあげ、他の百姓に与えることなど当然のことであろう。まして自ら彼に従ってきた百姓の名を地頭名と考えることに、なんの不思議があろうか。

国御家人の場合も同様である。この国の御家人は稲庭時定に従った人が多かったはずである。その時定にかわったのが忠季であり、忠清はそれをうけついだのだ。そうであれば、時定の所従たる国御家人の所領は、忠清のものでなくてはならぬ。

所従の所領はその主の所領。ここに一貫しているのは、この論理である。そしてこれは、忠清のみならず、この国の他の地頭も、否、西国に新たに補された地頭のすべてが、土着の名主に対して押し通そうとした論理だった。

未開な東国で鍛えられた荒々しく強烈な隷属の論理が、そこに流れている。これを一挙、西国にまで貫いたところに、承久の乱の一面の意義があった。

若狭国で一二三六(嘉禎二)年に行なわれた国検は、こうした過程の一つの帰結であったとみてよかろう。すでにこれより先、若狭国守護職は若狭氏の手を離れていた。一二二九(寛喜元)年、忠季の嫡子忠時は、在京の時に陰陽頭《おんみょうのかみ》を殺害した罪で所職を没収され、かわって北条時氏、経時が守護となっていた。これ以後若狭国守護には、多く北条氏の一門や得宗《とくそう》が任ぜられることになるが、(補注二)この国検には、その意志が加わっていたとも考えられる(「若狭国守護職次第」「若狭国今富名領主代々次第」)。太良保では三町の地頭給がこれで公認され、新たに五反の公文給を引き募ることも、国衙から正式に認められた(表1)。こうして、少なくとも表面上は、地頭忠清はこの保を完全におさえたということができる。

表1 国衙領太良保の構成

	反 歩					
西郷	247.120	258. 40	除	85.210	河成	31. 60
					不作	18.150
					地頭給	30. 0
					公文給	5. 0
					散仕給	1. 0
東郷	10.280		定田	172.190	6斗4升8合代	4.240
					石代	101.120
					8斗代	4.270
					5斗代	36. 0
					6斗代	25.280

1265(文永2)年「若狭国惣田数帳」〔東百ユ12〕〔鎌13・9422〕より.

祖先が開発した地、自らがかつてはその主だった所領のこうしためまぐるしい変転を、年老いた雲厳は、どのような感慨をもって見守っていたであろうか。寛喜のころ、彼はこの保の片隅でその長い一生を終えた(九十九歳ともいわれる)。その最後をみとったのは、十九歳の歳から彼の養子になり、二十三歳の時からこの保に住んだという近隣の宮河荘百姓辻太郎入道乗蓮(家仲)の子、後藤太であったとも、また雲厳と同年の下女だったともいわれる。いずれにせよそれは、前公文・御家人の死としては余りにも淋しいものであったといわなくてはならぬ。

しかしそれは、一つの世代の終りであった。多くの可能性をはらみ、少なくともそれを幻想することのできた激動の時代は、もはやこの国でも、この保でも確実に終りをつげた。新たな世代は、動かすことのできぬ重みをもつ鎌倉幕府の存在を前提としたところから、すでに出発しているのである。

この国には、すでに、雲厳自身をも独自にのりこえるほどの土着の権利が、ひろく深く育っていた。それはどのような猛烈な圧力があろうと、ふみにじられてもおしつぶされても、自己を貫ぬかなくてはやまぬ性質のものだった。やがてそれはそれ自身の論理におされ、きびしい現実を通して、否応なしに姿を現わすであろう。その時、雲厳の名前も再び探し出され、よみがえるのだ。彼とその祖先が、この地に築いた権利、彼自身の生涯のすべてが再び生きかえり、それ自体、新たな争いの対象になってゆく。次の時代はここからはじまる。

第二節　菩提院行遍——荘園所有者

一　抵抗する百姓

地頭若狭忠清が代官定西を通じて、太良保で思うさまな支配をしていたころ、この保の重立った百姓—本百姓に、助国・勧心・時沢・真利等の人々がいた。そのうち勧心は、建久ごろの生れと思われ、若いころやはり比叡山に居住していた。多分承久の前後のころであろう。彼は山を下りてきて、保の薬師堂の承仕をしていた。丁度そのころ、彼の姉は夫と死別したあと、幼な子(のちの西念《さいねん》)をかかえながら、夫の残した名田を領して公事をつとめていた。勧心も、その名田の一部を小百姓の一人として耕作していたのであろう。

姉はその後再婚して、後夫藤進男を迎えたが、ある事情からこの保にいられなくなり、夫婦ともども西念をつれて、他荘にうつり住まなくてはならなくなった。これは藤進男が永富保の稲を盗み、罪科に処されようとしたためといわれているが、地頭のきびしい支配下でおこった逃亡の一例とみてよかろう。そして、姉は勧心に、ひとまずその跡の名田をつぎ、西念成長の暁には、なんとか立ってゆけるように配慮してほしいと依頼して、この地を離れていった。勧心はこうして、公事を勤めるこの保の名主の一人となる。

しかし、地頭の圧迫にたえかねて逃亡した百姓は、彼の姉や義兄だけではない。彼よりも古くから名主だった助国も、またその一人であった。

寛喜のころ、勧心はじめ時沢・真利・助国等、この保の本百姓たちは、地頭に対する訴訟をおこす。これは、助国のもつ畠地三反半を、地頭がその政所近辺の畠地だとして押し取ったことに端を発する訴訟だったのかもしれぬ。しかしこの訴訟は成功せず、むしろ助国の身に、地頭から召し籠められる危険が迫ってきたのである。老齢の助国には、この危険にたえうるかどうかもわからぬ状態だったのだろう。勧心たちは暫く身を隠すようにすすめ、助国もこれに従い、自分の名田を勧心・時沢・真利の三人にゆだねて逃亡していった。

しかし助国はこのまま再びこの地にはかえらず、他荘で死んだのである。その名田の約三分一もそのまま勧心の責任の下におかれた。たしかにこれだけの名田を手中にしたことは、保の百姓たちの中で、勧心の立場を重くしたとはいえるだろう。のちに彼は、西念や助国の子供から、名田を掠め取ったとして非難をうけるが、それは全く根拠のないことではなかったとしても、この時の現実の中では、彼に酷な非難といわなくてはならぬ。ここには、後の世代の人にはわからないような地頭の圧迫があり、その圧迫の中で結ばれた、抑圧されるもの同志の信頼に基づく継受がありえたのである。事実、保にふみとどまって頑強に抵抗をつづける勧心・時沢・真利たちに対して、地頭の圧迫は最もきびしかった。

承久の乱後、地頭代定西が、末武名は下司名であるからといって、これを地頭名にしようとしたことがあった(二九頁)。実否を調べる国衙の目代《もくだい》に対して、勧心は「四十余年以来、下司名たることを知らず。もとは百姓名たりと雖も、預所名となりて久しくなりぬ」と答える。地頭代にこびることなく、事実をのべて、彼はその企図を打ちくだいたのである。当時の嵐のような地頭の勢いを考えてみると、これは生易しい勇気でできる発言ではない。果たして地頭代は勧心たちに、次から次へと難題をもち出し、いいがかりをつけ、あとからあとから科料を課してくる(「東百」ほ一七号(八・九)(鎌9・六二五四))。

(1) 盗人でもない人物を盗人として、いやがる百姓たちに預け、これを逃がしたとして科料。

(2) 納めたはずの佃米を、勧心・真利・時沢が盗んだと難題をもち出し、返抄(受取)をもってゆくと、それは無効だといって投げ返し、銭十一貫文を責めとる。

(3) 苅田をしているところに乞食法師がきて、稲をくれというので、「道をつくればやろう」というと、地頭の命じもせぬことをいったとして、時沢の子供が科料。

(4) 地頭の畠の中で大豆を苅ったといって、勧心の子供が科料。

(5) 他郷の井水がさし上げてきて、この保の田が水損するので、無用の井水を落すと、水盗人として時沢の姉聟が科料。

すこし時期を長くとると、こうした科料は子供や親類の分をふくめ、勧心が約十四貫七百文、時沢が約七貫百文、真利が約三貫六百文、貞国・為安が各一貫文という額にのぼっている。たとえ、近くに遠敷市が立つようになっていたとしても、まだ得難いものといわれていた銭をこれだけ賦課されるということは、なみ大抵のことではない。実際、銭で科料を払えず、大切な馬をかわりに差出さねばならぬ人もあったのである。しかも、勧心は(5)の問題がおこった時、他の百姓の咎の責を負い、身代をとられて譴責されるという目にあっている。

明らかに地頭代は勧心をにくみ、目のかたきにしていた。これに加えて、何の理由もなくして彼の名田の一部(六反余)をとりあげ、他の百姓の名に五反余を付してしまい、残る一反が不作した原因を彼の怠慢として追及したり、隠田をしたといって責めたててくる地頭代の圧迫は、たやすくたえうるとは思えぬほどの残酷さがあった。

しかし、勧心は屈しなかった。長年にわたってこの地に築いてきた百姓たちの権利、しかも建保の時、一旦は領家に公認された権利を、むざむざ地頭にふみにじらせることはできなかった。また地頭の所従としてその駆使に身をゆだねることは、かりにも独自に公事を負担したことのある彼の誇りが許さなかった。それは勧心のみならず、時沢・真利等、本百姓たちに共通した感情であり、その「一味」ともいわれたほどの支持が彼を支えていた。彼等の所従たる小百姓たちも、主たちの行動に支持を惜しまなかったろう。そして、近隣の諸荘の百姓たちもまた彼等と同じ抵抗をつづけ、しかもそれが次第に勝利をおさめつつあったことも、彼等を強く激励したであろう。一二三五(文暦二)年には鳥羽荘で、一二四一(仁治二)年には瓜生荘で、地頭の課役は非法と認められ、地頭自身が下知違背の科を問われ、篝屋《かがりや》造役等の課役を幕府から賦課されていたのである。

すでに幕府自体が、こうした土着の権利の無視と蹂躙をきびしくいましめる方針を明らかにしていた。全国的政権として自己を確立し終え、調整期に入っていた泰時・経時時代の幕府にとって、こうした地頭の非法は、むしろ諸権門の支配分野を乱し、その基礎をほり崩すものとして、固く禁じねばならなかったのである。勧心たちにとって、これはなにより大きな希望を与えたであろう。

しかし、鳥羽荘や瓜生荘の場合には、百姓たちの訴えを支え、鎌倉の法廷にそれをもち出して争ってくれる領家があった。当時、百姓たちの抵抗が本当に実を結ぶためには、そうした支えが、なんらかの形で必要だったのである。勧心たちには、まだそれがなかった。

しかし、勧心たちが苦闘している間に、彼等の全くかかわりのないところで、また彼等の抵抗とは全く違った動機から、彼等をやがて強く支えるべき力は、すでに動きはじめていたのである。

二　行遍の願──東寺領若狭国太良荘

平安末期以来の時代の変動は、古代以来の伝統ある諸寺院に、否応のない転生を迫った。内乱の中で焼け落ちた東大寺が、幕府の首長頼朝の莫大な援助を得て再建されたことは、それを象徴するような出来事であった。

桓武天皇・空海以来の長い伝統を誇る東寺(教王護国寺)も、その荒廃は著しいものがあった。それは、「永久以後、修理中絶の間、寺門の荒廃、喩にとるものなし」とか、「諸堂傾危し香花の供物絶え、四壁破壊し、行人の通路となる」といわれるほどだったのである。そして、その再建も、東大寺と同様、頼朝の莫大な寄与によって緒についた。周知の文覚《もんがく》が仲介し、後白河法皇の援助もえて、一一九一(建久二)年以来、堂塔仏像の修復が行なわれ、灌頂院《かんじょういん》をはじめとして、ほぼ旧に復することをえたといわれる。しかし、一二〇四(元久元)年、文覚上人は「事に座し」、ために「修造の勤、多く以て廃絶」する状態であった(「東宝記」)。

堂塔のみではない。この寺には、平安初期に二十一口の定額僧がおかれていたが、この当時は、「数百歳の間、僧徒住持せざるにより、諸堂の勤に及ばず」、また、「管領の荘園全からず、貢封の戸烟忘るが如し、しかる間、僧徒退散せしめ、而して御願緩怠に及ぶ」という状況であり、その復興も、後白河法皇の「御素意」だったといわれる(「東宝記」)。

しかし、政治情勢の不安定は、なおその達成を許さず、事業の完成は、すべて承久以後にもちこされなくてはならなかった。だが、時代はすでに、この事業の一部の達成を、自らの願とするほどの人を生み出していた。仁《にん》和《な》寺《じ》菩提院《ぼだいいん》行遍《ぎょうへん》、のちに参河僧正《みかわそうじょう》とよばれた僧侶がその人である。

行遍は、醍醐源氏高明《たかあきら》の子孫、法橋任尊の子として、一一八一(養和元)年に生れた。任尊が北院御室守覚の執事をしていた関係からであろう。行遍は、幼時、仁和寺菩提院の門跡行宴の弟子となったが、まもなく、後高野御室道法(後白河院第九皇子)の寵するところとなり、その手で灌頂を授けられて、「久しく左右に侍」したといわれる。彼の出身の道はここからひらけた。

一二一三(建暦三)年、三十二歳の彼は、道法の北斗法結願賞の譲によって権律師となり、一二二〇(承久二)年には、光台院御室道助(後鳥羽院第十六皇子)の水無瀬《みなせ》殿での修仁王経法に対する賞譲をうけて、権少僧都に昇進する。しかも同じ年、後白河院皇女宣陽門院が東寺・室生《むろう》寺の仏舎利三粒を、高野山奥院に施入した時、行遍はその使に立ったのである。早くも彼は、道法・道助等を通じて宣陽門院に近づき、その信任を得ていたのであり、(補注二)父任尊の地位をはるかにこえ、その前途は洋々と開けるかにみえた。

東寺に二十一口の常住供僧《ぐそう》を再興し、諸堂で「長日の行法、毎月の影供」を修せしめんとする彼の畢生の願が明確な形をとってきたのは、このころに求めることができるかもしれぬ。女院に父法皇の素意を想起させ、その強力な援助をかちうるための条件は整いつつあった。

しかし、彼の前途も、その願実現の道も、承久の乱によって、一旦、ふさがれねばならなかった。行遍の頼みとする宮廷の人々は、宣陽門院をはじめとして、多くこの乱の渦中にまきこまれたのである。この状況下では彼の意志を実現する機会など、到底なかったといわれるであろう。

しかし、乱後、幕府の強力な介入の下に、その権威に依存しつつ、宮廷は新たに落ち着きをとりもどす。そして東寺の修造も、長者親厳の力によって再び軌道にのり出した。この機運の中で、一二三六(嘉禎二)年、すでに菩提院門跡として法印権大僧都に昇進していた行遍は、東寺四長者に就任する。道は再び大きくひらけてきた。しかも乱ののち、政治的には失意の状況にあった宣陽門院の帰依は彼に厚く、女院は、彼の事業の援助に心をかたむけてこようとしている。いまこそ全力をあげるべき時であった。すでに五十五歳、心身ともに油ののり切った行遍の、精力的な活動がはじまる。

一二三八(暦仁元)年、「自他門の数輩を超えて」権僧正に昇進した彼は、宣陽門院に灌頂を授けた賞として、翌三九(暦仁二)年正月に、長講堂領中の一荘、大和国平野殿荘を女院から寄進される。「立針の地」といわれたほどの小さな荘園ではあったが、「供僧住持供料」に配することを予定されたこの荘の寄進は、彼のかち得た最初の具体的成果であった。そして、同じ目的を目ざして、このころ彼が著目していたのが、若狭国太良保だったのである。

承久の乱のころ国衙領に復していたこの保は、やはり知行国主の支配下にあったとみてよかろうが、その若狭国々主は、一二三二(貞永元)年、藤原基氏から北白河院にかわり、このころまでには、式乾門院(七条院孫、北白河院女)となっていた。(校注八)一方、かつて一時期、この保の本家であった歓喜寿院は、一二二八(安貞二)年、七条院から、その孫光台院御室道助に譲られ、さらに同じ七条院の孫、開田院御室道深の手に移っている。いま、彼とかかわりの深い御室道深に歓喜寿院領回復の利を説き、この保の荘号回復に向って動かせば、道深と母を同じくする国主式乾門院は、決してその希望を拒むまい。彼としては、そこで荘の領家職を確保しておけばよいのだ。これが行遍の意図と見通しであった(系図3参照)。

その最初の布石は、平野殿荘寄進と同じ月(暦仁二年正月)に打たれる。太良保は別納の地として、恐らく歓喜寿院に一旦便補され、その保司には、行遍の腹心、大法師聖宴《しょうえん》が国衙の庁宣によって補任された。そして翌二月、道深は行遍自身をこの保の預所職(預所補任権をもつ領家職)とし、同じ一二三九(延応元)年十一月太良保を再び歓喜寿院領として、立券荘号の手続きをとったのである。

こうして太良保は、新たに、本家歓喜寿院をいただき、行遍を領家とする荘園に復した。直ちに、保司＝預所聖宴の代官として、真行房定宴が現地に下り、種子農料を下行して勧農を開始する。地頭の重圧に抵抗する百姓たちは、ここにはじめて、強力な支柱を見出すことになるが、それは後述にゆずり、いましばらくは行遍自身の活動の跡を辿ってゆこう。

　太良保が荘号を回復したのと同じ月、もう一つの成果が彼を喜ばせた。宣陽門院が、伊予国の大荘、塩の荘園としてしられる弓削嶋《ゆげしま》荘を東寺に直接寄進、行遍を、その預所職として、相伝知行すべきことを定めたのである。東寺に常住供僧をおくための経済的基礎は、ほぼこれでととのった。もはや躊躇なく、彼は宿願達成に向って一

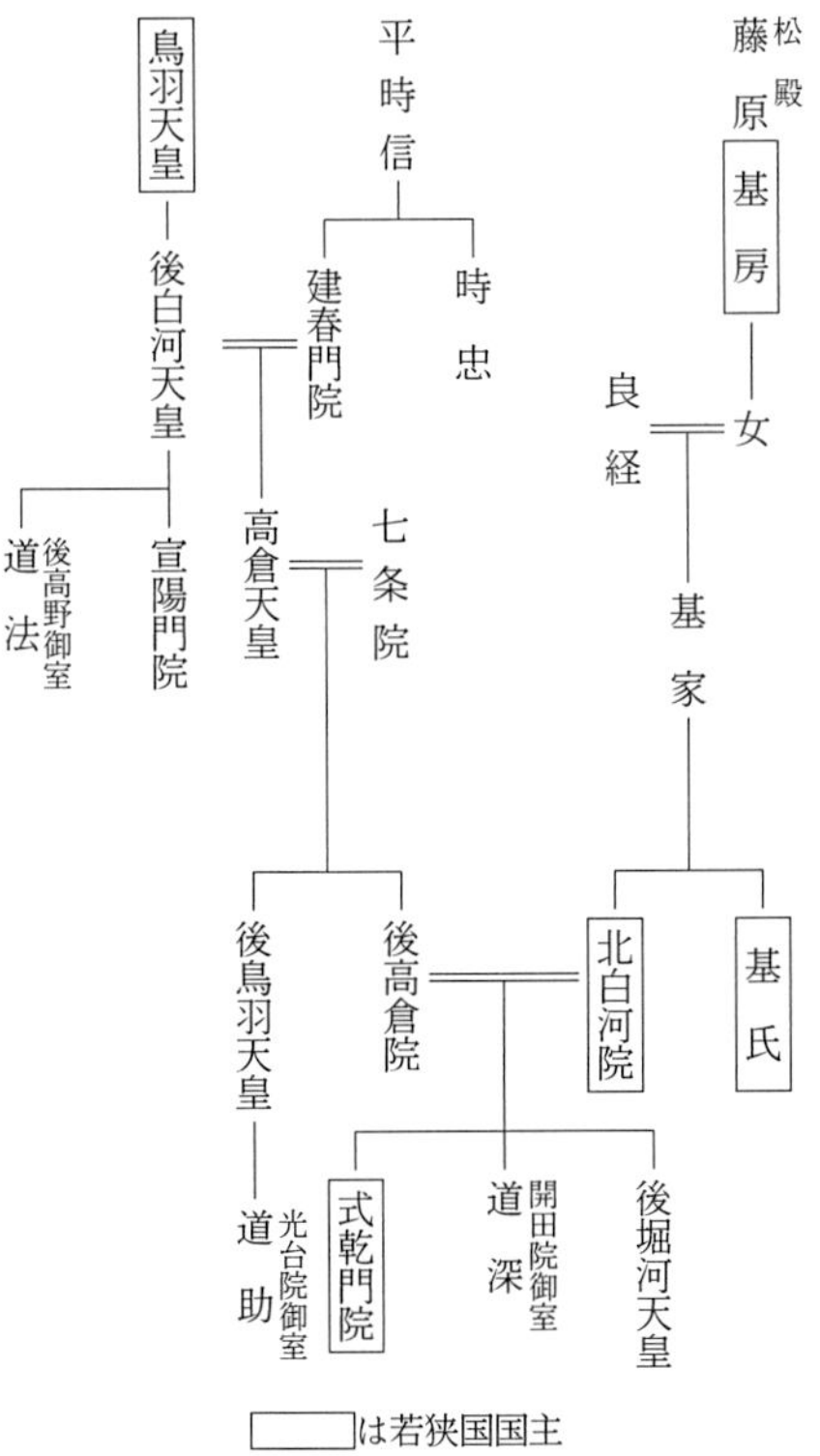

系図3　若狭国国主及び行遍の周辺

歩を進めることができる。

一二四〇（延応二）年三月二十一日、「宣陽門院の御願」、行遍の「申沙汰」により、西院御影供《さいいんみえく》が、全長者をはじめ、ここで始めて補された五口の供僧の手で執り行なわれ、同月晦日には、女院施入の舎利塔に対する舎利講も始められる。諸堂での供養はなお行なわれてはいないが、「延応以来供僧再興」といわれたように、行遍の事業ははじめて具体化し、中世を通じて東寺の中で基本的な役割を果たす常住供僧の歴史はここに最初の一歩をふみ出した。つづいて、同年十月、太良荘は正式に東寺に寄進され、供僧供料荘とされる。これが、今後二百余年の間、この荘にすむ人々の運命をきめた、東寺供僧の支配のはじまりであった。

三　行遍の失脚——東寺常住供僧再興の達成

熟し切った実の落ちるように、長年の懸案は一挙軌道にのった。強固に確立した鎌倉幕府の権力、それによって新たな安定を迎えた京都の政情。行遍の成功はこれに、直接間接に、依存することによってえられたものであった。そして行遍は、この新しい波にのって、さらに前進する。

一二四〇（仁治元）年十二月に僧正に進んだ彼は、翌四一（仁治二）年、時に得意の絶頂にあった光明峯寺禅閤、九条道家に「伝法灌頂《でんぽうかんじょう》」を授けた。「ゆゆしき見物」といわれたこの儀式を主催して、その名声はいよいよ光彩を加え、彼はさらに、東寺の法務にも補されたのである。四二（仁治三）年に入ると、二月には宣陽門院は、その所持する大般若経・一切経を御影堂に寄進、三月には、安芸国後三条院新勅旨田を東寺に寄進するが、これはいずれも、行遍の取次によるものであった。それとともに彼自身は、安芸国々務も、「便宜有るにより、その沙汰を致さるべし」とされている。すべては、順風を帆にはらむ勢いで進んでいた、といってよかろう。

ところが、この年七月、高野山衆徒が伝法院僧と合戦し、院を焼くという事件がおこる。これは、平安時代以来の長い対立の一つの爆発といえようが、行遍は、その一方の当事者たる伝法院の座主を兼ねていたのである。彼のつまずきの石はここにあった。つづいて、翌一二四三(仁治四)年正月、両者は再び大いに戦うが、伝法院側は敗れ、東寺一長者厳海はこの戦いの責を負って職を辞するにいたった。行遍は当時、二長者。当然厳海の跡を追って「寺務すべきところ、伝法院座主たるにより、本寺(金剛峯寺)許さず」。この故障のために彼は昇進を阻まれ、寺務＝一長者は、一時空席になってしまう。しかもこのため、三月に行なわるべき御影供を執り行なうべき人なく、やむなく院宣により二長者のまま行遍がこれを執り行なうという、長治以来なかった異例が敢てなされたのである。そして六月、結局、前長者良恵が一長者に重任、行遍は、眼前に東寺最高の地位をみながら、二長者の地位にとどまらねばならなかった。この高野との対立に、彼自身の意志がどれほど加わっていたかは明らかでないが、いずれにしても、これまでひたすら上昇の一途を辿ってきた彼の前途には、はっきり暗い影がさしてくる。

この年(寛元元年)、宣陽門院は、霊夢によって、西院に大師長日生身供《しょうじんく》を新たに設け、備前国鳥取荘の年貢十三果をその供料としている。もとより、これも行遍の力があってのこととみてよく、彼自身も、大和国高殿荘を仏聖料として東寺執行に付する形で寄進し、その事業に若干の補足を加えてはいるが、これを最後として、常住供僧設置のための彼の活動はほとんど停止した。

そして、新たに目立ってくるのが、醍醐僧正実賢との対立である。なにがその原因だったのかは明らかでない(補注三)が、実賢は、行遍にとって、その前進を阻む手強いライバルであった。一二四六(寛元四)年、日蝕に当たっての祈禱の賞を行遍と争った実賢は、翌年、行遍をこえて二長者に還補され、ために行遍は三長者にさがってしまう。彼が激しい敵意と焦慮に駆られたであろうことは想像に難くない(「東寺長者補任」)。

しかもそこに、翌四八(宝治二)年、一長者良恵が寺務を辞退する。空席となったその地位をめぐって、行遍は実賢と激しく争った。両者の相論は「都鄙の沙汰に及ぶ」とまでいわれるほどの有様だったが、ついに行遍の強引さが勝った。三長者が二長者(実賢)をおしのけて、一長者に任ぜられるという、後々まで異例といわれたことがまたしても行なわれ、三月二十八日、行遍は大僧正に補され、一躍、一長者寺務となったのである。

ついに行遍は東寺の最高の地位に立った。だが、彼の前途にはなお大きな壁が立ちはだかっていた。前にも、彼が一長者になることを阻止した高野山衆徒が、またも行遍を拒否、門戸を閉したのである。行遍の怒りは燃え上った。「大塔御影堂を焼き、僧徒は悉く《ことごと》馬蹄にかけん」。東寺長者にもあるまじき、行遍の激越な意志をうけ、伝法院僧は、この年、高野山衆徒と戦いを交えた。

しかし、高野の壁はついに彼にも破れなかった。「世々生々大師の怨敵なり。よってかの僧正、永く大師の門徒を放ちおわんぬ」。高野衆徒はこう一味誓状し、きびしく行遍を糺弾してくる(「高野山文書」八)。たしかに、「天魔の所行」といわれても致し方のない、彼のやり方だった。

閏十二月、責を問われた行遍は、東寺寺務及び伝法院座主職を止められ、翌四九(建長元)年には大僧正をも辞した。就任以来わずかに十ケ月。ライバル実賢は直ちに彼にかわって一長者に就任し、行遍は、一旦、東寺を去らなくてはならなかった。

それから三年たった一二五二(建長四)年二月十四日。東寺では盛んな儀式が行なわれる。その二日前に新補された十口に、延応に補された五口を加え、合せて十五口の供僧が、講堂・金堂・灌頂院・食堂《じきどう》・西院不動堂に各三口ずつ配され、いよいよ「長日の行法、毎月の影供」が修し始められようというのである。

表2　東寺供僧供料荘の収取体系

	年　貢	供僧等供料	各種仏供	本家負担	公　事
平野殿荘	約20石	1月分			松茸・瓜・筝・菓子・壇供餅等
新勅旨田	約30石	2月分	御影供 仏生講 涅槃講		
太良荘	約190石	3月～5月分	灌頂院大師生身供・御影供・仏生講	歓喜寿院米(10石)	糸・綿・上美布・菓子・移花・大豆・薦・椎等
弓削嶋荘	約6石 麦約26石 大俵塩約500俵～400俵	6月～12月分	〔校注7〕		白干鯛・甘塩鯛 蠣桶・葛粉・荒布・門苧・簾・梅干等
鳥取荘(野口荘)	13石		西院長日大師生身供		

この日、奉行平宰相惟忠・院司高階邦経を迎え、供僧の一人、法印権大僧都厳遍が、「天長地久、長日御願」を始めて行なうことを啓白、諸僧、堂々に参じ、一斉に長日の行法が開始されたのであった。「後白河法皇御素意、女院(宣陽門院)御大願」、そして行遍その人の宿願はここに結実、東寺常住供僧は、本当に発足した。中世初頭以来の課題はこうして達成され、中世寺院としての東寺は真の軌道にのった、ということができる(「東宝記」)。

それとともにこの時、弓削嶋・太良荘・新勅旨田・平野殿荘の四荘は、正式に供僧供料荘と定められ、毎月の供料は別表の様に各荘に配分されることとなった(表2参照)。

中世東寺の寺院経済の主流をなす供僧供料荘の経済体系は、小規模ながらこのような形で確立し、わが太良荘は、その中で、三ケ月分の供料と、若干の公事物を期待されるという位置づけを与えられたのであった。各荘の現地の体制もまた、それぞれの位置づけに応じて、この前後一応の整備を終え、東寺領荘園の歴史は、ここに一時期を画したのである。

しかし、この画期を記念する儀式の主役たるべき行遍は、すでに失脚して、その席に姿をみせていない。もとより彼は、なお、すべての料荘に強い力をもち、供僧を背後から規制していたとはいえ、その半生を通じての努力の結晶たる供僧たちは、行遍の手からはなれたところでその歩みをはじめたのである。しかも、その数は、彼の当初の目標たる二十一口より少なく、十五口でしかなかった。

これは行遍にとって、なんとも心残りなことだったろう。彼は、未完成なまま、その半生の事業から身をひかされ、別人の手でそれが形を整えられるのをみていなくてはならなかったのだ。東寺供僧供料荘の今後を規定する矛盾の一つは、このようなところに胚胎していた。と同時にまた、それは、中世東寺がちぐはぐな、ある意味では未完成な状態のまま、形をととのえねばならなかったことをよく示している。新しい時代の動きはすでに胎動しはじめていた。仕上げは急ぐ必要があったのである。

実際、このころの幕府は、その法令の中で、山僧・借上《かしあげ》が地頭・預所の代官になることを禁じ、悪党・四一半打の禁圧を問題にしなくてはならなくなっている。もちろんまだ、幕府の基礎をゆすぶることはなかったとはいえ、新たな経済の発展が進みつつある徴候は明らかであった。そして、いまは供僧供料荘となった太良荘もまた、この時期に、荘園としての仕上げを終ろうとしていた。

第三節　真行房定宴——荘園経営者

一　荘の再建

行遍は、当初、供僧供料荘となるべきすべての荘で、預所を補任する権利——荘務権をもっていた。もちろん、荘から入る収入は、すべて供料にさるべきものだったが、各荘の体制をととのえ、現実に年貢公事をできるだけ多く確保する仕事は、彼の責任において行なわれたのである。

その際、彼の手足となって動いたのが、大進僧都聖宴と真行房定宴《じょうえん》の二人であった。二人の出自は、ともに明らかでないが、聖宴は、一二三九(暦仁二)年、大法師の地位で、太良保々司に補任されて以来、荘号回復ののちも、行遍の下でひきつづき預所の地位にあり、平野殿荘でも、一二三八(暦仁元)年から、同様に預所として荘務をとり行なった。一二四一(仁治二)年、行遍が光明峯寺禅閤に灌頂を授けた際、その衆僧の中に彼の姿を見出すことができる。このような点から考えて、聖宴は、行遍と密接な関係——恐らく師弟関係をもった仁和寺の僧ではなかったろうか。少なくともさきの二荘については、行遍の意をうけて、供僧と折衝するのが彼の主たる仕事であり、現地に下ることはなかったと思われる。一二五三(建長五)年までに、彼は律師となり、大進律師とよばれていた。

これに対して、定宴は実際に現地に下り、荘経営の実務に携った。この人は、息女が藤原氏女とよばれている点から、藤原氏であったろうが、一生、僧位・僧官を与えられず、真行房と称していることからみて、その出自はごく恵まれぬものだったと思われる。

しかし、一二三九(延応元)年、聖宴の代官として太良荘の現地に姿を現わして以来、彼の荘園経営に示した能力は、供僧供料荘のために、なくてはならぬものとなった。平野殿荘でも、彼は聖宴の代官だったが、一方では、寄進されたばかりの弓削嶋荘の現地に下り、地頭と「談義」し、その非法にたえかねた百姓の逃亡により荒野となった跡に、新たに百姓を召しつけ、荘経営を軌道にのせている。また、新勅旨田についても、雑掌に対し、田数所当の実態に関して、鋭い質問をあびせる等、東奔西走、供料荘の整備に当たったのである。

こうした活動を通じて、東寺における彼の地位も、おのずからきまってきたので、一二五三(建長五)年以前に、定宴は「荘々納所公文《なっしょくもん》」となり、いわば、全供料荘の経営を統轄する立場に立っている。恐らくは、彼の主であった聖宴も、この有能な荘園経営者にすべてを託し、彼もまた聖宴の忠実な代官として活動したのであり、供僧供料荘は、当初、行遍を頂点とするこの二人の緊密なコンビによって維持されていたとしてよかろう。

しかし、定宴自身が最も情熱を注いだのは、なんといっても太良荘の経営であり、そこにおいて、彼の力量は最もよく発揮されたのであった。それは、他の三荘では、ともあれ既存の体制がある程度生きており、これに依存することによって、荘の経営を行ないえたのに対して、この荘では、承久以後の混乱の中で、一旦、それ以前の体制はほとんど崩れ去っていたという事情にもよる。いわばここでは、彼自身の手で荘の体制を再建し、つくり上げねばならなかったのである。

一二三九(延応元)年、はじめて太良荘の谷に下った定宴が見出したのは、百姓の逃亡によって荒れた田畠と、抑圧に抗してふみとどまっている勧心等百姓の鬱積した不満であった。直ちに、田畠の満作をめざして、農料を下し斗代を減じて、百姓の耕作をすすめる勧農が行なわれねばならなかったが、それをなしとげるためにも、まず、地頭に対する訴訟をはじめる必要があった。前述したように、この荘では、地頭と領家の分野は全く混乱していたからである。

しかし、勧心たちにとって、これは長い間たえてきた不当な抑圧をはねのけ、その抵抗を貫くための、強力な支えの出現にほかならぬ。彼等は定宴に向って、その不満の数々を思い切り爆発させていったであろう。定宴はそれを六波羅の法廷にもち出すことを約束してくれた。彼自身にとっても、百姓の主張を支えることによって、おのずから領家側の分野を確実にすることができるのだ。こうして、勧心をはじめとする主だった百姓たちは、谷を出て定宴とともに上京、六波羅で地頭代定西と対決することとなった。探題の判決は、一二四三(寛元元)年

十一月に下った(「東百」ほ一七号〔八・九〕〔鎌9・六二五四〕)。それは、

(1) 地頭が押取った、と百姓側の主張する百姓名麻地と畠七反三百歩については、古老を召して、百姓と対決させること。

(2) 地頭の賦課した茜藍代銭一貫二百文と飼馬雑事は、他荘の例に准じて停止。

(3) 地頭が百姓五人に各一反宛てがった二石佃は、全収穫をとる空佃であり、他荘の例に准じて停止。

(4) この佃米を、百姓が二石盗んだとして、地頭が勧心・時沢・真利から責めとった十一貫文は返す。

(5) 盗人と称する男を預け、逃したとして、時沢・貞国・為安に課した三貫文の科料も返す。

(6) 勝手に乞食に道をつくらせたとして、時沢の子重弘に課した科料七百文と馬一疋も返す。

(7) 末武名を下司名にしようとする地頭に対し、その例なしと証言した勧心に課した十貫五十文の科料も返す。

(8) 地頭畠の中で大豆を刈り盗んだとして、勧心の子藤次冠者に課した科料一貫文も、返す。

(9) 指し上げてきた井水を無用として切った時沢の姉聟延員に一貫五百文、地頭又代官下人包久に三貫文課した科料も返す。

(10) 後藤次真恒が、市庭で銭廿文を求めたとして課された科料一貫文も返す。

(11) 「百姓の屋敷内を割き分け、居え置かしむる親類下人」に対する在家役、及び大草の役は停止。

これらの諸点から、地頭代定西は罷免さるべし、というものであった。これは、ほとんど完全な、勧心等百姓たちの勝利である。二十年に及ぶ苦闘は酬いられたのだ。勧心たちの歓喜は大きかった。しかし、勝利の緒口は、定宴の力によってはじめてひらかれたのである。喜びの中で、彼等は定宴に対して起請文をもって誓った。「当預所に向い、七代に至るも不忠・不善を存ずべからず」。これは心からの感謝をもって書かれた従者の誓い

である。新たな荘の体制の大黒柱は、これで築かれた。

しかし、この時代、こうした勝利の喜びの中で、従者の側から積極的に結ばれた主従関係のあったことに、われわれは注目しなくてはならぬ。そして、少なくともこの時期の幕府は、その名においてこのような喜びを百姓を与えることによって、なお自らを強めていたことも、考えておく必要があろう。

さきの地頭のきびしい隷属の論理と、こうした一方的隷属に対する抵抗の論理と。その交錯の中に中世という時代があった。もとより、その主要な側面は前者の側にあったとしても、ついにそれをもっても貫ぬきえぬ後者のあることを、一応承認したところに、この社会は成り立っていたのである。

この勝利と、百姓の忠誠の誓いは、定宴自身をも強く励ましたであろう。領家の立場からする地頭との訴訟をも有利に導くべく、彼の活動はさらにつづけられた。

これに対し、六波羅探題は、一二四六(寛元四)年、定宴の申状に応じて、飼馬の停止、及び時安名に他名(勧心名)の田地を加えたことは荘号の時の例に任せよ、という下知を、一応地頭忠清に下し(「東百」ほ一九号〔一一〕(鎌9・六六二〔三〕)、訴訟の問注記を関東に送った。そして、翌一二四七(宝治元)年、全面的な判決が下る。執権時頼・連署重時の名で行なわれたこの判決は、次の様なものだった(「東百」ェ一－一三〔二〕(鎌9・六八九〔三〕)。

(1) 勧農は保司＝預所の計とする。
(2) 検断(過料物)は、地頭・預所半分ずつとする。
(3) 年貢米六石を地頭が押えたという定宴の主張は却下。
(4) 古帳を地頭が出さずという定宴の訴えについては、守護代を尋問した上できめる。
(5) 公文職は地頭の進止とする。公文給は三町(地頭はこれを地頭給という)という定宴の主張は、重ねて調査して決する。

判決は、(3)と(5)で定宴の主張を却け、(4)と(5)の一部で保留、(2)は折半、ただ(1)のみで彼の主張を通していた。多くの問題があとに残されたわけで、彼には、かなり不満な判決だったろう。しかし、ここにいたるまで、ほとんど全く地頭の支配下にあったこの荘で、ともあれこれだけの領家側の分野を確保しえたことは、やはり大きな収穫であった。しかもそれは、強力な関東の権威によって保証されたのだ。一まずはこれだけの成果の上に立ち、百姓の切望に応えて、その権利を東寺の名において認め、荘の体制を再建し、年貢公事収取を軌道にのせなくてはならぬ。定宴はすぐにその仕事にとりかかったであろう。ところがそのころ、彼の視野の届かぬところで、この荘の最も根深い土着の権利が頭をもたげつつあり、それが意外なところで、定宴の仕事の進行を一時妨げたのである。

地頭に対する抵抗に勝利したのは、この荘の百姓のみではなかった。前述した瓜生荘・鳥羽荘をはじめ、この国の谷々で、否、西国の全域にわたって、地頭の抑圧に対する土着の人々の反撃が始まっていた。その高まりの中で、承久以後、惣領たる地頭に所領を奪われた若狭国御家人たちも動きはじめる。

そのきっかけは、一二四三(寛元元)年の「諸国御家人跡、領家進止所々御家人役事」についての幕府の法令によって与えられた。それ自体、御家人役の確保をめざし、むしろ領家進止下にある御家人の所領保護の方針を明らかにしたこの法令は、本質的には、あくまで自己を貫ぬかなくてはやまぬ土着の権利を保護することによって、全国的政権としての自己の強化を計ろうとする、この時期の幕府の一貫した方針につながるものだった。

若狭国御家人等はこれに敏感に反応した。一二四五(寛元三)年、彼等はこの法を根拠に、「地頭の乱妨によりその跡を没官され、領家の押妨によりその跡を改易され」た、十六～七人の国御家人の所領復興を求める訴状を提出した(「東百」ノ一―八(一／三))(鎌9・六五〇〇)。その復興されるべき所領のなかに、太良荘の開発領主、故丹生出羽房雲厳の所領も含まれていたのである。その没落とともに、一旦は消滅したかにみえたこの所領、そこに彼の築いた権利は、雲厳の名とともに、再びここに姿を現わす。

しかし、もちろんこの時期の御家人たちは、雲厳の立場に立っているわけではない。減少した御家人が、従前同様の御家人役を負担しなければならないことに対する不満が、当面、彼等を動かしていた動機だった。一二五〇(建長二)年、「旧御家人跡得替次第」(「東百」ノ一―八(一／四・五))(鎌10・七二〇二、七二〇三)を詳しく書き上げた御家人たちは、再度この点を訴え、五一(建長三)年に入ると、地頭若狭忠清を名指しで、押領した「太良保内出羽房雲厳跡、瓜生荘内新太郎跡」の御家人役を勤仕せよ、とつめよったのである。ここでいう「雲厳跡」とは、忠清の支配下に入っていた公文職・同給田・馬上免等の所領をさすが、恐らく忠清はこの要求を認め、問題は解決したものと思われる。

雲厳の所領の大部分は、こうして若狭氏に正式にうけつがれたことになるが、彼の所領の中には、別に、この時までに預所(保司)名となっていた末武名があった(一七頁参照)。そしてこれこそが、幕府の法令にいう「領家進止」の御家人領であり、御家人たちのいう「領家の押妨により、その跡を改易され」た所領の典型だったのである。

当然、御家人たちは、この名の権利も、雲厳の正当な継承者に渡さるべきことを要求してくるが、そこに、まず名乗りをあげたのが、雲厳の養子として、その最後まで孝養したと称する宮河(辻)太郎入道乗蓮(家仲)であった。一二五三(建長五)年、彼の訴えに応じた六波羅は、預所聖宴に対し、雑掌(定宴)の末武名押領・所役抑留について、訴人乗蓮との対決を求めてきた。

荘の整備に力を注ぐ定宴にとって、これは思わぬ伏兵だった。しかし、いまこの対決に応ずることは、事実上、雑掌――つまり彼自身の押領を認めたことになってしまう。これに効果的に対抗するには、乗蓮に立ち向いうるほど強力で、しかも彼の意志が通ずる雲厳の後継者を、別に探し出すほかなかった。現地の事情に通じてきた定宴には、ある程度の心当たりもあったろう。ただそのためには、かなりの時間が必要だった。しかし、いまの定宴はそれにかかずらわっていることはできなかった。荘の体制が一日も早く軌道にのることを、行遍も供僧もまち望んでいるのだ。やむなく、六波羅での乗蓮との対決をひきのばしたまま、定宴はこの仕事を急いだ。そして一二五四(建長六)年、実検使(刑部丞助保)を迎え、彼はようやく、懸案の実検にとりかかる。地頭に任命された公文も立ち合い、一筆々の田地が、その耕作責任者とともに取帳に記載されていった(畠地は検注されなかった。表3参照)。こうして出来上った実検取帳(「教王護国寺文書」五九号〔鎌11・七八二六〕。以下「教護」と略す)にもとづき、定宴はあらためて不作河成《かわなり》を除き、さらに、ほぼ前からきまっている通りに、神田・寺田(薬師堂寺用田・小野寺免田)・給田(地頭給・公文給)・佃(斗代一石四斗の領家佃)を定め、訴訟中の末武名とともに除田として差引いた上で、残りを定田とし、斗代の基準をきめた。ついで定田を彼は名田と一色田にわける。勧心・真利・時沢・宗清の四人の百姓には二町二反ずつの名田を斗代まで均等にして与え、宗安・時安にはその半分の一町一反を宛て、佃一反の耕作と公事負担の責任単位として五つの名を結ぶ。一色田の一部は、この六人の検注前の実力に応じて若干ずつ与え(表4)、残る部分は、定宴の責任で作人を定め、小百姓に直接あてがう。このような手続きを経て、所当米(年貢)の基準、雑物(公事)の量がきめられ、実検目録が作製された。勘料米・加徴米をふくむ百八十六石余の年貢と、糸・綿等の雑物を東寺に送り、その中から十石の米を歓喜寿院に送る、東寺供僧供料荘太良荘は、ここに再建をなし終えたのである(表5参照)。

表3　鎌倉中期の百姓名と一色田

㈠ 1254(建長6)年　実検取帳				㈡ 1256(建長8)年　勧農帳			
百姓名	田数	一色	新田	田数	名田	一色	重永
	反　歩						
安追	52.188	2.250	1.180	13.170	10.　0	3.170	
時沢	33.　12		60	28.240	22.160	6.　80	
真利	31.　70		120	28.　40	22.　0	6.　40	
勧心	31.　30		90	28.　70	22.　0	6.　70	
宗清				22.150	22.　0	150	
貞国	23.　0			1.120		1.120	1.120
末武	22.130		130	22.　70	22.　70		
安川	17.　40		60				
宗安				12.310	11.　0	1.310	
重永	11.160			8.　90		8.　90	8.　90
時安	10.150			14.　50	11.　0	3.　50	
長俊土	7.160		30	3.220		3.220	2.220
経実	4.200		260				
上野房	4.　20			1.150		1.150	
赤蓮房	3.180		1.　0				
行田	3.120						
御子介	2.280						
押領使	2.240			2.240		2.240	
平四郎	2.230		1.　20	3.110		3.110	1.　60
真安	2.　80						
石見房	2.　50			180		180	
藤五郎	2.　20	200		180		180	
福万	2.　0			3.290		3.290	
三郎検校	1.120		1.120	120		120	
散仕	1.　0			1.　0		1.　0	
次郎検校	1.　0			1.　0		1.　0	
西仏	1.　0			1.300		1.300	
海追	1.　0			1.　0		1.　0	
惣追	300			4.200		4.200	2.180
権入道	280						
時宗	180	180	80	180		180	
清四郎	180		80				
惣官	150		150				
高太郎	140			140		140	
新介	120		120				
為重	120						
中太	120			120		120	
金剛丸	120			120		120	
国貞	70						
四郎兼仗	60			150		150	30
尊寂	60						
又太郎	40						

(一) 1254(建長6)年　実検取帳				(二) 1256(建長8)年　勧農帳			
百　姓　名	田　数	一色	新田	田　数	名田	一色	重永
菅　太　郎	40		40	50		50	
成　　　正	30						
新　次　郎	20			3. 350		3. 350	3. 30
弥　源　太	20		20	20		20	
惣　三　郎	10		10				
権　　　介				2. 90		2. 90	2. 90
豊　　　前				1. 120		1. 120	
源　　　太				1. 0		1. 0	1. 0
弥　　　介				70		70	70
又　四　郎				40		40	
神田御垣前	2. 180						
小野寺馬上免	1. 60						
十禅寺太良	1. 60						
薬師堂馬上免	1. 0						
計	288. 160	3. 270	8. 130	216. 70	142. 230	73. 200	22. 190

(註)　(一)の上野房・赤蓮房・行田・石見房の田地は薬師堂関係の田地が多い.
(二)の時沢・真利・勧心・宗清の名田中22. 0，宗安と時安の名田計22. 0は，いずれも，6斗4升8合代，8斗代，佃各1反5斗代・6斗代各5反，石代9反の均等の田地からなっている(表4). なお，縦行の重永は，「重永・某」の形で記載されているもので，重永名の解体の結果を示すものと思われる.

表4　均等な百姓名

百姓名	計	免	6斗4升8合代	8斗代	5斗代	6斗代	石代	佃	一色計
			反　歩						
真　利	27. 220		1. 0	1. 0	5. 0	5. 0	9. 0	1. 0	5. 220
時　沢	28. 240	160	1. 0	1. 0	5. 0	5. 0	9. 0	1. 0	6. 80
勧　心	28. 70		1. 0	1. 0	5. 0	5. 0	9. 0	1. 0	6. 70
宗　清	22. 150		1. 0	1. 0	5. 0	5. 0	9. 0	1. 0	150
宗　安	12. 310		180	180	2. 180	2. 180	4. 180	180	1. 310
時　安	14. 50		180	180	2. 180	2. 180	4. 180	180	3. 50
末　武	22. 70	1. 0(綱丁給)					21. 70		
安　追	10. 0						10. 0		

1256(建長8)年勧農帳(「教護」60号，「東百」は3号〔3〕〔鎌11・7966〕により作成.

表 5　年貢収取基準

	反　歩								
惣田数	281.314	不作	9.300						
		河成	7. 60						
		見作田	264.314	除田	78. 70	神田	3. 0		
						薬師堂寺用田	12. 0		
						小野寺免田	1. 0		石
						御佃	5. 0		7.0
						地頭給	30. 0		
						公文給	5. 0		
						末武	22. 70		22.1945
				定田	187.244	5斗代	48. 64	分米	24.088
						6斗代	25. 0	〃	15.0
						6斗4升8代	5. 0	〃	3.24
						7斗代	2.260	〃	1.9081
						8斗代	25.340	〃	20.7556
						9斗代	1.180	〃	1.35
						石代	79.120	〃	79.3334
									石
								分米計	167.8695
								総計	174.8695
								勘料米	0.562 (反別3合)
								加徴米	11.26 (反別6升)
								総計定	186.6925

雑物	糸1両3朱
	綿2両2分5朱
	上美布4反2丈
	移花2枚
	四節供雑菓子72合(1節供18合)
	盆供小俵2(公文1百姓1各1斗納)
	佃大豆1石1斗
	薦10枚
	椎5斗(名別1斗)
	収納節料代銭1貫文

1254(建長6)年「実検取帳目録」(「東百」は2号〔2〕)〔鎌11・7825〕より作成(他の内検帳により若干修正したが分米等の計は不正確である).

表6　各名の細々公事

	白　米	黒　米		量	備　考
	石			石	
厨白米	0.5		佃大豆*	0.184	預所別進上へ進
雑米(黒米*)		0.5	夏物繰綿*		上へ進
三日厨米	0.05	0.12	京上夫役(永夫*)	1人	のちに畠地子となる
勧農厨米	0.03	0.05	国府夫役		地頭仕
五節供白米	0.425		大津越馬役		年貢越時
盆供白米△	?		草料銭	助国170文* 末武167文	
計	1.005	0.67	花紙	1枚*(100文)△	

百日房仕役		その他	
房仕	1人	莚	1枚
御菜	1	薦	2枚(1枚*)
魚	1	合子	1
汁	1	サラ	1
塩		折敷	1枚
味噌		櫃△	1
薪		桶・杓△	各1

(註)　本表は，「東百」お1～3〔5〕，正安3年9月助国名雑事足注文と「白河本東百」68〔ヱ331〕，末武名色々公事注文とから作成した．
前者のみは△
後者のみは*
なお，助国名にはさらに，春秋迎人夫役，馬役がある．

それとともに、勧心等六人の百姓が定宴に対して奉仕していた厨白米・勧農米をはじめ、諸種の夫役から、味噌・塩・汁にいたるまでの細々公事も、正式のものになったであろう(表6)。この荘の柱、定宴と百姓たちの主従関係は、このような形を与えられて固まった。

この実検できまった五つの名・年貢・雑物等の基準は、もちろん細かい変動はあったが、基本的には、この荘が東寺領であった二百年の間――ほぼ中世を通じて変らなかったといってよい。その意味で、太良荘が中世荘園として完成したのは、この時とすることができる。

こうした成果を前提に、翌一二五五(建長七)年、行遍は「知行の仁、庄務の間の事」は、「一向、供僧の御計たるべし」と定める一方、雑掌については、「案内者たるにより」定宴の知行を保証すべきことを供僧に求め、支配関係を明確にした(「東百」マ六一―八〇〔五〕(鎌11・七八七六))。

そしてさらにその次の年(建長八)、定宴は実検目録に基づく最初の全面的な「勧農」を行ない、勧農帳を作成する。斗代を多少ひき上げて一色田を小百姓にあてがい、二百石近い年貢を計上したこの勧農に対しては、早くも百姓たちから不満の声があがったが、定宴はその努力の収穫を十分に苅りとり、年貢公事の収取を完全に軌道にのせたのである(表3参照)。

だが彼自身にかかわる末武名の問題は、まだ解決しなかった。定宴はこのころ、乗蓮に対抗する人として、稲庭時国の孫女、中原氏女を見出したようであるが、訴訟の準備が整わぬまま、六波羅からの対決の催促に、氏女は応じようとしなかった。この期に及んでは、もはや引きのばしはむずかしく、定宴も一旦退かねばならなかった。一二五八(正嘉二)年、行遍は聖宴に命じ、乗蓮にこの名を与えることとして、問題を処理するが、その際も定宴は、中原氏女が子細をいってきた時には、あらためて訴訟するという条件を付することに成功し、執拗に問題をあとに残したのである。勧農に対する百姓の不満といい、この末武名の訴訟の未解決といい、新らしい矛盾の端緒はもう姿をみせはじめている。他の荘園にくらべておそく完成しただけに、珍らしいほど見事に形の整ったこの荘園は、逆に内容的には、解決し難い問題を、完成と同時に早くも表面化させねばならなかった。しかし、その矛盾の展開をのべる前に、ここで、確立当時の太良荘の谷に住んでいた人々について、若干ふれておくことが必要であろう。

二　荘にすむ人々 (1)

建長の実検当時、太良荘の田地は、すべてをあわせて三十二町七反余。そのうちの若干は、現在の北川の川向など、他荘他郷に散在していたが、多くは谷の中にひらかれていた。ただ山ぞいにひらかれた田地はともかく、谷の入口の部分は、水損することが多かったと思われ(現在でも水害地である)、決して好条件に恵まれていたとはいえないが、一方、その斗代は、領家佃一石四斗を最高に、石代から五斗代まであり、平均八斗代を少し上まわる。当時の荘園の平均的な斗代が三斗代だったのに比べれば、これはかなりの高斗代であり、二石佃が全収穫をとる空佃《からつくだ》といわれているのを事実とすれば、最もよい田は、今量換算一石四斗強(東寺の太良荘斗の今量、寺斗と荘斗の差を考えて計算した)の収穫があったことになる。とすれば、天候にさえ恵まれれば、当時の水準をかなりこえた収穫をあげえたということになろう(この地は現在でも同様で、水害地である反面、小浜市の「穀倉地帯」といわれている)。

これに対して畠地は、実検からも除外されたようにごく少なく、小谷の奥に分布していた。当時「上葉畠《うわはばた》」といわれた畠地があるが、あるいはこれは桑畠だったとも思われ、糸・綿・上美布を雑物《ぞうもつ》としている点からも、養

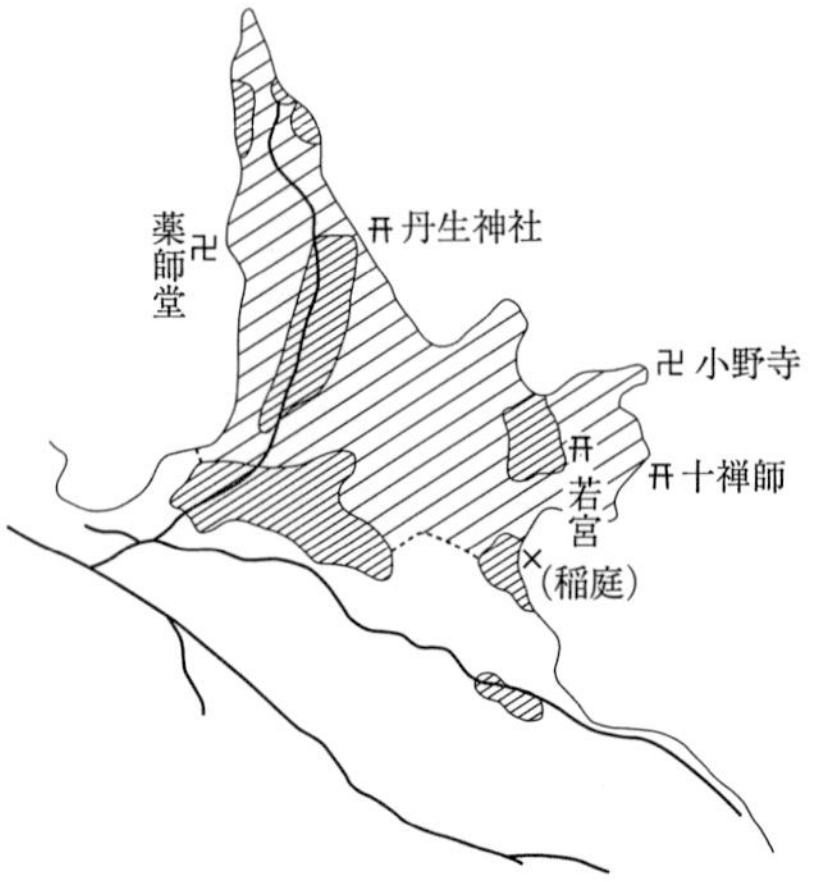

鎌倉・南北朝期に史料に現われる地字.

鎌倉・南北朝期に開かれていたと思われる部分.

図2　鎌倉期の太良荘

蚕の行なわれたことは間違いなかろう。そのほかに、大豆などもまかれていたが、概して畠作物には恵まれなかったとみてよい〔校注八〕。

また、西の小谷(現在の太良谷)には、雲厳の名字になった式内社丹生神社(現在の一宮)が北の丹生谷に、凱雲の薬師堂が南にあり、東の小谷(現在の鳴滝・定国・日吉谷)の奥には、小野寺・十禅師(現在の日枝神社)・若宮(これは現在の名前)等があったと思われる。これが、以下にのべる人々の生きた世界であった。

(A) 荘　官

預所　前述したように、正預所聖宴は現地には下らず、当初はその代官として、定宴が京と現地との間を往復していたが、実検も終り、荘の体制が軌道にのってからは、彼も東寺の納所公文の仕事に重点を移すようになった。そのため、定宴は子息阿性房静俊を自分の代りに代官として推し、荘の実務に専念させるとともに、「年来の下人」十郎平成近を綱丁《ごうちょう》とし、若干の作田を与えて、年貢運送の責任をもたせた。こうして代官となった静俊は、父に代って、春の勧農・秋の収納の時には必ず現地に下り、百姓たちから雑々公事(表6)の奉仕をうけつつ荘政所(所在は不明)〔校注九〕に滞在、年貢収取の実務を行なう一方、若干の作田を自己のものとして確保し、開善などの彼自身の下人に耕作させ、「小主」北山女房のような人を政所においていた。

定宴の一族郎党は、このようにしてこの谷に根を下していったので、恐らくほかにはたのむべき所職・所領をもたぬ定宴にとって、この荘こそ、まさしく「一所懸命」の地だったのである。定宴は、少なくともこの面では、加徴米をとり勧農を通じて百姓を支配する一個の在地領主だったのであり、彼の子孫が、長くこの荘の預所たりえた理由は、たしかにこの点に求めることができる。しかし一面、彼が全力を傾けて経営した割には、彼自身がここから期待できる得分は必らずしも多くはなかったのである。

本来、最も多くを期待できるはずだった預所名＝末武名は、御家人たちと乗蓮の横槍で係争中であり、今後も従前通りの預所名に復する見込みはほとんどなく、それを除いてしまえば預所自身の給名田は全くない。定宴が、この名に執拗なこだわりをみせた理由はここにあった。

ただ一色田《いっしきでん》(四町八反余)は、領家直属の田地として、預所が小百姓に宛てがう(散田する)権限をもっていたので、事実上の預所名といってもよく、年貢収納の際には、そこから多少の得分はあったろうし、またその中に、さきの成近や開善の作田のように、自己の田地を確保し、百姓たちに耕作を奉仕させることもできたであろう。だがそれは非公式のもので、正式に認められた所職ではなかった。

結局、雑々公事・加徴米のほかに認められた預所の得分は、一石に一斗(ないし五升)の交分米《きょうぶんまい》(寺斗と荘斗の違いからくる差額〔校注一〇〕)のみだったので、こうした、いわば「寄生的」な収入にも頼らねばならなかった点に、定宴の支配の弱点があったといえよう。しかも、定宴自身、なお正預所ではなく、聖宴の代官でしかなかった点にも、問題が残っていた。

地頭　これに対するもう一方の支配者、建長実検当時の地頭は若狭四郎忠清であった。彼の兄忠時が、守護職を北条氏に奪われてからの若狭氏(二〇—二一頁参照)には、往年の勢威はなかったが、忠清はなお、父忠季から譲られた地頭職をこの国の各地に保持し、若狭国を代表する関東御家人たる地位を失っていなかった。彼自身は、この荘に住むことはなかったと思われるが、ただ、この荘の近くには、承久の乱の時、京方に味方した罪を恐れて逃げ下ってきた忠清の別の兄、兵衛次郎(中村次郎入道)が居をかまえており、恒枝保地頭職をはじめ、太良荘三町余・永富保二町余・富田郷一町余を、一期の間――恐らくは非公式に――与えられていた。自然、忠清はこの兄に太良荘の支配を託すことになったと思われる。

もともとこの荘の地頭職は、久珍名のみをもつにすぎなかった稲庭時定のあとをうけた新恩の地頭職であるから、忠季当時のこの荘における地頭の支配分野も、久珍名のみだったはずである。しかし承久以後の忠清の活動によって、それは著しく拡大され、寛元・宝治の判決によって多少の後退をよぎなくされたとはいえ、なお荘内に少なからぬ比重をもっていた。それは、

(イ) 地頭給三町。嘉禎の国検・宝治の判決でほぼ固まった。

(ロ) 地頭名四町五反百六十歩(計算上は九十歩)。これは久珍名二町三反百六十歩、延員名一町一反三十歩、三郎丸名一町大二十歩からなる。本来の地頭名は久珍名のみで、百姓時沢の姉聟である延員と、三郎丸の名田は、もと百姓名だったのを、承久以後、忠清が地頭名としたといわれる。通常、地頭名は年貢を領家に納める雑免であるが、この場合はその形跡がなく、また当然いてよいはずの名主もいなかったとみられるので、事実上、免田と考えてよかろう(ただ(イ)がこれと重なることはありうる)〔校注一一〕。

(ハ) 安追名一町。建長の実検の際、内免として押募った田地で、忠清の後見弁法橋〔校注一二〕は、五貫文の勘料銭を検注使に渡してこれを認めさせようとし、拒否されたが、結局そのまま地頭内免(のちに伏田といわれる)になった。ただ定宴は、これを領家のものとして年貢の中に加えている。

㈡ 公文職及びその給田五反。宝治の判決によって、地頭進止が確定した。

㈹ 薬師堂寺用田一町二反、馬上免田畠(畠地は七町余)。承久の乱の時、㈡とともに、時国の所領をうけつぐ形で地頭進止下に入った。

これらの所領の中、久珍名をのぞいた他のすべてについては、まだ領家側からの主張が入りうる余地が残っていたとはいえ、寛元・宝治の判決でほぼ確定した忠清の所領は、田地十町をこえる規模に達していた。

その中心が地頭屋敷＝政所であり、土居にかこまれた田畠、垣内・的場等は、ほとんどが地頭の手作地だった(いま、この谷の東側の山沿いに「稲葉」という地字が残っている。若狭氏は、稲庭氏のあとをうける人として、稲庭とよばれたことがあるので、ここを地頭政所の所在地と考えることができるかもしれぬ)。地頭佃はそれとは別に、給田(イ)ないし(ロ)の中から五反〜一町設定されたと思われ、二石を収取することは、寛元の判決で禁止されたが、依然高斗代で、領家側の五つの名の百姓に、各一〜二反、宛て作らせていた。また、多少の在家役も、この五名に賦課したと思われる。

その他の所領は、主として地頭・地頭代・又代官等の所従・下人たる百姓に宛てがわれたであろう。これらの人々の中には、さきの預所の下人のように、地頭代などが新たにつれてきた百姓もいただろうが、もともとこの地を耕作していた百姓で、地頭の所従・下人になった人(延員や三郎丸はこの例とみてよかろう)も少なくなかったとみられる。

このように、国の名族稲庭時定と荘の開発領主丹生雲厳の所領をほとんどうけついだ領主として、谷の一角に居をかまえる忠清の勢威は、依然太良荘の全荘民に及んでおり、実際に、進止下にある公文を通じて、領家側の年貢収取にもかかわりをもっていたのである。

寛元・宝治の判決後、忠清自身はもう多くを望まなかったとはいえ、大番役等の御家人役を関東に奉仕することの地頭の存在は、荘政所に拠る定宴・静俊にも、また東寺にも、大きな圧力であったろう。

公文・末武名々主　いずれも雲厳・時国以来の所職であるが、公文は、いまのべたように、地頭に補任され、五反の給田を与えられるとともに、百姓の年貢の返抄を書き、建長の実検に立ち合う等、預所に協力する荘官としての役割も果たしている。しかし、この時期には地頭の影にかくれ、どのような人がいたのか明らかでない。

これに対し末武名は、公文名（雲厳のころ）→保司名→預所名という歴史を経て、寛元の御家人領復興の中で、領家進止下の御家人名としてほぼその性格が固まった。当然これは、いわゆる「領主名」として、百姓名から区別される性格の名だったが、百姓たちにもまた、彼等なりの主張があり、公文→名主→小百姓という、雲厳の没落の各段階に応じて、それぞれ権利を主張する人々のでてくる可能性を内包していたのである。

このころ名主職に補任されていた宮河太郎入道乗蓮は、多少前述したように、いわば、雲厳の小百姓時代の権利を継承する人だったといえよう。彼は若いころからこの地に住み、雲厳の養子、さらには「後娘の夫」＝「聟」としてその私宅に同宿、雲厳が死ぬまで孝養したという。その縁で、末武名・公文職・馬上免から「菊（久）珍名」にいたるこの荘の所領と、恒枝保公文職（雲厳が娘の夫相若二郎に譲ったという）等を譲られたというのが、乗蓮の主張であり、一まずそれが認められて、彼の補任が実現したのだった。

だがこれは、彼の心情を伝えるものであっても、事実とはいえない（乗蓮が雲厳から与えられたという譲状二通は、偽文書であった）。むしろこの主張そのものが、問わず語りに真実を語っているといえよう。

もともと乗蓮は、宮河荘・玉置荘などの田地を耕作する一介の百姓だったと思われる。そして、没落しつつある雲厳の所従として、その屋敷内に居住していたのであろう。たしかに、老境に入って孤独な雲厳は、この若者を唯一のたよりとしたことは考えられる。さきの主張はここからでてくるのであるが、すでに所領のすべてを失ったはずの雲厳に、ゆずりうるなにがあったというのだろう。恐らく乗蓮は、太良荘の中では、なんの田地も持っていなかったに相違ない。彼が越前国にまで嫁取に通ったということも、彼のこの地との縁の薄さを示しているようであり、事実、百姓たちはこれを彼の「逃亡」だと思っていた。

ところがその乗蓮が、雲厳の死後どう動いたのか、六波羅探題・若狭国守護北条時茂の代官、高橋右衛門尉(光重)に従い、おりしもおこった御家人領復興の波にのりつつ、その推挙を得て六波羅に訴えて出たのである。そして、雲厳譲状と称する偽文書も、宮河権守頼成(頼定という人が、建久の御家人交名に見える)の「四代相承の御家人」というあやしげな名乗りも、北条氏被官・守護代の推挙の前には問題にならず、百姓乗蓮は末武名主・恒枝保公文として一挙御家人に成り上り、太良荘の百姓たちの前にその姿を現わした。

さすがに彼はこの荘には住まなかったようであるが(恒枝保に苗代をもっている点から、そこに本拠をおいたとみられる)〔校注一三〕、末武名には屋敷をもち(末武名屋敷といわれるが、恐らく雲厳の跡、丹生谷の辺につくられたと思われる)、一個の独自な領主の如く百姓たちに臨んだのである。

しかし、守護代に従い、「聊《いささか》の事候へば守護方へ訴え申して、所を煩わす」(「東百」ぬ七号〔七〕〔鎌14・一〇六四二〕)といわれたような乗蓮の存在は(事実、恒枝保公文職は、守護代高橋と中分されており、この荘にもその危険はあった)、定宴はもとより、百姓たちにとってもきわめてめざわりだったのであり、自然、彼の地位は安定したものではなかった。ただそれにしても、こうした成り上がりがなお可能であった点と、それが北条氏被官の圧力によって行なわれていることは注意しておかねばならぬ事実であろう〔補注2〕。

(B) 荘　民

本百姓　いつごろからかはわからぬが、古くからこの谷に住む、いわば「根本の住人」ともいうべき人々で、本在家ともいわれた。

建保の実検（十三世紀初頭）のころは、勧心・時沢・真利・助国・貞国・安川・時安・重永・安追等の十二人（このほか、延員・三郎丸（地頭名となる）や、行利・正包など、それらしき名前がある）を数えたと思われるが、地頭の抑圧にたえてその立場を維持しえたのは、勧心・時沢・真利・宗清（貞国のあとの人）・宗安（安川のあとの人）・時安の六人のみであった（表3参照）。

彼等は東西の小谷に、それぞれ時沢畠・真利畠などといわれた畠地をふくむ屋敷・在家をもち、その内を「割き分け」、「親類・下人」や「所従」である小百姓たちを「居え置」いていた。この屋敷・畠地は建長の実検から除外されており、私有性の強い免畠として、彼等の生活の本拠であった。

それとともに、この実検によって、彼等は二町二反宛の均等な名田と、検注前の実力に応じて不均等な一色田とを正式に与えられ、領家・預所に対する公事勤仕の責任を負ったが、まさにその点で、彼等は一般百姓から区別された、ある意味では誇るべき地位に立ったのである。これこそが、地頭と闘いぬき、定宴に従うことによって、小なりとも、ついに彼等が確保した地位と権利だった（もし「自由民」という言葉をつかうことが許されるなら、この公事負担こそが、その地位を象徴するものだった）。

この谷に散在する田地について、あるいは小百姓に宛て行ない、あるいは自作して、耕作を全うする責任と権利は、彼等のものであった。それ故に、この田地には彼等のそれぞれの名前が付せられ、勧心名・時沢名等々といわれたのである。しかし彼等が実際に耕作し、経営する田地は必ずしもこれと一致しているわけではない。自己の名田はもとよりその中心にはなったろうが、他の本百姓の名田・一色田・地頭名等にもその耕作地はありえたであろうし、それは年々、変りうる性質のものであった。この点田地に対する私有は、彼等の場合といえども、なお不安定なものがあったといわなくてはならぬ。それにしても、二町〜三町について、家族労働力を中心に、所従たる小百姓たちをも駆使しつつ行なわれた彼等の経営は、なお部分的には種子・農料を預所に依存しなくてはならぬ面をもっていたにせよ、やはりこの荘の基本的な経営であった。建長の実検は、それを真に安定した軌道にのせたのであり、百姓たちが七代までもの忠誠を定宴に誓った理由は、そこに求められよう。

しかし逆に、彼等の権利が、こうした誓い――定宴の所従となる誓いをすることによって、はじめて真に承認されたことを考えてみなくてはならない。その点で、彼等はやはり被抑圧者、被支配階級の中に入れられる必要があろう。彼等はまだ、その名田について、一枚の補任状も宛行状《あてがいじょう》も与えられていないのである。定宴によって、まさしくその「所従・下人」として思うさま駆使されることは十分おこりうることであり、事実、定宴自身、すぐそうはしなかったとしても、基本的にはこうした立場を貫ぬこうとしている。それは本質的には、地頭の百姓に対する態度に通ずるものであり、このような、いわば縦の人的支配関係(それを奴隷制的とみるか、封建的とみるか、意見は大きく分れている)にこそ、中世社会の基本的な特徴が求められねばならない。だが、建長という時期(十三世紀中葉)には、すでにそれは次第に動揺しはじめていた。

前述したように、彼等本百姓のうち、勧心のごときは、すでに十五貫文に及ぶ科料銭をともあれたえぬくだけの経済力をもっていた。また銭がない場合、そのかわりとしうる馬も、何疋かもっていた。これだけの実力があればこそ、彼等は地頭の圧力にたえられたのであるが、地頭の脅威が一応去ったあと、それはいよいよ充実したものになっていったことはいうまでもなかろう。川向うに活発化しつつあった遠敷市《おにゅういち》との、なんらかの形での恒常的接触は、彼等を次第に新たな世界にひきいれずにはおかなかった。その中で、勧心のように薬師堂にかかわりをもつ人の場合、堂自体のもつ収入と権威が、すでに新らしい意味——高利貸・金融の資金としての意味をもちはじめていたとすら考えられる。

そのような本百姓たちが、もとより定宴の駆使に易々と甘んじるはずはなく——定宴もある程度はそのことを知っていたであろう——、早くも建長の勧農(建長八年)の時、彼等は定宴をのりこえる姿勢を示しはじめている。斗代を引き上げ年貢を増徴したことを、彼等が不満としたことは前にのべたが、さらに、二町の内免を要求し、一町(各名二反)については、これを「押し募り」、訴訟をつづけ、ついに事実上、定宴に認めさせたのである。新たな彼等の前進の徴候は、ここにはっきり見出すことができるであろう。

小百姓　預所・地頭の下人といわれた人々、また本百姓の「親類・下人」や「所従」として、ある場合、その屋敷内に小屋をたてて住んでいるような人々を、一応、小百姓と考えてよかろう。建長の実検取帳・勧農帳に現われる限りでも、その数は約四十人、実際には、それを多少上まわったであろう(表3参照)。

本百姓と違い、彼等は公権力に対する公事勤仕の義務を負わず、自然、特定の田地について、正式に承認された権利をもたなかった。年々、一色田・名田等を宛て作らされ、すべて一町以下、中には数十歩程度の零細な田地を耕作しているのがその実情で、その作田は年ごとに変ることもありえたのである。のみならず、農具すら満足にもたぬ人々もあったと思われ、種子・農料を他に依存しなくては、耕作することもできぬ場合が普通だったろう。地頭の圧迫が破滅的な影響を及ぼしたのは、これらの人々だったと思われる。

そしてそこに、彼等が地頭・預所・本百姓等に所従・下人として従い、血縁・非血縁をとわず、その「家」の中に包摂されざるをえなかった理由がある。しかし、その面をのみ見て、彼等をすぐに「家内奴隷」としてしまうわけにはいかない。

すでに寛元のころ、彼等の住む小屋の中には、それ自体、畠地をふくむ一画をなしているものがあり、地頭の在家役賦課の対象になろうとしている。また彼等の作田は、必ずしもその主たる人の名田のみを宛て作らされていたのではなく、他の人の管理下にある田地をも、あわせ耕作することが多かった。ここでは、人的関係は土地を媒介にしたものになっていないので、それは一面では、土地私有の未熟さを示すともいえるが、他面そこから、身分的な自由さのでてくることは、否定できぬであろう。

薬師堂の田地と一色田を耕作し、多分地頭の下人として堂に仕える僧でありながら、のちには「公文代」として姿を現わす石見《いわみ》上座《じょうざ》、自己の作田のために国衙の井水を切って落すことを敢てし、その科料一貫文のかわりに、馬一疋を出した地頭又代官下人包久《かねひさ》のような人のいたことを考えねばならぬ。

また、竜光法師という小百姓は、寛元の訴訟の時、勧心等本百姓に不利な発言をしたため、地頭代との板ばさみになり、逃亡した人であるが、地頭代の圧力はあったにせよ、いずれかの本百姓の所従であったと思われるこの人が、こうしたことをなしえている点に注目する必要があろう。

貞永式目が百姓の「去留」を「民意に任」せていたのは有名なことであるが、これを小百姓に適用できぬとする根拠はないのである。こうした面こそ、彼等が「奴婢」ではなく、「百姓」といわれた側面を示しているので、一方で「下人」といい「所従」といわれても、彼等にはなおある程度まで、その独自な意志を動かしうる余地があった。

中世社会の深い奥底に、なおこのような自発性と「自由」が残されていた点、われわれは注目しておく必要があろう。

共同体　こうした本百姓・小百姓たちの間に、同じ谷に住む人々同志の結びつき——寛元のころ、地頭をして「百姓の習、一味なり」といわせたほどの結合があったことは、もとよりいうまでもなかろう。*

*このような「一味」が、一面では地頭に対する抵抗、他面では、預所に対する年貢・公事の負担に関連して現われてくる点に注意する必要がある。以下にのべる共同体は、現実には、こうした政治的、ないし、年貢公事負担の連帯共同組織としての性格を、最初からもっていた。それは、この時期には、後述する縦の関係にかくれ、潜在しているが、やがて、惣百姓として表面にでてくる。

しかし、農民たちの田地に対する私有がなお不安定・未熟であったこと、また「親類・下人」を家内に居《す》え置くという隷属関係のありかたから考えて、この結合の紐帯の主要な側面は、やはり血縁を擬制した人的関係だったと思われる。本百姓とそれに従う小百姓(親類・下人・所従)の形成する家族的小共同体(地頭や預所の場合も、規模の点では差はあれ、本質的には同じであろう)、その小共同体相互が血縁・姻戚、あるいは血縁を擬した主従関係で結ばれることによって形成される荘民の共同体を、一まずそこに推定しうる。

それは、少なくとも表面では、家父長的原理で貫ぬかれているといってよい。しかし前述した勧心の姉のように、女性が自らの責任で公事を奉仕することも普通にありえたことだったので、この共同体では、女性もなおその独自な立場を失っていたとはいえない。その意味でここには、「原始の平等」の残存が、なおその生命を保っていた。

しかしこの共同体は、それ自体、強く自己を主張しうるだけの排他性・閉鎖性をもってはいない。定宴の下人成近、静俊の下人開善等、外から入ってきた人々も、それはたやすくうけいれてしまう。また、国衙の井水を切って落した地頭又代官の下人包久は、近くで働いていた百姓延員の意見に従ってこの行動にでており、彼等はともに語り合いながら、稲を苅り、田に水をひいていたのである。

もちろん、明らかに共同体外部の人も、時に荘内に現われる。寛元のころ、盗人を寄宿させたとして、地頭によって沽却されようとした間人《もうと》大門傔仗《けんじょう》夫妻とその小姨はその一例であろう。じつはこの盗人は、荘内を経めぐる乞食法師であり、大門傔仗は、その法師を寄宿させる家の持主であったが、間人として百姓から区別されている以上、荘内の百姓と関係をもち、田地を耕作するような人ではなかったろう。* 彼等は、結局、地頭の圧迫によって逃亡しているが、荘から荘に、一時的に腰をおちつけながらわたり歩く人々は、この当時の社会にはいろいろな形でありえた。荘民に稲を乞いながら徘徊する盲目の乞食法師も、そのような人たちであった。

*しかし、この人たちは、特殊な隷属民とするわけにはゆかない。たしかに彼等は、地頭によって売買されようとしているが、それは、地頭が罪科を犯した人と判断したことによってはじめておこりえた事態なのであり、判決がそれを不当としたように、罪科がなければ、こうした人々といえどもたやすく売買することは許されなかった。

しかも注意すべきことは、この時期の荘民たちとこれらの人々の間に、なお、身分的な差別観がはっきりとは現われていない点である。間人大門傔仗の沽却を不法として、地頭を訴えた勧心、また稲を乞うた盲目法師に働いて道をつくれといった地頭下人や時沢の子重弘の態度には、こうした人を特殊視しようとする気持はなかったといわねばならぬ。一応の身分差は設けられていたとしても、そこにはまだ、明確な身分意識は育っていないのだ。そして、これらの事実は、この共同体が土地私有を媒介したものでなかったことを示しているので、さきに原始の共同体の残存といったことは、この面にも現われているように思われる。

さらにまた、地頭・預所はもとより、本百姓といえども、「奴婢」＝奴隷といいうるような人を所有している場合はありえたであろう。さきの間人の小姨が売られた場合、彼女はそのような姿となって現われたに違いない。

このような人たちは、もちろん売買譲与の対象となりえたが、しかし一方、下人・所従といわれた小百姓、はては本百姓ですらも、こうした隷属関係の面から、同様の対象になることが十分ありえたことを考えねばならぬ。そのことは逆に奴婢に身をおとした人でも、百姓になりうる可能性をつねにもっていたことを意味している。「下人・所従」という言葉が、関係を示す言葉としてのみ使われ、一個の身分を示すものではなかった、この社会の特徴が、ここによく現われている。日本の中世社会では、奴隷はついに身分としては固定しなかった。

ある意味では、いまあげてきた荘民のすべてが、否、地頭・荘官すらもが「奴婢」でありうるほど、観念と形式の上でのこうした隷属関係の一般化が一方にあり、他面では、男女両性の権利の差もなお著しいといえず、居留の自由も認められ、身分差別観もまだ明確でないほどの「自由」が、現実にはある。早熟に形成された階級社会＝古代国家をもった、日本の中世社会の特色がここに見出される。

このような人々の生活を抱く、太良荘の谷には、しかし、新しい時代の波がひたひたとおしよせつつあった。谷の人々自身、それを敏感にうけとり、前進をはじめていた。建長の実検をこの荘がおえたころ、すでに中世社会は発展期にさしかかっていたのである。

第二章　発展期の荘園

第一節　領主名をめぐって

一　晩年の行遍

年始凶事アリ　国土災難アリ
京中武士アリ　政ニ僻事アリ
朝議偏頗アリ　諸国飢饉アリ
天子二言アリ　院中念仏アリ
当世両院アリ　ソソロニ御幸アリ
女院常ニ御産アリ　社頭回禄アリ
内裏焼亡アリ　河原白骨アリ
……………
東寺ニ行遍アリ　南都ニ専修アリ
……………
武家過差アリ　聖運ステニスヱニアリ

一二六〇(正元二)年、院御所に書かれた落書はこういっている。ほぼ正嘉の惨憺たる飢饉を境として、時代は次第に大きな曲り角にさしかかろうとしていた。

そのころ行遍は、いまをときめく大宮院(西園寺実氏女・亀山天皇母)に近づき、一二五四(建長六)年・六〇(正元二)年・六二(弘長二)年とつづいた御産の度ごとに東寺西院で仏眼法《ぶつげんほう》を修している。女院のこうした頻々たる御産、すでに長者でもなく、「天魔の所行」によって追われたはずの行遍の東寺西院での祈禱。それは人の目をそばだたせ、落書の筆者の諷刺の対象となるに十分な出来事だったのだろう。

たしかに行遍は年老いてますます盛んであった。引退したはずの身でありながら、彼は、その半生を傾けた東寺供僧の行く末についても、黙っていることができなかった。一応、形の上では供僧の手に渡したはずの各供料荘の荘務についても、供僧の経営ぶりは、彼からみればまことに覚束なく、口出しをせずにはいられなかった。とくに、正嘉の飢饉で一部の供料荘が打撃をうけ、損亡・未進が目立ってくると、彼はなにかと供僧のやり方に指図をするようになる。飢饉で最も大きな打撃をうけて、逃亡・死亡する百姓の多かった弓削嶋荘の立直しを定宴に命じたり、太良荘末武名をめぐるごたごたを、自らの指示で処理したり(四六頁)、彼の活動は細かく意欲的だった。

もちろん、彼は「供僧一円の沙汰」を変えようとしたわけではない。だが、「供僧無沙汰の間、庄家損亡せしむ」という評価から、渡されたはずの荘務権を駆使することもできず、一々干渉されねばならなかった供僧たちにとってみれば、この行遍の介入を素直にうけとることはできなかった。

一二六〇(文応元)年、供僧たちは、行遍の命で動いている聖宴・定宴の活動とは別に、弓削嶋荘を百四十貫で、定喜法橋という人に請け負わせている。そして、それを一つの足場にしてであろう、この年「供僧中相議し、十五口供料を割き分けて」、鎮守八幡宮に、新供僧一口をおいたのである。多分、それは行遍も承認の上でのことだったろう。しかしそれが「供僧中相議」した結果であり、行遍自身の意志からでたことではなかった点に、注意しなくてはならぬ。行遍に対するひそかな反撥を秘めた、供僧たちの最初の自発的行動が、ここでなされたのである。正嘉の飢饉は、こうして早くも、行遍と供僧の信頼関係に微妙なひびをいれた。

同じころ太良荘では、末武名主職についての定宴の工作が進められていた。乗蓮をのぞくために、彼が中原氏女を対抗馬にしようとしていたことは前にのべた(四六頁)。

稲庭時国の孫娘として、最も有力な国御家人鳥羽左衛門入道西迎(国範)を叔父に、同じく国御家人、瓜生荘下司脇袋右兵衛尉範継を夫にもつこの女性は、雲厳・時国以来の末武名の相伝文書を所持していた(系図5参照)。定宴はそれに着目したのである。彼が宝治の地頭との訴訟の際、探し出せなかった古証文がそこにある。それはさきに下った地頭に有利な判決を、覆えしうるだけの力をもつ証文だった。

しかし一面、このような有力な女性の主張が、そのまま六波羅の法廷に出されることは、末武名に対する領家の支配――ひいては彼自身の権利を根こそぎ失わせる危険もはらんでいる。彼の苦心はここにあった。

六波羅からの催促を無視して対決をひきのばし、このころ(正嘉二年)にいたって、一旦、乗蓮に名主職を与えることを認めたのも、彼の計算だったかもしれぬ。こうしておけば、表面は六波羅に譲歩しつつ、この相論を領家の法廷にひきこむことができるのだ。そうした上で、中原氏女とその夫脇袋範継との取引きを、彼は進めた。氏女の所持する文書を、定宴の地頭との訴訟のために提供すること、そのかわりに、末武名はもとより公文職も安堵する、という内約が、多分ここで両者の間に結ばれたと思われる。行遍も、このことは承知の上だったろう。

この内約は、一二六一(弘長元)年、鳥羽西迎が末武名の正当な継承者として中原氏女と範継をあげ、正式に預所に対して申し入れをしたことで、表面化した。中原氏女は直ちに訴状を提出、翌年、わずかに一問一答をかわしたのみで、年貢未進と「去年収納の最中に守護使を語り入れ、若干の費をいたしおわんぬ。今年また勧農に向うの節、同使を引き入れ、土民に煩をいたす」という理由で、行遍は乗蓮の末武名知行を停止、中原氏女を補任すべきことを聖宴に命じたのだった(「東百」ア六三―七〇(一七))。氏女と範継は、直ちに多くの人勢を率いて現地に向い、乗蓮の蒔いておいた苗をおさえ、作麦を苅りとろうとする。必死でそれを拒げようとする乗蓮は、打擲され、追い出される。騒ぎを聞きつけ、御家人間の衝突として守護使が駆けつけ、一旦、名には点札が立てられた。予想外のこの出来事はのちに一つの争点になるが、ともあれ定宴と氏女の密約はその実現に向って一歩をふみ出したのである。

しかし、すでに八十七歳の老乗蓮にとって、これは大きな打撃だった。それでも彼は、まだこの名を諦めず、聟左衛門次郎師房のってで、六波羅祗候人三鴨馬四郎為国にこの訴訟をゆだね、一二六三(弘長三)年に六波羅で訴陳が行なわれたが、これも敗訴に終り、名を回復する望みは完全に絶たれた。その上、末武名と同じ手段で手に入れた恒枝保公文職(彼の孫仲保はこの保の領家に祗候していたという)も、雲厳息女の縁につながる椙若妙蓮(雲厳の聟、椙若二郎康清のことか?)の反訴によって、彼の手から奪い去られたのである。度重なる打撃にたえきれず、乗蓮はまもなく死んだが、中原氏女と範継はその墓所の樹木をほりすて切りはらい、散々の恥辱を与えたという。

名もない凡下《ぼんげ》、落魄した一御家人雲厳の所従から身をおこし、ひたすら北条氏被官・守護代・六波羅祗候人等につながることによって、ついに悲願ともいうべき御家人の栄誉を一旦はかちえたこの乗蓮の生き方は、このころの非御家人・凡下の人々の夢と希望の一つをよく示しているといえるであろう。時代はなおそうした立身の余地を残しているかにみえたが、しかしそれはやはり錯覚でしかなかった。

　この国の伝統ある家柄を誇る中原氏女と、新たな野心に動かされる定宴は、乗蓮をむざんにふみにじって前へ進もうとする。そして、行遍自身が、この前進を積極的に支えたのである。

　一二六四(文永元)年、定宴は中原氏女の持つ古証文を根拠に、地頭を相手どった新たな訴訟をおこす準備をととのえた。行遍はそれをうけて、正式に六波羅に申し入れ、まさに定宴は問注を遂げようとする。こうして彼の予定の計画が実現しようとしたその時、行遍が死んだのである。十二月十五日、「日来の所労」により、八十四歳で、この精力的な活動家は世を去った。残された置文には四箇所の供僧供料荘について、「伝領の仁を定めず、寺家本領に混ぜず、一向新補供僧供料の地として、清廉の輩を以て庄務せしめ、用途に宛つべし」(「東百」と三〇号(一八)(鎌16・一一九七四))としてあった。

　もとより支柱を失った定宴は、訴訟を打ちきらねばならなかった。しかし、それは彼等の計画の一旦の挫折をのみ意味しているのではない。行遍の存在によって、ともあれ顕在化することをおさえられていた供料荘をめぐる矛盾は、その死とともに急速に表面にあらわれてくる。定宴や中原氏女の意図を、また行遍の遺志をもはるかにこえて、舞台はここに大きく廻りはじめたのだった。

二　時代の転換

　行遍の死後、菩提院門跡となったのは権大僧都了遍(西園寺公経の孫、実有の子。大納言法印といわれた)で、行遍の所領はすべて彼にうけつがれた。一二六五(文永二)年、了遍が本来の仁和寺菩提院の所領たる周防国秋穂《あいお》二嶋《ふたじま》荘(これも宣陽門院の寄進による)とともに、東寺供僧供料荘の弓削嶋荘・平野殿荘の預所職知行を、御室によって保証されたのは、その意味で当然のことであった。

しかし、彼が、一二六八(文永五)年に新勅旨田でおこった守護代との訴訟について、定宴の歎きに応じて口入したとき、東寺供僧たちは強くこれに反撥したのである。了遍は違う。いわば生みの親ともいうべき行遍のすることでは、彼等とても不満をおさえざるをえなかったろうが、了遍には新勅旨田も競望する意志があるのか。供僧たちはこう抗議したようで、了遍はわざわざ、「聊《いささか》も競望の儀に非ず候」と弁明しなくてはならなかった。

同じ問題は太良荘についても起こった。了遍の立場からすれば、この荘の荘務も、実質的には彼が掌握すべきだった。事実、行遍は死の直前までそうしていたのだ。しかしここでは、形式的にであれ、行遍は供僧に荘務を渡すと明言していたのである。供僧はそれをたてにとって了遍に対し、了遍もまた御室開田准后法助を通して、「寺領の如く供僧の計たるべきかの由、一旦その沙汰あると雖《いえど》も、件《くだん》の儀を変じ、故僧正(行遍)の計たるべきの儀に成り候趣の証文候か」と反論した(「東百」ほ二一号(一二)(鎌13・一〇三二一))。

こうして、行遍の生前から潜在していた供僧の菩提院に対する反撥は、早くも表面化しはじめる。だが、この時期の供僧の立場はまだ弱かった。太良荘・平野殿荘には、聖宴・定宴が預所・同代官として健在であり、納所《なっしょ》公文《くもん》としての定宴の発言は他の二荘にも及んでいる。行遍の遺した力はなお強く生きていたので、ここでは一旦表に出しかけた反撥をひそめ、一応、了遍に従うほかなかったのであろう。

一二六九(文永六)年に太良荘でおこった大番雑事をめぐる地頭との訴訟が(後述)、御室法助の挙状で武家に訴えられていることは、それを裏付けている。供僧はこの段階では、この荘をふくむ全供料荘について、公式の場ではなお脇役に甘んぜざるをえなかったのである。

しかし、すでに正嘉の飢饉に集中的に現われた社会の矛盾は、次第に深刻さをましつつあり、事態をこのままにとめておきはしなかった。なによりそれは、供料荘全般にわたってはじまった百姓たちの年貢公事未進と損亡減免の要求として、その姿を現わしてくる。

太良荘についていえば、定宴は一二六六(文永三)・七〇(文永七)・七三(文永十)年と、ほとんど三年おきに内検を行なわねばならなくなっている。それは「勧農」ともいわれているが、むしろ損田・得田を明らかにし、その年の年貢を確定することに重点がおかれており、定宴自身の意志よりも、百姓の損免要求がその原動力であった。しかも、損田は次第に増えてゆく傾向すらみられ、こうした処置を定宴がとらなかった六九(文永六)・七一(文永八)年には、わずかながら未進が現われている(表7参照)。

表7　太良荘内検目録に現われた損亡

西　暦	年　号	定　米	損亡除	残　米
1266	文永 3	石 150.876	43.14885	107.72715
1270	文永 7	150.845	47.531	103.314
1273	文永10	150.813	67.187	83.626
1276	建治 2	150.813	48.02316	102.78984

未進と損亡。これは単にこの荘や他の供料荘のみにとどまらず、ほぼ全社会的な現象であった。

一見これは、農民の自然との闘いにおける一時的敗北によるかのようにみえる。しかし、事実は逆に、この時期、彼等が新たな前進をかちとっていることを示しているのだ。

太良荘で、早米・中米という言葉があらわれ、品種の分化が明らかになるのは、このころからのことである。二毛作の事実もまた確認できる(乗蓮の末武名田には麦がまかれていた。ただこの荘では、二毛作田の比重はさほど大きくはなかったろう)。多少なりとも新田の開発の事実もみられる。これらは畿内を中心にひろく確認できることであり、鉄製農具の普及・牛馬の使用等がそれを支え、大量の施肥が必要になってきたといわれる。反当収量は、当然その中で次第に増えていたはずである。それのみではない。農業生産力の発展は、農業以外の諸産業――漁業・林業や手工業等の分化の条件をつくり出しつつあり、交換の活発化とともに、一般的な流通手段として、銭や米が、はじめて本格的に流通しはじめていた。それは農民たちの前に、いままで彼等の経験したことのない新たな世界をひらくものだった。貨幣の魅力は、ようやく彼等をもとらえようとしていたのである。川向うに遠敷市をのぞむ太良荘の農民たちも、また例外ではなかった。

このような社会の前進にも拘らず、否、まさにそれ故に、未進・損亡はおこってきたのだった。この現象が、中世社会の矛盾の集中的表現、といいうる理由はそこにある。

すべての領主——百姓の年貢公事に依存する人々の生活は、こうして根底から動揺してきた。それは菩提院や東寺供僧のような荘園所有者のみではない。守護や地頭・預所とても、また同じ事態に直面していたのである。この動揺を克服するために、彼等も、否応なしに前に進まなくてはならぬ。主と頼む人に負っている負担を自ら対捍し、あるいは、百姓に対する支配を強化して、領主たちも新らたな道を摸索しはじめる。

太良荘地頭若狭四郎入道定蓮(忠清)も、その一人だった。彼は「事を走湯《そうとう》造営によせて」、京都大番役の勤仕を懈怠《けたい》する。御家人にとって最も重要な義務たる大番役にすらこの事実がみられたのである。まして一般の領家に対し、地頭がどのような態度にでたか、それで想像ができるであろう。

もとより、六波羅は定蓮をきびしく督促し、一二六九(文永六)年、番役を勤めなければならなくなった定蓮は、今度は、その負担を百姓たちに転嫁しようとする。薪・藁・糠・馬草・炭・雑菜等、計二百五十文の反別雑事を、彼は太良保十七町二反百九十歩(地頭はこの荘を太良保とよぶのが通例であり、この田数は国衙の大田文《おおたぶみ》にのった、この荘の定田数である。表1参照)に賦課した。これは、「先例なき地頭の新儀非法」にほかならぬ。

百姓の訴えに応じ、定宴はこれを六波羅に提訴する。式目をひき、追加法を引用し、地頭の陳状を逐一弁駁する有能な雑掌ぶりを、そこで彼は遺憾なく示したのであるが、しかし六波羅の法廷は、もうそれのみでは動かなかった。訴訟を有利にするためには、六波羅奉行人を「すかす」ことが必要になってきていたのである。道理にもとづく論理と弁舌よりも、実質のある富の力の方が重くみられる風潮は、この方面にも明らかに現われてきた。定蓮が雑事を現物でとることを好まず、貨幣を強く望んでいることにも、同様の傾向がうかがわれる。貨幣の魅力は、彼等をもとらえつつあった。

このような手段をとったにも拘わらず、訴訟は定宴の思うようにはこばなかった。反別雑事は阻止できたが、夫役雑事という名目で勤仕するようにと六波羅からいわれ、それなら定蓮の全所領十八箇所三百四十三町に、日別雑事としてあてればいくらにもなるまい、と皮肉まじりに弁駁した定宴の努力も、恐らく実りはしなかったろう(「東百」な一一―一五〈一一六〉〈鎌14・一〇四七八〉)。

しかし、定蓮のように、負担を一応百姓に転嫁しうるような人ばかりではなかった。領主の中には負担に苦しみ、借銭のため所領を質入し、結局、人手に渡さなくてはならぬような人も少なくなかった。

文永年間、このような状況に御家人が陥ることを抑えるため、幕府は新たに立法しなくてはならなかったが(一二六七〈文永四〉年十二月廿六日の質入・売買の禁止は、一旦破棄されたが、一二七三〈文永十〉年、さらに質券所領の回復令がでている)、そうして出された法令自体、それを本当に必要とする人々よりも、権力をもつ人の富をます手段に使われる場合すらあったのである。供料荘の一、新勅旨田で、この法令を根拠に、守護代・守護家人が田地を押領し、作毛を苅りとっているのは、そのよい例であろう。

しかし、所領を失った人々も、すぐに回復の望みをすてはしない。山賊・海賊・夜討・強盗等、手段をえらばぬ行動にでて望みを達しようとする人々が多くなり、一攫千金を夢みて博奕が流行する。幕府が禁圧に苦しんだ「悪党」の中には、こうした人々が多かったろう。

だが逆に一方では、それらの人々の所領を手中にして、成り上ってゆく道も新たにひらけてきたのである。こうして所領を集める非御家人・凡下に対して、幕府の圧迫はきびしかったが、それをのりこえて、新たな時代の波は、すべての人々を次第にその中にまきこみつつあった。

もとより、供僧供料荘もこの波にゆすぶられていた。増大する未進・損亡、頻々とおこる訴訟のための支出の増大等々、年貢公事収入は、著しく不安定さをましてきた。しかしその中にあって、供僧たちは、当然主役たるべきこれらの荘で、まだなんの権威ももちえていない自分たちの地位を、あらためて思い知らされたのだった。

一二七〇(文永七)年、平野殿荘の下司・百姓等は公事を対捍、年貢を未進し、供僧がきびしく催促に催促を重ねても、あるいは菩提院の、あるいは大和国最大の権威、興福寺・春日社の公事にかこつけて、いっかなこれに応じようとしない。しかも、山の木を伐り売って、松茸の豊かだった山を荒してしまうような動きをみせはじめていたこの荘の百姓たちは、言外に供僧を軽んずる態度をみせてはばからなかった。

いらだつ供僧と百姓との間に立った預所聖宴は「当荘の百姓、余所に似ず事において強剛に候」といい、原因を興福寺の存在に求めて、供僧を慰撫してはいるが、彼とても、「菩提院に申され候へば宜しかるべく候」というのが、結局のおちだったのである。

だが、承仕の真勝は、もっと露骨にいってのける。平野殿荘の年貢の中から出されることになっていた西院大師生身供の未済を責め、彼は供僧に対してこういう(「東百」ヨ一三―二〇)。

これ偏《ひと》えに、供僧御沙汰の間、預所も忽諸にせしめ給い、百姓等も蔑如し奉るの故か。

これは事実だった。菩提院了遍の評価も、また全く同じだったろう。しかし、供僧たちの現実認識は、この「蔑如」の眼の真只中でこそ養われていた。そしてそれが、やがては、菩提院や聖宴、またあの定宴すらもおさえて、供料荘を支配し、東寺の中心になってゆくとは、まだ誰もきづいてはいなかったのである。

三　聖宴と定宴

供料荘にかかわりをもつ人々の間には、次第に抜き難い不信が育ちはじめていた。それは、行遍の下、供料荘経営になくてはならぬ緊密なコンビだった聖宴と定宴の間にも、ひそかにその芽をのばしつつあった。

一二七〇(文永七)年、太良荘末武名の相論に敗れて死んだ乗蓮の娘藤原氏女が、現名主中原氏女に新たな訴訟を挑んだ。だが、この訴訟はまことに不可解な訴訟だった。ここで藤原氏女が提起した主な論点は、八年前の訴訟のとき、中原氏女とその夫範継が守護使を引き入れた点にあった(六四頁参照。点札を立てた守護使のことである)。それなら、どうして彼女はもっと前に訴訟をおこさなかったのか。しかも彼女の持ち出した証文は、乗蓮の時と同じ、例の偽文書であり、中原氏女の保持する堂々たる証文に到底かなうようなものではなかった。

また、その家柄や勢威の点からみても、彼女は中原氏女の敵ではなかった。中原氏女は若狭国最有力の御家人鳥羽一族という強力な背景をもつ女性であることは前にのべた。しかし、藤原氏女の夫二郎入道師総(房)は、国御家人小崎太郎時盛の重代郎党で、小崎没落後は、松永保地頭多比良太郎能総の許で郎党として召し仕われ、「反歩の田畠ももたぬ浪人」ともいわれた人にすぎない。その子息仲保も、恒枝保領家の祗候人であり、同保公文職を得たことはあるが(六四頁)、すでにそれを奪われてしまっている。いわば、彼女は全くの凡下の身分、一介の百姓の妻にすぎず、中原氏女からみれば、自名内の「在家人」でしかなかったのである。

それだけをみるならば、訴訟の結果ははじめからわかっているといえるだろう。ところが藤原氏女は訴訟をおこし、簡単に敗れるどころか、この年、三問三答を行なって、なお未解決、結局、真の解決を数年後にまでもちこしたのであった。藤原氏女は、じつによく争ったといわなくてはならぬ。一体、どうしてこのようなことがおこりえたのか。この疑問は、藤原氏女の背後に、かの預所聖宴がいた事実を知ることによって氷解する。では、聖宴はなぜ彼女を推したのだろうか。

聖宴は、定宴と違って、とくに実務に有能だったわけでもなく、策を弄することなどできぬ、真面目で一途なところのある僧だったように思える。だから、定宴と中原氏女の策謀におどらされて失意のうちに死んだ父乗蓮の歎きを負い、藤原氏女が訴えてきた時、聖宴が深く同情し、心を動かされたとする想像は、彼の場合には的はずれなことではないだろう。しかし、彼女を支えれば、定宴と対立することは目にみえていた。それを、聖宴はここで敢てしたのである。とすれば、この訴訟を再燃させた聖宴の行動には、定宴に対する暗黙の批判がこめられていたと考えねばなるまい。

彼にとって、このころの定宴のやり方は、余りにも勝手なものに思えた。かりにも彼は正預所であり、定宴は彼の代官だったはずである。だが、行遍の晩年のころから、定宴はほとんど彼を無視して行遍の指示を仰ぎ、あたかも、自らが預所のごとくふるまっている。それだけに、行遍の死後、激しい時代の波の中で、聖宴は一しおその立場の弱さを感じていたに違いない。自分が預所である太良荘で、一つの名田ぐらい、その意志をとおし、自分の手元におさえておきたい気持もあったろう。元来末武名は預所名——彼自身の名といってもよいはずである。それを定宴は、まるで自分のもののように、中原氏女と取引をしている。こうした定宴の行動に、聖宴が次第に憤りを抱くようになっていったとしても、それは自然であろう。

末武名の訴訟にのり出した聖宴の気持は、おおよそこのようなものではなかったろうか。とすれば、当然この訴訟はたやすく解決するはずはなかった。いわばそれは、預所とその代官のひそかな争いでもあったのだ。さすがに定宴も、こうした挙にでた聖宴に表立って反対することはできなかった。訴訟はゆきづまり、引きのばされる以外に道はなかったのである。

だがこの訴訟にはまだ別に役者がいた。勧心・真利等の古老を中心とした百姓たちがそれである。停滞する訴訟の間をぬって、彼等は、中原氏女・範継も、藤原氏女・師総も、ともに寺家にとって危険な人物であることを力説し、末武名を預所名として、名主をきめず百姓たちに配分してほしいと訴え、それなりの歴史的根拠を提示したのだった(成正―凱雲―刑部卿法橋―雲厳―預所名という、彼等なりの理解がそこに示されている)。ここにいたって百姓たちが、自らの独自な意志をはじめてはっきりと主張したことは(この一二七〇〈文永七〉年六月晦日の百姓等申状は、史料に現われる限り、この荘最初のものである)、もちろん注目できる。しかし、別の見方をしてみれば、この行動は、さらに非常に政治的なものにみえてくるので、勧心たちは、対立する聖宴と定宴の間に立って、両者のもつれをほどきつつ、名田を事実上自分たちのものにしようとしたのだ、とも考えられる。そうだとすれば、勧心たちは、もはや定宴の意志をはるかにこえたところで動いていることになろう。それが考えすぎであっても、すでに内免一町を押募り、多くの損田を定宴に認めさせるようになった彼等百姓の成長ぶりの一端を、ここにうかがうことはできよう。彼等の訴えは、この時にはとり上げられることもなく、訴訟を動かす力にはなりえなかったが、やがて勧心たちの子孫の時代に、この主張がある形で結局実現されているのを、のちにわれわれは見るだろう。

しかし、当面聖宴と定宴の暗黙の対立を表面化させ、訴訟の停滞を打ちやぶった力は、全く別の方向から働いてくる。この相論が太良荘で進行していたのと同じ一二七〇(文永七)年、乗実法橋という人が、弓削嶋と新勅旨田の預所職を、行遍に対する過去の借物の代として、供僧に向って要求してきた。いわばこの両荘を借上げようというわけであり、供僧にとってみれば、これは菩提院の因縁で、預所職が自由に動かされる危険がはっきりでてきたことを意味する。そしてこれも、彼等に対する周囲の蔑如の一つの現われであったろう。

一二七一（文永八）年、供僧たちは、「一寺の大事」たるにより一同に会し、対策を協議したが、翌七二（文永九）年に入ると、果然、彼等はその反撥を公然たる形であらわしはじめる。

この年、供僧たちは、再び供僧供料を割き分け、二口の供僧を加え補し、文応の一口（六三頁）とあわせて三口を鎮守八幡宮においたのである。それは「亀山院の勅願」により、「三長斎月において最勝王経を転読する」ためといわれている。すでに皇統の分裂は明らかであり、蒙古来襲の危険は刻々と迫っていた。この不安な状況をとらえ、供僧たちは天皇の勅願を得ることに成功したのであろう。

しかし、これは供僧自身の歩みに、決定的な転機をもたらした。同年七月、いまは十八口を数えるにいたった供僧たちは、大師宝前に集り、一同評定を遂げ、設置以来はじめての置文を定めて、体制をととのえる。そして同じ月、彼等は十八口一同の意志によって太良荘における守護代との訴訟を、直接六波羅にもちこんだのである（補注3）（「東百」ヱ二五―三二〔七〕（鎌15・一一〇六六））。

ここにはじめて、彼等は御室や菩提院の力にたよることなく、自らの意志と権威によって行動したのだった。この訴訟自体は、末武名の相論に守護使が介入したことに対する訴訟とも、前年に行なわれた国検にからむものともうけとれるが、恐らく訴訟そのものはここでは問題でなかった。なにより、この行動そのものが、供僧たちにとっては、大きな決断を必要とすることだった。のちに、供僧たちは、この行動をこう説明している（「東百」ホ二一一―三五〔六〕（鎌遺研一〇・三二五））。

守護代のために庄家妨げられるの時、武家に訴え申すの間、供僧、当寺八幡宮において祈禱を致すの刻、不思議の神験あり、道理に任せて成敗の後、供僧供料を割き分け、三口の供僧を八幡宮に成し置く。そこには前後の倒錯があり、誇張もあろう。しかし「不思議の神験」としかいえぬような力に支えられ、その決断がなされたことは事実であったろう。

十八口供僧は、こうして周囲の蔑如をはねのけて、自らの足で立ってその歴史をひらきはじめた。はるかのちまで、この十八口が東寺供僧の中心として「本供僧」といわれた理由は、ここに求められる。東寺の歴史は、明らかに一時期を画したのである。

さすがに定宴は、これに対して直ちに敏感な反応を示した。太良荘における寛元・宝治の訴訟の功をあげ、行遍の与えた内々の保証をたてにとり、彼は預所職に正式に補任されることを供僧に求めてでたのである。そこには、彼の得分の中から米五石・大豆一石一斗をさき進めるという交換条件も付けられていた。

たしかに、太良荘の経営に傾けてきた彼の努力を、一つの形に固めておくために、この時期は絶好のチャンスだった。だがそれは、聖宴——恐らく彼の主にも当る立場に立つ聖宴に対する、明白な背信行為にほかならぬ。もちろん定宴もそれを承知していた。しかし、家柄もとるにたらず、位官もない彼が、その一生の努力をなんらかの形で子孫に残すとすれば、この機会を逃すわけにはいかなかった。独自な道を歩みはじめた供僧にとって、菩提院に補任された預所聖宴の存在が、いよいよ不快なものになってゆくだろうことを、彼は十分見通していたのである。

果たして、供僧は彼の求めに応じた。「供僧の御計、臨時の御恩」という恩きせがましい条件をつけられ、「女子が相継ぐべき」所職という制約を付されはしたが、取引は成立し、彼は、ここにいたってついに、息女藤原氏女(阿古、東山女房、のちの尼浄妙)に対する預所職補任状を供僧からかちえたのである。

長年の念願を叶えられた定宴の喜びは、もとより大きかったろうが、供僧にとっても、これは一つの前進だった。すべての供料荘から菩提院の影響力を除き去る道に向って、彼等は第一歩をふみ出したのであった。

だが、この補任によって、聖宴と定宴との対立はもはや決定的なものになった。菩提院補任の預所と供僧補任の預所。同時に二人の預所が一つの荘園にのぞむという、余り例のない事態が現われたのである。もちろん、そこで一挙立場を弱めたのは聖宴だった。すでに行遍なきいま、彼はここにほとんど孤立したといってよかろう。

しかもこの年(文永九年)、多額の年貢収入を料荘からかちうることに成功した供僧は(図4参照)、いよいよ強い圧力を彼にくわえてくる。一二七三(文永十)年、六条殿修理役が開田准后法助・了遍を通じて平野殿荘に賦課されてきたとき、これに対する供僧の拒否は頑強をきわめた。この交渉で、対立する菩提院と供僧の間に立たされた聖宴は、供僧からのはげしい非難に答えて、意ならずして預所の地位におかれていることの苦しさと、供僧に対する過去の彼の努力を縷々とのべつつ、「凡そ進退谷《きわ》まり候」という言葉を吐かなくてはならなかったのである。

ここまで追いつめられて、この老僧の不満はついにせきを切った。彼は末武名の相論について、公然と藤原氏女(乗蓮の息女)の側に立ち、彼女の内々の申状にそえて、その補任を望む書状を供僧に書き送る(「白河本東百」八七〈東百よ一九四〉〈東無号七一〉)。

聖宴の存日にその沙汰なく候はば、向後愁訴を達し難きの由、頻りに歎き申候の間、かくの如く執り申し候。所詮多年貴寺の奉公、その詮候の様、御計候はば、殊に本望たるべく候。(補注四)

この名だけは自分の手に確保したいという願いも、たしかにあったであろう。だがそれ以上に、供僧の無理解に対する抗議と、あらわに言葉には出さなかったが、定宴の背信に対する憤りが、彼を動かしていた。

長い年月、供僧の誕生と成長のために奔走し、供料の送進のために心をくだいてきた彼の努力は、無だというのか。それがそうでなかったことを証するためにも、この願いだけは通してもらいたい。供僧にあてた彼の一連の書状には、老の一徹といってもよいほど頑固なものが貫いていた。

たとえ供僧がどうしようとも、預所は自分であり、定宴は代官にすぎないのだ。その権限を駆使するのが、なんで悪いのか。恐らくこうした思いをもって、この年の初め、聖宴は、勧心死後の名主職を望んできた百姓西念(勧心の甥、後述)に対し、定宴を全く無視して、敢て勧心名半名々主職の宛行状を自ら与えてゆく。だがこれこそ、この荘ではじめて下された百姓名々主職の補任状だったのである(後述)。

この老僧の一念の前には、さすがの定宴も沈黙せざるをえず、供僧もこれを却けるわけにはいかなかった。一応はうけいれたものの、守護使を引入れた科ありとして、なお藤原氏女の補任に難色を示す供僧に対し、聖宴はすぐ彼の「下人」、順良房快深を氏女の代りに推し、

所詮、貴寺の奉公を以て、所望成就せしめ候者、殊に以て本意たるべく候。故前大僧正御房(行遍)興隆の御懇志においては、愚意の及ぶところ、随分随順し奉り候。宿老御中、定めて往事御忘却なく候歟(「東百」メ五一―七〇〔二八二〕〔東無号九五〕〈鎌15・一一五三〇〉)。

と重ねて書き送る。

そして一二七四(文永十一)年、供僧はとうとう、守護使入部の科と松永保地頭に名田を押領されたことを理由にして、中原氏女を却くべし、という指示を聖宴に与えたのだった。彼の意志は通った。

本懐すでに満足せしめ候了。凡《およ》そ謝す所を知らず候(「東百」コ一―一四〔五一〕〈鎌15・一一五四三〉)。

一つの、わずか二町余の名田を得たにしては、余りに大形な感謝といえるかもしれぬ。しかしその所領の大小

以上に、ここには彼の半生の仕事の意味がかけられていたとすれば、この喜びは当然であった。

喜びの中で聖宴は、自ら下文を書き、快深はこれを請けて現地に下る。予想される中原氏女側の反撃を考慮して、この補任は乗蓮の跡の相続でなく、「別の御恩」として行なう形をとり、藤原氏女は、快深の下で小百姓として半名を与えられる内約もできていた。手はず通り、すぐに「勧農の沙汰」を開始した快深に対し、果たして中原氏女・範継はきびしく抗議するとともに東寺に訴えてでる。直ちにとりかわされた二問二答で、快深は終始高姿勢をたもち、供僧もまた、彼に勝訴を与える方向に動きつつあった。ここまでは、恐らく聖宴の予測の中のことであったろう。

老僧の口入、思し召し放たるべからざるの由の御評定、落居せしめ候の旨、承り及び候の間、悦入り候（「東百」ル三〇—三七（一二〇五））。

先度の御成敗に任せ、快深相違あるべからざるの由、悦び承り候（「東百」モ一〇—一二（一二五七）（鎌15・一一六四九））。

彼の願いは、まさに実現の一歩手前にあるかにみえた。しかし、いままで専ら弁明に終始していた脇袋範継の態度は、ここで突如変る。彼は論旨を一変、式目と寛元以来の幕府御教書《みぎょうしょ》を引き、非御家人快深に御家人領たる末武名を与えることは法に背く、といい立て、あたかもこれに応ずるが如く、守護所も相論に介入してくる。

急転直下、快深勝訴の望みは全くたたれた。新事態を前に、藤原氏女は再び快深に代り、自分こそ御家人として適格であると申しでるが、聖宴は、もうこれについてはなにも発言しなかった。この打撃のためか、彼は再び立つことのない病に倒れたのであろう。彼にかわって守護所との交渉に当たったのは、早くも「預所」と自署した定宴だったのである。

だが、聖宴の悲願実現を阻んだのは、彼や範継個人の意志をこえた、時代の大きな力だった。それは、深まりゆく社会の矛盾の中で、目前に迫りつつある外寇――蒙古襲来の脅威そのものの圧力であった。

一二七一(文永八)年以来、幕府はきびしい悪党鎮圧令を発し、一切の動揺を押えて警備に全力をあげる態度を明らかにしていた。翌七二(文永九)年には、全国に田文の調進が命ぜられ、若狭国でも調査と注進が行なわれたが、もとよりそれは、動員態勢の整備のための方策にほかならない。しかも、この田文調進には、文永初年以来とり上げられてきた御家人の売買質券地の回復を強行しつつ、それを確定せしめんとする一面があり、それが、この国の御家人の新たな反応をよびおこしていた。

一二七三(文永十)年、若狭国御家人たちは、再び「旧御家人跡」のことについて訴状を出し、これをうけて、「子細を尋ね明らかにすべし」という関東御教書が、守護に対して下ったのである。

これは一応、寛元・建長のころ未解決だった問題を(三九・四〇頁参照)、この機会に乗じて一挙解決に導びこうとする御家人たちの動きともみられよう。しかし、範継がその態度急変の直接の論拠としたのが、この御教書だったことの意味を考えなくてはならない。あるいは、この御家人たちの訴訟自体、末武名の訴訟を契機にしていたとも思われるが、たとえいずれにせよ、御家人等の動きを背景にした範継の態度、また「御家人跡のこと、近年守護に仰せ付けられ、関東より殊に計御沙汰有る最中に候」としてこれを支えた守護所の動きが、快深・藤原氏女のような非御家人・凡下の人々の訴えや、それを支えた聖宴の悲願を、強圧的にふみにじる結果になっている点、注意する必要があろう。寛元・建長のころとの時代の差は、この点にはっきりと現われているといわなくてはならぬ。

同じく「御家人跡復興」といわれても、前には、地頭にふみにじられた土着の人々の権利を擁護することに主眼をおいていた幕府の法令が、ここでは、非御家人・凡下の主張をおさえつけるための根拠とされている。社会の発展は、すでに、幕府本来の政策を継承しつつ全力を外敵防衛に向けて立とうとした幕府首脳部の主観をこえて進んでいたので、この方向に進めば進むほど、幕府は自ら専制化し、その体制は否応なしに権力化してゆかなくてはならなかった。

もちろん、非御家人・凡下たちは、この圧力に屈しはしない。時代の流れは、むしろ彼等の前にこそ、新たな道をひらきつつあったのだ。

しかし、年老いた聖宴は到底この圧力にたえられなかった。病の床に倒れた彼にかわった定宴も、また供僧も、ここにいたってまで彼の意志をふみにじろうとはしなかった。快深にかわる藤原氏女の補任が急遽行われたが、守護所は彼女をも非御家人と断じ、ついに末武名に、その点札を立ててしまう。

藤原氏女の弁明、定宴の再三の抗議にも拘わらず、この点札は抜かれなかった。のみならず、これに並行して、地頭若狭定蓮が、一色田に対して、先例のない大番用途銭を賦課してくるということもおこり、定宴はそれにも奔走せねばならなかった。

この間におこった文永の役に伴う時代の緊張は、この小さな谷間にもひしひしと迫っていた。そして、この非法を責めた公文代(石見上座。五七頁参照。地頭側を代表する人)宛の書状の中で、定宴は大進僧都聖宴の死を伝え、自らが正預所たることを、あらためて地頭に報じたのである。

ここに、聖宴の敗北、定宴の勝利を見出すことは一まずは可能だろう。しかし、聖宴が不当な処遇に対する憤りの中でとった処置は、決して死にはしなかった。それは、単に末武名の紛争をいたずらに長びかせたというだけでなく、悲境におかれた人々――藤原氏女や西念に所を与え、やがては定宴をもこえてすすむ新たな時代の流れに、意図せずして突破口をひらいたのだった。どんな小さなものであれ、正当な怒りは、歴史をおしすすめる力になりうるという一つの真実を、ここに見出すことはできぬであろうか。

四　定宴と静俊

蒙古は、日本の社会の内に育ちつつあった矛盾を激発させて、一旦退いた。外圧によって、潜在していたものが表面にあらわれ、摩擦はいたるところで激化してくる。

供僧供料荘でも、さきの太良荘をはじめ、蒙古に備えるための兵粮米として年貢や舟を守護によって押さえられた新勅旨田、網をめぐる地頭と預所の対立がおこった弓削嶋、下司や惣追捕使の抗争から興福寺一乗院の介入を招いた平野殿荘など、一二七四(文永十一)年から翌七五(建治元)年にかけ、例外なしに動揺がおこっている。当然、年貢収入は激しく動揺し(一二七三〈文永十〉年、供僧供料は、前後十年間の中で最低を記録した。図4参照)、供料荘からの収入に多少ともかかわりをもつすべての支配者たちを、否応なしに、対立にかり立ててゆく。本家米の減少をきびしく譴責する歓喜寿院(太良荘)、滞りがちな大師生身供に不満をならす東寺西院公文(平野殿荘)。菩提院と供僧のみでなく、あらゆる従来の信頼関係に、ひびが入りつつあった。しかし、供僧たちは、この動揺をむしろ積極的にとらえ、自己に有利に導きつつ前進をつづける。増大する未進、現地支配の混乱の責任を、すべて菩提院の補任による預所に帰し、彼等は了遍を激しく責め立てていった。

一二七五(建治元)年、ついに了遍は後退する。弓削嶋荘の預所職補任権は、彼から供僧の手にわたされた。しかも同じころ、供僧は、新勅旨田についての守護代との訴訟も、御室・菩提院の介入なしに、十八口の連署による挙状をもって、六波羅にもちこんだのである。太良荘(なお形式的で、定宴の力が及んでいるが)についで、この両荘の現地支配――荘務権も、こうして供僧の手ににぎられた。

この余勢を駆って、供僧たちは、さらに供料荘の拡大を求めてゆく。

凡そこの四ケ所の用途、九牛の一毛なり。よって本寺の城郭すでに荒れ、僧侶の衛護、微少に候歟。今、異国競い来る境節、尤も驚かざるべからず、歎かざるべからず候。賢慮を仰ぎ、叡念を廻らして、当寺の荒廃を興隆せしめて、護国の秘法を勤修さるべく候哉。

あたかも蒙古の襲来は、供僧供料荘が少なく、東寺が荒廃したことによるといわんばかりの口調で、彼等は連署状を進める(「東百」と三〇号〔一八〕〔鎌16・一一九七四〕)。

一方、平野殿荘役になっていた西院大師生身供の供料を、もとのように野口荘役として復活することを求めた連署状も提出され、これには、それを認めた院宣を得た(「東百」わ七―九〔一〕〔鎌16・一一九九六〕)。

ほとんど、とどまることをしらぬ彼等の歩みの前に、またしても弓削嶋・新勅旨田の預所職を望んででた乗実法橋が(七三頁参照)、「一寺の怨敵」とする供僧皆参の訴えによって一蹴されたのは、当然の成り行きであった。「蔑如」されていた供僧たちは、こうして、一躍、東寺の中心に躍りでた。蒙古襲来とそれに伴う社会的動揺は、一面で、このような新たな力が、支配者の表面にでてゆくための足場を与えたのである。

だが、定宴が太良荘の正預所になったのは、この供僧たちの下だった点を考えねばならぬ。その圧力は重く彼の上にのしかかっており、自由に手腕をふるいうる余地は、ほとんどなかったといえるであろう。しかもこの状況下、彼自身の身辺で、彼を悩ます問題がつぎつぎとおこってくるのだ。

丁度、弓削嶋荘の預所職が、了遍と供僧の間で問題になっていたころであろう。彼は太良荘預所職に補任されたのに力を得て、子息大蔵丞盛光を弓削嶋荘預所に推したことがあった。この荘でも、定宴はかつてかなりの功績をあげていたが、これは恐らく、問題にされなかったと思われる。やむなく彼は、大蔵丞のために太良荘の田地四反を与え、聖宴の死ぬ前後のころ(一二七四〈文永十一〉年)、現地に下した。

しかしこれは、聖宴時代から二十余年間、代官(厳密には又代官になろう)として実務に当っていた定宴の別の子息阿性房静俊(四八頁)を、著しく刺戟する結果を招いた。実際、百姓たちの目からみれば、静俊は聖宴時代の代官、大蔵丞こそが、定宴の代官とみえたに相違ない。それに、二十年以上にわたる静俊の荘務のやり方に対しても、百姓の不満は少なくなかったであろう。定宴の「年来の下人」たる定使・綱丁の十郎成近(四八頁)など、露骨にそれを態度に現わし、静俊の「小主」、北山女房に悪口狼藉を働いたといわれる。兄弟の仲は、日に日に険悪になってゆかざるをえなかった。

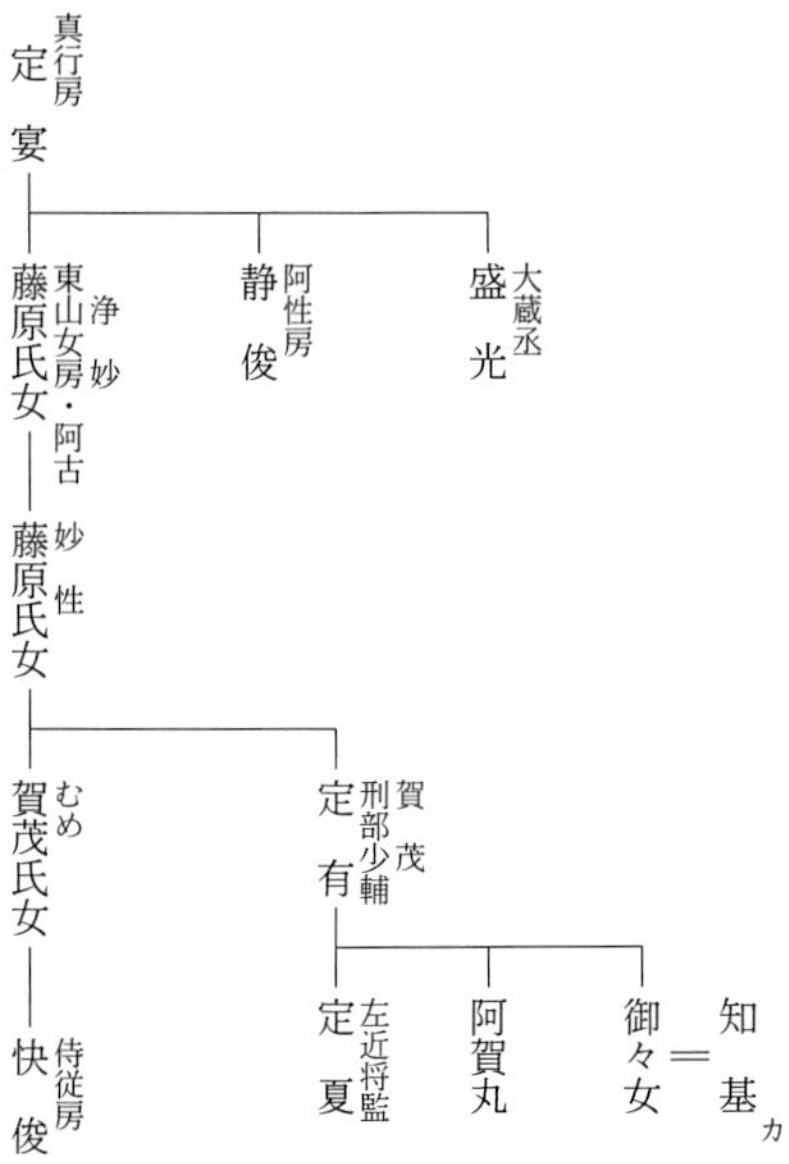

系図4　預所

そんな空気の中で、一二七五(建治元)年、静俊が荘の古老真利の名田の一部を自分の作田としていたことが問題化し、ついに百姓たちは一致して、「阿性(静俊)を代官として用うべからず」といい出したのである。静俊はこれを供僧に訴え、供僧年行事から、しきりに処置を求める下知が定宴に下ってくる。やむなく定宴は、自らのり出して百姓の説得に当たり、ともあれ事をおさめたのだった。

だが、大事な時期に供僧に対してこのような負目を負わされた定宴の、静俊に対する怒りは大きかった。しかしまた、静俊にしてみれば、「年来の作田」をとり上げ、百姓に味方した父の処置には、全く不満であった。これではしめしがつかぬ、と定宴は思ったのだろう。供僧の補任によって、正式にはこの荘の預所になっている息女阿古(藤原氏女・東山女房)を現地に下し、筋目を明らかにしようとしたのである。しかしそれは、いよいよ事態を悪くしただけだった。

静俊の下人開善が、「東山女房には房仕雑事はする必要がない、政所から追い出してやる」といえば、成近は北山女房に悪口を吐くということになり、ことは女性同志の争いにまで及んでしまった。しかも、成近を憎んだ静俊は、父の意志に逆らって、その作田と定使・綱丁職をとり上げるという挙に出たのである。激怒した定宴は、直ちに静俊を代官の地位から追おうとしたが、静俊もさるもの、この職は寺家から直接宛てられた職、父の命にたやすく従うわけにはいかぬと頑張り、とうとう定宴は、心ならずもわが子と、供僧の法廷で争わなくてはならぬ破目に陥ったのである。

型通りの二問二答をかわしたのち、定宴は自ら、自分たち親子に対する下知状の案文をつくって供僧にさし出し、早急にことをおさめはしたけれど、彼にとってこれはなんともいまいましい限りの出来事だった。供僧に対して最も緊張を必要とする時に、自分の訴訟に自分で下知状の案をつくるという、全く滑稽なほどの醜態を演じ、あがけばあがくほど、供僧の権威を百姓たちの前におし出す結果になってしまったのである。だがそこにも、彼の意志をこえた時代の移りかわりがあったのだ。

定宴は「年来の下人」のつもりだったろうが、このことの起こりをつくった十郎成近などは、恐らく彼の理解をこえた人ではなかったろうか。預所一族の対立の中を巧みに動き、自分の立場を固めていったその動き方は、年貢の運送に責任をもち、恐らくこのころには、その一部の市場での売却にも携わったとみられる綱丁・定使の仕事を通じて身につけたものであったろう(後述する綱丁の役割参照)。

そして、成近のような人を中心の一人として、百姓たちは、かりにも預所の代官を「用いず」というほどまでになっている。これは寛元の勧心等の時代とは、およそかけはなれた態度だった。

子供たちにしても同様である。このような百姓たちに動かされ、兄弟同志いがみあい、憎み合い、年老いた父に抗うことを敢てして憚らぬ彼等の身勝手さは、定宴にとって全くいらだたしいものだったに違いない。しかし、これが新しい時代の動きだったのである。

「せんするところ、従者、主にちう《(忠)》をいたし、子、をや《(親)》にけう《(孝)》あり、妻は夫にしたか」という、あの泰時の時代の「道理」が通用する世界は、もう過去のものになりつつあった。自らの利になることならば、弟は兄に、子は親に、従者は主にそむいて平然たる風潮が、次第に世をおおわんとしている。

だがその点では、定宴自身、子供たちによい見本を示したといわなくてはならぬ。主の聖宴に背いたのは誰だったのか。子供たちを非難する資格は、そもそも彼にはなかったはずである。とはいえ、彼の努力は子供たちのためのものだった。そのためにこそ、何の所領ももたぬ身の上から出発して、ともあれ一荘の預所職をかちうるために、背信まで敢てして、彼は全力をあげてきたのだ。その意味では、定宴はやはり古い世代に属するといえるだろう。

その努力がようやく達成された時、子供たちは早くも彼の僅かな遺産を争い、彼を裏切ろうとすらしている。かつて聖宴を追いこんだ立場に彼自身が立たされたいま、定宴は過去の自分のやったことを、またついに一言の非難の言葉も口にせず、行動で彼に抗議しながら死んでいった聖宴のことを、一体どのような思いで回想したであろうか。

五　脇袋範継と鳥羽国茂

蒙古の再来は必至であった。それに備えて、国内態勢は幕府の手で積極的に整備されつつあり、高麗に軍を出そうとする計画すらたてられていた。主戦場を遠く離れた若狭国もその動きの外には立てなかった。国御家人たちには、「蒙古国の事により、用意致すべし」という関東御教書が下り、彼等も戦備を整えねばならなかったのである。

守護所の点札がぬかれたあと、依然未解決のままになっていた末武名の相論の停滞を動かす力は、この方面から加わってくる。

名田は、なお一応快深と藤原氏女にゆだねられていたが、一二七五(建治元)年、中原氏女は、あらためて「御家人領興立」の御教書を根拠に、非御家人に名を与えることの不法を訴える一方、ここではじめて正式に武家(六波羅であろう)に訴訟をもちこんだのである。若狭国御家人たちはこれに呼応する。この年と翌年の二回にわたって申状を捧げた彼等は、「蒙古国の事」の御教書をひき、この危急のときに、御家人名をおさえている東寺の処置に対して、きびしい非難を加えた。返答をもとめる御教書に対し、しばらくは答えようとしなかった定宴も、ここにいたっては動かざるをえず、この年(一二七六〈建治二〉年)ようやく藤原氏女の陳状を提出した。

ところが、七七(建治三)年に入ると、突然、東寺一長者道宝の口入を得て、鳥羽西迎の子息右衛門尉国茂が名主職を望んでこの訴訟にわりこんでくる。軌道にのるかにみえた訴訟は、ここにまたしても藤原氏女、中原氏女・範継、国茂の三者が鼎立するという迷路に入りこんでしまった。だが三者鼎立といっても藤原氏女の比重は当然ここでは低く、焦点は脇袋範継と鳥羽国茂の争いにしぼられていた。じつはそれは、鳥羽谷に根をはる鳥羽

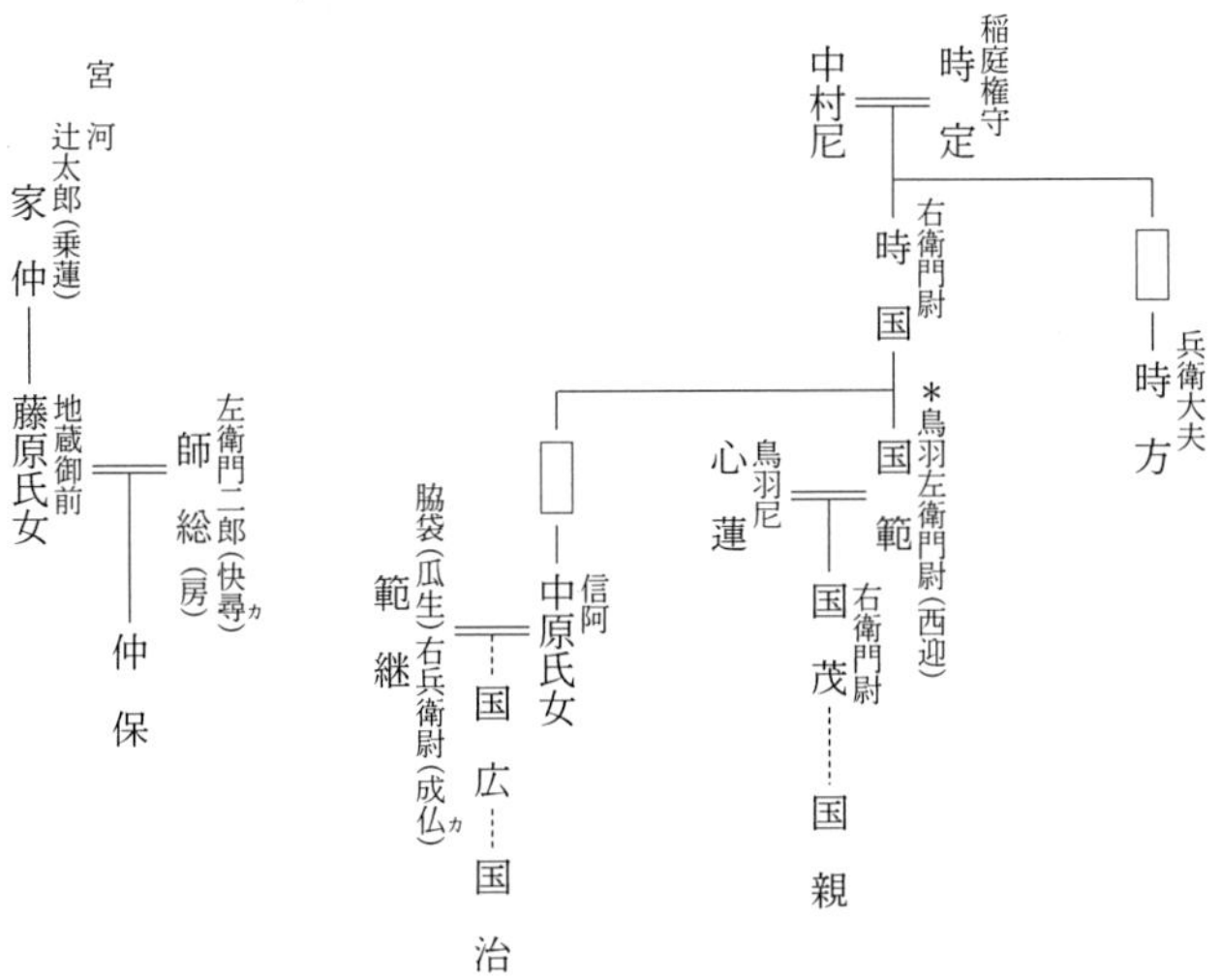

＊時国は中原氏を，国範は小槻氏を称しているので，心蓮が時国の女ではなかったかとも思われる．また，範継も小槻氏であり，国範の甥とみてよかろう．（補注 4）

系図 5　末武名々主

一族の内紛だったのである。

中原氏女が鳥羽西迎の姪で、その口入によって末武名主職を得たことは前にのべたが、その夫たる脇袋右兵衛尉範継もまた同様、西迎の甥といわれ、西迎から瓜生荘下司職を譲りうけた人だった。中原氏女が、建長の旧御家人跡復興の際、雲厳跡として末武名を得たように、範継も、西迎の力で瓜生新太郎清正跡に補されたのであろう。その際範継は西迎に対し「身命をついで、所命に背くべからず」と起請文を書いたのであり、事実、弘長のころ、西迎の代官として大番役を勤仕したこともあった。いわば彼等夫妻は、西迎を惣領とする鳥羽一族の庶子、あるいは西迎の郎従ともいうべき立場にあったのである。範継は、鳥羽谷に抱かれる小谷、脇袋・瓜生に本拠をかまえ、鳥羽荘・奥保(宮川保の一部であろう)にも所領をもっていた。

一方、こうした人々を従え、自らは——史料で知りうる限りでも――鳥羽荘下司・瓜生荘公文・吉田荘公文をはじめ、鳥羽上保の所領、妻鳥羽尼心蓮に与えた安賀荘公文等の所職を領する、一族の惣領鳥羽西迎は、稲庭権守時定の孫（あるいは孫娘の夫）という伝統をも背景に、まさしく鳥羽谷全体の主であり、若狭国御家人の一中心であった。寛元・建長の御家人等の訴訟に、この人の力が大きく働いていたであろうことは、推測して誤りないと思われる。

しかし、西迎のあとを子息国茂がうけついだ文永のころ、この一族にも、明らかな動揺が現われてくる。それは、国茂や範継の、各荘の本所・領家に対する露骨な年貢未進・対捍の事実に、端的に示されている。一二六三(弘長三)年以来、鳥羽荘の年貢を弁ぜず、文永年中には瓜生荘の所当米を対捍した上、近江古津浜に納めてあった年貢を押しとり、吉田荘でも百姓から数十石を責めとったといわれた国茂。やはり同じ年から鳥羽荘の年貢を対捍し、瓜生荘では年貢を犯用、奥保(宮河保カ)でも領家・地頭に従わず、太良荘末武名の東郷内の田地の年貢を未進したと非難された範継。

彼等の生活自体、時代の波の中で激しく動揺しはじめていた。一方からは百姓たちの彼等に対する未進・対捍があり、他方では蒙古襲来に伴う戦備の重圧が加わる。それを切りぬけるためには、過去の因縁にこだわってはいられない。範継などは、末武名の屋敷を沽却することさえ、敢てしなくてはならなくなっている。それが、彼等の所領全体に及ばぬように、多少の理由があれば、彼等は手段を選ばなくなってきた。

しかし未進・対捍を行なえば、当然、本所・領家との対立がおこる。それは当事者以外の人にとっては、逆に領家にとり入るつけ目になろう。相手を非難し、領家を動かすことができれば、その所職を手に入れることもできるのだ。そのためには、一族の縁などかまってはいられない。

範継の年貢対捍を領家に訴え、瓜生荘下司職をわがものにしようとした国茂は、まさにこのように行動した。

のみならず彼は、父西迎が母心蓮に与えた安賀荘公文職も望んでいた。ところが母はそれを孫の季経に譲ってしまう。これを不満とした国茂は、妻の所領と相博したのだと称して、安賀荘に武力をもって苅取を強行し、一二七六(建治二)年、母の手勢と戦い、母を疵つけるにいたった。

もちろんこれは大問題となり、地頭・御家人たちが検見を加えて六波羅に事の次第を注進、六波羅から召文が下るが、彼は一向に応じようともしない。しかも母鳥羽尼の代官が関東に下り、訴訟が関東にもち出されようとしているのも余所にみて、厚かましくも国茂は、範継がこの戦いで母方について郎従の礼に背いたといいかかり、末武名を望んできたのだった。

この神経は、一時代前の人には、恐らく理解を絶するものだったろう。たしかにそれはある新らしさをもっていた。「悪党」。まさに、ここにこそ、時代が新たに生みだしつつある人間の一典型が見出しうる。もちろんその点では、範継とても同様だった。たしかに国茂のいう通り、彼も惣領の権威など認めてはいない。国茂ほどの力をもたなかっただけに、彼は末武名程度の所領を必死になって争わねばならなかったのだが、機会さえあれば、彼も国茂と同様の行動にでただろう。むき出しの欲と欲の衝突。その中で過去の一族的な結合、それを支えていた「道理」の世界は、音をたてて崩れつつあった。

若狭国のみではない。全国いたるところで惣領と庶子、父と子の、ときには血を流し合うほどの争いがおこっていた。しかも、旧い原理にかわるべき新たな規範は、まだ全く混沌としている。一方では、旧い原理をよりどころに、惣領の権力を強化して、庶子をきびしく統制しようとする試みが行なわれ、他方では、当面の欲望実現のため、相手をえらばず手を結ぶことが、平然と行なわれていた。昨日の敵は今日の友であり、これほど対立していた国茂と範継は、必要とあらば「若狭国御家人等」の一員として、共同の訴訟にでてなんの不自然もない。

やがてその中から、真に新らしい原理が生れてくるにしても、混乱の時代は、いまこうしてはじまろうとしていた。

その上この国茂を東寺一長者が支え、口入していること自体、混乱がとらえた範囲の広さを示しているといえるであろう。供僧たちの中にも、あるいは彼を支持する人がでてくるかもしれぬ。

恐らく今度は、範継の方からの働きかけで、かつての定宴との取引が復活する。一旦は立てた藤原氏女をみすてて、定宴はここでは専ら国茂を排除するために動いているが、その中で、行遍の死によって果たしえなかった文永の訴訟――地頭から公文職を回復するための訴訟――の用意が、範継の協力を得て再び準備されていった。もとより、定宴はそこで一定の役割を果したただろう。だが文永の時とはちがい、この時の定宴は、もう脇役でしかなかった。

一二七七(建治三)年、供僧たちは太良荘の由来をのべた請文を、なにものかに差し出している(「東百」ヱ二五―三一〔一〇〕〔鎌17・一二八一七〕)。それは「太良荘のこと、もと歓喜寿院領に候か。しかるに国として転倒せられ候」といわれたことに対する返答であり、あるいは、この荘のことを「太良保」としかいわなかった国茂と、彼に口入をあたえた長者の動きにかかわりがあるかとも思われるが、その請文の中で、供僧たちは、「荘務においては、一向、供僧の沙汰たるべし」ということを、行遍の遺志として、あらためて強調している。長者道宝の介入が、彼等を再び強く刺戟し、こうした主張をなさしめたのであろう。

年があけるとともに、彼等は十八口連署して、さきの地頭との訴訟を六波羅にもち出した。中原氏女もこれに応じて、公文職回復の訴訟をおこし、定宴もまた雑掌として、宝治以来のすべての懸案をとりあげて、長文の訴状を書いたのである(「東百」ホ五六―七〇〔五〕〔鎌17・一二九五八〕)。

恐らく、国茂の問題はここまでにめどがつき、さらに追い討ちをかける意味もあったろう。しかし、なによりこれは、供僧たちの内外に対する示威にほかならなかった。供僧たちにこそ、独自に荘務を行なう力があるのだ、ということが、この訴訟を通じて、菩提院はもちろん、長者たちに対しても、意識して示されたのである。とすれば、この訴訟の主役は完全に供僧であり、定宴はその道具でしかなかったのだ。定宴の書いた訴状は、さすがにここでも、彼らしく整っている。安追名一町、延員・三郎丸名、公文職・公文給、薬師堂寺用田、馬上免畠等々、地頭の非法と押領の一切を書きつらね、式目を引き、証文を駆使し、一貫した論旨を貫ぬいている。にもかかわらず、そこには、すでに一種の文章の形式化すらみられ、往年の迫力はなかったといわねばならぬ。かつて行遍の信頼の下で手腕をふるい、百姓の支持の上に立って地頭と闘った自由は、もはや許されていないのだ。それどころか、いまの彼はようやくにしてかちえたこの荘の預所職を、供僧の重圧下で、なんとか確保することが精一杯だった。忠実に、長い訴状を書きながら、彼は、供僧の荘務下における預所の地位のもつ意味を、あらためて思い知ったであろう。

しかし、国茂が退けられたあと、末武名の相論は、ようやく解決の方向に向う。この年(一二七八〈弘安元〉年)、中原氏女の代官成仏(あるいは範継自身の法名か)と、藤原氏女の代官快尋(あるいは師総の法名か)との訴訟が、供僧の法廷でとり上げられるが、結果は、今度こそきまっていたといわれるであろう。快尋の出対せぬままに、成仏はこの年の所当米を請け負い、その実績の上に立って、翌九七(弘安二)年、末武名々主職は、最終的に、中原氏女に与えられたのであった。

延々三十年、時代の変転の影をおとしつつ、もつれにもつれたこの相論は、やっとここで終る。開発領主雲厳のきずいた権利の一部は、こうして、国御家人脇袋(瓜生)一族にうけつがれて復活した。

だがこれは、決して、過去の領主名の権利が、そのままに復活し、強化されたことを意味しはしない。たしかに、この名が、非御家人・凡下を最終的に排除して、御家人に与えられたことは、幕府の御家人領保護政策の貫徹を意味する。御家人の地位に伴う栄誉は、これによって、一段と権威をましたといえよう。

しかし、こうした栄誉を栄誉としてうけとる人々の時代は、もう次第に過去のものになりつつあった。否、幕府の保護政策自体が、そうした人々の希望をたち切ったとすらいえる。非御家人や凡下の人々は、もはや御家人の地位にこだわらなくなってゆくだろう。それ以上に魅力ある、新しい様々な可能性が、彼等の前にはひらけつつあるのだから。

実際彼等は、すでにこの末武名自体の性格をも実質的には変化させていたのである。中原氏女のかちえた名主職は、もはや雲厳の時代のような、この谷に根をはやしたものではなかった。三十年に及ぶ名主職の動揺の中で、百姓たちは、名主がだれになろうと、事実上この名を自分たちの間で配分し、耕作していたのであり、そこに生れてきた慣習と権利は、はなれた谷に住む中原氏女が、たやすく動かしうるようなものではなかったろう。もちろん彼女は、代官を派遣して名田を管理させ、年貢徴収の実務に当たらせただろうが、そうした人自体、次第に百姓たちの中から採用されるようになっていったと思われる。とすれば、そこで彼女の得たものは、職に付随する一定の得分(加地子《かじし》といってよかろう)でしかなく、その下で、実際の名主＝作人になったのは、百姓たち——凡下の人々だったのである。

御家人名として固まった末武名は、一面では加地子名主職として、すでに一個の得分権と化しつつあったのであり、文永のころの百姓たちの要求(百姓に配分せよという希望)は、現実には、このような形で貫ぬかれようとしていた。そして、それをあくまでも栄誉ある地位とみようとする人々をおき去りにして、歴史はその歩みを進めてゆく。非御家人・凡下はもとより、御家人も、いや、幕府自体、それに抗することはできなかった。すべてを実利の立場から、一つの得分、利権としてみようとする割り切った風潮は、もう、彼等をも、徐々に蝕ばみつつあったのである。

中原氏女はやがて出家して信阿といい、一二八四(弘安七)年に病を得て死んだ。その直前に、彼女はこの名を孫の千世石丸(のちの国広か)に譲り、一部を成仏の子千与王に与えた。この時、藤原氏女は、もう一度、最後の訴訟を試みる。しかしそれが取り上げられた形跡は全くなく、名主職はそのまま、長く脇袋氏の血をひく人々に伝えられていった。最後まで、御家人の地位と名誉とに執着し、それをすてきれなかった乗蓮とその娘藤原氏女の敗北は、一つの時代の破局が近づきつつあることを物語っている。

彼等のみではない。行遍や聖宴、また定宴や、彼に従ったこの谷の百姓勧心等をもこえて、新しい世代は、たくましい前進をはじめつつあった。彼等が、本当に新たな時代と社会をひらくことができたかどうか、われわれはこの人々の歩みに従って、そのことをたしかめてゆかねばならない。

第二節　百姓名をめぐって

一　定宴と百姓——勧心名の相論

末武名の相論が、解決の軌道にのった一二七八(弘安元)年、百姓勧心の遺名をめぐって、新たな相論が、太良荘でおこっていた。開発領主の権利が争われた末武名の相論とちがい、これは、寛元・建長に定まった百姓たちの権利をめぐる、この谷はじめての相論だった。

一二七一(文永八)年、四十年以上も前に、母とともにこの荘を逃亡して他荘にいた西念《さいねん》は、叔父勧心が母との約束を破って(一二二頁参照)、名田をいつになっても自分に与えてくれぬ、と政所に訴えてでた。逃亡の時、幼な子だった西念も、もう五十歳前後であった。たまりかねての訴訟だったのだろう。当時、自分も酬いられぬ憤懣やる方なかった預所聖宴は、西念の境遇に同情してくれたが、ただ、本百姓のみならず、この谷の百姓すべての中心である勧心の存生中は、聖宴も、たやすくこの訴訟をとり上げることはためらわれた。だが二年後の七三(文永十)年、勧心が七十八歳で、子息もないまま(藤次冠者という人がいたはずであるが、夭折したのか、その姿をみせない)世を去ったとき、聖宴は古老百姓の証言を唯一の根拠に、定宴や供僧に対する怒りをこめて、正預所としての権限を駆使し、西念に勧心名の半名々主職を与えたのだった(七七頁、「東百」ゑ二三下―二九上〔三〕〔鎌15・一一二〇六〕)。

この荘はじまって以来、はじめて発せられた百姓名々主職補任状は、しかし、聖宴の主観をこえた重大な一石を、谷あいの百姓たちに投げかける結果となった。それは、建長に定まった荘の体制――定宴によって確定された名体制――に対する、最初の公然たる批判の効果をもっていたのであり、そこからはじまった波紋は、とどまることをしらず、谷の人々の間にひろがっていったのである。

まずこの処置は、勧心と同じく名田をもつ、ほかの本百姓たちを著しく刺戟した。他荘にいた西念に、突然、名主職の与えられたことを不満とし、彼等は、聖宴死後の預所定宴に、それをぶっつけてくる。一二七八(弘安元)年までに、本百姓たちの捧げた連署状は三回に及び、勧心の所従、重真・守清等四人こそが、勧心遺名をつぐ正当の権利あり、ということが、頑強に主張されたのだった。

定宴にとってみれば、彼等の先代たちは皆、深い因縁のある人たちだった。しかし文書に残された聖宴の処置も、無視するわけにはいかぬ。しばらく迷っていた定宴が決断を下したのが、この年の四月である。百姓たちの要求をいれ、彼自ら補任状を下し、勧心名のすべてを重真・守清の二人に与えた。あるいはこれは、西念が死んだことがきっかけでなされた決断だったのかもしれぬ。しかし、その子宗氏は、この定宴の処置に承服しない。聖宴の補任状をたてに東寺に上り、供僧に直接その不満を訴えてでる。

しかも、これに応じた供僧は、定宴の重真等に対する補任を全く無視し去り、西念のあとの人に耕作をやらせ、訴人があるならばあらためて訴えよ、という下知状を下してくる。定宴の面目は、まるつぶれであった。

当庄の先例は、百姓名等の成敗は、預所相計うべき事に候の間、宛文を成し下し候（「東百」ア六三―七〇〔三一二〕）。

たしかに定宴のいったとおり、いままでこのようなことはなかった。だが、彼に直接所従たることを誓った百姓たちは、勧心をはじめ、みな世を去っていた。定宴がどう考えていたにせよ、新しい世代の百姓たちには、また彼等なりの見方があった。この事態をみて、もはや定宴たのむに足らずとした本百姓たちは、むしろ供僧の下知に応じて直接東寺に参じ、宗氏と対決することを望んだのである。ついに彼等からも無視されて立場を失いながらも、彼自身の処置を多少とも貫くためには、これを認めてやるほかない。愚痴っぽく、いまあげた先例をのべながら、定宴は供僧宛の書状を、百姓に渡してやった。こうして時代の波は完全に定宴をもこえた。聖宴は、意図せずして、完璧な復讐をなしとげたのである。

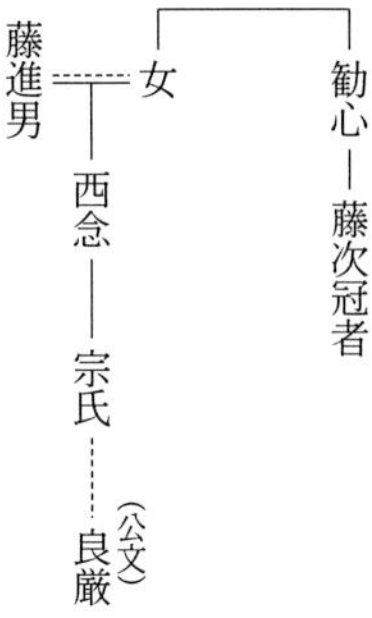

系図6　勧心名々主

一方、供僧の法廷では、両者の対決が行なわれてゆく。重真等を支持した四回目の連署状の中で、本百姓たちはいう。

かくの如き相伝の名田等、指したる罪科なく、掠め申す輩に宛て賜うにおいては、今日は人の上たりといえども、明日はまた身の上たるものか。……相伝の由緒においては、勧心の領知七十箇年に及び、その間、領家また三代なり(「東百」ィ二五—四五(一一)〈鎌17・一三〇六三〉)。

そこには、時安・宗安名の綾部時安、貞国名の凡海貞守、真利名の大中臣真永、時沢名の源時末、勧心名の小槻重真の五人の名主が署名していた。しかし、宗氏も反論する。

重真等四人は皆以て勧心の所従なり。西念・宗氏等、相伝すべき名田を、争《いか》でか彼の所従等、領作すべき乎(「東百」京一—一五(一五)〈鎌17・一三〇六四〉)。

両者が主張しているのは、ともに「相伝の由緒」であり、「相伝の名田」に対する権利だった。にも拘らず、彼等はそれを真に証明すべきなんらの証文も、もってはいないのだ。その主張の根拠になっているのは、一方では「領知七十箇年」の事実、他方では四十余年前の口約束と、ごく最近の古老(真利・真安)の証言だけだったのである。

実際、この時まで、百姓たちの間に、証文を必要とするような問題は、ほとんどおこらなかった。勧心・真利・時沢たちの地位は、地頭に対する抵抗の実績と、定宴による保証を背景に、なんらの疑問も挟まれなかったといってよい。すべては、相互の信頼によって解決されていた。

とはいえ、このころまでに、一方には綱丁成近や静俊下人開善のような人の動きはあり、他方では、本百姓自身、定宴と衝突するようなことも(八四—八五頁参照)、またしばしばおこっていたのである。それが定宴の権威を失墜させ、ひいては彼等自身の立場にひびくことを知りつつも、いや応なしに彼等が動かざるをえなかったような事情は、着実にその力を強めつつあった。

そして、実力者勧心の死とともに、文書を不必要とした信頼の時代は、永久に去ったのである。彼等の子供たちは、自らの目で、定宴や勧心たちの残していった現実を、改めて見直し、新たな時代をひらいてゆく。この相論は、そのことを、はっきり示したのだった。

いままで勧心等本百姓の背後にあり、彼等に従っていた所従——小百姓、あるいは勧心等の時代にはよくこの谷に住めなかったような人々。この相論が、彼等の自己主張に端を発している事実に、なにより深く注目しなくてはならぬ。勧心の所従、重真・守清たちは、名主職を望んで、ともあれ正式の補任をかちとり、逃亡百姓の子孫、西念・宗氏が、本百姓たちを相手に、堂々と訴訟をおこしているのだ。ここにこそ、中世のこの谷を、根底からゆすぶった力の根源があった。

田地を「年々、宛て作ら」されるような不安定きわまる状況の中で、これらの農民が新たに生み出した成果のうち、本当に、彼等自身のものとなりえたものは、ごく僅かだったろう。しかし、この自己主張をなしえた根拠は、そうして蓄積された彼等の力以外のものではなかったはずである。事実、かつて本百姓の家内にすえ置かれ、「親類・下人」といわれていた小百姓たちは、このころ「脇在家」といわれるようになっている。まがりなりにも彼等は、小さな屋敷と畠地の一画を、免畠として自己のものとなしえているので、そこに彼等の独自な力の源泉があった。こうした成長こそが、五人の名主の連署した申状を、はじめて「惣百姓連署状」といわしめ、本百姓たちに、彼等の中のあるものを、名主の地位に推させたのだった。そこには、同じ谷間に住む人々同志の、新たな性質の連帯感の芽生えがあった。

この相論で、彼等は宗氏を排除しようとする本百姓たちを支持している。親類下人といわれてきた彼等に、名主職を与えられる機会が、いまひらけようとしている以上、これは、自然なことであったろう。

だが西念や宗氏は、他荘における彼等自身の姿ではなかったのか。彼等の主張を封ずることは、逆に、彼等が他荘において、この可能性を追求する道を自らふさぐことになるのではないだろうか。「今日は人の身たるといえども、明日はまた身の上たるものか」という本百姓たちの言葉は、彼等の場合には、多少違った意味で考えられてもよかったはずである。

しかし、現実の彼等が、この認識をなしうる力をもたなかった以上、彼等の前進はその期待や夢とは、別の結果を生み出してゆかねばならなかった。彼等に支持されつつ宗氏と争った本百姓たちの要求は、当然、小百姓のそれとはちがったものがあった。彼等には、先代の勧心たちからうけついだ権利がある。事実上黙認された各名二反ずつの「内免」の田地、小百姓に名田を宛てがい、年貢・公事を弁ずる過程で得られる収入。だが、まだ「領知七十箇年」という事実の裏付けしかなく、現にそれを脅かすものが現われている権利。これを、動かぬものに固め、「相伝の由緒」を確認させることこそ、真永・時末等、勧心等の子供たちに共通な課題だった。「惣百姓」といってもさきの連署状はこの彼等の共通な恐れと期待を卒直に表明したものにほかならぬ。そして、この面に関しては、彼等は勧心たちのよき継承者だった。彼等自身の手中にある特権と得分を、保守し固めようとする強い意欲、外部からこれを脅かそうとするものに対する反撥と封鎖性の萌芽が、そこには、はっきりと窺うことができる。この彼等の志向に支えられて、その特権は、はじめてここで「名主職」として固まり、寛元・建長の名体制は、固定化する方向に向ったのである。

小百姓たちは、彼等を支えることによって、結果的にはこの方向を促進したのだった。それは、小百姓が当面望んだ名主職への道を、むしろ狭め、ふさいでゆく方向であった。とすれば、ここで「惣百姓」といわれた集団は、内に新たな動きをはらんでいたとしても、やはりかつての本百姓中心の「一味」の、発展した姿以上のものではなかった、といわねばならぬ。谷間に、真に新たな秩序が生れるまでには、まだまだ長い年月が必要だった。

だが、反面、時末・真永等、この時期の本百姓たちが、勧心たちの残した特権をまもろうとすればするほど、彼等は、先代の生き方をのりこえて、前に進まなくてはならなかった。それを保証してくれるならば、定宴でも、供僧でも、有利な方を選ぶほかないのだ。たとえそれが、先代の誓約にもとることになろうと、それには彼等の直接の責任はない。

彼等は、一人の人間の処置に信頼し、過去の結びつきに安住しているわけにはいかなかった。「相伝の由緒」をすべての人に対して証明する、確実な文書が、どうしても確保されなくてはならぬ。だからこそ、彼等は、先代たちが忠節を誓った定宴を無視して、供僧に直接訴えることを希望し、名主職補任状による保証を欲したのだった。彼等が新しい時代の子たる面目は、ここにある。

勧心たちにとって、名主の地位は、一面では苦闘の末にかちえた成果であり、他面では定宴との深い結びつきそのものを示すものにほかならなかった。しかし、その子供たちは、それをすでにかちとられた得分ある権利としてうけとり、証文で裏付けることに全力をあげる。それが成功した時、名主の地位は一個の「所職」となり、普遍的な私有の対象として固まった姿をとることになろう。

彼等のめざす目標は、当面そこにあったが、しかし、まさにそれが達成された途端から名主職は新たな争奪の対象となり、否応なしに激しく流動してゆかなくてはならなかった。売買にせよ、譲与にせよ、また掠奪にせよ、証文さえ手に入れれば、この権利は、たやすくわがものになしうるのである。

勧心たちの地位はそうではなかった。そこには、彼等のいわば血と汗とがしみこんでおり、それを通じて得られた、生々しい人間同志の関係があった。だが、証文によって普遍化された時、それは、すでにある種の利権と化したのであり、それ自体の法則に動かされるほかなかった。*

＊もとより、そうなりうる要素は、最初からあり、逆に、これ以後も、所職は、主従関係を示す性格を失わない。この両側面の意味とその関係を追究することは、中世社会の法則をとらえる鍵になるように思う。後述参照。

ここに、当時の本百姓たちの意志をこえた社会発展の否応のない流れがあったのだ。それに道をひらいた以上、彼等自身、その中につき進んでゆくほかはない。彼等をふくむ農民たちの前進が一方に発展させてきた貨幣流通は、この流れをさらに激しくはやめ、彼等をその渦にまきこんでゆくだろう。

こうしてあらゆる面で、この荘にすむ人々の新たな前進を示したこの訴訟は、結局重真と宗氏が勧心名を半分ずつ知行するという裁決が、供僧の法廷で下って終結する。一方に、宗氏のような人(逃亡百姓の子孫)に希望を残しつつ、この判決で、勧心名々主職は確定したものとなり、百姓たちの要求は、一歩、歩みを進めた。

しかし、その中にあって、定宴は、自分の築いてきた足場が崩れ去ってゆくのを、はっきり感じていた。延応にこの谷に下って以来駆使してきた「百姓名の成敗」——百姓名進止権は、奪われないまでも、明らかに無視されたのだ。供僧によってだけでなく、百姓たちにも!!

しかも同じ一二七八(弘安元)年、供僧は平野殿荘でも、菩提院補任による預所朗遍を、年貢公事懈怠の責任を問うて罷免、供僧推挙の預所鑁成の補任に成功し、事実上、荘務権を掌中におさめている。

これは他人事ではなかった。朗遍の運命は、いつ彼自身のものになるかもしれないのだ。危険はいよいよ迫っているのに、子供たちの不和は、依然たえない。老いて病勝ちになった定宴は、焦らざるをえなかった。「この身のやうは、けふあすともしらぬ事なり」。一二七九(弘安二)年、息女東山女房にあてて書いた置文の中で、彼はその焦慮をこう訴えている。

いかにして世の中をもすくされんする、この事をおもふに、後世のさはりともなりぬへきによりて、一は太良の預所職を上へ申いれ、みつことせて、御下文を給はりてゆつりたてまつりぬれば、ことなるひか事なくは、さゐ《相違》あるへからす、それにつきては、はうし《房仕》已下の百姓やく、ならひにけんたん《検断》の事、いつれも〳〵、心にまかせてさたあるへく候、又きたやま《北山》にも、おゝくらにうたう《大蔵入道》も、たうしのとくふん《得分》のふけん《分限》をさうゐなくとらんとおもはは、わうせんを本とたのみて、上よりあて候はんする御公事等をは、もろともにけたいなくつとむへく候、御公事をもつとめす、わうせんをそむき、うしろめたなき事あらは、たれ〳〵にも、とくふんにおきては、一ふんもあるへからす、御下文にまかせてさたせらるへく候、妄念になりぬへければ、のちの証文のためにかきをくなり（「東百」ヱ五五―六六（一二一）（鎌18・一三四一一））。

まさしくこれは、彼の「妄念」であった。そしてそれは、ついに死の直前まで、彼についてはなれなかった。「老耆無残」、「起居軽から」ざる彼に対し、供僧は斗についての不法ありとの疑いをかけ、その得分をとり上げようとしてくる。これに対して、縷々、過去の功績を数え上げつつ、供僧に愁訴弁明する書状を書き送ったのが、東寺に残る彼の絶筆となった。

その死は、決して安らかなものではなかったろう。生涯を通じて築き上げたものが、もはや彼の手も下しようのない力によって崩れてゆく予感にさいなまれた最期であったに違いない。

二　浄妙と百姓――助国名の相論

東山女房（阿古、藤原氏女）は、一二七九（弘安二）年、兄弟の大蔵入道（大蔵丞盛光。観教が法名か？）を代官とし、全面的な勧農を実施した。恐らくこれは、建長に父定宴が行なった形式を、全く踏襲したものだったと思われる。ここでは、内容よりもむしろ、形式が問題だった。定宴のあとをつぐ正預所として、百姓の主たるべき彼女の立場を周囲に明示するには、これ以上のよい方法はなかったといえよう。あるいは、死を間際にひかえた定宴の、彼女に対する最後の配慮も、そこに働いていたかもしれぬ。

しかし、彼女は決して人形ではなかった。必ずしも協力的とはいえぬ兄弟と、定宴すらも焦慮に追いこんだほどの百姓たちに対し、女性の身ながら、彼女は一種の気負いすらもって、立ち向ってゆく。

この勧農の効果か、七九(弘安二)年の年貢送進は、顕著な増加ぶりを示し、文永以来、最大の量に達した(図4参照)。だがそれは一年と続かない。翌年から八三(弘安六)年にかけ、不作・未進、そして損亡が続き、年貢はたちまち激減してしまう。百姓たちは、彼女や大蔵入道の思うように動きはしなかった。

それどころか、彼等の損免の要求は、次第に連続的になり、執拗さをましてきた。これに対しては、もう前に定宴がやったように、形式的でも内検を行ない、損田を確定する方法では間にあわなかった。不作田のみを注進するという一二八二(弘安五)年の方法についで、八三(弘安六)年には、百姓の要求額に応じて、適宜損免を与え、翌年に決算を行なって散用状をつくり、未進額を確定するという方法が、はじめて採用されざるをえなかったのである。しかも、その損免額の決定権は、預所たる東山女房にはなく、供僧の評定によったのではないかと思われる。

とすれば、彼女の役割は、百姓の要求を供僧にとりつぎ、その指示の実施状況を、散用状によって報告するという、一種事務的な仕事しか残されぬことになってしまう。定宴の時代には、多少なりとも続いてきた、百姓たちとの生きた関係は、この面からもうすれてゆかざるをえなかった。

その上、供料荘からの年貢公事収入の動揺に悩む供僧たちは、一方では、彼女に対して、できる限りの収入を荘から上げることを、強く望んでくる。そこで彼女に要求されているのは、もはや、かつての定宴のように百姓を従者として、しっかり掌握することではなかった。むしろ、いかなる手段をとっても、必ず一定額の年貢を上納することを義務づけられた、荘園の徴税請負人としての才能だったといわなくてはならぬ。

そして、もしも過去の行きがかりを割り切って、こうした役割を負うならば、一定の契約を果たした上で、百姓たちから利を貪ることも可能である。事実、畿内近国では、幕府の禁じているはずの、山僧や借上の代官たちが、いまや公然と姿を現わし、あちこちの荘園を借し上げ、守護にもまさるほどの栄耀と奢侈の限りをつくす人(例えば、著名な備後国太田荘の和泉法橋淵信)も現われているのだ。もちろん、東山女房には、すぐそうはできなかったろう。だが、代官大蔵入道は、意識するとせぬとにかかわらず、この道を歩みはじめていた。

時沢名主時守の済進した所当米の一部に、返抄《へんしょう》を与えぬのみか、一旦与えた返抄までも召し返し、一切を未進として譴責、数多の使者によって「厨供給」にかりたて、妻女まで亭屋に召しこめる。さらに、借用した米にも返抄を出さず、時守のまいた蔓草を、他人に与えてしまう。こうした、大蔵入道の非法は、かつての地頭のそれに似て、しかも、新たな貪欲さを加えたものとみなくてはならぬ。

ただ、彼自身は、まもなく代官を罷免される。恐らく、百姓たちの強い反撥、東山女房との対立等の事情があったものと推測されるが、しかし、これはむしろ、このころの代官たちが、一般的に摸索しはじめていた新たな方向だった。そしてその中で、代官の地位自体、こうした非法をも可能にする、一個の得分権――利権に、変化しつつあったのである。

時代の波は、あらゆる階層の人々をとらえ、それぞれの新たな道に、否応なしに、おし出していった。一二八一(弘安四)年に、再度来襲した蒙古の圧力は、国内にはねかえることによって、この新たな波を、さらに奔騰させてゆく。

この役に当たって、「本所領家一円地の住人」を動員したのみか、荘園年貢を兵糧米として点定し、一段と権威を高めた幕府は、守護を通じて、国衙に対する支配を強めてくる。すでに文永の来襲の後にも諸国の寺社に対し、異国降伏の祈禱が命ぜられていたが、八三(弘安六)年にも同じ命が下り、若狭国でも、守護得宗の公文所から、守護代・守護政所を経由して、寺社の別当神主に、命が伝えられた。諸国の一宮・国分寺は、こうして守護の支配下に入ってゆくが(相田二郎『蒙古襲来の研究』吉川弘文館、一九五八年)、一二八六(弘安九)年になると、若狭国の一宮と正八幡宮の造営用途が、太良荘にも賦課されてきた。もとより、東寺供僧等は、前代未聞のこととしてこれを拒否するが、八九(正応二)年にいたって、ついに上下宮禰宜と税所代は、数十人の使者を放って荘に乱入、用途を苛責したのである。

これは、八五・八六(弘安八・九)年にかけ、各地の荘園でおこった役夫工米の賦課、催促使の乱入・譴責と、共通した根をもつ動きにほかならぬ。蒙古来襲の影響は、このような形で国内に及んできたので、国衙・一二宮・国分寺に近いこの谷は、まともにそれをうけなくてはならなかった。

たしかに、幕府の権威は、この時期、ほとんどその頂点に達したといってよい。だが、こうして異常なまでに強化された権力を、新たな道を求めて動きはじめつつあった人々は、みのがさずにとらえてゆく。守護と私的な結びつきをもつ人々は、この権力を、自己の私欲をみたすために、十二分に利用した。各地の国衙の活発な動きの背景は、このような面からも考えてみなくてはならぬ。

もとよりその中で、最もよくこの機会をとらえ、最大の権力を集中したのは北条氏=得宗であり、その被官=

御内人《みうちびと》であった。若狭国守護はまさしくその得宗、そして、この荘に使者を乱入させてきた税所代は御内人だったのである。この国の各所で、いまや最強の権力を背後にもつにいたった得宗被官たちの横暴が、次第に露骨になりはじめていた。荘園のみならず、国の地頭や御家人たちも、それに悩まされねばならなくなってきた。

若狭次郎忠兼が、父定蓮(四郎忠清)から太良荘地頭職をゆずりうけたのは、丁度、このころのことだった。恐らく彼は定蓮の次男。父の十八箇所三百四十三町といわれた所領の一部を、分け譲られたのであろう(あるいは、彼の兄と思われる、若狭又太郎は、三方郷、栗田保等を伝領している)。近隣の体興寺・恒枝保の地頭職も、また彼のものであった。

しかし、時代は、彼を若狭国の伝統ある豪族の御曹子の地位に安住させてはおかなかった。否、彼自身、積極的に、その波の中に若い身を投げこんでゆく。承久の乱後、いくつかの裁許による様々な人間関係に縛られていた父定蓮と違い、忠兼もまた、新たな時代の子であった。

彼は、所領の支配を代官にまかせず、自ら現地に下ることを決意する。そこで彼の居所と選んだ場所が、太良荘だったのである。谷の百姓たちは、ここではじめて、地頭自身を迎えることとなった(これは東国御家人の西国土着の一例となりえよう)。

一二八五(弘安八)年、早くもこの地頭は、荘に大番用途十八貫文を切り宛て、拒否した三人の百姓の身代を禁じ置くという挙にでた。百

図3 若狭国国分寺

太良荘の谷と，北川をはさんで向い合う位置にある．いま，薬師如来が安置されている．〔校注 14〕

姓の訴えをうけ、雑掌(東山女房)が「先例なき非法」としてこれを抗議したのは当然であるが、忠兼はとりあおうとしなかった。得宗とその被官の有形無形の圧力の下で、新たな現実を切りひらいてゆくのには、祖父や父の時代の因縁など、かまってはいられないのだ。だが、このように虎視眈々進出を窺う彼の前に、絶好の機会は意外に早く訪れてくる。

勧心名の相論で、西念・宗氏の主張と所従重真の権利が認められたことは、荘内外に、少なからぬ影響を及ぼしていた。かつて地頭忠清の乱妨にたえかねて、この谷を逃亡して他荘で死んだ百姓助国の子国安も(二三頁参照)、この事実を知って、新たな希望を抱いた一人だった。

父の跡の名田は、勧心・時沢・真利の三人が分けとり、建長の検注はそれを公認してしまっている。だが西念・宗氏父子のような建長以前の権利が、新たに認められた以上、国安もまた父助国の権利を主張してよいはずである。一二八六(弘安九)年、彼はそれを、預所東山女房＝尼浄妙のもとに訴えて出た。

これをうけた浄妙は、すぐに宗氏(勧心名)・時守(時沢名)・真永(真利名)の三人百姓に対し、陳状を提出し、上洛して国安と対決することを命じた。ところが彼等は、度々の召文を無視、一向に上洛しようとしない。

前預所の時、宛て賜わるの上、その譲をうけながら、いまさら沙汰に及ぶべからず(「東百」ヱ一—九(四二／二)(鎌21・一五九〇三))。

建長以来の名体制が、いささかでも変更を加えられることを、彼等は堅く拒否したのである。浄妙にとっても、それは父のきめた体制だった。だが一方、子供の国行・国友(助国の孫)を通じて、国安も両三度まで起請文を捧げてくる。

預所方において違命の時は、不日召し返えされ、他人に宛て賜わると雖も、一切、子細を申すべからず。また、先祖の跡たりと雖も、すでに数十年を経るの上は、別の御恩たるべし。更に相伝の儀を存ずべからず（「教護」一七〇号〔鎌26・一九九六七〕）。

これは、まことに殊勝な申し出であった。国安は、自ら浄妙の所従に甘んじようというのだ。もちろん、それは彼自身、浄妙に雑々公事を奉仕することが前提になっている。浄妙としても迷わざるを得なかった。国安のような従者を一人加えることは、彼女自身の権威を強めることにもなろう。亡き定宴も、決してそれを怒りはすまい。迷ったあげく、とうとう彼女は、助国名を新たに立て、国安にこれを与えることを決心する。だがこれは、彼女の致命的なミスであった。

宗氏たち三人が、急遽上洛、この処置に抗議してくるのは予想されたことだった。しかし、それは予想外に激しかった。もし、この処置が実施されれば、彼等は自分の名田の一部を国安にひき渡さねばならないのだ。恐らく彼等は、供僧にこれを直訴したに違いない。前の勧心名の時の定宴と同様、浄妙もまた無視され、苦境に追いこまれたのである。動揺した浄妙は、前言をひるがえし、再び名田を三人百姓に返すと約束してしまう。あれほど殊勝な国安なら、起請文をたてになんとか因果をふくめることができよう、と彼女は考えたのかもしれぬ。しかし、この判断は全く甘かった。

怒った国安は、名主職のみでなく、助国逃亡以来、勧心たちがこの名田から得たすべてのものを「助国の私財物と雑穀」として返すこと、当面この年の作稲をすべて引き渡すことを要求してくる。そして、この無茶な要求を浄妙が拒否するとみるや、彼は、翌一二八七(弘安十)年、なんと、地頭忠兼の政所にとびこんだのである。

機会を窺っていた忠兼が、これを逃そうはずはない。三人百姓など無視したまま、自ら彼がこの相論に裁許を下し、国安に名を安堵したのが五月。六月にはこれを根拠に、五十余人の人数を率い、助国名などを占拠、これを防ごうとした中綱・八幡神人等の寺家使を打擲・蹂躙した上、この名の早田をみな苅り取ってしまう。
本来、下地・公文以下の所務は、すべて地頭進止のはず、不法はむしろ定宴以来の領家側にある。そのために十二名の百姓名は六名とされ、地頭への公事は減少したではないか。若い忠兼は自分の行動を、こう合理化していた。父祖の貫ぬき得なかったものを、いま自分こそが貫ぬいてみせる。脇在家への公事、坂東夫、房仕役、入草、二石佃二町の宛行等々、忠兼は、この谷の百姓たちを、全面的に支配下におこうとしていた。

だが、浄妙もまた自らの失策を回復しなくてはならない。三人百姓に正式に名を返して体制を整えた彼女は、父定宴が文永・建治の訴訟でとり上げた、寛元・宝治以来の懸案の一切を逆にここで解決すべく、全力をあげて地頭に当たってゆく。下地進止(勧農権)の帰属を中心に、助国名・公文職・薬師堂免田・末武名・公田一町(安追名)等々、すべての問題が再びとり上げられ、あらためて論じられた。そして百姓たちもまた、十六箇条に及ぶ地頭の非法をあげて、これを支えるかの如くであった。

一見、これは、なにもかも寛元・宝治の訴訟の再現のようにみえる。

しかし、決定的なちがいは百姓たちの動向にあった。地頭の圧力に堪え、ひたすら定宴に支持を求めた寛元のころの父祖たちと違い、いまの百姓たちは、もはや浄妙のみに頼ろうとしなかった。預所に起請文を捧げながら、不利になると、あっさりこれをみすてて地頭の下に奔《はし》った国安の生き方は例外ではない。この点では、百姓たちも全く共通していた。

動揺する浄妙、それにつけこもうとする供僧、近隣の国衙をにぎる得宗被官等々、彼等は、谷をめぐる周囲の情勢を、それなりに打算していた。十六箇条の非法をあげて地頭を訴えたのは、なにも浄妙に義理立てしたからではない。彼女の訴訟を利用し、できるだけ忠兼を牽制しておくことは、百姓たち自身にとって、得だったからである。だが一方、この谷に大きな力を振おうとしている地頭も、利用しておかねば損になろう。彼等の中には、忠兼に、公田(領家方の田地)を売ったり、譲ったりするものもあったが、とくに、時守のあとに時沢名々主になった伊賀房厳円(時守の弟。時守が盗犯の罪ありとして、これにかわった)などは、浄妙から補任状をもらうとともに、要領よく、地頭忠兼からも下文をもらっていた。三人百姓の一人が、こんな工合なのである。

寛元・宝治の訴訟は、ともあれ定宴と百姓たちの間に、懸命の努力に支えられた、生きた関係があったからこそ、解決しえたのであり、幕府の「道理」にもとづく判決も、生命をもちえたのだった。だが、弘安・正応のいまは違う。そこにあるのは、それぞれの損得にもとづく、相互利用の関係だけなのだ。だからこそここでは、地頭も預所も、動揺する百姓たちの帰属(勧農権)よりも、むしろ動かない「下地」の「進止」を、問題にせざるをえなかったのであろう。とすれば、この訴訟は、鎌倉幕府の本来の原理によっては、もはや解決不可能の問題だった。証文などどちらも用意することは可能なのであり、いずれもそれ自体をとってみれば理窟はあろう。実際、当時の幕府を最も悩ましていた問題は、こういう性質の訴訟が、ほとんど「雲霞の如く」もちこまれてくることだった。蒙古襲来にともなう恩賞の要求は、なによりこれを倍加することによって幕府を苦しめたのである。それは、鎮西に新訴訟機関を設けたり、訴訟手続に様々な改変を加えることなどによっては、到底解決することのできぬ、深い根をもった問題だった。あらゆる訴訟は、自然、だらだらと長びかざるをえなかった。

そして、この事態の中から、強きを道理とし、弱きを無理とする傾向は、おさえ難くおこってくる。たとえ貞永式目が、それを悪としていたとしても、現実的な解決方法はこれ以外にはなかった。同族のつながり、また酒肴・一献の多寡によって、ことが決せられることは、幕府内でも、もはや非公式の常識となりつつあった。

浄妙と忠兼の訴訟もまた、同様である。三問三答は一二八九(正応二)年にすんだが、裁許は一向にくだらない。

浄妙は六波羅の小奉行を招いて、二貫文ほどの費用をかけてもてなしてみるなど、種々の努力をしてみたが無駄だった。しびれをきらした供僧の催促の急なのにおされたのか、また、さきの失策に対して課された「莫大な科料」をはじめとする多額な費用の負担にたえかねたのか、浄妙は、一二九〇(正応三)年、娘の藤原氏女に預所職を譲って、身を退いた。いずれにせよ、これは彼女の敗だった。

供僧は新たな補任状に、「凡そ公平を存ずるの間、補せられると雖も、相伝の所職と存ずべからず」という、留保条件をつけたばかりでなく、地頭との訴訟も彼女の手からとり上げて、寺家公文尚慶(平野殿荘でも、雑掌をしたことがある人)に、その担当を命じたのだった(「東百」ゑ二九下―三七〈六〉〈鎌23・一七三七九〉)。

実際、供僧とても甘いことはいっていられなかった。弓削嶋荘でも(地頭との訴訟)、平野殿荘でも(下司、惣追捕使をめぐる訴訟)、面倒な訴訟がおこって、訴訟費用はかさむ一方だったし、また平野殿荘では、この訴訟にからんで、一旦、荘務権を菩提院了遍に奪い返されそうになっている。当の太良荘でも、本家米の未済を責める歓喜寿院からの催促が、ようやく、きびしさを増してきつつあった。無能な預所は不必要である。この強欲で厚顔しい時代をのりきれるような、「才能」ある預所・代官こそ、彼等の望む人物だった。借上や山僧や山伏など、そういう連中は、この時代いたるところにうようよしているのだ。「悪党」の時代は、いよいよ本格的になろうとしていた。

三　藤原氏女と百姓——永仁の和与

永仁初年、霜月騒動と平頼綱の乱を経て、得宗貞時の独裁が確立することによって、幕府政治は、新たな画期を迎える。引付の改廃が行なわれて、訴訟手続の面でも、従来の「権利保護主義」が影をひそめ、著しく職権主義的な色彩を強めたといわれるが（佐藤進一『鎌倉幕府訴訟制度の研究』畝傍書房、一九四三年〔一九九三年、岩波書店より再刊〕）、永仁の徳政令を一つの頂点とする、こうした矛盾打開のための努力の中で、和与、あるいは中分の手段を採用することによって、懸案の訴訟は、つぎつぎに一応の解決を与えられてゆく。

太良荘の雑掌尚慶と地頭忠兼代良祐との間でも、一二九四（永仁二）年、和与が行なわれ、翌九五（永仁三）年に、これにもとづく関東下知状が下り、八年ごしの訴訟はひとまずけりがつけられたのだった。

だが、この判決は（「東百」ヱ一―九〔ヱ一八〕）、

(1) 勧農は、宝治下知に任せ、雑掌の沙汰。
(2) 百姓名は六名。
(3) 助国名下地に対する地頭の綺《いろい》は停止。抑留物の半分は糺返す。
(4) 畠地七反三百歩・公文職・薬師堂免田は、地頭の進止。
(5) 公田一町（安追名）は伏田として地頭領作。
(6) 末武名は領家の進止。
(7) 地頭非法のうち、非分のものは停止。
(8) 脇在家・二石佃等のことは、寛元下知により停止。

という簡単なもので、〔校注一五〕助国名が新たに領家方の名として公認されたという一点をのぞき、あとは全く、寛元・宝治の下知を再確認したものにほかならなかった。とすれば、地頭も預所も、八年の歳月を費して、なにものも得なかったことになろう。いな、むしろ彼等はこの訴訟をおこしたというそのことによって、逆に様々な負目を背負いこんだとすらいえる。

地頭忠兼は、助国名の八年間の年貢の半分を得ただけで、百姓に対する支配、下地進止の主張は、なに一つ新たに認められなかった。気負って彼の駆使した武力は、何の効果もなかったばかりか、周囲との摩擦を強めることによって、かえって彼の失点になったであろう。この訴訟が、すぐに致命的な意味をもったというのではないが、虎視眈々、国の地頭御家人の隙を窺い、その失態を喜ぶ得宗被官たちが、一方にいたことを考えなくてはならぬ。

他方、預所浄妙母子の得たものも、せいぜい助国名からの雑事のみだったといってよい。当面この名を預けられた三人百姓は、地頭に憚りありといって代銭納を望み、藤原氏女は、ともかく三貫文の公事銭を手に入れたが、母浄妙の失敗によって失ったものは、はるかにそれに勝っていた。供僧から「相伝の儀を存ずべからず」という条件までつけられた彼女は、祖父定宴のきずいたものを根こそぎ失う一歩手前まで追いつめられていた。それは、別に賦課された「莫大な科料」以上に大きな、彼女の負目だった。

ではこの訴訟で、なにものかを得たのはだれだったのか。それは、国安父子をもふくめた百姓たちにほかならぬ。その意味で、助国名の復活と公認こそ、この訴訟の唯一の重要な結果だったといえよう。

逃亡百姓の子孫、国安父子の要求は、ともあれこれで認められたことになる。しかもさきの勧心名の相論の場合とはちがって、建長の名体制は、その形の上でも、明確に修正を蒙ったのである。こうした人の要求が、このような形で生かされていった点に、なおこの時代の発展的な側面が窺われよう。

だが一面、当の国安・国友父子には名主職は与えられず、当面、三人百姓が、百姓請の形でこの名を預かっている点に、問題がある。

とすると、助国名は復活したといっても、形だけのものであり、谷の本百姓たちの秩序は、それでなんら変らなかったことになろう。三貫文の公事銭の負担、という代償をはらって、百姓たちは、それをまもりぬこうとしている。たしかにそこに、前以上に強まりつつある彼等の秩序の力を見出しうる。余所者たる国安など、この中に入れてはならないのだ。と同時に、それを敢てしようとするものがあれば、地頭であれ、預所であれ、彼等は強硬に反撃するだろう。

しかしまた、われわれは、この助国名のあり方に、変質した名の姿を明瞭に見ることができる。それは寛元のころの名のように、生きた主従関係や現地の秩序を示すものではなく、得分権化した年貢収取単位として、誰にでも請負いうるものになっている。年貢公事——それは次第に貨幣の姿をとりつつある——さえ確実に出すなら、請負人は国安でも、三人百姓でも、一向にかまわないのだ。だがある意味でそれは、逆に、名を媒介とする主従関係そのものの形式化と変化を示しているともいえよう。損得ずくの計算によって、従者が主を裏切り、主が従者を見すてて平然たる状況は、この訴訟そのものの過程がよく示していたではないか。助国名は、まさしくこうした過程の産物だったのであり、そのことは、他の名もまた、同様の変質をとげていることを、明証している。とすれば、百姓たちがこのような名を通じて、自己の秩序を保とうとしている限り、それは決して真に新たなものにはなりえないだろうし、また安定もしないであろう。利権化した名主職は、彼等の間でも争奪され、たえまない相論がそこからおこってこざるをえない。

もとより、国安・国友も、助国名をあきらめはしない。裁許が下った翌年、一二九六(永仁四)年、早速国友は名の田数目録を捧げ、三人百姓が、実際は二十石五斗の助国名から三十石の所当米をとり、地頭との訴訟中の七年間、毎年九石五斗ずつを着服していた、という事実を暴露した。相論は再燃、対決をひきのばしていた三人百姓が、とうとう預所の前に出頭したのは、一二九九(正安元)年になってであったが、この対決の場で、彼等は国友に問いつめられて、よく答えることができなかった。明らかに形勢は、三人百姓に不利であった。ところが彼等は、意外な方向に脱出口を求めてゆく。この年六月、彼等は他の本百姓とともに、地頭・預所の双方に対し、同時に、その新儀非法を糾弾する訴訟をおこしたのである。

地頭に対しては、脇在家への公事宛行、百姓名畠地の没収、坂東夫、入草、房仕役、農中五・六・七月における公事宛行を(「東百」ヱ一―九(一九)〈鎌26・二〇一三九〉)。預所に対しては、長日雑事、百日房仕役以外の細々公事、毎日の入木入草、名々の上葉畠や散仕田の没収、京上夫、「駕輿丁役」、預所作田の耕作、花代用途、多数の使による譴責を(「教護」一七一・一七二号〈鎌26・二〇一四一〉)。二通の訴状には、いずれも、助国名をのぞく五名を代表する、五人の本百姓たちが連署していた。

ここに百姓たちがあげた、様々な夫役等の賦課は、決して誇張ではなかったろう。永仁の和与で、なにものも得なかったかわりに、地頭と預所は、このような手段で百姓たちからできるだけ多くをとり、支配をそれぞれに強めようとしていた。

在荘する地頭忠兼は、訴訟中、百姓に課していた公事を、そのまま賦課しつづけた。だが、失ったものが大きかっただけに、預所藤原氏女の場合、きびしさは地頭以上のものがあった。

彼女は補任の当初から、百姓を威圧しようとしていたようにみえる。百姓源八の未進を責めて送進を誓わせるとともに、地頭に通ぜぬことを固く起請させたことも(一二九一〈正応四〉年)、定宴以来召し使ってきた定使・綱丁の西向(平成近であろう)の不法を追及して勘当したことも、追いつめられた彼女の、思い切ったやり方をよく示している。にも拘わらず、百姓たちは一二九八(永仁六)年には損亡をいい立て、供僧に二十石の損免を認めさせるという厚顔しさを示したのみでなく、その中心たる三人百姓の年貢隠匿の事実さえ、明るみにでてきた。

地頭に対する対抗上からも、供僧に対する面子からも、彼女は焦慮せざるをえなかった。そして、とうとう彼女は、多くの供をつれ、荘政所に下ってきたのである。勝気な女性だったのだろう。谷に腰をすえた彼女は、百姓たちに輿を担わせ、様々な雑事に使いまわしつつ、年貢公事をきびしく責めたてた。彼女にしてみれば、これは祖父以来の預所の権利を駆使したまでのこと、百姓たちは唯々諾々、これに従わねばならぬはずだった。

だが、現実に彼女を迎えたのは、あの前代未聞の公然たる百姓たちの訴状であった。しかも供僧は、これに対する彼女の陳状を要求してくる。

(定宴に対し)七代に至るまで、不忠不善を存ぜざるの由、起請文を書きながら、その孫に対し、種々不実を構えるの条、冥顕に付き、その難、遁れ難きか(「東百」ァ一—一二(三四)(鎌27・二〇四一二))。

答えるのも、いまいましい限りであったろうが、それでも、怒りをこめて彼女はこう書いた。そして、供僧の判決は、決して彼女に不利なものではなかったが、ついに、百姓たちと並んでそれをうけねばならなくなった彼女の立場は、もはやいかんとも動かし難い現実だった。

しかも一三〇一(正安三)年、三人百姓は、彼女に送ることを約束していた助国名雑事用途三貫文を、にわかに約を変じて供僧に送進するという背信行為によって、追いうちをかけてくる。もちろんこれは、三人百姓が訴訟を有利に導くために打った手であったが、それを供僧がうけとったことは、助国名の訴訟の審理が、彼女の手から離れ、供僧政所に移ったことを意味していた。

定宴があれほど心にかけていた「百姓名の成敗」(その訴訟の裁定と名主職補任の権利等)——つまり荘務権はついに奪われた。そのとどめをさしたのが、あの勧心・真利・時沢——定宴が最も信頼した百姓たちの子孫たちだったことは、歴史の皮肉を示しているというほかない。藤原氏女は、百姓を罵倒し、祖父の功をあげて供僧の処置をなじり、抗議したが、供僧はこれに答えようともしなかった(「東百」な二三―二四〔五一〕〔鎌27・二〇八〇六〕)。

一方の地頭との訴訟がどうなったかはわからない。多分それは、なにも進展しなかったであろう。三人百姓が、陥った苦境から脱するためには、これだけで十分だった。

しかし、この二つの訴訟は、単に助国名の訴訟に新局面をひらいたというだけではない。谷に住む百姓たちが、地頭とも預所ともちがう、独自な主張と力とをもつようになったことを、ついに公然と示した点で、とくに注目されなくてはならぬ。彼等は定宴の孫女の足場をうばっただけでなく、預所になんらたよらずに地頭の非法をも攻撃したのである。

目の先にいて、自分たちを押えようとする支配者たちに対する批判を通して、彼等はこの狭い谷間から、より広い世界に独自な政治的つながりをもちはじめていた。当面、そのよりどころとしたのは東寺供僧であったが、もとより彼等にとって、供僧のみが頼るべき力ではなかろう。たとえ泥臭かろうとそれなりの判断と夢をもちつつ、彼等は自分たちの道をきりひらこうとしていた。

しかし、一方の国友もまた同様であった。彼は依然訴訟をあきらめず、供僧の法廷であらためて審理が行なわれることになるが、このころ、国友は自分の祖先の「功業」を、こんな風に書いて、東寺に提出した。

聖徳太子天王寺御建立年、丁未之年二月二十二日より、若狭国遠敷郡平庄打開輩の次第。元者新武蔵守源朝高、其子息上野介朝国(以下二十一代略)其子息二郎大夫国友、如是之輩、別の子細なく領知仕候了(「東百」な三一―三九〔四九〕〔鎌27・二〇四三六〕)。

これは、逃亡百姓の子孫、一介の小百姓のふいた大法螺である。このころの農村には小百姓でも、こんな滑稽なほどの見栄を切れるような空気が充満していたのだ。

それが爆発する時は、次第に近づきつつあった。そしてその前夜の混乱は、すでに支配者たちをも渦中にまきこんでいたのである。

第三節　荘務権をめぐって

一　供僧の直務

すでに供僧は、建治のころ、菩提院了遍に迫って弓削嶋荘・新勅旨田の荘務を掌握し、平野殿荘でも、了遍の反撃と悪戦苦闘の末、一二九一(正応四)年、荘務権を手にいれていた。それゆえ、ここで太良荘の預所から荘務権をうばったことによって、当初の供料荘のすべてが供僧の直務のもとにおかれたのである。のみならず、建治のころから追求されてきた供料荘の拡大も、一方で、意欲的に進められていた。供僧はまず、古くからの長者渡領で、鎌倉中期から東寺執行の知行下に入っていた一群の諸荘に目をつけ、ある程度、手がかりをつかむことに成功した。

一二八五(弘安八)年に年貢の一部が西院御影供《さいいんみえく》・舎利講《しゃりこう》捧物に宛てられた尾張国大成《おおなり》荘、一二九八(永仁六)年に、その長者得分が、鎮守八幡宮長日理趣三昧《りしゅざんまい》の供料とされた丹波国大山荘、西院御影堂に寄進された多くの寺辺の水田。これらはいずれも、供僧の努力によって、その手の届くところまでひきよせられた荘園だった。しかも、一旦手がかりをつかむと、供僧は、こんどは執拗に荘務権を求めてゆく。彼等は得分の未進懈怠を理由に、荘務権をもつ執行を責めたて、大山荘では、一三〇二(正安四)年、ついにこれを執行から奪った。大成荘でも、同様の状況がみられ、供僧供料荘は、少なくとも数の上では、拡大の一途を辿りつつあった。そして、こうした事実を背景に、いまや供僧は、まぎれもない東寺の中心的存在に成り上っていったのである。

いよいよ激しさを増しつつある社会の動揺は、彼等の前進のために、好都合な跳躍台になった。供料荘からの収入の動揺の責任を、彼等はいつも、荘務権をもつ人に転嫁してゆく。供料も満足に送れぬような人には、料荘を任せてはおけぬ。菩提院《ぼだいいん》補任の預所を排除する時も、執行から荘務を奪った時も、彼等が理由にしたのはその点だった。

それのみではない。この目的を貫くためには、彼等は、ある意味では手段を選ばなかった。太良荘で預所の立場を奪うために、百姓たちの独自な動きを十二分に利用したなど、まだしもの方である。「悪党」といわれたような人(平野殿荘下司曾歩々《そふそふ》清重、弓削嶋荘預所栄実など)を操り、「百姓をいころし、切りころす」ような人(平野殿荘預所平光清)を預所にするような手段をとって、彼等は憚らなかった。

これらの百姓や「悪党」たちと同様、供僧もまた過去の因縁にはこだわらなかった。生みの親ともいうべき菩提院であろうと、大功ある預所であろうと、必要とあらば敝履のごとく捨てて顧りみない。この厚顔しい強欲さは、根本的には、現地の人々から得たエネルギーだったが、しかし、それを自らのものとなしうるだけの力を供僧はもっていた。それは、東寺の中はもとより、百姓からも「蔑如」されつつ、彼等がきたえてきたものではなかったろうか。

もちろん供僧の力はそれのみによるのではない。「もし伽藍興復せば、天下興復し、伽藍衰弊せば、天下衰弊す」といわれた、教王護国寺の見住供僧たる権威が、彼等を支えていたことはいうまでもなかろう。だが、百姓たちは、一面これを認めつつも、他面、自らの独自な目的を貫ぬくために利用すべきものとなしつつあった。そして、この点では、供僧自身も同様だったと思われる。

これはやはり、一種の「下剋上」——いわば第一次的な下剋上にほかならぬ。その風潮はこのようにして、荘園を所有する人々の世界にまで及び、すべての人の生活を、激しくゆり動かしていた。東寺供僧のみではない。皇室も、公家も、寺家・社家も、そして武家もまた、その渦の外に立つことはできなかった。

古い権威は、もとよりなお有効である。「道理」も、なお完全に無力になったわけではない。しかし、従来の主従の秩序にあぐらをかき、それのみによって、人を高みから見下しているのでは、その地位も荘園も保つことはできない。

本家であれ、領家であれ、預所であれ、ともかく荘務をにぎり、現地を直接支配しなくては、得分を確保することはむずかしくなってきたのだ。相互の信頼による主従関係に支えられた、所職の重層的な秩序は、雪崩のようにくずれだしていた。

支配者たちは、なにかの手がかりのある荘園で、荘務権を獲得するため、それぞれに懸命だった。だれもが、そのために、利用できるものならなんでも利用しようとしていた。富力・武力、そしてどんなかぼそいものでも新旧の因縁がたぐり出された。それをなしえないものは没落し、影をひそめるほかない。臆面もなくことを行なえるものが生き残り、奢侈と栄耀をわがものになしうる。

供僧はそれをなしえたが故に荘務をかちえ、多くの荘園を直務下においた。だがそうである以上、どこからか供僧以上の力をもつものが、現われてこないという保証はないのだ。事実、この狭い太良荘の谷もあちこちから狙われていた。

この荘から本家米十石を得る権利をもつ歓喜寿院も黙っていたわけではない。弘安・正応の訴訟のころから永仁・正安にかけて、得分の不足をならし、送進の懈怠をついて、次第にきびしく供僧を追及してくる。その結果、一二九九(永仁七)年には、寺用の到来した時には、両方の寺官が立ち合うことになり、さらに一三〇一(正安三)年になると、到来の都度、八・九%を自動的に歓喜寿院米として差し引くという契約がとり結ばれた。ここでは、供僧は完全に受身の立場におかれており、その荘務は、彼等が他に対してしたのと同様に、いつ歓喜寿院から干渉され、奪われるかわからぬ状態だったのである。

それのみではない。もともと太良保といわれ、知行国主の支配下におかれていたこの荘に対しては、過去の因縁を利用した国衙からの干渉も著しかった。すでに早く、一二七七(建治三)年に、荘と国衙の関係が問題になっており、一二八九(正応二)年には、大嘗会米が課されようとし、一二九一(正応四)年時の国主吉田(坊城)俊定の下で(補注6)、国検が行なわれようとして停止されている。知行国主の経済もまた苦しく、大嘗会米の負担をこのような手段で切りぬけようとしていたのである。つづいて一二九八(永仁六)年には、またも大嘗会米が賦課され、さらに一三〇一(正安三)年——供僧がようやく荘務を完全にわがものとしたその年の末、ついにこの荘は一時国衙に転倒され、国主(偉鑒門院?といわれる)の御領とされるにいたった。しかもこの時は、国衙の新司代官が直ちに荘に入部、この年の年貢の一部をおさえてしまう。もちろん供僧の訴えに応じた院宣により、翌年、荘は旧に復したが、突然の支配者の交替に、百姓たちは大きく動揺した。

谷に入ってきた国衙の新司をまず出迎えたのは、三人百姓をはじめとする本百姓たちだった。ある意味では、これは否応のないことだったが、逆に、もしもこの事態が多少でもつづくなら、ある程度の歓迎はしておかねば損であろう。時沢名々主伊賀房厳円(一〇九頁)は、進んでその住宅を宿所に提供し、新司はそこに一旦おちついて、年貢を収取したのだった。ところが、事態は意外に早くもとに復してしまう。その結果、厳円は、供僧に対する利敵行為をしたといわれても仕方のない立場に立たされた。その上、安堵の院宣をもって下った供僧の使に

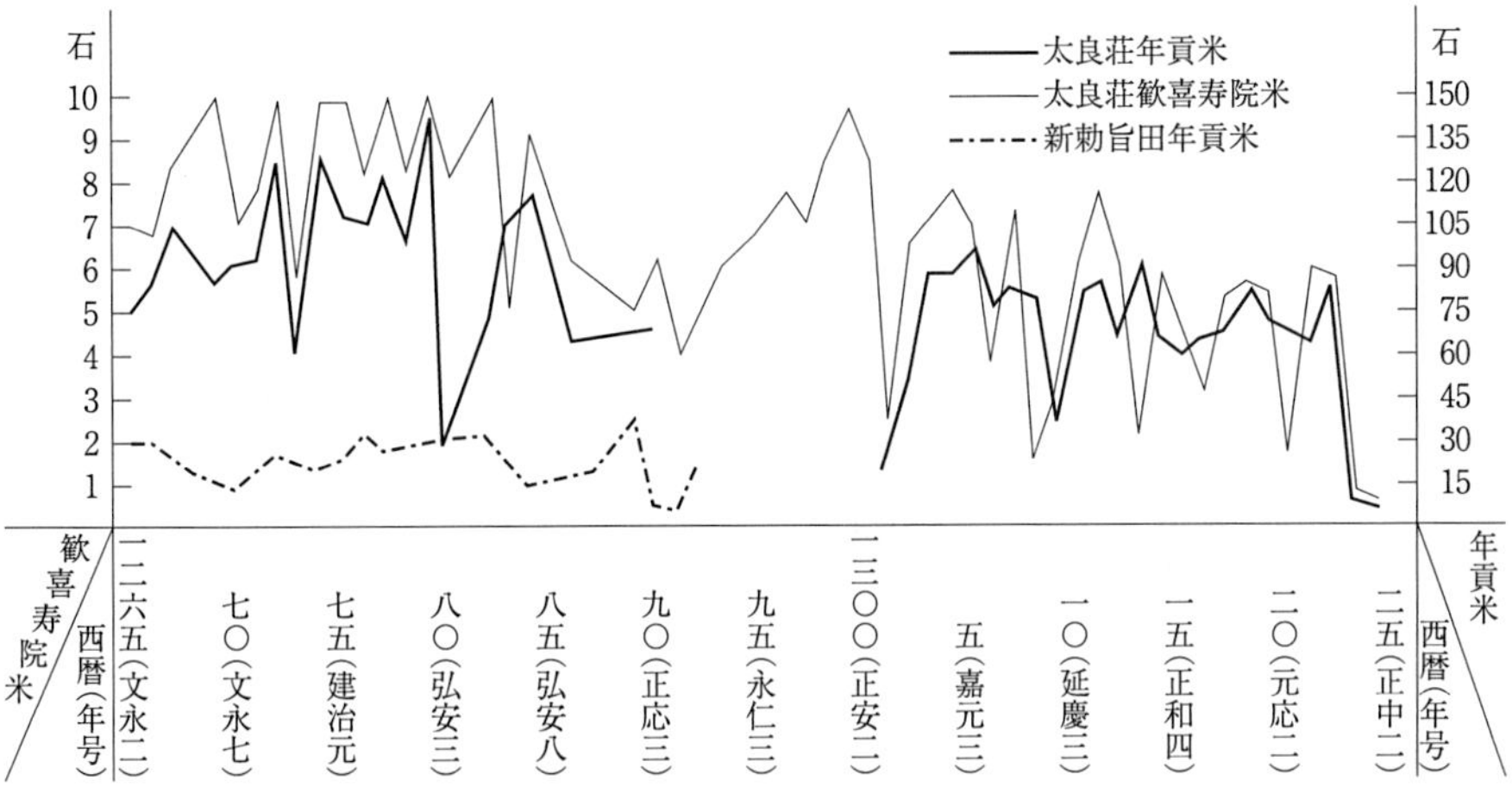

(注) 1) 本図は,「東寺百合文書」,および「教王護国寺文書」に残る年貢支配状・散用状・送文・請取状を中心に作成した.
2) 太良荘の年貢米は正米の数字である.
3) 歓喜寿院米は同荘の年貢の状況を間接に知りうるものとしてあわせて表示した.ただし 1303(嘉元元)年以降は前年の未進分をふくむ数字である.
4) 新勅旨田の年貢米は雑用等をひいた残りである.
5) 銭納の場合は便宜上 1 石を 1 貫文として計算しておいた.
6) 史料の不足等から必ずしも実情をつたえているかどうか疑問のある年もあるが一応そのままに表示した.

図 4　東寺供僧供料荘年貢米の変遷

対し、百姓たちは先例がないといって、食事の沙汰をしなかった。古い義理のある預所に対してさえ、よく雑事をつとめようとしなかった百姓たちにしてみれば、これは当然のことだった。

しかし、三人百姓の論敵国友は、すぐさまこのことを供僧に告口し、名主職の相論に利用しようとする。その機敏さには、驚くほかないが、同様にここで供僧にとり入ろうとしていた人に、末武名々主脇袋国広がいた。御家人範継・中原氏女の子孫として、この名を相伝していた国広は、当初、国衙の代官に対し、やはり脇袋にある彼の屋敷を、宿所に提供したらしい。そのため、彼は一旦、名主職を没収されたのであるが、形勢転換をみてとって、すぐに罪を百姓たちにおしつけ、供僧の荘回復に協力していった。

所職の奪い合いは、現地でも激烈だった。どんな小さな名主職でも、一寸隙をつくればすぐそれにつけこもうとする人がいるのだ。御家人も非御家人も、本百姓も小百姓も、お互いに、すこしも油断はできなかった。国友と国広の訴えは、供僧にうけいれられた。国友は宿願の助国名々主職を与えられ、国広は末武名々主職を安堵されたばかりでなく、忠節に対する新恩として厳円の時沢名々主職をも与えられた。この補任を、供僧ははじめて、その政所下文によって行ない、預所(藤原氏女)がそれを施行した。いわばこれは、供僧による荘務権の最初の駆使でもあった。だが、三人百姓を中心とする百姓たちも、黙っているはずはない。起請文を書いて事情を弁明した彼等は、この年(一三〇二〈正安四〉年)六月ごろに谷にくだってきた寺家使実意を責めたて、その奉書の形式で、助国名の三人百姓分の返付と時沢名の厳円への安堵をとりつけた。実意のこの文書は、恐らく彼の私的な見解だったろうが、百姓たちに説得され、現地の実情をみた実意は、これを出さざるをえなかったのだろう。当然ここに大変な悶着がおこることが予想されたが、その一切を未解決のままにおさえ切ってしまうほどの強力な力が、この年の秋、谷に及んできたのである。

二　得宗の支配

一三〇二(正安四)年九月、地頭若狭忠兼は、なにによってか罪科に処せられ、太良荘の地頭職をふくむ十四箇所の所領は、すべて「得宗御内(中)御領」とされた。激烈な所職の争奪のなかで、最強の権力、得宗を背景とするその被官——御内人たちの横暴は、すでにあらゆる面で、目に余るものになりつつあった。得宗を守護とする若狭国の場合、前にものべたように、彼等の圧力は、とくに重苦しく、地頭・御家人たちの上にのしかかっていた。それをともあれ支えていた防壁が、伝統ある豪族、若狭忠兼のところで崩れたのである。堰を切った得宗被官の力は、あたかも洪水のようにこの国にひろく流れこみ、一切をその下におしつつんでしまう。もとより太良荘もその中にあった。

御内御領になるとともに、この谷には関東から得宗公文所の実検使高市道森房が下ってくる。彼は、供僧の荘務権など、頭から問題にしていなかった。本来ならば、地頭忠兼の所領のみを検注すべき役割をもっていたはずの彼は、有無をいわさず、領家方の下地まで、一切の荘の田地を検注してしまう。恐らく、彼の手元には、文永の若狭国惣田数帳があったのだろう。その太良保定田の田数にあわせ(表1参照)、十七町二反百九十歩の定田をきめ、その上に立って名を新たに九名四分一に結び直し、それぞれの名主から任料を出させ、あらためて一々に補任状を与えていった。

道森房はこの荘の下地を、始めから地頭進止ときめつけ、その理解のもとに検注をしたのだった。だがしかし、この主張は、地頭若狭氏が忠季以来三代にわたって、ついに貫ぬきえず、しかも当の幕府が、宝治と永仁の二回の下知状で否定したはずの主張である。それがここで、いともやすやすと得宗被官によって実現されてしまったのだ。得宗の威力は、当時、じつにかくのごときものがあったのである。検注を終えた荘(地頭側は太良保といっている)は、竹向殿伊予局に給され(得宗給主)、代官として黒須小次郎(得宗給主代)が下ってくる。以後三十年に及ぶ、得宗御領太良保の歴史は、こうして始まった。

もちろんこれは、荘にかかわりをもつすべての人々にとって、当面大きな衝撃であった。のみならず、ここで道森房の行なった実検は、建長の実検につぐ二回目の本格的実検として、これ以後の荘のあり方を、少なからず規定するほどの意味をもつものだった。この点を明らかにしておくためにも、この実検について若干考えておく必要があろう。若狭国の各所で行なわれていた、得宗被官の「横暴」の実態とその意義も、これで多少は明らかになしうるであろう(表8・9参照)。

(1) **名田畠** (a) いまのべたように、道森房は、従来の領家と地頭の分野を全く問題にせず、寛元以来の五つの百姓名(勧心・真利・時沢・貞国・時安)、永仁の助国名、御家人名たる末武名、一色田(保一色)を名に結んだ一色名(以上が本来、領家進止の田地)、地頭名だった三郎丸名、それに新たに結んだ四分一名等、本来それぞれに性格と歴史の異なる名田・一色田を、すべて全く同性質の九名四分一の百姓名として、取り扱っている。この処置は、一面では、得宗実検使の専制的な性格をよく示しているといえよう。それぞれの名には、長い歴史と因縁が刻みこまれていたが、それを無視することがどういう意味をもつのかなど、全く道森房の関心の外にあった。しかし反面現実に彼がこの処置をなしえたということは、この時期の名が、それ自体同質化した側面をもっていたことを前提にしないでは理解できない。事実、前述したように、すべての名は一個の所職=得分権としての側面では、全く均質なものになりつつあったのであり、道森房は、最も専制的にふるまったが故に、逆にこの側面を、最も正直にうきぼりにして示すことになったともいえよう。この検注の特質は、まさにこの点に、最もよく示されているといわねばならない。

(b) 助国・末武・四分一をのぞく各名に、それぞれ除田が一反ないし五反余認められたことも、この線上で考えてゆくことができる。これは、建長の時に百姓たちが要求し、文永ごろには事実上、押し募ってきた内免田を、はじめて公式に認めた処置にほかならないが、それとともに、名主職が「所職」であり、名主は一種の小荘官(小徴税請負人の性格をもつ)であることを確認したことでもあった。

(c) 各名の田数は、文永の惣田数帳に合わせて定田がきめられたため、建長の時とくらべて若干の異同があるが、それ以上に重要な点は、ここで名新田計一町ほどが、新たに注じ出されて名に結びいれられ、また、畠地がすべて

表 8　得宗実検使により編成された百姓名

名	名　主	名田数	除田		定　田	新　田
			免	押　募		
		反　歩				
定国名		24.170	1.　0	2.　0	20.260	270
時安名	時　光	12.300	180	1.　0	11.180	
	長　命	13.130	180	1.　0	10.180	1.130
真利名	真　村	11.120	1.　0	1.　0	8.275	205
	頼　真	11.　80	1.　0	1.　0	7.215	1.225
時沢名		23.　50	3.　36	2.　0	15.256	2.118
勧心名	伊勢房	12.300	1.　0	1.　0	9.　65	1.235
	西　向	11.130	1.　0	1.　0	8.175	315
助国名		25.160			25.160	
末武名		22.　70			22.　70	
三郎丸名		21.100	1.　0		2.194	17.266
一色名		21.140	1.　0		20.140	
散仕田		2.　0			2.　0	
(四分一名)	開　善	6.180			6.180	
	新大夫	240			240	
	願　念	120			120	
	百姓5人分新田	(9.138)				9.138
計		229.268	11.　36	10.0	172.190	36.102

1302(正安4)年実検名寄帳,「教護」195号〔鎌28・21273〕より作成, 但し計算は不正確.

検注され、屋敷を除いて定畠がはじめて決まった点であろう。もともとこの谷には畠地は少なく、従来は検注の外におかれていたが、それが新たに検注の対象となり、畠地子が正式に収取されることになったのである。これは、一面、麻や養蚕等の畠地による生産物、その加工品等が、収取の直接の対象となりうるほどの意味をもちはじめたことを推測させ、正安のころ、地頭・預所がそれぞれに、畠地を自己の直接の支配下におこうとして百姓たちと争った理由も、またこの点に求めることができよう。だがそれとともに、従来、領家が雑物(公事)として収取してきた糸・綿・上美布等の畠地からの生産物・加工品が、ここで貨幣で換算された畠地子に変えられた側面のあったことも見落されてはならない。預所の収取していた雑々公事(末武名の夏物繰綿)も、その一部は、この中にくり入れられたのである。とすれば、これは、名主職の得分権化を、さらに一段とおしすすめた処置にほかならないので、従来、百姓の屋敷内として、畠地の検注を免除することによって諸公事

表 9　得宗支配下の百姓名・地頭田

名	名　主	公　田	名新田	新田	地頭田	地頭佃	末武田	馬上免	田数計
		反　歩							反　歩
貞国名	権　守	10.130	135					1.180	12. 85
	重　内	10.130	135					1. 0	11.265
時安名	新細工	11.180							11.180
	大くう	10.180	1.130						11.310
実俊名(真利名)	丹后大夫	7.215	1.225						9. 80
	権　介	8.275	205	270					10. 30
時沢名		15.256	2.118						18. 14
勧心名	紀二郎	9. 65	1.235						10.300
	大　夫								
	惣傔仗	8.175	315						9.130
助国名	美濃入道	12.260							12.260
	五郎二郎	12.260							12.260
一色名	正覚房	10. 70		20				4.290	15. 20
	たのすけ	10. 70							10. 70
三郎丸名		2.194			17.266				20.100
四分一名	西仏房	6.180			2. 0		120		8.300
散　在	重　介	2. 0							2. 0
	又五郎	240							240
	伊予大夫	120						3.240	4. 0
	左近允			40	1. 0	4.0	1. 0	5.140	11.180
	六郎二郎				10			2.340	2.350
	大和介							3.180	3.180
	勘十郎				1. 0			2. 0	3. 0
	しやう二大夫							2. 0	2. 0
	弥　介							2. 0	2. 0
(後　欠)	□しんはう				70		1. 0		1. 70
計		150.120	9. 58	330	21.346	4.0	2.120	28.290	217.184

1319(文保 3)年,「所当米徴符」(「教護」289 号)〔鎌 35・26957〕より作成，田地のみ.

を奉仕させてきた、領家・預所と百姓たちとの人的関係は後景にしりぞけられ、貨幣の収取に力点をおく方式が、前面におし出されてきたことになろう。(a)にのべた特質は、この点にも貫ぬかれていたといわなくてはならぬ。

(d) 以上のようにして結ばれた名田畠のうち、斗代にもとづいて定田から徴収される年貢が、領家＝東寺供僧に送られたのみで、そのほか定田にかかる加徴米(反別六升、もと預所の得分)・名新田からの分米(年貢米反別八斗)・畠地子(三貫文)・各名にかかる夫役公事等のすべてが、地頭の得分となった。自然、領家方の年貢は、定米で、百五十石余から、百二十八石余に減じ、公事はほとんどなくなった(糸・綿の一部はなお送られている)のに対し、地頭側の得分は、激増することとなった。

(2) **地頭田畠** 従来からの地頭名のうち、久珍・延員の両名は名に結ばれずに散田され、三郎丸名のうち、一部は領家方の定田(公田)となったが、他はすべて(馬上免田畠等)地頭田畠となった。そのうち、例の二石佃が、地頭佃として定まっているが、この場合も、本百姓に宛行された形迹はなく、むしろ単純に、二石の高斗代の田地として扱われている点が注目される。この場合も、さきの畠地子の例でのべたのと同様、すでに公事としての意味が失われ、得分収取の面が明瞭におし出されてきていることが、注意されなくてはならぬ。地頭田のすべてが名に結ばれず、散田されたことにも、同様のことが考えられてよいであろう(表9)。

なお、この検注の時、百姓たち(恐らく勧心名主良厳が中心であろう)の申し出で、近隣の恒枝保の田地の一部が、馬上免田の中にくり入れられ、後年の問題の発端をつくっている。

このほか、薬師堂免田・小野寺免田等、寺社の免田は一応別個の扱いをうけたであろうが、その状況は明らかでなく、全体として地頭の支配下に入ったものと思われる。

以上が、得宗実検使による検注の実情であった。たしかにこれは、地頭による「一円支配」の達成である。ここでは、地頭以外に荘から直接に得分を収取するものは、一切みとめられていない。荘務は完全に地頭によって掌握され、東寺供僧も、歓喜寿院も、現地との関係を絶たれ、ただ得分の分け前に与るにすぎぬ立場に立たされたのである。だがこれを、それ以前の地頭若狭氏による支配と区別された、本質的に異なる新たな支配の成立とみることは、いかなる意味でも不可能であろう（「初期領主制」と本質的に区別される、「封建的領主制」の成立をここに考える見方がある〔校注一六〕）。さきにものべたように、得宗の実検が、むしろ若狭氏三代の宿願を、若狭氏自身をも否定しさるような、最も専制的な方法で実現したという一面をもっていたことは、動かし難い事実である。

もとよりしかし、この実検によって実現された体制は、初期の若狭氏が恐らく想像もしなかったような、新たな側面をもっていた。だがそれを、土地に結びつけられた農民の支配を基礎とする、いわゆる「封建的領主制」の新らしさとみることも、また不可能であろう。むしろ、この実検の新らしさは、名主職をふくむすべての所職を、完全に同質化された得分権として、扱い切ったところにあった。そうすることによって、所職のもつ別の側面――人的な主従関係の表現としての所職の一面を、ほとんど全面的に後景におしやったのである（この点の誤認から、さきの見解が生れてくる）。だが、それは、決して「所職」そのものを否定することはなかった。それは、本来不可能なことだったのである。たしかにこの方向――所職の得分権化・均質化の方向は、時代の発展とともに進む発展的な方向だった。しかし、それはあくまでも、所職がその最初からもっていた側面――主従関係の表現とは一応矛盾する別の一面の発展にほかならぬ。とすれば、得宗実検使の実現した方向は、所職の自己否定の方向を示すものとはいえようが、いかなる意味でも、所職の世界そのものを根底から否定するようなものではなかったといわねばならぬ。いわば、この実検は、すべての所職を得分権として扱うことによって、所職の一円化を達成し、太良荘領家職・地頭職・本家職の得分権化を達成したのであった。得宗の権力が、このような役割を果たしている点に、考えるべき問題がある。名主職をはじめ、地頭職・領家職・預所職等々のもつ、それぞれの個性的な歴史を無視することによって、それは幕府そのものの過去の法令と裁許をも、全く無視し去る結果が生れてくるのを、さけることができなかった。ここに、当時の鎌倉幕府の陥った、いかんともなしがたいジレンマがあった。寛元以来の五つの百姓名と一色田の歴史を無視することによって、この権力は、預所ないし東寺供僧の権利を否認し去った。三郎丸名をはじめ、地頭名・地頭佃等の歴史を無視することによって、地頭若狭氏の権利をも奪いとった。永仁の助国名の因縁を無視することによって、三人百姓と国友との相論を封じ去った。そして、御家人名たる末武名の歴史を無視し、他の百姓名と全く同じ扱いをすることによって、得宗の権力は、御家人脇袋国広の名主職をも奪い去ったのである。

だが、これは太良荘のみのことではない。同様に、若狭忠兼が地頭だった隣の恒枝保でも、得宗被官は、恒枝(清水)五郎信康(相若氏のあとをひく人かと思われる)から保公文職を奪った。また清貞名では、多田弥太郎が領主職を、是光・利貞・正行名では、和久利又太郎・木崎兵衛次郎が同じく領主職を、沢方名では木崎四郎が、岡安名では岡安経二郎が、いずれも領主職を、得宗被官塩飽修理進等に奪われた。さらに、国衙領——知行国主の支配下にある郷や名のほとんどすべてが、得宗被官のおさえる税所に奪われようとしていた。少なくとも、一三二一(元亨元)年までに、判明する限りでも、この国の惣田数の、ほぼ二七%が、得宗被官の支配下に入ったのである。一国的な規模でみても、鎌倉初期から承久の乱にかけて、地頭がやろうとして、幕府におさえられたまさにそのことを、得宗被官が実現したという見方が成り立ちうるであろう。

しかし、いかに乱れつつあったとはいえ、それぞれの所職にきざみこまれた人的な関係やその歴史は、まだまだ生きた力をもっていた。それを無視し去ることは、いかなる専制的な権力の力によっても不可能なことだった。供僧も、預所も、若狭氏も、また脇袋氏も、さらには百姓たちも、それぞれにいま動きはじめていたのであり、これは、この一見抗し難いようにみえる強力な権力によっても、決しておさえ切れるものではなかった。あるものは執拗に不満をならして訴え、あるものは雌伏して機会をうかがい、またあるものはこれを利用して浸透を試みる。

その錯綜の中で、鎌倉幕府の政治は、もはや救い難い自己矛盾に陥り、現実を無視した飛躍を試みた得宗の権力は、ゆきづまり、ついには歴史そのものによって、きびしい復讐をうけなくてはならなかったのである。

三　供僧と百姓

得宗被官に対する供僧の訴訟は、すぐに開始された。一三〇三(乾元二)年、納所公文《なっしょくもん》の頼尊を雑掌として、給主伊与局と給主代黒須の非法を六波羅に訴え、翌年、これにかわった給主工藤六郎貞景に対しても、訴訟を続けたのである。だが、この訴訟の見通しは、全く暗かった。頼尊は、

奉行、地頭代と一体に候はんするほとに、いかなる道へかつくりいれ候て、御訴訟、猶延引せさせ候はんすらん(「東百」ェ一一一三(一九))。

という予想をのべ、自分が下国して荘務をとることは、訴訟に不利を招く、といってくる。事態は、全く、このような方向に進む可能性十分であった。やむなく供僧は、さきに一旦荘務をとり上げた預所(藤原氏女＝妙性であろう)に、再び荘務をとらせることにする。身勝手きわまる話であるが、ともあれ、こうして谷に下ってきた預所に対し、百姓たちは「不審」といって、これを認めようとしないのである。

大体、百姓たちは、この供僧の訴訟には、はじめから協力しようとしなかった。彼等にとってみれば、たしかに得宗の支配はきびしく、助国名の公認とか、畠地・新田の検注とか、不満もあったろうが、一面、供僧のとりあげた三人百姓の名主職を認め、各名の内免を公式のものにしてくれた点で、少なくとも当初は、むしろ歓迎すべき面もあったのである。彼等の秩序が、当時最強の権力によって認められたのだとすれば、これは満足すべきものであったとすらいえるであろう。供僧の支配とても、そのきびしさの点では、なんらこれとかわりはないのだ。実際綱丁・定使西向は、この内免田の所当米を年貢のうちに結びいれようとしてくるが、これを非法として訴え主張する根拠を、道森房の検注は、彼等に与えたのだった。とすれば、彼等が、さきに攻撃した預所妙性に対し、「厨以下色々済物」、「房士(仕)長夫等の所役」を、全く奉仕しようともしなかったのは、当然であった。のみならず、「当年大損亡」といいたて、本百姓たちが連署して、損田の坪々注文を送ってゆくので、寺家の与えた十石の免除などでは、到底ききいれようとしなかった。

雑掌頼尊は、一三〇五(嘉元三)年、この百姓たちの「非法」を、「地頭の威」をかりたものとして、六波羅に訴えているが、これはむしろ真実をついた指摘といえよう。しかも、この訴訟をうけた百姓たちは、すべての責任を、得宗実検使に書類を渡した預所と定使西向に帰するという、図太い態度を示し、一方この年もまた、虫害・風損・旱損を理由に、「晩田においては苅り取るに及ばず、立て置く」といって、四回も訴状を上げてくる(「東百」ヱ一—九(二五—二九)(鎌29・二二三〇六、二二三一五、二二三四二))。

供僧は、減免額をできるだけ低くおさえ、残りは未進にくり入れ、それを個々の百姓に(小百姓たちにも直接)請文を一々出させて皆済させるという方策で、これに対したのであるが、翌一三〇六(嘉元四)年も、またまた、百姓は、長日大旱魃、大洪水、大風等、考えられるすべての理由に最大級の形容詞をつけ、減免を「恐る恐る(!!)言上」してきた。そして五石の免除に対して半損を要求、もしこれがいれられなければ、「中田並びに晩田は、段歩たりといえども、作稲に手をかくべからず」といい、二十三石の免除を得たのちもなお承認せず、ついに公文は百姓の威圧によって、散用状を書くこともできない有様であった。この時、百姓たちが、

　地頭御分においては、実正に任せ、起請文を以て言上せしむべきの由、仰せ下されるにつき、委細関東へ言上せしめ畢(「東百」ヱ一—九〔三〇〕)(鎌30・二三七一七)。

といって、地頭方の「善政」ぶりを強調しているのは、語るにおちたというべきであろう。たしかに、この谷の田地は水損がちであったろうが(現在の状況から、これは十分推測できる)、これは明らかに、「政治的損亡」であった。

　供僧の荘支配は、全く目茶々々だった。その上、このころから年貢運送を委託するようになった大津の問丸(これも百姓が長夫を拒否するようになった結果とられた処置であろう)三井寺の播磨房慶盛に、年貢米四十石を抑留されるようなこともおこり、荘からの収入は、減る一方であった。

　しかも、六波羅での得宗被官との訴訟も、費用のみかかって、遅々として進まない。供僧は、その沙汰用途を、預所妙性に一部負担させようとするが、彼女とても、「たつほうなき」荘の有様を前にしては、得分などあってなきごとき状態であり、逆に、前に定宴が別進して以来の、米・大豆六石を返してほしいといってくる始末だった(「東百」し六(八))。そしてようやく一三一〇(延慶三)年、訴訟の問注記は、六波羅から関東に送られる段どりになった。はじまって以来、もう六年を経過して、ようやくこの有様であり、むしろこれからが難関だったのである。のみならず、百姓たちの損免要求は、年を追うごとにいよいよ図太さをます一方だった。一三〇八(延慶元)年には、損亡四十二石余・未進九石余を出しながら、なお彼等は押し募ってやまず、翌(延慶二)年には、つ

表10　鎌倉末期太良荘の損亡・未進

西暦	年　号	定　米	損亡除	未　進	備　考	史　料
1283	弘安6	石 150.812	20.0	18.545		教121
1302	乾元1			29.26406		は50〔40〕
1303	嘉元1	128.88775	5.0	24.0847		同上
1304	嘉元2	128.88775	10.0	15.5849		同上
1305	嘉元3	128.88775	6.0	10.77009		同上
1306	徳治1	128.88775	23.0		百姓叙用せず	同上
1307	徳治2			28.9589		同上
1308	延慶1	128.35441	42.78463	9.34858	百姓損亡押募る	同上
1309	延慶2	128.88775	84.73684	1.42857		同上
1311	応長1	127.77773		18.95919		教240
1312	正和1	127.77773	60.0	14.82588		教243
1314	正和3	127.77773	51.7	1.25891		は91〔61〕
1315	正和4	127.77773	59.70146			は87〔57〕
1324	元亨4	112.98444	73.6458			わ3下–11〔れ4〕

内検目録，散用状を整理したもの．

いにその額は八十四石、じつに定米の七〇%に達した。

ここにいたって、本家歓喜寿院も、たまりかねて本格的に動き出す。院の寺官は本家米(修二月米)懈怠の不法をきびしく責めたて、供僧を相手どった訴訟をおこし、一三一一(延慶四)年になると、未進した寺用米を返すか、さもなければ荘務を引き渡せ、といい出した。これに対しては、皮肉にも供僧自身が百姓のいわゆる「大損亡」をふりかざし、地頭の非法を理由に、反論しなくてはならぬ立場に追いこまれた。

ともあれ、この窮地を脱するには、一方で百姓の未進を督促し、収取をできるだけ強め、他方で地頭との訴訟を急ぐしかない。いままで個々の百姓からとっていた未進請文を、散用状に一括して責任を明確にした未進徴符とする一方、年貢を百姓等に請負わせる等の手段もとられたが、わずかに収入が多少順調だったのは、一三一一(応長元)年のみで、一二(応長二)年六十石、一四(正和三)年五十一石余、一五(正和四)年五十九石余と、莫大な損亡は一向に減らなかった。そして一三二四(元亨四)

年、久々に内検が行なわれた時には、末武名も地頭田にくり入れられ、定米そのものが減じたのみならず、七十三石余——定米の六六％の損亡を認めねばならなかった(表9・10参照)。

地頭代得宗被官工藤貞景との訴訟も、関東に移って以後、得宗貞時に働きかけ、雑掌道祐を関東に下向させる(補注五)など、審理の促進をはかっており、寛元・宝治・建長の重要な証拠文書も、すべて鎌倉に置いて、直ちに審理に応じうる準備がなされていた。とくに一三二三(元亨三)年には、供僧連署状によってこの荘の由来を詳しくのべ、関東に有縁の長者、佐々目僧正有助に秘計を依頼するということも試みられ、一三二五(正中二)年には、詳細な目安も用意されたが、ついに法廷は一度もひらかれなかった。得宗被官を不利な立場におくような訴訟は、進行させてはならなかったのだ。

供僧の支配は、こうして、当面どうにもならぬ壁につき当たった。ただ、一三二三(元亨三)年には「宣旨によって、荘務を当院家に付せられ」たいと強く訴えた歓喜寿院や、一三一四(正和三)年(山門が国主だった)・一三一八(文保二)年(談天門院が分国主であった)・一三二三(元亨三)年(国主不明)と、三度にわたって荘を転倒しようとした国衙からの攻撃をしのぎ、わずかに、事実上無効と化した荘務権を確保するのが精一杯だったといえよう。少なくとも、この荘に関する限り、供僧は全く行き詰ったといわねばならぬ。

実際、荘園所有者間の荘務権の争奪は、この荘の実情をみても明らかなように、このころ、一種の無法状態を呈していたとしてよかろう。供料荘の弓削嶋では一三二〇(元応二)年、新勅旨田でも一三〇八(徳治三)年、平野殿荘で一三二二(元亨二)年、やはり、各方面からの荘務に対する乱妨が行なわれている。

しかし、このような激しい争奪の中で、太良荘でみられたように、領家職・本家職等の上級所職の得分権化も、また否応なしに進行し、荘務権はそこで、次第に所務職・給主職などとよばれるようになってゆく。いわば、上は本家職から、下は名主職にいたるまで、所職が一面得分権として均質化してゆきつつあるので、ある限度内ではあれ、この時期すでに、本家職をもつ人が、一方で地頭職・預所職から、名主職をもわがものとするために懸命な状況が見出しうるのである。とすれば、逆もまた決して不可能でないこととなろう。

下剋上の空気は、充満し、混乱と流動は、次第に大きな激流に集まろうとしていた。だが、その中で、供僧を中心的存在とする東寺は、この流れを、全体としてはむしろ自己に有利な方向に利用していった。後宇多院の密教興隆の動きに乗って、彼等は一三一二(正和元)年以来、山城国拝師《はやし》荘・同国上桂《かみかつら》荘・八条院町十三箇所・播磨国矢野荘例名・常陸国信太《しだ》荘等を、あいついで院から寄進されたのである。東寺の機構を、ほとんど一変させたといってもよいほどの発展がここでなされた。従来からの十八口の本供僧に、御影堂の新供僧三口が加補され、平安期の二十一口定額僧のある意味での復興が、ここに果たされたのみでなく、新たに伝法会衆・勧学会衆が新補された。

しかも、それは、後醍醐天皇によって、さらに大きな補足を加えられる。勧学会衆のために、一三二三(元亨三)年に宝荘厳院執務職、天皇自身が新補した講堂及び灌頂院護摩堂供僧のために、最勝光院執務職が一三二五(正中二)年に、それぞれ、東寺に寄進された。この尨大な荘園群は、もちろんすでに全く実を失ったものも少なくなかったが、供僧や学衆たちは、例の執拗さを発揮し、その中のいくつかの荘園については、荘務権を手中にいれてゆく。矢野・拝師・上桂・新見《にいみ》等の諸荘はいずれもこうした荘園として、今後長く東寺の経済を支えることになるのであり、収穫は決して小さいとはいえぬであろう。さきの大山荘・大成荘と同じ性質の、摂津国垂水《たるみ》荘の荘務が、執行《しぎょう》から供僧の手に移ったのも、また一三二六(正中三)年のことであった。寺辺の水田の名主職も、零細なものながら、つぎつぎと、彼等の手中に入りこみつつある。これで明らかなように、供僧は一方で、これだけの大きな収穫を得ていたのである。太良荘の訴訟を、不利な結果を招くような形で強引に急ぐ必要は、彼等としても当面はなかったといえよう。自然、この荘の地頭との訴訟は、正中以後は完全に停滞して、ほとんどなんの動きもなく、年貢収取も恐らく有名無実と化したと思われる。

四　荘にすむ人々 (2)

寛元・建長以来、ほぼ一世紀に近い年月を経て、太良荘の谷にも、様々な変化がおこっていた。新たな田地がひらかれたことは、まえにふれたが、一三〇二(正安四)年の実検の時に、注じ出された一町近い名新田に加え、一三一九(文保三)年までに、一反ほどの新田がさらにひらかれている。これは恐らく、谷口の方に向って開かれていったもので、水損しがちな、なお不安定なものであったろう。これは量的にはさほど大きな変化とはいえないが、嘉元のころ早稲・中稲・晩稲の区別がはっきり現われるような、稲の品種の分化をはじめ、田地利用の内容的な充実は十分に予想ができる。なにより、寛元のころ空佃(全収穫を収取する佃)といわれ、激しい攻撃の的になった地頭の二石佃が、正安の実検では、二石の高斗代をもつ田地として、なんらの抵抗もなく、百姓にうけいれられたとみられる事実が(一二七頁)、それをよく物語っている。今量に換算して一石四斗以上の収穫が、最も条件のよい田地では、一応安定して確保されるようになったわけで、全体的に、反当収量の増加は、顕著だったとみてよかろう。

一方、正安の実検で、はじめて検注された畠地は十五町以上(地子の賦課されたのは七町五反ほどだった。表12参照)であり、へい畠(不明であるが、馬上免畠をふくむ)・末武畠(末武名の畠地で、末武名が地頭の支配下に入ってからこういわれた)・とい畠(土居畠であり、地頭の土居内の畠地。政所敷地・屋敷・的場・地頭郎従と思われる人の畠地をふくむ)・御名畠(地頭名内の畠地であろう)・公文名畠等が地頭の支配下にあるほか、各百姓名にも若干ずつの検注された畠地があった(百姓名畠)。

これらの畠地は、各小谷の奥と縁辺部に分布していたと思われるが(図2参照)、このころ、それはさらに山の方に向って新たにひらかれていたようで、僅かではあろうが「山畠」のあったこともしられる。畠地では麦・大豆等の雑穀とともに、麻・藍・桑等が栽培されていたと思われ、養蚕などはこのころになると、かなりの忙しさをもって行なわれたと思われる。田地での二毛作の発展をふくめ、五・六・七月は、農桑の業の非常に繁忙な時期になってきていた。

それとともに注目すべき点は、畠地子が完全に銭納化されていることであろう。それは正安に反別四百文、文保には反別三百五十文の割で徴収されたが、その背景には、畠作物を原料とする絹糸・綿・布等の加工品が、ある程度、百姓たち自身の貨幣収入にもなりえたであろうことを物語っている。事実、川を隔てた遠敷市は、すでに市日のきまった定期市になっており、百姓たちが、自家製のこれらの品々をもって、そこに出入することは、もう完全に恒常的なことになっていた。谷そのものの景観は、さほどの変化はなかったにしても、彼等自身の営々たる努力によって、新たな広い世界に接するようになった百姓たちの生活と意識の変化は、非常に大きかったのである。彼等はすでに、彼等自身の独自な世界を、この谷間にひらきつつあった。

(A) 惣百姓

建長のころ、四十九人を数えた百姓たちは、正安には六十人以上に増加しており、彼等は、自らを惣百姓というようになっていた。もとより、その多くは小百姓だったが、かつては田地を年々宛て作らされるような状況だったこれらの人々は、このころは「脇在家」といわれ、わずかな屋敷地=免畠(六十歩程度から、なかには一反ほどをもつものもあった)を中心にして、ある程度独自な生活を営むようになっている。彼等は、依然あちこちの名田畠や地頭田畠を耕作しており、その経営規模も小さかったが、その際以前と違って若干の任料・請料を出すことが行なわれていたと思われ、自然逆にその耕作の権利も、「作職」・「下作職」という「所職」の形式をとりながら固まりつつあった。やがてそれは、「重代の所職」といわれるほどになってゆくので、このような成長を背景にして、彼等がその個々の名前で、未進年貢を請け負うことも行なわれるようになってきた。鍬や「まさかり」や手斧程度の道具なら、彼等の手元にも、広く所持されていたであろう(表14参照)。

だが、そうはいっても、このことがすぐに、小百姓が自立した経営をもったことを意味するわけではない。むしろ一般的に、彼等は不足勝ちの「種子・農料」を、「出挙《すいこ》・利銭《りぜに》」によって補なわねばならぬことが多かっただろう。また、牛馬をもたぬ彼等は、それを借りて耕作せねばならぬこともあったろう。そして、そのことが、彼等を特定の代官や名主たちに依存させる結果をもたらしたのであり、「下人・所従」と彼等がよばれることも、まだ十分ありえた。しかし、その関係がすでに「出挙・利銭」を媒介とするようなものになっている点、寛元・建長のころとの大きな相違があった。百姓間の人的関係もまた、著しく可動的なものになりつつあったのである。実際、彼等といえども、機会を得れば名主職をかちうることもできたのだ。勧心の所従たちや、逃亡百姓国安は、そのよい先例だった。しかも、あの法螺吹きの国友は、助国名の名主職補任に際して、なんと十一貫文の酒肴料を送るという起請文を書いている。あるいはこれも法螺なのかもしれぬが、現実に、彼等小百姓でも道さえみつければ、これだけの銭を蓄積することは、不可能なことではなかった。

少し降って建武のころ、遠敷市に小袖や綿・布・刀などをもって出入し、銭三貫二百五十文を所持していた新検校や孫次郎、同じころ寺家の倉本百姓(のちに政所屋といわれた人と同じ役割をもつか?)となった角大夫、さらに名前からみて多分手工業者と思われる「すみ細工」などは、いずれも田畠については名主職をもつ人ではなく、わずかな土地を耕作する小百姓にいれて考えねばならぬ人々だった。

小百姓にすらこれだけの新たな道がひらかれているとすれば、名主職をもつ本百姓(本在家)たちには、もっと広い道がひらけていたはずである。

得分権化した名主職は、正安から文保のころには、ほとんどすべてが相論や相続の結果、機械的に中分されて半名となり、1/3名・1/4名も現われていた。自然、名主職をもつ本百姓の数も、一三二四(元亨四)年には二十人に達していたと思われる(表11参照)。これらの人々は名主職をもつことによって、公認された免田(内免・押募等)を与えられ、また小百姓たちを召しつけ、作人として田畠を耕作させる際の任料・請料をはじめ、年々の名主得分をかちうる権利をもつことになる。もとより彼等自身も、その名田を中心にして、他の名田畠や地頭田等を、ほぼ一町前後経営していたのであり、その部分については、作職としての収入もあったのである。当然彼等は、次第に重要度をましつつあった山などの入会地・用水の利用等に重要な発言権をもち、このころには形成されていたとみられる宮座のなかでも、支配的な地位を占めていたので、谷の百姓たちの中心はやはり彼等だった。しかし、これらの人々のなかには、こうした地位と富力とを背景に、より広い世界にのびていこうとする人も現われつつあった。三人百姓といわれて、本百姓の中でもとくに中心的な役割を果たしていた、勧心名・時沢名・真利名の名主たちにその傾向が見出せる。

一二九一(正応四)年に、兄時守を追って、時沢名々主職を得た伊賀房厳円は、その一人に数えられよう。彼が弘安・正応の訴訟の時、預所と地頭の双方から補任状をもらうという周到さを示し、正安の国衙の新司に対しても、いち早くこれに応ずるような姿勢を示し、供僧から名主職をとりあげられたことは、すでにのべた(一〇九・

表11　鎌倉末期の百姓名と名主

百　姓　名	田数計	得　田	損　田	苅	備　　考
	反　歩				
泉　大　夫	12.240	5.　0	7.240		助国名ヵ
中　　　内	10.350	2.290	8.　60	1.　50	貞国名ヵ
又太郎大夫	10.180	4.　0	6.180		時安名ヵ
安河大夫	10.180	5.　0	5.180		時安名ヵ
丹　大　夫	10.120	2.340	7.140	1.300	一色名ヵ
権　大　夫	10.120	2.335	7.145		一色名ヵ
三郎大夫	9.　80	2.110	6.330		
太郎権守	9.　40	1.350	7.　50		
案　　　主	9.　25	1.　20	8.　5		時沢名(時行ヵ)
法　　　円	7.220	6.245	355	1.　0	真利名
藤　大　夫	7.　90	3.235	3.215	240	時沢名¼
藤　　　内	7.　0	6.270	90		
惣　大　夫	6.210	3.330	2.280	240	
惣　入　道	6.150	2.320	3.190		
二郎権守	6.　0	2.150	3.210		
助　　　国	5.100	2.250	2.210		
木二郎権守	2.180	0	2.180		
惣　　　追	2.　0	100	1.260		重介(散仕)
三　郎　丸	1.120	0	1.120		三郎丸
又　五　郎	240	150	90		又五郎
実　　　計	145.125	49.100	96.　25	5.110	
計	149.355	51.324	97.325		

1324(元亨 4)年内検帳(「教護」478)より作成．史料が前欠なのでこの数字より若干多い田数が，実際の田数である．なお「苅」はすでに苅り取られた田地をさすと思われる．〔校注 17〕

一二〇頁参照)。彼が僧名を名のっている点から考え、あるいは荘の薬師堂に、早くからかかわりをもっていたのかもしれぬ(地頭との関係も、この面から生じてきた可能性がある。薬師堂は地頭の知行下にあったから。系図7参照)。

得宗の支配がはじまると、彼はいち早く、名主職を回復したのみならず、一三〇三(嘉元元)年には、公文職を一時与えられ、さらに、薬師堂別当職を給主から与えられて、その修理を請け負っている(「白河本東百」七〇)。このような現地の寺や堂の別当職等になることは、その免田を自由にできるというだけでなく、堂に入るべき得分——米・銭を金融面(出挙・利銭)に動かして、その利をわがものになしえたのであり、厳円もまさしく、その点を狙ったと考えてよかろう。あの凱雲の薬師堂が、いまこのような形で復興されていることは、時代の推移をまざまざと感じさせる出来事であったが、しかし厳円は肝心の修理を怠たり、一三一九(文保三)年には、別当職のみならず、時沢半名をも一旦失ってしまった。やがて彼——ないしは子息の実円は、時守の子息散太郎(厳円にかわって時沢半名々主となった)と争い、一三二九(嘉暦四)年には名主職を回復するが、厳円の生き方は、この時期の有力な百姓が進もうとした道の一つを、よく示していといえよう。

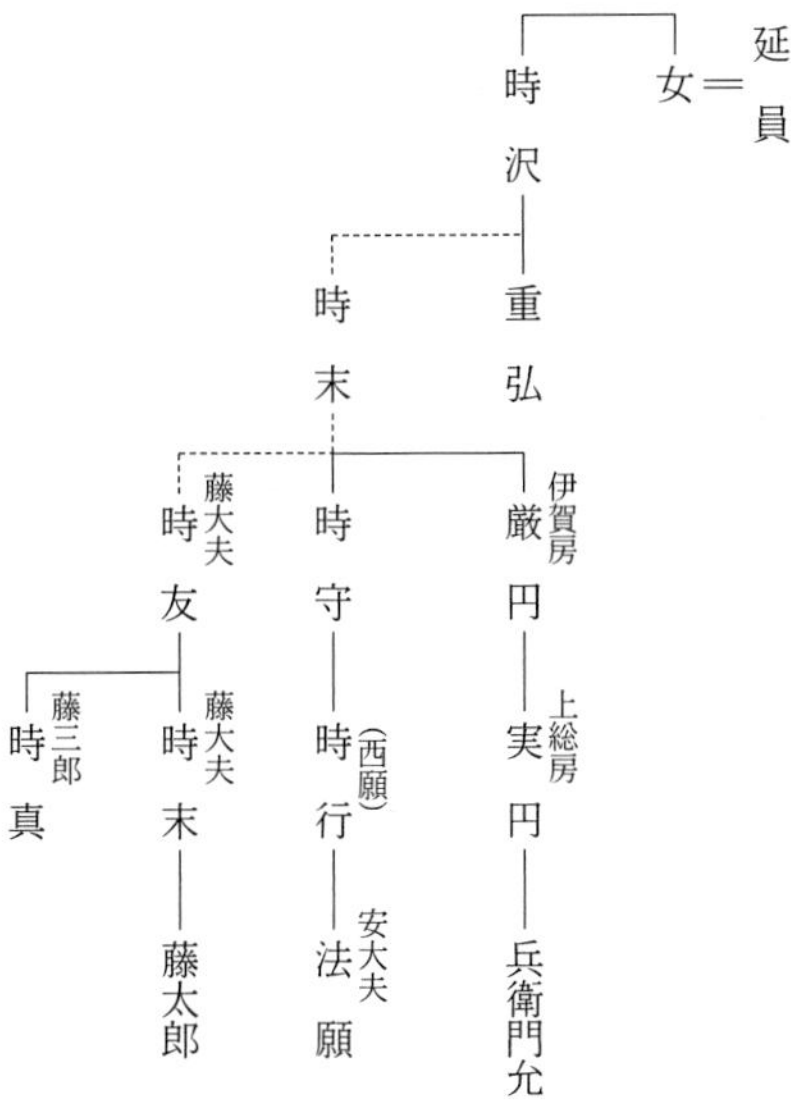

系図7　時沢名々主

　勧心半名々主伊勢房良厳も、こうした人の一人であった。厳円となにかの縁でつながっていたとみられる彼は(彼の子禅勝は、厳円の子息実円の叔父といわれていた)、正安ごろから僧名で姿を現わすが、注目すべき点は、一三〇二(正安四)年に彼が公文として現われることで、元来地頭進止下にあるこの職に、本百姓が補任されたのは、恐らくこれがはじめてだったと思われる。この職は、翌年には一旦厳円がなるが、まもなく良厳が還補されたようで、少なくとも一三一二(正和元)年以後、一三一八(文保二)年に性範という人にとってかわられるまで、良厳がこの地位にあった。しかしまた、一三三一(元徳三)年には、彼の子息禅勝が父の跡をつぐ形で公文職を宛行されている点から考えて、この職は、ほぼ良厳の相伝の所職となったとみてよかろう。

小なりとも、五反の給田をもつ正式の荘官に、良厳はなったのであり、それは、百姓の中での優越的な地位を保証するとともに、広い外部の政治的世界にのびてゆくための機会も、与えることになったであろう。その上、彼は薬師堂供僧職も得ており、厳円と同様の方法で富を積む道もひらかれていた。

後年、良厳の子禅勝と、厳円の子実円とが、荘の百姓たちを代表し、内乱の中で縦横に活動する前提は、このようにして用意されていたのである。

これ以外にも、一方には二郎権守正弘のように、六反以上の名田の名主職をもちながら、一三三〇(元徳二)年に、時沢名四分一名主藤大夫時友の年貢(領家所当・地頭加徴米計三石九斗余、名田地子・修理替銭五百五十文)を弁じてやり、そのかわりとしてこの名主職と子供藤三郎時真(十七歳)を質物にとり、さらに多くの百姓から負物の証文をとる等、まさしく「出挙・利銭」を通じて名主職・作職を集積した人がみられ、他方では、時安名半名々主新細工のように、手工業者としても活動したと思われる人もあらわれていた。

こうした百姓たち——主として高利貸を通じて米・銭を蓄積し、名主職をはじめとする多くの所職を集めるようになった人々が当時、有徳人・有徳の百姓といわれた人々にほかならぬ。前述した、惣百姓の新たな活動の中心はこうした人々だったのであり、彼等こそまさしく時代の発展の生み出した、新らしい型の人間であった。「七代までも」と誓われた主従関係でも、相手に力なしとみればあっさりとみすて、臆面もなく主の敵に従うような図太さ。明らかに偽りとわかる法外な損免の要求を、「恐る恐る言上す」といってのけるセンス。これは決して、鉄面皮な冷たい策略というようなものではない。むしろ、厚顔しさと強欲さの中に、一種の明るい笑いすら伴うような世界を、彼等は自らひらきつつあるのだ。

だがもちろん、荘には、このような有徳な人々だけがいたのではない。観音女という女性の百姓のように、逃亡する百姓があり、源八のように借物を責められ、時友のように名主職を質に入れたのみか、子供までも質物にしなくてはならぬような人々もまた数多かった。得宗被官の支配下に、「責め失われた在家三十余宇」といわれたのは、あながち誇張とはいえない。損亡は、不利な条件の田畠を耕作していたと思われる小百姓たちにとっては、現実のことだったろう。

しかし、彼等もまた、生活の重圧にうちひしがれてはいない。質物にされ、「下人」となった子供も、長ずれば、自ら「徳政」と称して主に背き、訴訟をおこすだけの力をもっている。彼等にとっては、毎年が損亡の年だったろうが、有徳な百姓たちを動かし、それを支配者に要求させるだけの連帯も、彼等は失ってはいない。この谷で生活しにくくなれば、逃亡してよい主をみつければよい。それが手ぬるいならば、武力ある人に従い、有徳な人々の米・銭を掠奪し、その分け前に与る道もあろう。彼等とても、「悪党」の中に加わることができるのだ。彼等にこうした夢があり、活力があったればこそ、新たにひらかれつつある農村の世界は、一面、明るい笑いの世界ともなりえたのである。

惣百姓とは、このような百姓たちのすべてであり、それなりに独自な、彼等自身の秩序だった。この集団の力によって、彼等は地頭や預所とは別個の、独自な主張をなしえたのである。

だが、本百姓と小百姓との関係が、たとえ大きく変化したとしても、やはり、名田畠の耕作を媒介としたものである以上、その要求もまた、名田畠を通じて賦課される年貢・公事にかかわることを、大きくでることはなかった。惣百姓の要求をのべた申状の末尾に連署するのは、自然、名主職をもつ人々に限られる場合が普通であり、ときには、名そのものの名前のみが連署されたのである。

十禅師・丹生神社・若宮等を中心に、宮座の組織もすでに現われたとみてよく、それが惣百姓の精神的な結合の一つのよりどころになったであろうが、それもまた、名主職をもつ人々中心の組織だったと思われる。もちろん小百姓たちの土地保有が、まだ「作職」という所職の形式によってではあれ、徐々に固まりつつあったことを考えれば、同じ小谷に住み、同じ谷の田畠を耕す農民たちの、生産に則した共同体——入会地たる山や用水等の管理を中心とした共同体が成長しつつあったことは間違いないが、それはまだ荘・名の秩序の下にかくれていて、それ自身の姿を現わしていない。その意味で惣百姓は、やはり荘園の秩序の枠をでるものではなく、そこにこの世界が、逆に外部の力によって、しばしば大きく攪乱されねばならぬ理由があった。

しかし、そのような限界と弱点をもっていたとしても、彼等はすでに惣百姓の名で訴訟をおこし、「百姓のなかのさたとして」年貢を請負うこともはじめている。まだ彼等自身は、一味神水し、集団で逃散するほどの事態にはぶつかってはいないが、それをなしうる実力は、もう十分にもっていたといえよう。畿内周辺の各地では、こうした行動は、頻々とおこっており、またときに、荘務をめぐる訴訟が現地で武力化した場合など、有徳な百姓たちが兵糧を調達し、人勢をあつめて、一方の側に立って戦うことも、しばしばみられたのである。天皇の車駕に対して、からからと打笑って罵しり、追われれば、くもの子をちらすように逃げてゆく、あの『太平記』の野伏の姿は、まさしく彼等自身の姿であった。

(B) 得宗給主代

正安以後、この谷に住んでいた領主たちは、みな、一旦姿を消さねばならなかった。地頭若狭忠兼も、御家人脇袋国広も、預所妙性も、得宗の権力のまえには一応慴伏するほかなかった。もちろん、領家側の荘政所には、年貢収納時に、寺家使や、ときには預所自身も下ってきた。しかし、彼等は長く滞在するわけにはいかなかった。百姓たちは、そのための雑々公事など、奉仕しようともしなかったのである。

谷の権力の中心は、もとより地頭政所である。一町三反六十歩の土居畠にかこまれて、三反の敷地をもつ、この政所屋敷にいたのは、荘の給主たる得宗被官の代官だった。土居内の畠地は、多くその手作地となっているが、夏蒔からは、一般百姓に散田されており、またその一部は、一三一九(文保三)年には、その所従かと思われる西仏房(四分一名の名主職ももつ)やけん二郎・孫四郎等の給分とされている。だが三十年に及ぶ得宗御領の時代を通じて、政所の主たる得宗給主代は度々かわっている。給主伊予局の代官黒須小次郎(一三〇三〈乾元二〉年の前後、一、二年間)、これにかわった給主工藤六郎貞景の代官、石井《(居)》五郎・紀六郎入道願成・石見房覚秀等の人々が、この政所に出入したのである。このうち、黒須・石井の二人については多くを知りえないが、注目すべきものは願成と覚秀であろう。

願成は、太良荘の谷から川をへだてた体興寺の住人で、そこに惣大夫名等の名主職をもつとともに、すでに一二九九(正安元)年のころには、太良荘にも時沢名内に畠地一反をもち、屋敷をもっていた(「東百」ェ一―九〔一九・二〕〈鎌26・二〇一四〇〉)。当時は、体興寺も太良荘も、若狭忠兼が地頭であり、願成は忠兼の郎従として、太良荘にも屋敷を与えられていたものと思われる。事実彼はのちのちまで、忠兼の「相伝の所従」といわれている。

しかし、忠兼没官後の願成は、太良荘の百姓たち同様、決して忠兼に義理立てなどしていなかった。忠兼にかわって、東郷・体興寺・太良荘等の地頭代になった得宗被官に、すぐつながりをつけた彼は、そのひきたてによってであろう。いつのことかは明らかでないが、東郷公文職(給田三反)になり、恒枝保の図師となったばかりでなく、一三一九（文保三）年には、太良荘の給主代官にとり立てられたのである。この年に作成された「所当米徴符」（「教護」二八九号）は、彼の手によってつくられたものであり、一三〇二（正安四）年の「実検名寄帳」（同一九五号〔鎌28・二一二七三〕）とともに、建武のころまで、願成の手元に所持されていた（のちに、彼が太良荘公文となった時に、この二帳は東寺の手にわたる）。

一介の名主からでた願成は、こうして、得宗の権威をかりた給主代として、太良荘の谷にのぞんだのであり、伊賀房厳円は、彼によって薬師堂別当職・時沢半名を没収されたのだった。さきにあげた四分一名々主西仏房は、おそらく、願成自身の所従ではなかったかと思われ、谷の名主職の補任にも、彼はその恣意により、手腕を振った。もとよりこれに対しては、三人百姓を中心とする荘の百姓たちの主流は、強く反撥したと思われるが、当面、彼等もこれを黙視しているほかなかった。しかし逆に、この願成によってとり立てられ、ついには彼にかわって給主代になったのが、石見房覚秀であった（あるいは、これは願成の代官ということだったかもしれぬ）。

さきに建長から文永のころ、恐らく薬師堂の僧として、地頭若狭忠清の下で、公文代となった石見上座という人がいたことをのべたが（五七頁及び表3参照。当時二反五十歩を耕作している）、あるいはこの人こそ覚秀の祖だったかもしれない。一三一九（文保三）年に、末武畠百二十歩を耕している石見後家は明らかに彼の母であるが、覚秀は「浜の女房」といわれたこの母とのかかわりからか、建武のころは「小浜住人」といわれて、すくなくとも鎌倉末期には、小浜にその本拠をもっていた。

すでに小浜津といわれ、問丸が集り、多くの年貢米が着岸していたこの北陸の要港は、得宗御領税所今富名の中にあり、一三〇一（正安三）年以来（一三一四〈正中元〉年まで）、太良荘給主貞景と同じ工藤一族の次郎右衛門尉貞祐の知行下におかれていた。とすると、覚秀が小浜に本拠をおくようになったのは、一つには、貞景を通ずる工藤氏との関係があったとも考えられよう。

しかし、それ以上に注目すべきことは、一三一九（文保三）年、厳円にかわって薬師堂別当職に補任され（「白河本東百」七〇（東百ヤ一七／一二）（鎌35・二六九五五））、この荘にも姿を現わした覚秀が、熊野三山僧として立ち現われている点である。どのような経路で彼がそうなったかは不明だが（太良荘の隣の谷、羽賀谷には、熊野という地名がのこっており、文永大田文には、富田郷内に熊野田五町五反を見出すことができる）、その資格において、彼は熊野社の「上分物」・「御はつをもの《初穂物》」を自由に動かすことができた。それは「三山僧供料物」であり、もしこれを借りて返さぬ時は、「山伏を以て呵法に責められるべき」性質のものだった。

太良荘の厳円や良厳などより、はるかに規模の大きい高利貸・金融活動を営む人を、ここに見出すことができるので、得宗給主及び給主代願成が、薬師堂の修造の完成を覚秀に期待して別当職を与えたのも、もとより、その資力に注目したからにほかならぬ。覚秀は、それを見事にやりとげ、一三二二（元亨二）年に、正式の別当職補任状を得ているが（「白河本東百」七〇（東百ヤ一七／一二）（鎌36・二八一二五））、この功がまた、彼の太良荘における新たな足場になった。覚秀が給主代になったとすれば、それは恐らくこのころであったろう。そしてその立場から、彼は、その資力を谷の百姓たちに対する「出挙・利銭」として活発に動かしてゆくので、一三二一（元亨元）年には、助国半名々主の弥介（国正）等が年貢に困っているのに対して、母浜女房の名を使って、熊野の「御はつをもの」で年貢銭八貫七百十六文・米七石八斗五升を経入れてやり、そのかわりに一町二反半の同名々主職を手に入れている。そして一三三一（元徳三）年には、さらに五貫文の任料を出して、正式の補任状を得ているが、この程度の米・銭を自由に動かし、彼は、次第に多くの所職を集めていった。

降って建武新政後の一三三四（建武元）年、東寺の塔供養に際して、覚秀は「熊野上分物」十五貫文を東寺に貸し、太良荘を「借上」げたが(後述)、まさしく彼は「借上」であった。あるいは、その活動は、小浜における「問」の仕事まで及んでいたかもしれぬ。

鎌倉末期における得宗給主代が、じつにこのような人々だったことに、われわれは、とくに注目しなくてはならない。願成はまだしも、覚秀は明らかに「借上」であった。そして前述したように、かつて鎌倉幕府は、「山僧並びに借上」が地頭の代官となることを、固くきびしく禁じていたのである。それがいま、ほかならぬ得宗被官たる給主＝地頭代によって、公然とふみにじられているのだ。だが正安の実検の性格で考えたように、むしろその点にこそ、得宗の権力の本質があったといわなくてはならぬ。すでにそれは正安の時に、あらゆる歴史を無視し去っているのだ。山僧であろうと、三山僧であろうと、最も安全に荘を請け負わしうる資力ある人物を、代官に採用することに、さえぎるものはなかったはずである。機会さえあれば、彼等得宗被官自身、自ら借上をこととして、なに憚るところなかった(佐藤進一氏「幕府論」『新日本史講座　封建時代前期』中央公論社、一九四九年、所収にとりあげられた御内人安東平右衛門尉蓮聖は、その適例である)。

鎌倉幕府の政治は、もはや完全に破綻していた。時の最高権力たる得宗がこうである以上、一般の武家がそれにならったことはいうまでもなく、東寺供僧の場合でみた通り、公家や寺家・社家はかなり早くから、こうした人々を代官にして荘園を請け負わせていたのである。世はまさしく、彼等山僧・借上たちの時代だった。

財政難に苦しむ権門のために、彼等は公用銭等の形で年貢公事を先納し、荘園を借上げ、請負ってゆく。訴訟があれば、その費用を弁じて、訴訟そのものを請負って所職を手に入れる。ことが武力を要すれば、その富力によって兵糧を用意し、軍勢を傭い動員して、自ら戦ってゆくのである。もとよりこれは荒仕事であるが、山僧・三山僧のみならず、園城寺や興福寺の寺僧、日吉社等の神人も、争ってこうした代官になっていった。そして覚秀の例でみたように、これこそが、かつて抑圧の下におかれていた凡下の人々の新たに前進する姿だったのである。だが、もともと武を業とするのでないこれらの人々にできるのならば、逆に多少の資力さえあれば、武士に同じことのできぬはずはない。願成のような非御家人も、また御家人・地頭も、山僧・借上と求めるところはなんの変りもなかった。

当然、彼等の百姓に対する収取は非情であった。補任地の様々な因縁に、彼等はしばられる必要はなかった。とくに窮地に陥った場合、彼等は露骨にその強欲さを発揮する。ここではもう、苅田狼藉・百姓の家内追捕・掠奪・放火等の手段は通常のことだった。

もちろん百姓も反撃し、荘園所有者も直ちに契約違犯として更迭するだろう。とってかわろうとするものはいくらでもいるし、荘園所有者にしても、新代官任命のときに多額な酒肴料・任料の収入があるのだ。だが、前代官もやすやすと更迭を認めない。現地にいすわって新代官の入部を拒み、一旦退いたあと、別の権門に結びついて、再び軍勢を率いて乱入してくる。鎌倉末期の畿内周辺では、こうした衝突はいたるところでおこっていた。そしてその当事者たちは、互いに相手を「悪党」といい合い、争うのである。

もはやある意味では、すべての人々が「悪党」であった。その意味でこの言葉を使うならば、得宗とその被官こそが、最大最強の「悪党」だったといえる。その絶大な権力によって、過去の秩序とその歴史はすべてが無視され、正式の手続による訴訟など、ほとんど無意味と化したかのようである(東寺供僧の訴訟停滞はその好例。実際、鎌倉末期に近づくと、訴訟の数はかえって減少しているようである)。

しかし、この争奪と衝突が「所職」の世界の中でおこっていることを、見落してはならぬ。そうである以上、過去の主従関係とその歴史は、いかに変質しようとも、決して否定し切れることはありえない。それは、この一見無秩序な混乱の底で、ひそかに反撃と復讐の機会をうかがっているのだ。

それだけではない。あるいはその主観では、過去の伝統を否定し切ったがごとく錯覚し、思うさまな乱暴をくり返している人々自身、決して古い権威から自由ではなかった。彼等が武力を行使し、狼藉を行なう時、真に自己の実力と判断に頼って動いたことが、果たしてあっただろうか。否、むしろなんらかの権門勢家との人的関係をたぐり、それを利用する点において、彼等ほど厚顔しく、強引な人々はなかったといってよい。そして、その関係がきれた時、卑屈に愁訴してゆく彼等の姿を、われわれはしばしば見出すことがある。だからこそ彼等は、自らが事実上「悪党」でありながら、他を「悪党」としてしか非難できなかったのだ。皇室をはじめとする権門勢家を、本質的に否定する力など、はじめから彼等はもっていはしない。それを真になしとげるには、「所職」の世界そのものを否定しなくては不可能だったが、所職の原理にかわるべきものは、その萌芽はあったとしても、まだ到底それをなしうるだけの力をもってはいなかった。所職の法則は、変質しつつもなおある発展すらとげ、厳然として自己を貫ぬいていたのである。

それゆえ、過去の歴史とそれにかかわりをもちつつふくれ上ってきた新らたな欲望の一切が、得宗という絶対的な権力によって無視され、おさえられ切ったかのごとくみえた時、歴史はその復讐を開始する。欲望は激しく爆発し、過去は新たな生命と力を得て、それ自身動きはじめる。得宗の権力は鎌倉幕府もろともに倒壊し、ここに「復古」と「下剋上」の時代がはじまった。

第四節　南北朝の動乱

一　東寺支配の復活――元弘・建武の乱

一三三三(元弘三)年五月、鎌倉幕府の滅亡とともに、若狭国における得宗の権力も消滅する。同年六月四日、後醍醐天皇の車駕は東寺に入ったが、そこにむらがる群集の中には、早くも上洛した太良荘百姓、禅勝(良厳の子)・実円(厳円の子)の二人の姿があった。重圧がなくなるとともに、おさえられていたすべてのものが、急速に動きはじめた。皇位に復した天皇は、東寺供僧の訴えに応じ、つぎつぎに諸荘安堵の綸旨を下す。垂水荘につづき、七月二日、矢野荘とともに、太良荘に対しても地頭の乱妨停止が命ぜられる。三十年間停滞していた訴訟は、これで一挙に解決し、荘務は久々に供僧の手に戻った。これを知って、禅勝・実円の二人はまたすぐに上洛し、「御一円たるべし」と、供僧の意を引く賀詞をのべる。まもなく現地には、預所朝信(妙性とどのような関係にある人か、明らかでなく、その代官かとも思われるが、いずれにしても、妙性の縁につながる人であろう)が下向してくる。これをみて覚秀も、すぐに助国名の任料五貫文を朝信に進上して、名主職を確保するとともに、その資力を東寺のために用立てることを約したと思われる。有力な百姓たちは、ぬけめなく供僧の新支配を迎えようとしているのだ。

一方、国衙には山徒多門房が代官とともに入ってくる。太良荘の百姓たちは、この方にも意を通じておくことを忘れなかった。情勢は混沌としており、いままでの因縁から国衙の支配下におかれることもありうるのだ。

だが八月三日、新守護布志那三郎左衛門尉(補注7)の代官が下向、十日には新国司洞院公賢《とういんきんかた》の目代も入部する。多門房はこれを認めず、九月に入ると今富名に打ち入り、合戦がはじまった。太良荘の谷にもこの「悪党人」たちが乱入し、年貢の一部を責めとってゆく。前地頭若狭次郎入道直阿《じきあ》(忠兼)も動きだした。体興寺に入部した彼は、子息四郎季兼を代官として、この荘に入れてくる。季兼はすぐに堺を掘り切り、城廓を構えて、一旦谷を制圧する。

一方京では、東寺もさかんに工作を進めていた。それをうけて九月一日、天皇は二十五口の供僧を、またも新たに東寺に定置、十二時不断護摩を修せしめることとし、その供料として、大山・新見両荘地頭職とともに、得宗没官領たる太良荘地頭職をも東寺に寄進した。禅勝・実円のいった通り、太良荘は東寺の一円支配の下におかれることとなったのである。

これを通達する国宣・施行は、十月晦日に国衙に到着。目代・守護代は、東寺雑掌を荘に沙汰居《す》えるべく、谷に入ろうとしたが、四郎季兼にさえぎられた。そこで再び、乱妨停止の綸旨・国宣が下り、十二月十五日ようやく雑掌は荘に入るが、翌日季兼は軍勢を率いて乱入、年貢百五十余石を奪取した上、百姓の家々から資財雑物をさがしとり、東郷公文願成の住宅に運びこんでしまう。願成もまた、機会を窺っていたのである。

これをみて、前末武名々主脇袋彦太郎国広(頼国とも考えられ、両者の関係は明らかでないが、親子の関係にある人かと想像される)も動きはじめた。得宗被官に奪われた末武名の回復を求めるとともに、彼は若狭忠兼に対抗して荘を警固しよう、と東寺に申し出る。伝統あるこの一族ならばそれも可能であろう。東寺はこれをうけいれて、彦太郎を地頭代に補任、あけて一三三四(建武元)年二月には、末武名々主職にも還補する(これは頼国の名前でなされた)。又代官として太良荘に入ってきたのは順生房。彦太郎自身は脇袋にいてこれを指揮した。

すべての「過去」が、それぞれの姿で、谷に帰ってきた。だが、それは単純な「復古」ではない。東寺供僧も預所も、若狭氏も脇袋氏も、三十年前に比べ、はるかに露骨な強欲さを身につけていた。彼等を迎えた谷の百姓たちもまた同様だった。

彼等はそれぞれに、得宗支配の時代の有利な点はそのままに継承確保し、失ったものは取り戻した上、どさくさにまぎれて、できるだけのものを新たにかちとろうとする。すべての人々が互いにあらゆる過去を動員し、相手の弱点をあばきたてて争いはじめた。無効な古証文が探し出され、「得宗給主代の権威をかり」という言葉は、いまや一種の殺し文句になった。

過去の訴訟のすべてが爆発的に復活し、それが新たな訴訟をよびおこす。ほとんど無数の訴訟が雲のようにわき、京に向っておしよせてくる。「復古」を意図した人たちは、過去のもつ、おそるべき現実の姿を前にしてたちまち混迷に陥り、自らもその強欲さをむき出しにしてこれに立ち向う。この北陸の一隅の谷も、底の底までこの混乱の中にとらえられていた。一三三四(建武元)年に入ると、百姓たちはつぎつぎに谷をでて、東寺供僧政所に向って上京する。

二月、借銭のために助国名を覚秀に奪われた、国正・正守が現われ、覚秀が得宗給主代だったことを理由に下文をもらってゆく。三月覚秀が上洛、これに反論するとともに、薬師堂別当職の安堵を求めて、補任状を与えられる。同じころ、文保・元徳以来、厳円・実円と時沢名を争った、案主時行・散太郎兄弟(実円の従父兄)が政所に訴え、そこで実円と対決したが敗訴。実円は時沢名四分三名主職に補任される。のこりの四分一名について質物とされて、権守正弘の下人になっていた藤三郎時真が、「徳政」と称して、名主職の返却と自らの解放を求めて訴えたのも、このころであったろう。本百姓のみならず、小百姓＝下人・所従までが、それぞれなにかをつかもうとして動いていた。そのなかで、東寺の一円支配は、次第にたしかなものになってゆく。同じ三月、近隣の恒枝保公文清水五郎信康が、得宗被官がとりこんだ馬上免の田畠の返還を要求してくるようなこともあったが(信康は、得宗被官に、公文職をうばわれた恒枝五郎と同一人。恒枝保領家嵯峨法花堂も、これを支えている)、一方では、雑訴決断所牒によって若狭忠兼の要求は退けられて、地頭職知行はほぼ確保された。すべてを永仁の和与当時の状態に復するというのが、東寺の一応のたてまえだった。領家方は、得宗時代の九名四分一を、七名と保一色に結び戻し、従来通り十八口の本供僧が支配する。地頭方は、若狭氏時代のそれをうけつぎ、四月一日、十人の評定衆をえらんで体制を整えた新加の二十五口供僧の支配下におく。領家方は預所朝信の代官大江盛信が、地頭方は代官脇袋彦太郎が、現地で収取の実務を行なうこととなり、公文禅勝をはじめ各名の名主も、百姓の訴訟を裁く過程でともかくきまっていった。

だが、この「復古」の体制は、機能しはじめた途端から、その強欲な本性をむき出しに発揮する。新加されたばかりの二十五口の供僧は、当面、とれるだけのものを荘からとらねばならぬ。その意をうけて、上使平五郎友実が谷に下ってくる。しかし、とりたてるべきものはまだなく、友実はそこで、借上覚秀と交渉、地頭方の得分をもって返却することを条件に、「熊野上分物」を借銭したようである。覚秀の方からいえば、地頭職を請所として、一年間、借上げたことになる。だがそのとき、友実は覚秀に渡した得分の注文のなかに、「修理用途」を加えた。これは、得宗時代になって賦課され、関東の下知により嘉元以来免除されていたもの。もとより、永仁の和与当時にはなかった用途である。「復古」の正体は、このようなものだった。その上友実は帰京の路銭を要求し、百姓たちが二百文もってゆくと、「乏少と称して、投げ返し」、帰ってゆく始末であった。(補注8)

友実のみではない。地頭代脇袋彦太郎もまた同じである。三町の給田の耕作に農夫を責め使い、脇袋への近夫・京上夫・京都の長夫等々に、百姓たちをつかいまわしてあくことをしらない。そして五月、再び下向した友実は、これも永仁当時にはなかった百姓名畠地子(前述)の徴収を開始、地頭代・預所代(盛信)とともに百姓を責めたてたのである。

ときに「農月」、百姓たちは「妻子眷属を引き具し、農業の励」をしている最中だった。彼等の不満は、ついに爆発する。

明王聖主の御代に罷り成り、随て諸国の御所務、旧里に帰す。天下の土民百姓等、皆以て、貴き思いを成すの条、その隠なき者なり。……去る正安年中より以来、地頭職に於ては、関東御領に罷り成り、非法横法を張行さる。……関東御滅亡、今は当寺御領に罷り成り、百姓等、喜悦の思をなすの処、御所務、曾て以て御内御領の例に違わず、剰え新増せしめ、巨多の御使を付され、当時、農業の最中に呵責さるの間、愁吟に絶えず、子細を勒して言上す(「東百」ヱ一―九(四五))。

三方からの呵責を非難したこの訴えは、まさに惣百姓の声であった。彼等の期待は裏切られたのだ。だがこの訴えによって、かえって呵責はきびしさをました。

六月、要求をすべて拒否した東寺は、前年の多門房・若狭忠兼の乱入によって年貢米を持ち去られた責任を新たに追及し、悪党に同心した百姓の交名《きょうみょう》を注進すべしと命じてくる。友実もまた、上洛用途を要求し、拒否する「百姓等の家々より、高質を召し取」って帰京する。この取り立ての使となった公文禅勝ですら、東寺からは、百姓等と同心して公事の催促をしない、と責められた。のみならず、これに力を得た地頭代脇袋彦太郎は、実円の時沢名々主職を奪いとろうとする。正安の実検直前の補任状(一二二頁)を根拠に、彼は実円こそ得宗給主代の権威をかりて名主職を掠めとったのだ、と寺家に訴えたのである(この訴訟は、国広代官行信の名前でなされている)。

これは決して事実無根のことではない。悪党との同心も、得宗給主代の権威をかりたことも、彼等には身に覚えのあることだった。だが、彼等は長々とこれを弁駁する。実円はいう。「百姓等の習、御所務管領に就いて、御所勘に随うは常法なり」。自分の祖先たち(勧心・時沢・真利たち)は、寺家のために忠勤を励み、その意志をついで、自分もまた政変とともに上京、寺家の一円支配実現のために力をつくしたではないか(「東百」ゑ一〇下―

一六上(二九/一))。

百姓たちもまたいう。「争《いか》でか、百姓等の身として、左様の振舞を仕るべく候哉」。すべての責任は、綸旨・国宣に違背した悪党人にあり、逆にいえば、それを排除できなかった方(つまり東寺)にも責任がある。それよりも、「三人の御代官、百姓等を呵責されるの条、不便の次第なり。……御一円の上は、早く御代官一人を以て、御所務あるべし」。彼等もまた、得宗時代によかったこと——一人の代官・修理用途の免除はそのままに、得宗時代に賦課されていた畠地子や新田所当米は、永仁の和与当時のように免除してほしいといっているのだ。この図太い要求を百姓たちは、まことに丁重に言上する。

凡《およ》そ、百姓土民等の習、上司より仰せ出される事は、善悪に付き、怖恐し奉り、今に子細を申し上げざるの処、御事書につき、恐る恐る子細を勒す(「東百」ヱ一〇—二四(四六))。

この訴状は、預所代の手を経て東寺に進められた。七月、無視された地頭代脇袋は、百姓たちの無礼を訴えるとともに、実円の主張を頭から否定する二問状を提出する。実円が、寺家の一円支配実現に功ありといったのに対し、脇袋は嘲笑する。

何ぞ実円の身として、天下を管領して、当荘、御一円たるべきの由、計らい申さしむべき哉、推参の申状、御沙汰の限に非ず(「東百」は一一四号(八四))。

寺家もまた百姓たちの訴訟を「奸訴」ときめつけて、地頭代脇袋の立場を擁護した。この書下をうけて、百姓たちは、ついに上洛を決意する。永仁の和与状・嘉元の関東下知状(修理用途を免除したもの)等の写しが用意され、三度訴状が書かれた。畠地子・修理用途・去年々貢のこと・祐実の上洛粮物のことなど、いままでの論点がくり返しのべられるとともに、そこには新たに、

(1) 九名四分一が七名となったのに、公事は得宗時代と変らず、その上、七名の中の助国・末武名が公事を対捍するので、残りの五名は損亡するほかない。

(2) 関東の内検（正安の実検）の時、とり出された百姓名の新田所当米・同名畠地子は、永仁の例に任せて免除してほしい。

(3) 助国名は請料銭をとることにされたが（これは、さきに三人百姓が、雑々公事の銭納化を要求した結果にほかならぬ。一一五頁参照）、公事でとってほしい。

(4) 得宗時代には、京上夫や房仕公事はなかったのに、それをとった上、坂東夫用途まで召されるのではたえがたい。

(5) 公事が前代に超過したばかりか、京上夫・農夫・細々朝夕公事をとられるのはたえがたい。

という、およそ五つの点が加えられている。

当荘に至っては、御寺以往、末代の御領なり。随って、百姓等は末代の御器なり。争でか御哀憐なき哉（「東百」ッ一—一〇〔二三／二〕）。

しかし、この「末代の御器」の鉾先は、もうはっきりと脇袋に向けられていた。いまあげた、(1)・(4)・(5)の項は、末武名々主をかねる地頭代脇袋を糾弾したものだった。ただ注目すべき点は、助国名にも彼等の攻撃が加えられていることである。当時のこの名は国正（後年の蓮仏）が名主であり、禅勝・実円等の三人百姓は彼の旧敵だった。それがこの背景にあったことは疑いないが、当面国正と助国名を争っているのは石見房覚秀。地頭職を借上げ、恐らく自ら地頭代たることを狙うこの人が、背後で動いていることも十分考えられる。

恐らくこの訴状は、実円の手で京にもたらされたであろう。八月、彼は、自らの時沢名につき、再度脇袋彦太郎に対する陳状を提出したが、そこには、百姓等の訴状の(1)の事実が、符節を合わせて非難されていた（「東百」ゑ一〇下—一六上〔二九／一〕）。だがこの上洛の首尾は悪かった。もはや非常手段に訴えるほか道はない。

八月二十一日、禅勝・実円をはじめ、国正までふくむ名主たちを中心に、太良荘の惣百姓五十九名は寄り合い、一味神水、十三箇条の非法をあげて、

　地頭御代官脇袋彦太郎殿、同地下代官順生房……向後は、当荘地頭御代と見奉るべからず候

と起請した。

脇袋の課した様々な夫役、その公事懈怠、時沢名に対する要求等は、まとめて公然と非難され、順生房もまた、正月節食《（会）》酒を百姓に与えず、房仕の毎日食料を止め、在家を壊して城郭をつくり、論所の稲を苅りとる等々の非法を、はげしく糾弾されたのである（「東百」は一一六号〔八六／一〕）。

これこそ、この荘の歴史はじまって以来最初の、「土民」の「一揆」にほかならぬ。ここには、「妻子眷属を引き具し、骨髄を摧《くだ》いて、農業の励」をする人々の、生活そのものからでた要求と期待が、明らかに見出しうる。起請文の末尾に、拙い略押を自ら書き、彼等は集団をなして一味に加わったのである。これらの人々——いわば谷の農民のすべてに、未来に対するある種の期待を抱かせ、行動にかりたてていった点に、たしかにこの内乱の一面の意義が求められる。

だが、そこに描かれた未来は、決して本当に新しい世界ではなかった。こうした生活そのものの要求を文章に表現し、形を与えていったのは、五十九人の署名の先頭に名前を現わす、十数人の名主たちであり、就中、禅勝・実円の二人だったろう。もとよりこれらの人々とても、「農月の最中」に法外な夫役を賦課され、「農桑の妨」をされることに対する怒りは、他のすべての人々と共通していた。しかしこの内乱は、彼等の前に、もっと

図 5　脇袋の谷

脇袋氏は，ここを本拠にしていた．この隣の瓜生谷も，その支配下にあり，瓜生氏とよばれたこともある．

広く大きな世界をひらいたように思われた。名主職・公文職等を手中にして富をつみ、機会さえあれば、権門とつながって代官職等を手にいれ、「下剋上スル成出者」になってゆくことも、彼等には可能であった。政変とともにすぐに上洛した禅勝・実円、東寺の一円支配がほぼ定まると、続々、寺に参じた百姓たちが、大なり小なり胸に抱いていたのはこうした野心であったろう。たとえ、どんなに小さなものであっても、この谷の名主職はそのための唯一のてがかりにほかならぬ。地頭代の権威をかさにきた脇袋彦太郎に、それを自由にさせることは、許してはならないのだ。実円の時沢名に対する彦太郎の横暴に、荘の名主たちが一致して排斥を加えた理由は、ここにある。「今日は人の身たるといえども、明日はまた身の上たるものか」。弘安のころ、彼等の父祖たちが訴えたこの言葉は、いま一味神水してたち上った彼等の心情そのものだったに違いない。あるいはこの訴訟の背後にいたかもしれぬ石見房《いわみぼう》覚秀も、小浜の住人であるが故に、彼等はその連署に加えなかったのである。たしかにそこには、同じ谷間に住み、同じ負担と横暴に悩む者同志のある種の連帯感が、弘安の時よりも一段と強力に流れていたことは、疑いもなく事実であろう。

にも拘らず、この一味の一面に、弘安の訴訟と同様、名主職をもち、またもとうとする者の間の連帯があり、それがむしろ主要な側面であったことを否定することはできない。十数人の名主のみならず、以下に名前を連ねたすべての人々をふくめ、彼等惣百姓は、なお完全に所職の世界の中にあった。そこで彼等の抱いた期待は、たとえそれが大きいものであろうと、また矮少なものであろうと、その世界の外にでるものではなかった。とすれば、当面脇袋彦太郎に対する排斥という点で一致したとしても、こと名主職の帰属に関しては、逆に彼等は全くばらばらであり、一味に加わった動機もまた、様々なものだったといわねばならぬ。

現に、この五十九人の中には、禅勝・実円と国正・正守(助国名をめぐる、三人百姓と国友の対立以来の問題)、正弘と藤二郎(時沢名四分一をめぐり、藤二郎の弟藤三郎時真と正弘との対立)、法円と藤二郎(十禅師神田一反をめぐる対立)、実円と案寿(時沢半名をめぐる対立)等々、知りうる限りでも名主職をめぐって、相互になんらかの対立関係にある人々が幾組もあった。そして、所職が何者かによって補任される権利であるという本質を一面にもっている以上、こうした対立が、直ちに谷の外の政治的な対立と結びつく可能性はたえずありえたのであり、また過去の歴史と因縁に対する記憶を、たえずよびおこさずにはおかなかった。

惣百姓の「一揆」が、いかに強力にみえようと、一時的なものにとどまり、真に新たな世界をひらきえなかった必然性は、ここにもとめられる。そしてまたこの訴訟で、彼等がその図太い意図を、寺家に対する卑屈な美辞麗句で飾りたてたことも、そう考えれば、自然なことと理解できよう。われわれは、この一揆の示した農民の前進を画期的なものと認めると同時に、寺家の「末代の御器」という言葉と意識が、現実的な根拠をもち、しかも小百姓たちのすべてをそれがとらえていたということを、一面の事実として銘記しておかねばならぬ。それが、権力によるおしつけではなく、彼等自身の前進の中で現われてくる点に、この時代の混乱の深さが見出せるであろう。

惣百姓の一味神水による抗議は、もとより一定の収穫を彼等にもたらした。実円は時沢名を確保し、多くの夫役は恐らく停止されたであろう。しかし、地頭代脇袋彦太郎はその地位を追われることなく、そのままいすわっていたのである。「御年貢を全うする」「西秋の期」は、もう間近に迫っていた。

このころ二条河原に掲げられた落書「京童ノ口スサミ」は、世を「自由狼藉ノ世界也」とうたっていた。それを余所にみて、後醍醐天皇の政府は、つぎつぎと新たな事業をおし進め、混乱をさらに深めてゆく。

九月二十一日、天皇は百官を率いて石清水に行幸する。度々の諫言を拒けられた万里小路《までのこうじ》藤房は、「是を限りの供奉」としてこれに扈従し、「還幸事散じ」たのち致仕出家したというが(『太平記』)、車駕は二十三日東寺に幸し、二日にわたって塔供養が行なわれた。一二七〇(文永七)年に炎上し、九三(永仁元)年に一応の修造なった塔は、ここにようやく供養を遂げられて、東寺はその儀式にわいたのであった。

だがそこにも、いろいろの無理があったようである。供僧たちの中には、儀式への参加に故障を唱えるものがいたが、その原因は費用の負担にあったものと思われる。事実、儀式の直前、太良荘にはまたも友実が上使として下向し、年貢による返済を条件に、再び覚秀から二十五貫文(領家方十貫文、地頭方十五貫文)の「熊野上分物銭」を借りうけている。こうして、この年の荘の年貢・畠地子は、そのほとんどが、覚秀母子への返済にあてられねばならなくなった(「白河本東百」百十一〔東百ヌ九/一・二〕、「東寺古文零聚」三)。しかもまた政府は大内裏造営のために、「諸国郷保地頭職以下所領等」の「正税以下色々雑物」の二十分の一を進納すべきことを命じた。太良荘の地頭方は、当然免除されるべきであったが、国衙と守護所はそれを許さない。

十一月、在庁田中掃部助入道は、子息四郎以下数多くの人数を谷に入れ、倉本百姓角大夫のもとから、「御年貢以下、色々資財物等」をおしとり、さらに守護代信景は、角大夫を召しとるために、日野新兵衛尉等の大勢を荘に放ち入れ、「怖畏の余」、角大夫は逐電してしまう。しかもその翌日、遠敷市に売買のためにでかけた新検校・孫次郎等の百姓たちは、白昼、市庭のなかでこの日野兵衛たちに襲われ、「持つところの銭貨、幷に買い持つところの絹布以下、色々資財物等を奪い取」られたばかりか、その身をも、搦めとられたのである(「東百」は一一七号(八七・九〇))。こうして国の在庁と守護代は、ともに「悪党人」として、東寺から訴えられる。

その上、十二月、今度は東郷地頭中野民部房頼慶が、この荘の田畠に権利ありとして㔟に打ち入り(東郷も、もと得宗領で、給主は北斗堂珍念だったが、頼慶は、そのあとをうけ、太良荘内にも東郷の田畠があると主張していた)、頼慶と東郷地頭職を争っていたと思われる若狭直阿・季兼父子もまた、負けじと荘に乱入してくる(「東百」ツ一一一〇(二四))。

現地はもはや事実上、無政府状態だった。しきりに下る雑訴決断所牒や国宣は、なんの実効もなく、すべての人々は、自己の主張を実力で解決しようとする。もとより、百姓たちが落ちついて農業に励みうるような状態ではなく、この年はついに、「世間大損亡」といわれた年になった。㔟の百姓たちは、何遍となく東寺に損免を要求したが、一方では覚秀に対する借銭返済に追われ、他方では合定(綱丁)盛実が琵琶湖で難風に遭って京進途上の年貢米を漂蕩させるということもあり、供僧たちは、むしろきびしく未進を責めたてる。これに対し、あくる一三三五(建武二)年三月、百姓たちはその窮状を訴える。

去年、不熟損亡たるの間、殊にもつて当時の最中は、蕨葛の根を掘り、身命を継がんと欲するの処、御譴責に預るの条、愁歎極りなく候(「東百」ヱ二五―三二(五〇))。

あながちこれは誇張ではなかろう。未進の弁済は七月まで延期を認められたが、八月、早田所当米の備進を責められた地頭方百姓もいう。

当荘地頭御方の田地に於ては、根本より今に、早田なきの条眼前なり、且つ、去年の少事未進に至っては、悉く西秋の期に相延べられんと欲す。就中、当年は、去年大損亡の由来により、世間飢饉せしめ、今に百姓等身命を継ぎ難く候(「東百」ヱ一―九(五一))。

だがこの困窮は、むしろ彼等をいよいよ荒々しくさせ、混乱に拍車をかけた。この年七月、さきの東郷地頭中野頼慶はまたも荘に乱入してくるが、禅勝と実円はその頼慶の代官に従い、例の東郷公文願成父子の手引きで、若狭直阿の知行する体興寺に打ち入り、「米銭以下資財雑具をおしとり」、打擲・刃傷・悪行狼藉の限りをつくし、直阿の代官を追い出した。恐らく願成が体興寺をその支配下におこうとして、禅勝等を誘ったのであろう。昨日人を「悪党」と難じた人が、今日は人から「悪党」といわれ、前に互いに衝突した人々が、今は手を結んで他を攻撃する。

しかもこうして、荘に乱入した悪党頼慶に同心した当の禅勝が、一方では、恒枝保との係争地確保に功ありとして、寺家から地頭方の田二反を臨時の恩賞として与えられる(父良厳が証文を用意し、訴訟を有利に導びいたことに対する恩賞)。誰と手を結ぼうと、とれるだけのものはとろうというのだ。その中で珍らしいことがおこった。石見房覚秀が、銭二十五貫文を土中から掘り出したのである。民話にでもでてきそうな話であるが、そのころは塚を掘り宝をほり当てる(古墳の盗掘であろう)ようなこともしばしば行なわれた時代であり、これも事実と考えて不自然なかろう。しかし、これはたちまち周囲から狙われた。国司や守護も検断にのり出そうとしているという噂を聞き、覚秀母子は「怖畏極まりなく」、用途をもって上洛、寺庫に進納し、「熊野上分たるの上は、御綺を止めらるの由、御教書を下さるべし」と願い出た(「東百」ヱ一〇―二四(三三〇))。

だが、突然これをうけとった東寺でも、大騒ぎだった。二十五口の供僧たちは(この用途は、地頭方から出たのであろう。二十五口供僧の手に入った)、全部にわけろといい、十人の評定衆は、臨時物だから自分たちのものだといって互いにゆずらない。本来の供料も満足に手に入らず、訴訟つづきのこのころ、供僧たちもまた血まなこだった。実際この年も、彼等は年貢をひきあてに、覚秀から十貫文を借銭する有様だったのである。だがそのころ鎌倉に下った足利尊氏の叛意は次第に明らかになりつつあり、第二の内乱の波は、東寺にも現地にも近づきつつあった。

二 東寺の一円支配——暦応・貞和の小康

泥沼のような混乱の中で方向を失った建武政府は、内乱によってたちまち崩壊した。一三三六(建武三)年六月十四日、勝利した尊氏は、光厳上皇・豊仁親王(光明天皇)を奉じて入京し、東寺に陣を置く。翌日、東寺には河内国新開荘が彼の手で寄進される。武家新補供僧といわれた、大勝金剛供々僧二十四口・千手供々僧十口のための料荘であるが、つづいて七月一日、前日の京都合戦での大勝利に貢献するところありとして、尊氏は山城国の大荘、久世《くぜ》上下荘を鎮守八幡宮に寄進、三十口の供僧をそこに新補した。

東寺は、この政権からもまた、多くを得たのであるが、一方、さきに後醍醐天皇によって寄進された大山・新見両荘の地頭職は武家の手に戻り、二十五口供僧の経済的基礎は、太良荘地頭職を残すのみとなった。やがて七月二十五日、新政権の守護として若狭国に下向した足利尾張式部大夫時家(家兼)は、九里半街道に沿って、脇袋・三宅・和久里・多田等を焼き払い、一隊は河崎をも焼いて小浜に入部してくる。尊氏は、同月二十七日、時家に宛てて、太良荘の寺家当知行分を安堵した御教書を下し、時家もまた、八月二十日、この荘に対する軍勢以下甲乙人《こうおつにん》の違乱を停めてはいるが、すでにこの辺は完全に戦場だった。

八月二十八日、公家方の軍大将左門少将（新田義貞の一門か？）は、国司代若狭又太郎（若狭直阿の兄か）等を率いて、越前方面からこの国に進入、山東・山西・松永等を焼き能登野《のとの》で時家の軍を破って、小浜を一旦回復する。時家はこれを反撃、九月四日には、再び小浜を手中にするが、戦いはその後もなおしばらく続いた（守護職次第）。

そして十月十日、後醍醐天皇がついに比叡山を下り、義貞が越前に逃れるころまでには、若狭国も完全に武家方の支配下に入り、国の人々は義貞を追って、越前で戦ったものと思われる。

武家方の軍事的勝利は決定的となり、東寺を御所とする朝廷を擁し、新幕府は、ここに一応その軌道にのった。その間に、各寺社に対する所領安堵も進み、東寺に対しても、すでに九月八日、宝荘厳院及び最勝光院執務職が、十一月十日には垂水荘が、さらに十二月八日には、矢野・拝師・上桂等、供僧・学衆両方知行下の諸荘と太良荘をふくむ、平野殿・弓削嶋・新勅旨田等、本供僧知行下の料荘が、それぞれ光厳院の院宣で安堵された。内乱の余波はなお残り、諸荘をゆすぶりつづけていたが、新政権のこの保証を背景に、東寺は諸荘の支配回復と整備にとりかかる。

若狭国でも、足利時家のあと、守護の頻々たる交替があり、佐々木道誉（一三三六〈建武三〉年十二月—三八〈暦応元〉年五月）・桃井直常（一三三八〈暦応元〉年五月—九月）・大高重成（一三三八〈暦応元〉年九月—三九〈暦応二〉年三月）・足利高経（一三三九〈暦応二〉年三月—四二〈康永元〉年九月）とうつりかわったが〔校注一八〕（守護職次第）、太良荘については、そのそれぞれから（大高重成をのぞく）乱妨停止の制札をうけ、支配を確保している。ただ、一三三七（建武四）年四月、恒枝保の領家嵯峨清涼寺雑掌が——恐らく以前からの係争地にことよせてであろう——荘をおさえるということがあり、東寺は現地から、二十貫文余（領家方十貫文、地頭方十貫二百文）を五文字で借銭してその沙汰用途にあて（「白河本東百」百〔東百ハ一〇〕）、五月には、これを退けることに成功した。多分これも、石見房覚秀からの借銭であり、多

表12　暦応の収取基準

	領家方		預所得分		地頭方	
年貢米	本米	石 150.018	黒米	石 3.0	本目録定	石 107.36203
	新田米	13.92436	白米	3.0		
	計	163.94236	一色1町	5.0		
預所別進米	米	5.0				
	大豆	1.1				
請料用途 (反別200文)					田 反 75.　0	15.000文
畠地子夏秋分 (反別350文)	畠 反 26. 歩 235	9.416文		3.000文	畠 反 48. 歩 145	16.828文
公事銭	助国公事銭	3.000文	末武名公事用途	380文	炭木代	750文
	永夫6人代銭	1.800文	魚	150双	桑代	250文
					尻高名栗代	500文

くをその元利の返済にあてねばならなかったにせよ、この年から、年貢収取はともあれ再び軌道にのりはじめる。

そして、一三三九(暦応二)年二月には、領家方・地頭方とも、前年の年貢米等散用状が預所代(盛信)・地頭代(教重)の手で整えられ、収取の基準が、あらためて明確に示されたのであった(「白河本東百」百(東百ハ一〇)・百三十八(東百ハ一〇)、「教護」三五〇号)。それは、ほぼ次の様なものである(表12)。ここで注目すべき点は、

(1) **領家方**　新田米・畠地子夏秋分・助国公事銭が確定していることからみて、建武の百姓等の要求はいれられず(前述)、寺家側の主張が一応通っていることがしられる。ただ、夫役が「永夫六人」(助国名をのぞく六名から一人ずつ)と定量化し、しかも銭納ときまっている点、百姓の訴訟の収穫とみることができよう。

なお、預所得分については、すでに一三三五(建武二)年ごろに問題となっていたようで(とくに末武名の公事の帰属が争われたようである〈「白河本東百」百十参照〉)、恐らくこの時までに、表12のように確定したものと思わ

れるが、ここでも末武名の公事が銭納化していることが注目されるので、各名の公事は、この時点までに、ほぼ完全に銭納化したと考えてよかろう。

(2) **地頭方**　散田化している地頭方では、年貢米とともに、反別二百文の請料用途がとられることがきまり、畠地子は夏秋合せて反別三百五十文で(領家方も同様であろう)、文保以来の額を踏襲している。また例の二石佃は、この年は七反で(一三三九〈暦応二〉年には四反である)、請料は免除となっていること、炭木・桑が代銭納となり、「尻高名」から栗代五百文が弁じられている点も、注意すべきであろう(尻高名の性格は、いまのところ不明であるが、特殊な性格の名であろう)〔校注一九〕。とくに、代官給分が十五石ときまっており、これで、さきの脇袋彦太郎のような恣意的な夫役の賦課は、おさえられることになったと思われる。なお、綱丁給分一石一斗五升がきまり、良厳・禅勝父子に対する恩賞分がひかれている一方、恒枝保の押領分もそのままになっていて、今後に問題を残すことになっている。

(3) 以上を綜合してみると、この収取基準の背後にある荘の体制は、寛元・建長のそれを根底におき、永仁の和与と正安の実検をともにうけつぎ、さらに建武の百姓等の訴訟の結果をもとりいれたものであり、鎌倉中期以来の動揺と内乱の中で発展してきた荘のゆきついた姿を示している。事実、ここできまった収取基準は、以後もなおつづく動乱によって、多少の修正と変更をよぎなくされているとはいえ、南北朝・室町期を通じて、ついに基本的には変らなかったのである。

もとよりそれは、名を基礎とした中世初期の体制の延長・連続であり、所職の秩序にほかならぬ。建武の復古は、永仁の和与を復活させることによって、そのことを一層明瞭にしているが、他面、正安の実検によってあらわにされた所職のいわゆる得分権化＝均質化も、またここで一段と進んでいる。夫役をふくむすべての負担義務が定量化し、固定化したことによって、作人のそれまでふくむ、あらゆる義務が所職と化し、同時にそれ自体得分権とみなされる条件は、ここにほぼととのったといってよかろう。この暦応の収取基準が、以後ほとんど変らなかった理由も、この点に求められうるであろう。

しかしこれが、元弘・建武の内乱の一応の決算であった。検注こそおこなわれなかったが、太良荘にたいする東寺の一円支配の方式は、これでほぼきまったのである。そして、この基準にもとづき、東寺が実際に収取しえた一三三八(暦応元)年の年貢公事は、

領家方――米百六十五石余・銭十三貫文余

地頭方――米六十石余・銭二十二貫文余

という額に及び、領家方のみでも、優に建長当時の収取水準に匹敵する収穫をえた。だがこれは、太良荘のみのことではない。暦応から貞和にかけ、東寺はその支配下の諸荘に対し、やはり以後の体制をほぼきめるような意味をもつ検注を実施し(矢野荘は、その好例、垂水荘・新勅旨田でも検注が行なわれた)、また代官に請け負わせ、雑掌に訴訟を行なわせる等、積極的に体制の整備と支配の回復につとめている。そしてその努力の過程で、まさにこのころ、同様に南北朝室町期を通じて維持された諸方供僧による荘園支配の方式が形をなしてきたのである。これもまた、鎌倉後期以来、十八口供僧がとってきた方式の全面的展開であり、諸方の供僧たちは、それぞれに置文を定め、評定を行ない、引付を記録しつつ諸荘を支配してゆく(表15参照)。この方式の下、太良荘の領家方は本供僧方、地頭方は不動堂供僧＝太良荘地頭方の支配下におかれることになり、領家方は、預所大膳亮朝信(前掲)・同代官図書助大江盛信が、地頭方は、地頭若狭法橋祐実・同代官兵衛四郎平教重がそれぞれ現地にのぞみ、収取の実務を行なったのである。そして一三四一(暦応四)年四月には、東寺の訴えに応じた幕府により、

「当寺崇敬、他に異なるのところ、或は兵粮呵責と称し、或は人夫催促と号し、守護使、連々寺領内に乱入」することを堅く停めた御教書が下された。東寺の一円支配は、あらためて保証されたのである(「東百」せ、武家御教書并達二九―六四〔二〇〕)。

内乱に伴う戦雲が、ともかく晴れたあと、太良荘に現われた支配の体制は、おおよそ以上のようなものだった。だが、近辺を戦場と化した第二の内乱の中で、何人かの人は、谷からその姿を消した。若狭直阿父子。彼等は一族若狭又太郎とともに公家方に味方したと思われ(きらら坂で討死したといわれた若狭二郎は、彼のことであろうか?)、もはや再び姿を現わさない。脇袋頼国。内乱直前まで地頭代だったこの人も、谷から退いた(その代官国直も同様)。彼自身はどうなったかは不明だが、その一族は、脇袋の谷に依然根をはり、少なくとも末武名の加地子名主職は、その手中にあったろう。

そして頼国にかわって、地頭職を手に入れたのは、若狭法橋祐実。「故実の雑掌」といわれ、同じころ垂水荘雑掌を兼ねて重代の下司公文である朝倉氏と戦っており、のちに久世荘の一方地頭代にもなった人で、弓削嶋の所務をも沙汰したことがある。鎌倉後期から、東寺の諸荘園の経営に、一種の専門家として活躍する寺家の公人の一人であり、「坊門殿」ともいわれた。(補注9) その代官教重は出自不明だが、多分祐実の腹心の人物だったであろう。

しかし、こうした人物の交替にもまして、谷に大きな影響を与えたのは、百姓たちの中心にいた禅勝・実円の失脚と、それに代る体興寺の願成の進出だった。東寺の一円支配が一応軌道にのった直後、一三三九(暦応二)年十月、良厳の住宅に対する放火のことにつき、禅勝・実円が守護使を引き入れたといわれ、にわかにこの年の暮、禅勝は公文職・地頭方田二反(恩賞地)を、実円は時沢半名を、ともに没収され、これらの所職のすべてが、願成の子息亀鶴丸(のちの隆祐)にひき渡されたのである。この間の事情は不明であるが、同じ時に一方で、願成が正安四年実検取帳目録・文保三年々貢徴符正文という重要文書を寺家に進上し、それに基づいて、禅勝の隠匿していた年貢二十五貫文を新たに送進しているという事実があること(「白河本東百」九十三)、他方後年(一三四一〈暦応四〉年)、馬上免百姓等が禅勝を訴え、彼が畠地を田地に、また下地のないところをあるとして注進したとしている点(「東百」ハ一―二二〔一三〕)、さらに実円もその論敵(時守の子西願)から太良河内の地頭方の田を隠田し、「上洪田五段・息田五段」の年貢を隠匿した上、「地頭分一色、同屋敷田畠」の作人や太良宮禰宜職に新儀の任料をかけたと非難されている事実(一三四八〈貞和四〉年のことであるが、この非法は地頭代兵衛四郎教重の時といわれており、この時のこととしてよかろう。「東百」ヱ一―九〔六七〕)等を考え合せてみると、ある程度、事情を推測することはできる。

　建武のころ、百姓等の一味神水の先頭に立って地頭代脇袋彦太郎を排斥し、一時はいまの敵願成とも結んで体興寺にも乱入、さらに恒枝保公文と争って功をあげ、地頭方の田地二反をも手にいれた禅勝・実円の二人は、建武の内乱で若狭直阿・脇袋頼国が姿を消したあと、恐らく事実上の地頭代の如くふるまっていたのではなかろうか(その非法が、すべて地頭方に集中している事実に注目)。公文・名主の地位を足場に、代官に成り上り、一個の国人として広い舞台にのり出す道は、すでに彼等の前にひらけたかにみえた。だが寺家は、祐実と教重による地頭方の支配をきめ、その道をふさいだ。当然、新たに谷に現われた教重と彼等二人の間は、冷たかったに相違ない。しかし、彼等は、その勝手な振舞――一方で寺家に媚び、他方で私利を貪る非法によって、百姓たちの一部からも信頼を失っていた。願成はその隙を狙った。元地頭代(得宗給主代、一四六頁参照)の彼の手中には、当時の文書が保存されており、それを根拠に禅勝等よりはるかに多くのものを寺家に貢献できるのだ。恐らくは教重も、またいまは願成に従っている順生房(元は脇袋の代官、禅勝・実円に排撃され、いわば彼等の仇敵である)も、これを支持したに違いない。良厳の住宅が放火されたのは、この対立の中でのことだったろう。怒った禅勝が、守護使の力に頼り、これを谷に導びいたのが、彼の致命傷になった。文句のない罷免理由をみつけ、寺家も喜んだに相違ない。早速、願成に二十五貫文の増加分の進上を誓わせ、二人をしりぞけたのである。

こうして、禅勝と実円の野心は、一旦挫折した。だが、禅勝は勧心半名・薬師堂供僧職を、実円は時沢四分一名を、なお保っており、谷の内では有力な百姓たる地位を失ったわけではない。二人は、残った足場によりつつ、失った所職を回復するため、あらゆる機会をとらえて執拗に訴訟をすすめてゆく。まずそのためには、百姓たちの支持をえなくてはならぬ。願成は体興寺の住人。谷の外の人に公文職・名主職がわたることは、脇袋の場合と同様、少なくとも名主たちは喜んでいないはずである。二人の説得に応じ、名主たちは連署して、実円が守護使引入に無関係であることを証した起請文を書いてくれた(「東百」ヱ一〇―二四〈五四〉)。

一三四一(暦応四)年、それをもって二人は上洛し、寺家に訴えてでる。しかし、政所はこれをとり上げはしたが、追って下知するとの約をえたのみで、二人は帰らなくてはならなかった。彼等は、同じころ上洛していた紀藤太正吉とつれだって若狭に帰ってきたが、荘に入る「ほけ谷」の口まできた時、突然山賊に襲われ、正吉のもっていた負物証文十通や刀・衣裳等を奪われてしまう。だが暗がりの中で彼等は、この山賊が公文願成の聟空心であることを知った。早速彼等に訴えられた空心は、「酔狂」のなせるしわざと詫び、奪ったものを一応返しはしたが、一通の証文だけは、抜きとったまま ついに返さなかったのである。あるいは、古敵禅勝・実円に対するいやがらせもあったかもしれぬが、空心の一つの狙いは、じつはこの証文にあったのだ。

正吉の父は前年に死んだ二郎権守正弘(一四二頁参照)。父から時沢四分一名(実円のそれとはちがう)と、別の名主職をゆずりうけ、多くの負物証文が示すように、米銭を百姓たちに融通したり、あるいは徴税請負のような仕事(馬上免の百姓が、彼に付して年貢を出している)をもしていたと思われる富裕な百姓正吉は、このころ、父が借銭の質物にとった、所従藤三郎時真(前述。時沢四分一名も、その父から正弘が質物としてとったもの)から訴えられていた。この訴訟に勝って帰る途中、彼は襲われたのであるが、ここで正吉が奪われた証文も、それにかかわるもので、この山賊事件の直後に、時真は判決を覆えすべく、越訴をおこしたのである。空心は、時真の依頼をうけて山賊をしたのだった。それゆえ、この訴訟も、禅勝・実円等の失脚と無関係のものではない。建武のころ「徳政」と自称して正弘の家をとび出して以来、地頭代(脇袋か?)や守護所に訴え、名主職回復を狙っていた時真は、この機会を逃さずにとらえた。百姓たちの主流は動揺し、これと対立する願成・空心は彼に同情的である。しかも事情を知った正弘は死んだ。その直後、正弘の家におし入り、証文(時真の質入の時、父時友が正弘に与えた文書)を奪い去った強盗は、まず間違いなく彼自身だったろう。その上、彼を憎んだ正吉が守護使の力をかりて彼を捕えようとし、誤って彼の甥(十禅師禰宜藤大夫時末の子、藤太郎)をからめとってしまい、寺家から「重科に処すべし」という書下をうけるという苦境におちたのである。いまこそ、と時真は寺家に訴えてでた。正吉も負けじと弁駁、長い訴陳状がとりかわされた末、時真を破ったのである。しかも、山賊まで依頼して奪った証文を新たな根拠として、時真が試みた越訴も、翌一三四二(暦応五)年、ついに彼の敗訴に終った。判決は、時真を正吉に渡すことを命じており、恐らく時真は、谷から逃れ去ったであろう。

しかし、この時、正吉とともに禅勝・実円は、また上洛した。正吉がその陳状で、公文願成を難じたのに応じて、彼等もまた口を揃えて願成を訴えたであろう。余りの執拗さに、寺家政所はとうとう、云分には理はあるが、もう農業に向うころだから帰れ、という書下を実円に与えた。それを彼等が谷にもち下ってまもなく、二人にとって絶好の騒ぎがもち上る。

当時、備中国新見荘の領家職をめぐり、東寺は小槻匡遠と相論中だった。ところが、この前年(一三四一〈暦応四〉年)、匡遠の雑掌だった人が東寺と通じたらしく、東寺は、新見荘を契約した銭主に、この雑掌の「契状」(不明である)を誘いとらせようとしたようで、問題はそのために必要な用途のことからおこった。ここに、若狭国守護(当時は、足利高経である)の御内、佐河助という人が一枚加わり、銭主と「中分」(新見荘をか?)の約束をするとともに、太良荘地頭代教重を酒肴の席に招き、東寺と約束があるからといって、荘の年貢二貫五百文を立てかえさせた。だが、これが佐河助の、一種の詐欺だったのである。

三日、寺家は、この用途の支弁は楚忽であるとし、地頭代・公文と百姓に、半分は弁償するようにと命じてきた。しかしこれは百姓たちには無関係のことで、全責任は地頭代教重にあると、名主たちは連署し憤慨した請文を出したが、地頭祐実はこれを寺家に取次がず、百姓たちの怒りはいよいよ高まった。

祐実と教重は禅勝・実円にとって、いわば間接の敵である。これを除けば、自分たちの訴訟にも有利だし、百姓たちを代表して上洛すれば、ついでに寺家に自分のことを訴えることもできる、と二人は考えたろう。六月、百姓たちの訴状(「東百」ェ一〇—二四〈五八〉)をもち、証人として助国名主蓮仏をつれて、二人はまたまた上洛する。ところが、蓮仏は寺家政所の座にでると、佐河助の年貢犯用は証言したが、どうしても、地頭代がやったとは証言しない。自分の訴訟もうまくゆかず、おまけに面目を潰した実円・禅勝はもとより、百姓たちの怒りも、今度は、蓮仏に集中する。その上、二人は蓮仏とは、父の時代の古敵(前述。助国名の相論)という因縁もあった。

蓮仏の偽証を憤る百姓等の訴状(「東百」ェ一—九〈六〇〉)を携えた二人は八月に上洛、蓮仏と対決する。禅勝はそのついでに、寺家に対して決して不忠はしない、という起請文をいれ、自分の運動もしておく。十月、惣百姓は、蓮仏の書いた起請文の字(八幡を八満と書いたという)の違いまで難くせをつけた訴状を書き、実円にそれを託す。

実円は、一緒に、何度目かの時沢半名還補を求めた訴状を寺家に提出するが、蓮仏はもう、事実上、惣百姓から八分にされていた。そして十一月、蓮仏の住宅に強盗が打ち入り、死人を一人出してひき上げる。蓮仏はこれを百姓たちの仕業として、守護使の見知を求め、守護使が百姓等の召取りのために入部、一方百姓等も、蓮仏が守護方に訴えたことを不法として攻撃を加える(「東百」ヱ一〇―二四〈五九／一〉)。この破局の結果は、十分明らかでない。

だが、十二月、助国半名を宛てがわれたのが石見房覚秀だったことは興味深い。一度も訴訟に顔を出さず、覚秀は蓮仏の名主職の半分をうまうまと手に入れた。一方実円も、翌年(一三四三〈康永二〉年)、やっとのことで時沢半名をとり戻す。しかしこれは、願成が死んだからだったようである。そしてあれだけの努力を払ったにも拘わらず、禅勝にはなんの沙汰もなく、願成の子隆祐が公文職に補任されてしまう。

他方、蓮仏も半名は失ったがなお健在であった。一三四七(貞和三)年、小百姓黒神子という女性の家に人勢を率いて乱入し、資材雑具をとり、舎宅を壊し取っている。あの法螺吹きの国友のあとの人だけあって、これも一筋縄でゆく人物ではなかった(「東百」し一〇―一二〈一七・一〉)。

暦応・貞和のころは、東寺の一円支配が軌道にのった、とさきにのべた。しかし、その下にある太良荘の谷の実態は、じつにかくの如きものだったのである。山賊・強盗・夜討・詐欺・酔狂・村八分等々。

れっきとした荘官から名主たち、はては逃亡した「債務奴隷」にいたるまで、こうした行動にでて憚るところがない。一寸の油断をすればすぐつけこまれ、命も危いのだ。だが逆に、工合が悪くなれば、谷から外に逃げ出す道は広い。どこかの争いにまぎれこみ、またそこで機会をつかむこともできる。たしかに、この世界には、道徳の通用する余地はない。「道理」は、もはや完全に崩れ去ったようにみえる。

しかし、ここで争われているのはなんだろうか。土地？　否、決してそうではない。この小さな谷で、働き、生きるための土地を、このように奪い合っていたとすれば、彼等は自滅するほかないはずである。

それはやはり、「所職」——ちっぽけな、得分権でしかないのだ。有力百姓禅勝・実円が執拗に求めたのも、債務奴隷時真が山賊・強盗をしてつかもうとしたのも、蓮仏が惣百姓に八分にされたのも、みなそれがからんでいる。そうである以上、彼等は過去の因縁から決して自由にはなれないのだ。建武の「復古」は、なおこの時期には、その作用を及ぼしつづけている。行動の上で、どんなに破壊的な動きをする人でも、結局は、寺家に対する過去の、また現在の功績を並べたて競い合い、忠節を誓わなくてはならないのだ。そして過去の相論のために、今また血を流すのである。

ただそこで、過去の因縁よりも、現在の貢献の方が、間違いなく有利になってきている点(願成や正吉や覚秀の勝利は、みなそれによってえられた)、また、前の「得宗給主代の権威をかり」という言葉にかわって、「守護使を引き入れ」ということが、相手を倒す殺し文句になってきている点に、明らかに新しさは現われている。それは、次第に力を増し、前面に現われてくるだろうが、しかしそれもまた、所職の世界の中のことである。その意味で、この混乱がなにものも生まなかったというのは、もとより誤りであるが、ただ、まぎれもない農民が、直接生産から離れたこのような問題で、血を流し合っていることの意味を、われわれはかみしめてみなくてはならぬ。もちろんその中で、黙々と土に向って働きつづけ、この争いに苦しみ憤った人々があったことは間違いない。真に歴史を進める力はそこにあり、真実、それこそがやがては自己を貫ぬいてゆくにしても、そのような声はこの喧騒に完全におおわれて、われわれの耳には届いてこない。多くの人々に土地を忘れさせ、生産から遊離させた、「所職」の根強さを、もっと深く追究することなしには、このことの本当の意味を理解することは、決してできないだろう。

三　国人の代官——観応の擾乱以後

禅勝・実円と、願成の子隆祐との争いは、依然、続いていた。一応、名主職を回復した実円は、一三四八(貞和四)年になってもまだ古い論敵西願(散太郎案主時行、文保・建武以来の相手)の越訴をうけていた。玉置荘に逃亡していた西願は、願成の補任状(一三一九〈文保三〉年、願成が、給主代だった時の文書)を根拠に、執拗に実円の非法を鳴らしており、諦める気配をみせない。

一方、禅勝も同様に執拗だった。公文職こそ、隆祐に補任されてしまったが、地頭方恩賞地二反は、父良厳が恒枝保との係争に奔走した功によるもの。しかもこの訴訟は、彼が罷免されたあとで、一三四一(暦応四)年に、東寺の敗訴に終っている。その責任は恒枝保の図師をしていた願成にある、と禅勝は一三四六(貞和二)年に、この訴訟の詳細な経緯をしるしつつ寺家に訴えた(「東百」リ二四—三四〈四五〉)。だが、どんなに詳細な歴史的根拠があろうと、いつ戻るともしれぬ係争地より、当面、領家・地頭方合せて三十余石(米十一石九斗三升四合・銭六貫百五十四文等)の年貢加増分の送進を約した隆祐の方を、寺家は重くみた。四八(貞和四)年、禅勝の期待を裏切り、地頭方二反も、正式に隆祐に宛行《あておこ》なわれてしまう。それでもなお禅勝は諦めない。どのような因縁を辿ったのか、今度は、五辻宰相入道了覚(正三位、参議、藤原俊氏)の口入状を得て、運動してゆく(「白河本東百」九十八)。そして翌一三四九(貞和五)年、東寺が再び、恒枝保との係争地についての訴訟をおこしたことも、彼の希望をつなぐ動きだった。この執拗さは、しかしおどろくべきものといわなくてはならぬ。二回にわたる政権の交替、いまなお続く局地的な戦乱、諸権門の離合集散等々、時代の不安定は、すべての人に、いつもなにごとかをなしうる期待と希望を抱かせていた。そしてその中で、第三の大きな内乱の波が、次第に高まりつつあった。

暦応・貞和の小康は、若狭国にも、比較的平穏な状況をもたらしていた。もっとも、(補注10)内実は前述のようなものであり、守護もその間に、足利高経から大高重成(二度目、一三四二〈康永元〉年―一三四八〈貞和四〉年)・山名時氏(一三四八〈貞和四〉年より)とかわっていたが、それが国全体を動揺させるほどのことはなかった。

しかし、一三四九(貞和五)年、高師直《こうのもろなお》と足利直義《ただよし》の対立が爆発し、観応の擾乱に発展するとともに、戦乱の渦は再びこの国を大きくまきこんだ。

一三五一(観応二)年、尊氏・義詮に対立した直義は北国に退き、時の守護山名時氏は直義方に立って若狭国に没落してくる。八月五日、尊氏は、この国の西部に根をはる彼直属の国人(奉公衆)本郷美作左近大夫貞泰に、国中の軍勢を催して時氏を伐つべしと命じた(古証文二)。やがて十月二日、大高重成が三度、守護に補任され、その代官大崎八郎左衛門入道が下向する。これよりさき尊氏・義詮は南朝に降り、東寺もまた新見・大山両荘の地頭職とともに、太良荘地頭職の安堵を、南朝からうけていた。情勢は、にわかに流動しはじめる。果然、国に下ってきた守護代大崎に対し、若狭国の国人たちは一揆をむすんで直義方に立ち、十月五日、尊氏直属の国人本郷貞泰等と激戦を交えた末、十一月には、ついに大崎を国から追い出した(「守護職次第」)。

国一揆には、三宅・脇袋・宮河等、遠敷郡の谷々に本拠をもち、かつての鳥羽一族の縁につながる人々が加わっており、太良荘もまた、完全にその支配下にあった。十月二十五日、一揆の一人、宮河与一左衛門尉がこの谷に入部(「白河本東百」百八十六)、十二月二十日には、三宅からも人勢が打ち入り、百姓の家内に使を放ち入れ、「朝夕夜のひまなく」、「来納」と称して、年貢を先どりしてゆく。だが、激動の渦中に入った谷には、東寺を代表すべき人はいないのだ。地頭祐実も預所も(このころ相続問題がもつれ、誰ともはっきりしない)頼りにはならぬ。翌一三五二(観応三)年に入ると、百姓たちは二月八日・十四日とつづけて、申状を寺家に送った〔校注二〇〕。

> 当国いつき《一揆》、何しつまりかたく候間、勿躰なき作法に候。坊門殿(祐実)御代官の事、あなかち百姓そゑん《疎遠》に申さず候。但し、国かくの如く候間、国人を御憑《たの》み候はては、正躰あるべからず候か〔校注二一〕。先代官、此衆おほく候か。しかるに瓜生殿(脇袋国治)は、当荘に名田(末武名)一所も持たれ候上は、いかなる不忠を現わされ候はん時は、御かへ《改易》き候はんには、子細あるべからず候。かの仁を御憑みあるべく候(「東百」ハ一三―二〇〔校注二二〕)。

彼等は、脇袋国治――あの脇袋国広・頼国の子孫を代官にせよというのだ。そして、彼を代官にしなければ、結局は、国人の乱暴はやまず、「百姓等、退散するまでにて候」、と寺家を脅迫したのである。事実上これは、土民の一揆――百姓たちの一味神水による、代官更迭要求にほかならぬ。と同時に禅勝・実円もまたついに、祐実と教重を追い、ひいては隆祐を排除する機会をつかんだことにもなろう。当然、祐実は二人を主謀者と疑った。だが百姓たちは「まんたく以て、彼仁のけうかい《凶害》にあらず候」と起請して弁明、二人をはじめ蓮仏をもふくむ二十名の連署状を提出する。もとより、そこには隆祐は加えられていなかった。

かつて建武のころ、先代脇袋彦太郎を排斥した同じ百姓たちが、二十年後とはいえ、脇袋国治を代官として望む。おかしなことともいえようが、これが当時の常識だった。国一揆と結ぶ土民の一揆。この力をおしきることは寺家にもできなかった。不満をならす祐実を却け、寺家は国治に代官職請文の提出を求める。

しかし、上洛しようとした国治が国境まできたとき、南北両朝の和議が破れたしらせが彼の耳に入る。事実、閏二月十七日、「南方和睦の事、既に御違変」、義詮は南軍の攻撃を防ぐべく、早くも本郷貞泰に対し、「一族幷同心の輩」を催しての来援を求めていた。もう「くずれ坂」では合戦がはじまっているといわれ、国治は、そのまま帰国せざるをえなかった（「東百」フ一七―四〇〔二三三〕）。

こう事態が流動してくると、「宮方に於ては無双の軍忠の者」といわれた若狭一族（若狭二郎は当国々司の一族といわれている）の動きも警戒しなくてはならぬ。国治は事情を報告して、しばらく上洛をひかえ、義詮《よしあきら》が京都を奪回して、情勢が一応おちついた四月になって、代官職と地頭方公用々途十貫文の請文を提出、正式の補任をうけた。

このころ、若狭国には斯波直持・家兼が下向し（家兼は守護職次第にはないが、守護とみてよかろう。古証文二、「東百」ハ一三―二〇〔二二一参照〕）、国治をふくむ国人一揆も、一応はこれに従っていた。だが、太良荘に対する佐野二郎左衛門尉（若狭国の国人、三方郡耳西《みみさい》郷佐野が本拠であろう）[補注11]や松田甲斐入道（恒枝保地頭と思われ、例の係争地をおさえた）の、また国富荘に対する宗阿（この人も不明。壬生家文書）の乱暴が問題になっている点から考え、家兼の支配は遠敷郡には浸透せず、情勢はなお流動していたとみられる。すでに次の波動はおこりつつあった。一旦、山陰に退いたこの国の前守護山名時氏は、一三五三（文和二）年に入るや、幕府に叛して上京を開始、六月、南軍とともに入京し、義詮を美濃に追った。それとともに、南朝は、時氏を若狭国守護に還補、幡津次郎左衛門尉・三宅中村六郎左衛門尉（この国の三宅の人か?）がその代官として、稲岡（いまの湯岡か?）に城郭をかまえて立て籠る（「今富名領主次第」）。観応の乱の時、いわば時氏側に加担して戦った国一揆の中には、当然、動揺がおこったであろう。しかも、その時に国一揆と戦った本郷貞泰が、今度もまた美濃の義詮の命をうけ、大飯《おおい》郡の国人とともに稲岡を攻めてきたのだ。あるいは脇袋国治は稲岡に立てこもり、これと戦う側に立ったのかもしれぬ。いずれにせよ七月二十七日、稲岡におしよせた国人たちは度々の合戦の末、幡津・三宅の二人を追い落した。同じころ義詮は京を回復、若狭国の戦乱も一応まもなくおさまった。だが、完全に合戦の渦中に入った太良荘から、脇袋国治は姿を消していた。

この機会を逃さず荘を掌握しようと、東寺は八月、預所賀茂定夏を、戦乱の余塵のなお去らぬ現地に下向させる。定夏は妙性の孫・定有の子。夭折した定有のあとをうけ、一三五一(観応二)年に妙性の保証で、預所職を与えられていたが(朝信・盛信との関係は、全く不明である)、この時は不慮のことがおこった場合を考え、弟阿賀丸に譲状を与えて下向したのである。一方、地頭代にも、九月、熊鶴丸が補任される。宝厳院権大僧都深源(本供僧・学衆・講堂・久世荘の供僧をかねた勢力家で、矢野荘の給主職を争ったこともある)が請人に立ち、中務丞行盛が代官となった。だが、熊鶴丸も行盛も、現地にはゆかず、下向した定夏も、また無力であった。実際に国治のあと、現地をおさえていたのは、「国一の悪党」といわれた、河崎日向守信成だった。信成は大飯郡の河崎荘を本拠とし、遠敷郡の玉置荘にも所領をもつ国人で(「神宮寺文書乾」)、観応の擾乱後、一族の河崎大蔵左衛門尉等の所領が、山徒一揆中に勲功賞として与えられている点からみて(「足利将軍代々下知状」〈大日本史料六の十八〉)、国人一揆とともに、直義側に立って戦ったものと思われる。しかしさきの稲岡攻めでは、本郷氏等とともに攻城軍の側で戦い、勝利ののち、脇袋の跡をおって太良荘の谷をおさえたのであろう。彼は、家人世木与一宗家等を代官として谷に置いており、寺家もまた、現実のこの事態を追認するほかなかった。

一三五四(文和三)年には、細川相模守清氏が若狭国守護となり、九月には下向して、神宮寺にしばらく滞在する。だがまたも、新たな動乱が谷を襲ってくる。一旦退いた山名時氏は、足利直冬とともに、再び南朝の綸旨をうけて伯耆国を発し、五五(文和四)年、再度入洛、直冬は東寺に陣した。もとより清氏も上京、洛中をはじめ各所に転戦しなくてはならなかったが、その最中、四月七日、太良荘の領家・地頭職ははじめて半済され、兵粮料所として大高五郎に宛てられる。のみならずこの混乱の中で、現地にいた預所賀茂定夏は、一方の代官たる世木与一によって殺害された。

驚愕した東寺は、源秀・平則義(いずれも不明)などに預所職を請け負わせ、「地下の秘計」を命じ、荘の回復をはかったが、やがて、戦乱が鎮静するとともに、幕府は大高五郎の乱妨を停止(八月二十五日、半済をこえて、一円所務することを停めた)、ついで河崎日向守の押領を停め、一円寺領とするという尊氏の御判下知状が下り(九月二日)、事態は収拾に向う。

十一月、谷に下った寺家上使明真は、預所に定夏の弟阿賀丸をすえ、各名の名主たちに、それぞれ補任状を与えて、荘の体制を立て直した。しかし、地頭方については、やはり、宮河荘に本拠をもつ国人、宮河弾正忠を代官とするほかなかった。国人を無視しては、なお荘の支配は覚束なかったのであろう。だが、五年間にわたる動乱はようやく鎮まった。翌一三五六(延文元)年、建武のときと同様、他の諸荘(本供僧支配下、供僧・学衆支配下の諸荘)とともに安堵の綸旨をうけ、太良荘は東寺の一円支配下に、久々に平静をとり戻したのである。

祐実と教重を追って以来、五年の戦乱を百姓たちがどう切りぬけてきたかはわからない。ここで再び姿をみせる彼等は、表面、その顔ぶれに大きな変化はみられない。しかしすこし細かくみると、この動乱が彼等に与えた影響は歴然としてくる。

とくに真村名々主権介真良の周辺には、不運にみまわれた人々が多い。彼自身は負物を負い、宮河奥新左衛門尉(弾正忠の一族であろう)に、息女若鶴女をおさえられ、その跡をついだ弟平四郎は、盗犯の罪科ありとして、世木与一に名主職をとり上げられたうえ、結局、宮河にその住宅まで召し取られている。また真良の妻、真利半名々主善日女は、半済の時、大高五郎に作稲を苅り取られ、年貢銭五貫文を惣百姓に立てかえてもらわねばならなかった。宮河弾正忠が代官となったのは、このような関係からだったとも思われるが、同様に、こうした不運に乗じて、新たに名主職を集めた人々も一方にはあった。後述する越中入道法阿のように、米銭の力で、真村名を手にいれ、真利名を狙う人、また末武名々主乗蓮のように、同様真利名を狙い、ついにそれをかちえた人（乗蓮は脇袋国治の時代から、国治を加地子名主とする、末武名の現地の名主だったようである）があり、例の石見房覚秀はこのころまでに、内御堂別当職（薬師堂）・助国半名に加えて、宗安半名・太良宮禰宜職まで、手中に集めている（後述）。戦乱は、明らかに名主たちの新たな分解を促進しているので、その上に立った新任の預所・地頭代をめぐり、当然、百姓たちの新らしい離合集散がおこらざるをえなかった。

だがその中にあって、禅勝・実円は依然として古い所職に固執していた。寺家の一円支配が回復すると、すぐに禅勝は寺家には十五貫文の任料を出すこと、隆祐には公文給田二反、地頭方恩賞田二反をひき渡すという新条件をもち出し、あくまで公文職への還補を懇願する。しかし罪も別にない隆祐を罷免することは、全く筋が通らない。供僧評定の意見は分れたが、結局、禅勝の執拗さと、十五貫文の任料の魅力のまえに、寺家も一歩退いた。不承不承、隆祐も妥協を認め、じつに十七年ぶりに、禅勝は待望の公文職還補の補任状を得たのである。だが、その際、彼は善日女の真利名（年貢未進のため、事実上、惣百姓請になっていた）を隆祐に渡すために尽力するという約束を負い、そのうえ寺家に対しては、どこまでも忠節をつくし、とくに「他の百姓等、未進懈怠《みしんけたい》の時その語を得ず、矯飾を存ぜず、悉《ことごと》く責め立て、寺家に進むべし」と、堅く誓わされた（「東百」ハ五〇―五九〔三五〕）。しかし丁度この年、百姓たちは洪水・風損による「古今未曾有の大損」を訴え、「御検見なくば、更に苅り取るべからず」と強く検見使の下向を要求、代官宮河の「世間物忩の折節」ともかく苅り取れという説得にも応じようとしなかった（「東百」フ一一―一六〔二八〕）。宮河はそこで禅勝に協力を求めてくる。彼としてもそれに応じないわけにはいかぬ。「いずれ、寺家にはよくいっておくから」、という禅勝の言葉にこたえ、百姓等も多少の稲を苅り取った。禅勝の言うことなら、という気持が百姓等にもあったのだろう。だが、期待した寺家の損免は、余りにもすくない。のみならず禅勝は隆祐との約束を履行するため、真利名を善日女から取り上げようとし、そのための協力を代官宮河にたのんだようである。惣百姓請となっているこの名を、このような手続きで谷の外の人に渡すことは、惣百姓に対する裏切りにほかならない。俄然、百姓たちの怒りは禅勝に集中した。その上、このころもち上っていた真村名をめぐる若鶴女と法阿の相論についても、若鶴女を保護している宮河の意をくみ、禅勝は実円とともに、法阿のもつ真村名の田畠に点札を立てようとしていた。谷の新たな実力者法阿は、自分の利害からも、百姓の憤りに油を注いだであろう。そして、この時期、一方の代官宮河から全く無視されていた預所阿賀丸も、この動きを背後から支えたようにみえる。すべては禅勝に不利に動いていた。しかしそれは、彼が公文職に固執するあまり、彼を育くんだ谷の人々を忘れた当然の報いだったのだ。この年（一三五六〈延文元〉年）十月、ついに法阿・乗蓮・西向（定使綱丁）をふくむ百姓等五十三人は、連署起請。公文禅勝・法橋実円の非法罪科二十一ケ条をあげ、

　寺家ノ御タメニハ、於事致不忠、地下ノタメニハ、百姓ノ窄寵ヲ煩《わずらわ》ス悪行ヲ張行仕候

といい、「於禅勝ハ子孫ニイタルマテ」荘内経廻を停止されたし、と寺家に訴えるにいたった（「東百」し一二一―一三〔一二〕）。代官宮河をえらぶか、百姓をえらぶか。逃れることのできぬ岐路に、二人は立たされた。だが、百姓たちをはなれて、公文職も名主職も、なんの意味ももたぬことは、二人とてもよく知っていた。必死で、彼等は百姓たちとの和解を試みてゆく。

翌五七（延文二）年、百姓たちは起請文を以て、損亡した下地を注進するが、実円もその連署に加わった。自分

の名田も損亡しているのだ。決して百姓等の利害を裏切ったわけではない。実円はそれを示そうとしたのだろう。
だが、百姓たちはなお強硬だった。この年十月、再び彼等は集会し、もしも二人の所職名田をとり上げ、荘内から追放しないというなら、自分たちが名田畠をすて山林に交わろう、と一味神水。寺家に訴えるとともに、「荘内諸道(堂)の講ゑん神事の庭」で、二人とは会わぬ、と「神湯」して誓い合ったのである(「東百」し一二―一三(二四))。

もはや、二人の立つ場所はなかった。禅勝・実円は上洛して、寺家に愁訴、寺家もまた仲介にのり出す。もとより、寺家もこれでは困るのだ。恐らく、百姓等の代表を前において、禅勝は寺家に対して、こう起請する。

当庄の事、且《かつ》は、寺家の為、忠節を致し奉り、且は、百姓等の為、聊《いささか》たりと雖《いえど》も凶害の煩を成すべからず。悪党人に内通し、私を先とし、身の難を遁《のが》れんがため、種々の和讒等を致すべからず。御代官の権威を恐れず、百姓を撫育し、先規を守り、憲法を専らにし、非法の公事用途を申し行うべからず。幷に、年貢収納の時、少事たりと雖も、請取を出すべし(「白河本東百」九十二(東百ェ四五))。

二人が何によって百姓に訴えられたか(傍点の部分)、これで明らかであるが、これは彼等の完全な屈服であった。こう下手にでられては百姓たちも折れぬわけにはいかぬ。翌五八(延文三)年、両者は和解。同心して寺家のために不忠のないようにすることを誓い、二人は別に真村名の法阿と若鶴女＝宮河の相論には介入せぬことを起請したのだった(「東百」ッ四七―五一(三六)、し一二―一三(二六/四・五))。だが、この解決は、次の問題の出発だった。代官宮河は、これによって完全に浮き上った。禅勝も彼に背き、百姓たちのすべては、彼の敵となったのである。宮河の又代官民部は猜疑心にかられていた。彼は、もう禅勝もよせつけず、下ってきた上使明真をも信用せぬのみか、損亡の訴訟で上落しようとする禅勝・実円をはじめとする百姓たちを、自分を訴えるための上落と疑い、その家々に打ち入り、財物等をおさえるという挙にでる。

しかしそれがきっかけとなった。今度は禅勝・実円をまじえ、百姓たちは、代官宮河・又代官民部の十六ケ条の非法をあげて立ち上った。「国一の悪党、河崎知行の時、かくの如き悪行これなし」といわれたその非法は、およそ次のようなものである(「東百」ハ一一一二(四二))。代官宮河に対して、

(1) 上洛しようとした百姓等への乱暴。

(2) 善日女に対する無法な処置(以上前述)。

(3) 領家・地頭方各十五人ときまっている京上夫を、三年間に数百人召し仕う。

(4) 房仕公事・津越夫・農夫等を、何千百人と召し仕う。

(5) 山焼(山畠)といい、隠田といって、科料を責めとる。

(6) 本・新在家八字をこぼちとる。

(7) 在家別の竹林を切りとる。

又代官民部に対して、

(1) 山畠・山田の年貢を、田数以上にとる。

(2) 年貢徴納の時、莚付粫米といって、石別五〜六升をとる。

(3) 百姓等から米銭を借りながら返さず、むしろ往古より百姓の持ってきた田畠を別の給人に宛て、任料を責めとる。

(4) 罪なき百姓を、罪ありといって、多くの人数の使を放ち入れて責める。

(5) 先例のない房仕のため、味噌・塩がいる。

(6) 先例に任せて勤仕すべき入木を、断銭をとりながら、一方で、鳴滝林を切りとる。
(7) 京上夫・細々公事の点は宮河と同様。
(8) 傍輩・若殿原に対し、百姓から、京上夫・伝馬等を借りる。
(9) 少事にことよせ、多くの使を入れ、なべ・かま・おけ・ひさく・きね・うす等を打ち破り、馬牛をとることは、数知れぬ。

もしも、この代官がそのままでいたら、「惣百姓等、命を留めらるべく候」、と百姓たちが書いたのは全く誇張とはいえぬであろう。翌一三五九(延文四)年三月、三十四名の惣百姓が何事かを起請したのも、多分この訴訟の連続と思われる(「東寺古文零聚」三(東百ォ二三))。

一揆は成功した。惣百姓の要求は通り、宮河は代官から追われた。六月、新地頭代に補任されたのは寺家公文禅舜。以前、弓削嶋荘の代官もしたことのある、荘園経営の専門家であった。三代続いた国人の代官は、ついに、荘から排除された。

だが、この一揆はわれわれに、時代が一歩進んだことを明らかに教えてくれる。たしかに、禅勝・実円、あるいは法阿・乗蓮のような人には、所職をめぐる利害があり、この訴訟を支える大きな力となった預所阿賀丸にも、それなりの野心はあった。この訴訟が事実こうした利害や野心を契機にしておこり、またその力なしにはおこりえなかったであろうことは、一面の事実として、やはり認めなくてはならぬ。だがその側面を通してにせよ、ここには建武の一味神水と比べ、はるかに生な農民の訴えがはっきり読みとれる。

彼等は山田・山畠をひらき、「往古より持ち来る田畠」に対する権利を強めつつ、家具・脱穀具をそなえ、馬牛を飼い、竹林を在家のまわりにめぐらすようになっている。その生産と生活を脅かし、破壊するものに対する憤りは、ここにいたってはじめて卒直に表明された、ということができる。建武の訴状にみられた過去の歴史と因縁による屈折は、ここにはほとんど見出せぬとしてよいであろう。それを十分に評価した上で、なおわれわれは、この変化が所職の世界そのものの変化によってはじめておこりえたことを、見落すわけにはいかぬ。

この訴訟で一定の役割を果たし、惣百姓の勝訴を背景に、預所阿賀丸を通じて着々と証文をととのえ、真村名に対する権利を固めていった、あの越中入道法阿弥という人のことが、その意味で、注目されなくてはならない。法阿は、観応・文和の動乱のなかで、はじめてこの谷に登場する。かなりの米銭を自由にできる有徳な人だったらしい彼は、真村名々主平四郎が名田畠を世木与一にとり上げられた時、女だけになったこの家族の弱みにつけこみ、訴訟をしてやるといって、平四郎の母福阿の依頼をとりつけた。そして、世木から真村名を与えられていた符中右馬四郎に多額の米銭を経入れて、名の文書を買いいれる一方、真良(平四郎の兄、元真村名主、系図8参照)の妻、真利名々主の善日女を語らい、その娘若鶴女を強引に息子孫次郎の妻として――「強儀妻捕」!!――自分の立場をととのえる。ところが若鶴女はこれを嫌い、宮河の許に逃げたとも、宮河が法阿の住宅から彼女を召しとったともいわれ、いずれにせよ宮河に保護された。こうして宮河と対立した法阿は、すぐに預所阿賀丸につながり、真村名々主職の補任状をもらったばかりか、阿賀丸の

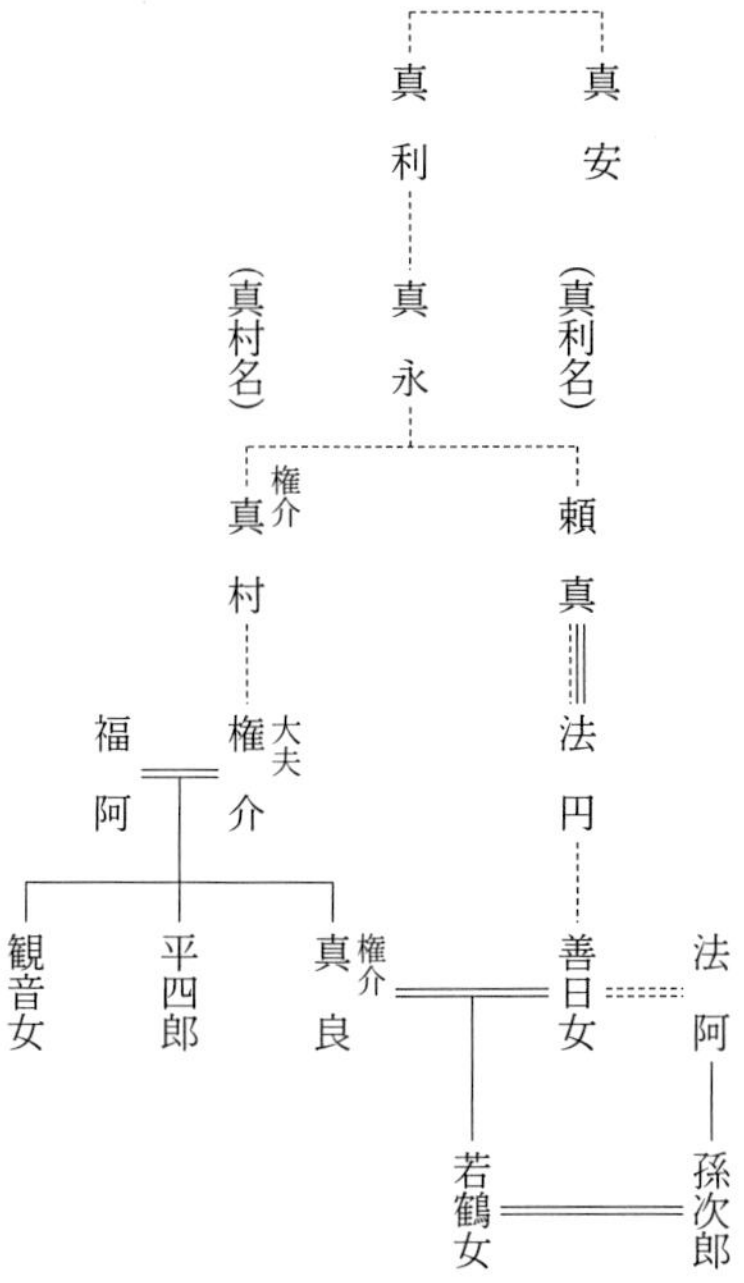

系図8　真利名々主(真村名をふくむ)

師匠、刑部卿伝燈房という人からも宛状をもらうという手廻しのよさをみせる一方、百姓たちを動かし、禅勝・実円を追及させて、結局二人とも味方に引き入れ、宮河に散々の悪口をあびせて、ついにこれを追放するという立ち廻りをしたのだった。そして真良・平四郎の姉観音女が真村名の正当な権利を主張し、彼の行動を非難すると、法阿は公然とうそぶく。

凡そ天下動乱の間、寺社本所御領、時の権門のために押領の条、いまに国中平均の法なり（「東百」し一二一三〔二六／一〕）。

かつて建武のころ、実円もいった。

百姓等の習、御所務管領に就いて、御所勘に随うは常法なり。

これも、その趣旨は同じことである。だが、建武の実円の言葉にみられる、ある種の弁明的な口調とはうって変り、延文の法阿は歯に衣をきせずにいってのける。法阿はもう禅勝や実円たちのように祖父や曾祖父の寺家との因縁を利用し、またそれ故に歴史に縛られる必要は、毫もなかった。時の権門が押領するのは当然であり、それに従うのもまた当然である。それをあれこれ言う方がおかしいのだ。だから、彼はこの図太さで観音女を沈黙させ、若鶴女の訴え（一三六〇〈延文五〉年）に対しては答えようともせず、名主職を確保しつづけてゆく。後年、荘が守護によって半済されると、法阿はさっさと、

半済の人々にとり入り候て、しやうけ《荘家》のことも、ある事無事やう〳〵の事とも、ついせう《追従》事申す事（「東百」は一四〇号〔一三二〕）。

をしてゆくが、これも彼としては、当然のことをしたまでだった。これは禅勝・実円のようなタイプの人間の発展した姿であり、その一面を徹底させた人間にほかならぬ。その意味では法阿もまた所職の世界の中の人以上で

はありえない。だが暦応・貞和のあの猛烈な争奪、それにつづく観応・文和の動乱は、建武の復古で表に噴出した、所職にまつわる過去の歴史と因縁をほとんど洗い流し、無意味なものにするとともに、農村の片隅にもこのような人間をつくり出していたのだ。法阿のみではない。すでに観応の百姓等の連署(脇袋国治を代官にのぞんだ一揆)の中に姿を現わす末武名々主乗蓮も、助国名々主妙蓮(泉介か?)も、また同様の型の人だった(表13参照)。

乗蓮が末武名の名主職を得たのが、どのような事情によるかは明らかでない。この名の加地子名主職は、観応当時脇袋国治の手中にあったことは確実なので、あの鎌倉中期この名を争った辻(宮河)乗蓮とその名前を同じくするこの人と、かつての中原氏女の子孫国治との関係について、様々な推測をすることは可能であるが、いま明らかなことは、動乱をこえた一三五七(延文二)年までに、彼が末武名を得ているという事実のみである。延文の一揆のあと、彼は惣百姓請になっていた善日女の真利名を、預所阿賀丸によって与えられるとともに、空心という人の跡もあわせ、六一(康安元)年までには、この荘最大の名主職所有者になっていったのである。そして法阿と同様乗蓮も、荘が半済になるといち早く半済方から安堵をうけるという変り身の早さを身につけていた(「東百」ツ二一八―三四〈一二四〇〉)。

一方の妙蓮は、助国名半名の加地子名主職をもつ石見房覚秀の下で、四分一名ほどをもっていた人。やはり阿賀丸によって、父(念仏)の売ったこの名内田一反をとり返しており、後年(一三六二〈貞治元〉年)、寺家使を打擲するという挙にでて罪科を追及され、かなりの用途を弁じて許されたという人物である。妙蓮は、兄弟の泉大夫と行動をともにしている場合がみられるが、「有徳」さの点では、むしろ泉大夫の方がまさっており、一三六一(康安元)年までに、彼は助国四分一名にくわえて、定国半名をも手にいれ、乗蓮につぐ名主職所有者になるとともに、同じ年、石見房覚秀を請人として、綱丁職《ごうちょうしき》を宛行されようとしたこともあった(これは実現せず、孫三郎と

表 13　南北朝中期の百姓名と名主

名	本名主	1361(康安元)年以前		1361(康安元)年以後の変化		備考
		名主	分米	名主	分米	
貞国名		初丸 豊前大夫 中大夫	石 11.16657 9.04482 2.12	泉大夫 妙円	石 11.16657 11.16482	泉大夫計 20.2916
宗安名		右近 法眼(覚秀)	7.73 12.5415	幸阿	12.5415	
真村名	平四郎 権介	法阿	5.44353 5.44353	法阿	10.88706	
真利名	善日女 初石女	乗蓮	4.9055 4.9055	乗蓮	9.811	乗蓮計 30.011
勧心名	禅覚	禅勝 惣官 左近	5.3245 5.3245 9.4922	(禅勝跡)		(勧進名)
助国名		法眼(覚秀) 蓮仏	12.1675 12.1675	泉大夫 泉介 十念	9.1257 9.1257 6.08375	妙蓮
時沢名		実円 弥王 案主大夫	13.17346 4.7208 1.039	平五 実円	8.45266 4.7208	
末武名		乗蓮	26.2			
		新細工	3.858			
保一色		西向	13.8			
		乗蓮	3.2492			
		禅勝	0.92			
(代官)	盛信		8.28			
計			181.22153			

1361(康安元)年，年貢員数注文〔東百ツ 46〕・未進徴符〔教護 440〕より作成.

いう人が、綱丁職に補任された）、あの国友・蓮仏の子孫たちも、またこのような成長ぶりをみせていた。

延文の百姓たちの訴訟にみられた要求の卒直な表現が、一般農民のそれであるとともに、これらの人々のものであった点、注意されなくてはならぬ。むしろ、この訴訟を指導したこれらの人たちが、法阿にみられるような、歯に衣をきせぬ卒直さをそなえていたが故に、あのような表現が可能になったということができよう。

彼等もまた名主職所有者である。だがそれは、動乱の中で、彼等自らがその「有徳」さによって集めてきたものにほかならぬ。それが荘園の機構なしには存在しえぬものであるにせよ、それをかちうるに当たって、彼等は必ずしも寺家に直接の義理を負ってはいないのだ（彼等のすべてが、名主職を阿賀丸によって宛行されている事実に注意せよ）。とすれば、何者かによって補任・宛行される必要はあるとしても、彼等にとっての所職は、すでにほとんど、完全に一個の利権であったということができるであろう。彼等の発言が、過去の人的関係の歴史と因縁を無視しえていた現実的な根拠はここにある。だが逆に、延文の訴訟で排撃された代官宮河弾正忠自身についても、このことはあてはまりうる。彼が代官となった根拠は、必ずしも明らかではないが、その一つが、前述した真村名々主権介真良に負わせた「負物」にあったと推測することはできる。得分権＝利権化した名主職は、当然、その得分の分割をひろく可能にし、得分の一部を加地子としてとる加地子名主職を分化させてゆく。脇袋国治が末武名のそれをもっていたように、宮河もまたここで、「負物」を通じて、真村名のそれを手中にしようとしていたといえよう。河崎の代官世木与一が同じこの名を真良の弟平四郎から没収し、その家人に宛て行なった事実も考慮しなくてはならぬ。

国人の代官たちが、代官となりうるための一つの根拠が、このようなところにあった点、それ自体注目すべきことといえるであろう。もとより、彼等も所職の世界をぬけでてはいなかったが、こうした同じ根拠をもちながら、建武の脇袋彦太郎と、延文の宮河弾正忠との間には、禅勝・実円と法阿・乗蓮との間にあるそれと同様な違いがあった。二人は同じように、莫大な夫役を課したとして、百姓たちから排斥され、名主職を非法にとり上げたとして、名主たちから追放された。しかし脇袋の非法には、いかにそれが莫大なものであったにせよ、明らかに歴史の影があるのに対し(地頭給三町に対する農夫、京上夫、坂東夫等々いずれも前代の地頭の権利に根拠がある)、宮河の非法はほとんどそれを無視したところに成り立っている。そしてこの違いは、脇袋のもつ名主職が、鎌倉時代以来の因縁によりかかったものであるのに対し、宮河のそれが、動乱による混乱と「負物」を通じてえたものだったことに相応ずるものであろう。観応・文和の動乱の結果は、ここにも明らかに現われているといわなくてはならぬ。

しかし、宮河の代官ぶりは、鎌倉末期の借上の代官にも通ずる側面をもちつつ、なお過去の夫役収取の方式をぬけ切れず、ついに代官職を保ちえなかったのに対し、ここに、その側面を継承しつつ、着々とその地歩を築き上げつつあった人がいる。

それは、建武のころの借上、石見房覚秀にほかならぬ。多額の銭を東寺に融通し、埋銭まで掘り出したこの人は、延文のころは、「法眼大和尚位」を得て石見法眼といわれ、さきにあげたような多くの所職(内御堂別当職・太良宮禰宜職、助国半名・宗安半名々主職)をこの荘の中にもっていた。かつては「小浜の住人」といわれたが、恐らくこのころは、覚秀の本拠はこの谷の中にあったに相違ない。だが彼は、その手中にある名主職について、谷の百姓たちと紛争をおこすことを賢明にもさけていた。もとより、それが彼の手に集ってきた理由は、米銭の融通の質物等としてであったろうが、彼はあえて所職のすべてをにぎろうとせず、加地子得分で満足し、名主職は谷の百姓たちにわたしている。だがその関係を通じ、また内御堂(旧薬師堂)の別当、太良宮(いまの丹生神社であろう）の禰宜の立場を通じ、覚秀は、百姓たちのすべてを、金融面で陰然とおさえていたのである。例えば、真利名々主善日女の未進がかさんだ時、名主職を谷の外に出さぬために惣百姓はそれを請け負ったが、そのときの五貫文を融通したのは彼だった。そのほか、百姓たちは、なにか緊急に米銭を必要とする時には、まず彼のところに相談をもちかけたであろう。

東寺ですら、このころにいたっても、なお彼を頼ることがあったのだ。もし代官に彼がなろうとすれば、それは全くたやすいことだったに違いない。だが、用心深くそれをさけた彼が目をつけたのは、むしろ綱丁職だった。かつて預所の下人が定使をかねて与えられ、年貢運送に責任をもったこの地位は、建武のころから「合定」といわれて、依然、平成近のあとをひく西向と名のる人物に、代々うけつがれていた。だが、その名前の変化にもうかがわれるように、時代の推移は、その職務の内容もかえていた。康永のころ（一三四五〈康永四〉年）の事実にみられるように、それは、国納斗と寺納斗の違目からくる年貢の不足にも責任をもつようになり、事実上、年貢運送を請負う専門業者になっていた。西向が、鎌倉末期以来、名主職所有者となり（正安の実検では勧心半名をもち、一三六一〈康安元〉年には、保一色の名主職に相当する権利は、彼のものだった）、ほとんど預所代ないし又代官といってもよい立場に立ちえたのは、過去の歴史的根拠とともに、こうした経済的な実力が背景にあったに相違ない。しかも延文のころから、年貢米が現地ですべて売却されるようになると、合定西向はそれに責任をもち、時々の和市の違い目を、公文禅勝とともに寺家に注進している（一三六〇〈延文五〉年）。少なくとも一時期、年貢の貨幣化・送進の仕事は、合定の手中にあったといってよかろう（これは、地頭方合定、時沢名一分名主の案寿大夫にも、完全にあてはまる事実である）。当然そこには、一定の給分のほかに、この仕事を通じて入る利益があったことは間違いないが、その西向の身に一三六一（延文六）年、なにかの変化（死亡か、改易かは不明）があった時、そのあとをうけた孫三郎の請人に、全所職をかけて覚秀は立ったのである。

荘政所は、もはや事実上、彼の手中にあったといえるであろうが、ついに彼は代官に自らなろうとはしなかった。それは、恐らく長い動乱の中で、彼が身につけた智恵だったろう。一三六六(貞治五)年、内御堂別当職・供僧職を、孫弟子道祖法師丸(讃岐房祐秀)に譲ったのを最後として、この長命な借上の僧は、荘から姿を消した。だが、覚秀がこの谷の歴史に残していったものは、じつに大きかったといわねばならぬ。宮河にかわる地頭代となった禅舜(寺家公文)の代官として、一三六一(延文六)年から姿を現わす法師丸は、恐らく後年の教実であろうが、彼こそが、この谷最初の山伏の代官だったのである。熊野三山供僧として、山伏を動かすことのできた彼覚秀の力は、このようなところに生きていた。のみならず、この谷の奥に古くからある小野寺の別当だった下総房朝賢も、恐らく山伏であり、一三六二(貞治元)年、「あまりに諸方より、人々なふり候、いたわしく候」(「東百」ッ三五―三八〔一六五〕)として、法師丸がこれをうけついだのも、やはり覚秀の力の作用と考えなくてはならぬ。後年、ほとんど山伏の谷といってもよいほどの状況を呈するこの荘のあり方をきめたのが、この慎重な借上覚秀の一生だったことを、われわれは記憶にとどめておいてよいであろう。

動乱はまだ完全におさまったわけではないが、収拾の徴候をみせはじめており、時代は次第に新たな画期に近づきつつあった。

一三五六(延文元)年に得た諸荘安堵の綸旨を新たな足がかりとして、東寺も諸荘の支配回復と整備にのり出していた(弓削嶋・大成荘等で領家職回復の訴訟がおこされ、大山荘でも散用状が整えられるようになり、平野殿荘でも、新たな動きがみられる)。代官宮河を追放したあとの太良荘でも、寺家のこの動きに応じて、禅勝はその忠実な公文として、百姓たちとの間に立って、活動をつづけている。一三五九(延文四)年、荘には内宮役夫工米が賦課されようとし、国方の使五、六十人が乱入する危険が迫ったが、禅勝は現地で守護方に何度も交渉するなど奔走し、停止の勅裁を得て危険の回避に成功する。そして翌六〇(延文五)年に、彼は代官(阿賀丸か?)とともに、一三五六(延文元)年から五九(延文四)年までの年貢散用状を一括して作成。四年間の年貢の決算を行ない、決定した未進額の合計が、惣百姓と預所阿賀丸によってそれぞれ請け負われ、清算されることとなる。合定西向が、はじめて和市の起請文を寺家に送ったのもこの時のことだった(「東百」し一二乙―一三〔校注一三〕)。年貢米を、すべて現地の市で換銭する慣習は、この時以来、軌道にのった。

一方、領家方と地頭方との間で帰属が曖昧になっていた伏田一町も(建長のころの安追名一町)、地頭方に下地が属することに確定、恒枝保との係争地(散在の堀田三町余)についても、新たに訴訟が用意される。荘支配の体制はこうして次第に整えられつつあったが、禅勝はそこで、この訴訟のための参考資料を整え、「彼保、一円ニ御寄進候ハヽ、目出候」といい、また「御年貢未進分事、無沙汰事候ましく候。内々百姓等、致秘計候宬中にて候」と寺家にあてて書き送っている(「東百」フ四一―五三〔三一〕)。

十七年間も、苦労に苦労を重ねて、ようやく手にした公文の地位を失うような冒険をすることは、もう禅勝にはできなかった。寺家にあれほど忠誠を誓い、百姓たちにも完全に頭を下げた以上、彼のなしうることは、寺家の意向を忠実に百姓たちに伝えるとともに、現地の事情をできる限り寺家に反映させ、百姓たちのよき代表者として奔走すること以外にはなかったといえる。完全に、彼は牙を抜かれていた。だが、こうした禅勝を、預所阿賀丸は、次第に不快と思うようになっていた。

若い阿賀丸にはまだ野心があった。あの真行房定宴の子孫として、彼は百姓たちに対して、もっと自由にその力をふるうことを欲した。阿賀丸が、自らの名前で、しきりに百姓の名田に対する宛行状を発し、訴訟に裁決を与えているのは、その野心の現われにほかならぬ。彼は、法阿に真村名を与え（一三五六〈延文元〉年）、善日女の真利名をとり上げて末武名々主乗蓮に与え、定国名田畠四反を忠太郎に宛行し（一三五九〈延文四〉年）、助国名田一反を次郎大夫景正から取り上げ、泉大夫・妙蓮兄弟に宛てる（一三六一〈康安元〉年）。

定宴時代の百姓名に対する進止権、名主職の思いのままの任免。それを阿賀丸は、いま再び、寺家にことわりなしに行使しようとしているのだ。いまは寺家に忠実たらざるをえない老禅勝は、これを苦々しく思っていたであろう。まして阿賀丸は、かつて彼が百姓等から排斥された時、百姓たちの背後でそれを支えた人物でもある。同様に、阿賀丸の方でも、この年功を経た公文の存在は、前からうるさいものだったに違いない。とくに彼は、禅勝と一緒に作成した散用状で、結局、自分が二十二石余の未進を請負わねばならず、その上、代官宮河の未進の責任をとらされることになった点に、強い不満を抱いていた。二人の仲には、ただならぬ空気がただよいつつあった。

そこへ一三六一（康安元）年、阿賀丸の叔母賀茂氏女が、その子侍従房快俊とともに、預所職の正当な権利を主張して、阿賀丸の押領を寺家に訴えてでたのである。これは禅勝のさしがね、と阿賀丸は思ったのではないだろうか。八月二十六日、阿賀丸は寺家に注進する。

今月廿五日夜、当荘御内御堂にて、禅勝ようち（夜討）入候て、あえなくうたれて候（「東百」ッ一—一二七〈四四〉）。

だが、この暗殺者を動かしたのは、当の阿賀丸だった（下手人は、彼の家人民部房と、中間左近次郎だったと、後年いわれている）。その十日後、禅勝の子息兵衛次郎は、「父のかたき」として阿賀丸を殺した（「東百」し八〈二四二〉）。こうしてこの荘は、預所と公文を一挙に失う。

しかし、七代までもの主従関係を誓い合った定宴と百姓勧心の子孫たちが、互いに相手を殺し合うという皮肉な最期を遂げたことの意味を考えてみなくてはならぬ。それは彼等が、一面で過去の歴史に、なおとらわれていたが故ではなかったか。寺家に忠実な、百姓たちの代表という意味で、勧心の記憶は禅勝の中に生き、谷の百姓たちの主、定宴の歴史は、なお阿賀丸を動かしていた。だが、それが故に、彼等が自らを滅ぼし合った時、このような意味で、過去の歴史を考える人々も、また滅んだのである。新しい世代の人々は、もはや、彼等のように歴史を考えはしないであろう。この人々にとって、歴史は興味の対象とはなりえても、それ自体、自己の行動の根拠となることはなかったろう。新しい世代は、事実上、歴史を無視して行動してゆく。それは、たしかにある種の前進といえるであろう。一つの世代は消え、新たなそれが生れてゆく。だが、歴史は、いかにそれを無視しても、真に克服されぬ限り、その作用をやめはしない。過去は、それを真に克服しうる原理と思想が生れぬ限り、いつまでも人々をしばりつづけるだろう。新たな世代は、まだそれを持ちえていなかった。いかに彼等が現実を割り切っていたとはいえ、結局それは、「時の権門」に従うことを、「国中平均の法」とする理解をでていない。とすれば、彼等の行動は、ときに個々の権門に恐るべきものとみられたにしても、権門一般にとって、決して真におそるべきものではなかったといわねばならぬ。事実、長い動乱の中で、彼等以上に「現実的」な目をきたえた新たな権門——守護の支配は、すでにひしひしとこの谷に迫りつつあったのである。

四　守護の半済——康安・貞治の政変

「かくの如き珍事、申す計りなく候」(「東百」し八〔二四一〕)。変事をしらせる地頭方地下代官法師丸の注進状に応じ、地頭代禅舜が急遽、谷に下向してくる。年貢収納の時期は、もう間近に迫っていた。預所・公文がいない以上、彼が領家方の収取を行なうほかない。領家方の各名について、年貢員数注文を書き上げ、禅舜が寺家に注進したのは、九月二十八日のことだった（表13参照、「東百」ツ三九—四六〔四六八〕）。

しかし、折り悪しくもこの時、京都でおこった政変の波が、またもや、この国に直接うち当たった。若狭国守護、時の将軍家執事細川清氏が佐々木道誉と対立、将軍義詮に謀叛の疑をかけられ、同月二十三日に京を没落してこの国に下ってきたのである。禅舜は、全く予想外の事態に遭遇しなくてはならなかった。九月晦日、守護代頓宮左衛門尉は、太良荘へ人を入れて彼を召し、ついで十月四日、ふたたび入部した頓宮は百姓たちをすべて召し集め、年貢は寺家へ送らず銘々にもち、四百石の年貢の半分を兵糧として出すことを要求する。これは、法外な半済の要求にほかならぬ。禅舜は散用状などの地下文書を進めて、元来二百石にも足りぬ荘であることを説明、交渉の末、ともかく五、六十石を進めた上でさらに交渉することとし、八日から十日の間に、三十六石五斗ほどを用意した。頓宮側の譲歩もあって、これは、「一まず小浜に候者」に預けておくことになるが、一方頓宮は、毎日七人の人夫、一丈一尺の木百本を、荘に要求してくる。他の荘とちがって、給人を入れないのだから、当然この位の負担をせよ、というのだ。すべてこれは小浜の城郭や玉木城構築のための動員だった。この有様では、禅舜も帰京するわけにもいかず、年貢を徴収しつつ、暫くは現地で様子をみるほかなかった（「東百」ヱ二五—三一〔三一四〕、は一六二号〔一四六八〕、ゑ一—一〇〔一七六八〕）。

だが、こうして集めた「兵粮数万石を積置き」、「一年二年の内にはたやすく落されじ物を」（『太平記』）と思われた小浜の城は、意外にもろかった。新守護尾張左衛門佐石橋和義が、大軍を率いて攻めよせるや、守護代頓宮は「俄《にわか》に心変りして」寝返り、十月二十七日、細川清氏は和泉の堺に没落してゆく。この間、禅舜は機会をとらえて帰洛したが、その後、太良荘は、完全にこの戦火の中にまきこまれていたのである。小浜にあった年貢はもちろん、二十四・五・六日の三日にわたり、さらに十八石五斗を玉木城にとられたのみか、清氏没落後の十月晦日、今度は宮河から松田掃部允師行の代官(これが宮川某という人か?)が谷に乱入、政所・百姓の家を焼き払い、荘を一旦その支配下におき、年貢をことごとく責めとった(「東百」は一四一号(一〇五))。

百姓中の使の急報に応じた寺家の訴えにより、義詮の御判下知状で松田の乱妨は停止されたが、十二月末まで荘を押えていた松田が退いたあと、守護石橋和義は、荘を正式に半済し、給人として武田某を入部させたのである。だが、この半済は、決して根拠のないものではなかった。戦乱の中、強圧に屈したやむをえない処置だったとはいえ、かりにも禅舜は、謀叛人清氏の半済に協力したのだ。それを半済するのは当然、というのが守護方の論理であったろう。過去の歴史を無視し、現実の事態のみを問題にする態度は、ここでもこのように貫ぬかれた。

太良荘のみではない。国中平均の動乱といわれたこの戦乱の渦中で、同様の状況下におかれた諸荘に対して、いたるところで半済が強行されていた。加斗荘別納(二条家領)・安賀里・鳥羽荘(以上、山門領)・賀茂荘(賀茂社領)等の地頭方は、いずれも半済されており、守護の支配は、動乱を通じて次第に深くこの国に浸透してきたのであった(「東寺古文零聚」三)。この圧力に対し、太良荘における東寺の支配体制の混乱は、まだ回復していなかった。当面、預所未補の間、讃岐法橋実増(矢野荘供僧方代官、垂水荘代官職の請人等になった寺家公人で、拝師荘にも職事給をもつ)を臨時に所務職に補任する一方、海老名源左衛門季政(矢野荘の海老名一族か? その関係で、起用されたものか?)に、三年間十五貫文ずつ進める約束で半済回復の訴訟を依頼、実増は一三六二(康安二)年、現地に下り、守護代の半済停止の渡状を得て交渉する。だが、三月武田にかわった新給人へカサキ右馬助重雄は、一向に退く気配をみせない。この間、禅舜・実増等の意見をも加えて、寺家では、預所・公文の後任が検討されていた。公文には、隆祐を推す声もあったが(禅舜)、禅勝の子熊王丸が強く望んでおり、詮義が行なわれた末、結局、十五貫文の任料を出し、兄兵衛次郎(阿賀丸を殺した犯人)とは兄弟の関係を絶つことを条件として、熊王丸が補任される。

しかし預所の方はそう簡単にはいかなかった。阿賀丸の生前からその権利を主張していた賀茂氏女(丸の叔母)とその子侍従房快俊は、丸の死を絶好の機会として、この職を強く望んでいる。だが一方、阿賀丸とともに現地にあり、丸の殺された時疵をうけたその妹の御々女は、恐らくその夫で、国人ではないかと思われる平知基(補注12)ともに、このころ、事実上の預所として現地で活動していた。しかも、痛手をうけ、「かんちう(寒中)にせめられて、いまたきす(疵)もよくならす候」という状態にありながら、多少の年貢を沙汰した彼女に、禅舜も同情的だった(「東百」ア六三―七〇〔一二八三〕)。だが寺家は一まず賀茂氏女をこれに補任、実増にかわって快俊が預所代として現地に下向する。

ともかく荘支配の体制は整えられたが、戦火をくぐり半済給人を迎えたこの谷が、これでおさまるものではなかった。

頓宮・松田・武田・ヘカサキと、息をつぐ間もなく責められた上、半済は依然つづき、その上、実増が在荘中、守護方との交渉に要した公事用途もある。寺家に出すべきものは、殆んどないはずなのに、多額の任料を負わされた上、実増が石見房覚秀から私的に借りたものまで負担させられた快俊は、それを百姓たちに転嫁しようとする。快俊も不満だったが、百姓たちの憤懣はもっと大きかった。妙蓮が寺家使を打擲したのも、法阿が半済の人々にとり入って荘家のことを悪くいったのも(一八八頁)、一つにはそれを背景にした動きとみてよかろう。

この年(一三六二〈貞治元〉年)の散用状の決定はむずかしかったが、十二月、快俊は、多くの用途(武田が来納分と号してとったもの、国衙との沙汰のために要した用途、等々)を百姓等の未進とした散用状を強引にきめ、公文の判のないまま寺家に注進する(「東百」は一四三号〔一〇七〕)。このころ、彼を激しく訴えていた御々女・知基に対抗するためにも、快俊はそうする必要があったのだろう。両者の争いは、現地では、ほとんど実力の衝突にまでなろうとしていた。快俊が阿賀丸の下人左近次郎を荘から追い出せば、左近次郎は「近隣の悪党」を語らい、夜うちをかけてくる。だが百姓たちは快俊を支持しなかった。彼のきめた散用状を拒否した彼等は、一三六三(貞治二)年、快俊が妙蓮の家に夜討をかけて資財雑具をとり、百日ときまっている房仕役を去年八月から今年六月まで呵責するといって、彼の更迭を寺家に要求した(「教護」四五二号)。しかもこれに加えて、快俊の立場を悪くしたことがもう一つ重なった。彼が現地に下ったころの荘は、「公方秘計を廻らし、恒には、守護方に罷り出で、その礼を致さざれば、庄屋の式、更に正躰あるべからず」という状況であり、「半世(済)と権門、難儀を申す」状態だった(「東百」し一二乙—一三(三五))。

それは前年(一三六二〈貞治元〉年)十二月、守護代が丹波発向に当たって、小浜に到着すべきことを、地頭御家人のみならず寺社本所領荘官沙汰人等にまで命じてきたことによって、いよいよ急を告げてきた。もしこれに応じなければヘカサキが荘を一円に押さえる、という圧力も加わり、快俊は寺家に諒解を一応とりつけて、この動員に応じたのである(「東百」は一六五号(一六八)、この時、若狭国の寺社本所領はすべて、四分一済とされたが、これによって太良荘は半済でとどまったと、後年快俊はいっている)。だがこれは、守護の支配の浸透に、新たな道をひらいた結果になったわけで、この点を御々女に非難された快俊は、いよいよ苦境に立たされ、ついに寺家は彼を更迭。御々女の代官、拝師荘下司宇治左衛門尉親安を、新たに預所職に補任する。快俊は一旦退かねばならなかったが、彼もまた、なおこの職を諦めない。

この年(一三六三〈貞治二〉年)、若狭国守護は、時の管領斯波義将の父、尾張修理大夫入道斯波道朝となり、代官完草(細川)上総介が下向してくる。太良荘の半済は依然として変らず、新給人は「おのまの左近」という人だったが、快俊は、後年、この完草上総介の奉公人といわれており、恐らくその関係からであろう。一三六四（貞治三）年には、「隠密の沙汰」をして寺家から安堵されたといい、再び預所として荘に戻ってきた。そして、翌六五（貞治四）年、完草が摂州に発向するや、彼は再びその催促に応じて従軍してゆくのである。もはや快俊は、事実上、守護の被官であった。

しかも、この時の発向に当たっては、地頭方代官も、一騎を進むべきことが催促されており、百姓たちも「永夫」に動員された。一国平均の軍役を賦課する守護方の圧力は、いよいよ重く、この荘にのしかかってきた（「東百」ェ一〇―二四（八〇））。だが、越前国の寺社本所領を半済し、河口荘をめぐって興福寺の怒りを買い、また地頭御家人所領に賦課する五十分一の武家役を二十分一とし、将軍御所の建立費用の賦課について、赤松則祐・佐々木道誉の不満をかったといわれる斯波道朝は、一三六六（貞治五）年八月十三日、管領義将とともについに京を没落、越前杣山にたてこもる（『太平記』）。太良荘はまたまたこの政変にまきこまれ、給人「おのまの左近」が来納と称して、五十石を責めとって退いたあと、国人木崎弾正忠が乱入してきた（あるいはこれは、さきの宮河弾正忠とも考えられる）。

一方同じ八月十三日、幕府の「御前沙汰」で、この国の寺社本所領はもとのごとく一円に返すという方針がきまり、この荘の一円回復も実現する。下地は寺家雑掌に渡され、木崎の乱妨を停める御教書が新守護一色修理大夫範光に下るが、寺家の喜びは束の間のことだった。

まもなく、守護一色は、荘の年貢の三分一済を命じてきたのみならず、快俊が杣山の斯波道朝に内通した罪を問うて、預所職を闕所とし、給人渡部弁法眼直秀に宛行してしまう。その上翌六七（貞治六）年になると、地頭方についても、さきの完草の発向に代官が従ったとして、同様に闕所、渡部に付すという挙にでてくる。寺家は源

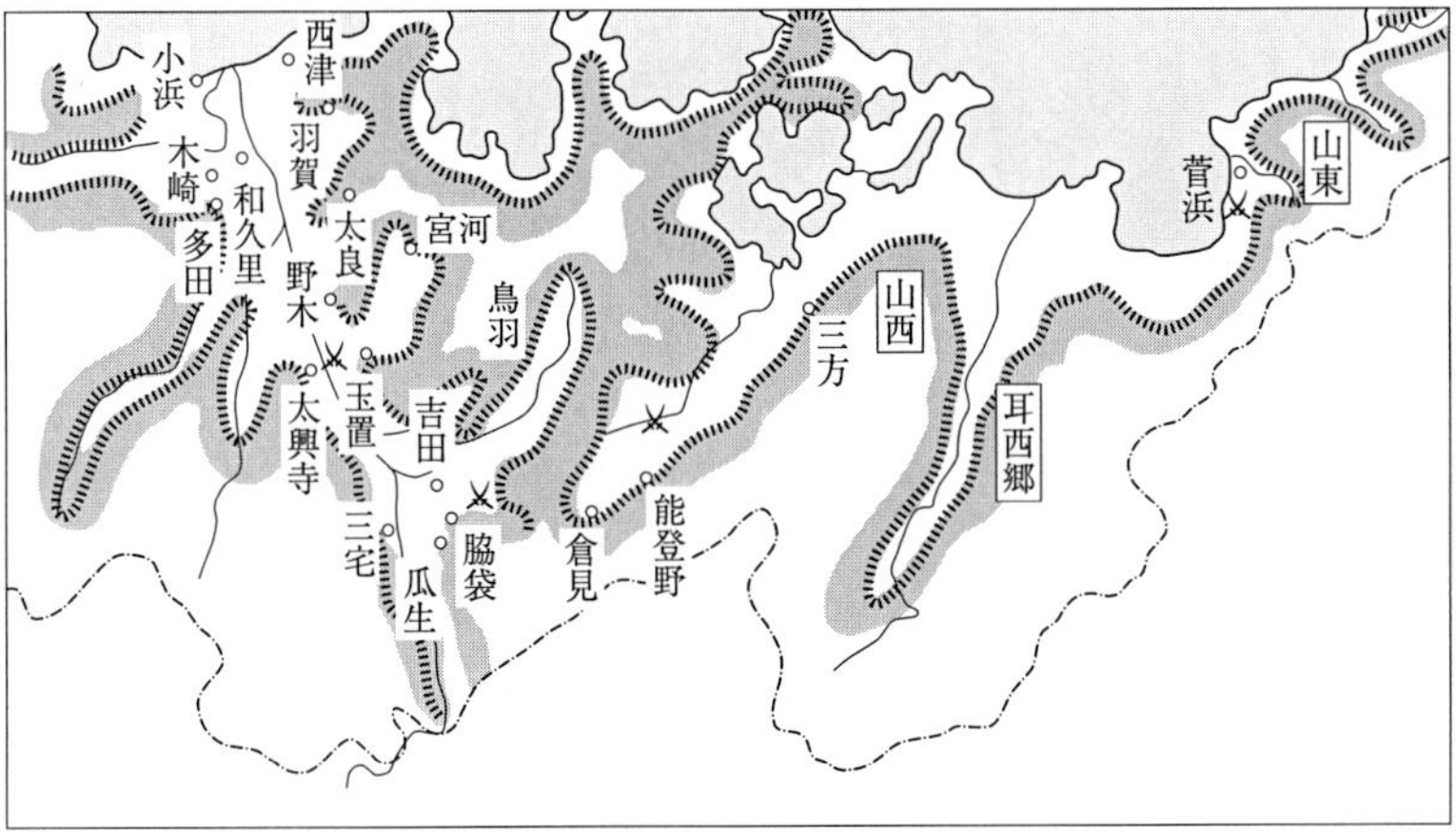

図6　若狭国国一揆関係地図

俊という人(このころ、矢野荘那波佐方浦、海老名甲斐入道の代官に、源俊という人がいる)に秘計を依頼、ともかく一旦渡部を退けたが、しかし一三六八(貞治七)年、守護は正式に太良荘を半済、渡部直秀は、あらためて半済給主職として入部。この半済は寺家の諸方への懸命な秘計にも拘わらず、ついに室町期を通じて動かなかった。

五　動乱の終末——応安の国一揆

貞治の政変にともなう闕所、新給人の入部は、もとよりこの荘のみのことではなかった。完草上総介の摂州発向の時には、当国寺社本所領の代官たちが、みなその手に属して下向したといわれているのだ。侍従房快俊のようなケースは、当然、若狭国全体に多数ありえたに違いない。快俊はもともと京から下った代官である。それだけに所職を没収されてもこれに抵抗することはなかったが、土着の国人たちの場合は、彼とは事情が違う。守護の闕所に対して武力で抵抗する人々は国の各地で現われた。

一三六九(応安二)年正月、安賀荘で金輪院が守護代にたてつき、「打負て、在所を焼払はれ、得替」される。守護代は七〇(応安

図7　野木山

太良荘から見た野木山．前にみえるのは，太良荘の田地，左に，日枝神社（十禅師）の鳥居がみえる．

三）年十二月、山東・山西郷に守護使を入れこれを押えたところ、守護使が夜討にあう。これを聞き、守護代は翌七一（応安四）年正月二日、西津を出立して山東・山西に押しよせ、菅浜で合戦。勝利して帰る途中、鳥羽・宮河・倉見の国人たちが、能登野でこれを迎撃。西津から一色範光の子詮範の来援を得て、一まず守護軍はひき上げた。

その後、国人たちは宮河に城郭を構えて立てこもり、守護方に備え、三ケ月ほどのにらみ合いの後、四月に入ると小競り合いがはじまる。そして五月、ついに国人たちは一揆を結んで安賀・鳥羽・三宅等に乱入。若狭国をほとんど二つに分けた合戦がはじまった。

一色詮範は守護代小笠原長房をはじめ、佐分・本郷・青一族に河崎・三方・佐野・多田・和田等、主として三方・大飯郡の国人を率いて、野木山（太良荘の谷の出口の山、図7）に陣をとり、国一揆側は宮河・鳥羽一族を中心に、木崎・和久里等の主として遠敷郡の国人たちであり、近江の人々も加わっていた（補注13）。

合戦は、五月二十六日の暁、国一揆側が玉置荘に打ち入ったのを契機に開始、野木山から下りた守護軍と、玉置河原で激戦の末、国一揆側は大敗し、多くの国人たちは討たれた（「守護職次第」）。

平安末・鎌倉時代以来若狭国の中心をしめ太良荘にもしばしばその姿を現わした国人たちは、恐らく、そのほとんどがこの合戦で命を失い、滅びたであろう。もとよりその所領は得替されて、若狭国の形勢はここに一変した。少なくともこの国においては南北朝の動乱は終り、守護一色氏の支配は軌道にのりはじめたのである。

この最後の合戦のなかにあって、太良荘の谷は守護側の根拠となったであろう。宮河攻めの時、領家方年貢から十一石余の兵粮が弁じられているのを知るのみで、ほとんど動揺はなかったようである。ここでは、もう結末はついていたのだ。そして同じころ、管領細川頼之によって、将軍義満をいただく室町幕府もようやく安定した軌道にのせられつつあった。一三六八(応安元)年、この政権が発した「寺社本所領事」についての法令は、武家領・寺社本所領等々の分野を明確にし、所職の秩序を再編・安定させる上で一時期を画するものだったがしかし、それは、太良荘の半済を停めるにはいたらなかった。東寺はこの「応安の大法」を適用させるべく、何度も訴えをくり返し、また半済給人を退けよ、との御教書も、何度か下されたが(一三七〇〈応安三〉年・一三七三〈応安六〉年)、守護一色範光は、ついにこれに従おうとしなかった。歴史は完全に無視されたのだ。しかし反面、領家・地頭方の各半分は、本所方として東寺への帰属が安定し、太良荘はこの形のまま室町期を迎えることになったのである。

だが、四十年に及んだ戦乱の時代は、この荘になにをもたらしたか。荘にすみ荘にかかわりをもつ人々は、そのなかからなにを得、またなにを失ったのか。戦雲が晴れた後に現われてくる世界は、いかなるものだったのかを、ここであらためて考えてみることも、無意味ではあるまい。

(1) 惣百姓――農民

禅勝の死が一つの世代の終末を象徴する、とさきにのべた。彼の運命の友ともいうべき実円も、彼の死後、その姿を消す。二人は、死においてもまた行動をともにした(実円の子兵衛門允も、一三七二〈応安五〉年には死んでいる)。

彼等二人の生きた世界の余韻は、二人の生前の敵の側に、なおしばらく残る。半済がほぼ確定して以後、禅勝の古敵隆祐の子体興寺十郎三郎安信(一三六七〈貞治六〉年)、実円の古敵西願の子安大夫入道法願(一三七二〈応安五〉年)が、それぞれ、東寺に対して、昔の問題をむし返した訴訟をおこそうとしている。しかしそれは、妙蓮にたいする景正の(助国名田一反について、一三七〇〈応安三〉年に提起)、乗蓮の子伊与大夫に対する善日女の(真利半名について一三七二〈応安五〉年)訴訟と同様、ほとんど問題にならなかった(体興寺安信が、地頭方内の給田を安堵されたのが、しられるのみ)。訴訟をうけた東寺にも、それをおし進めるだけの意欲はなく、安定した軌道にのりつつある新しい世界は、もうそれをうけつけはしなかった。所職にまつわる歴史は、こうして消えてゆく。前述した法阿や乗蓮たちの世界が、そのあとに本格的に姿を現わしてくるが、ほぼ応安ごろを境とする、この二つの世界の違いは、他の様々な面にも明瞭に現われている。

例の一つを百姓たちの書く訴状にとれば、そのころから、漢字で書かれる訴状の文体・文字が急速にくずれてくるのが目につく。宛字や誤字は前からあったとしても、禅勝・実円等の手になったと思われる訴状は、ともあれ鎌倉期の申状《もうしじょう》の形式を踏み、文章も整っている。しかし応安から明徳のころに現われるそれは形式はなお、前代のそれをうけつぎつつ、宛字・誤字が多く形式も全く不細工に崩れている(例えば、「東百」し一二乙—一三(四一—四三)の百姓等申状)。だがそれにかわって、次第に支配的になってくるのは、鎌倉末・南北朝期、禅勝等が私的な書状を書く時に使ってきた、仮名まじりの文章である。それは禅勝自身、その晩年に寺家への注進状にしばしば使うようになってきた形式であるが、彼の子息熊王丸=弁祐の時代に入ると、公文としての寺家への注進状はこの形式が定式化し、やがて明徳以後になると、百姓等の訴状もこの形式が次第に定着してくる。「畏申上候」ではじまり、「恐々謹言」で終わる申状の形式が、その定型化したもので、室町期に支配的になるのはこれにほかならぬ。同様の変化は、よく指摘される点であるが、百姓たちの名前・署名にもみられる。名主の地位にある人々が、貞国・宗安等々の二字の名前ではなくて、「大夫」・「権守」等の名前で自らをあらわすことは、すでに鎌倉後期からみられた現象である。だが、検注帳の面には後者のように書かれても、正式の署名の際は姓と、二字の名を記すことが行なわれたことは、建武の連署状には明らかであり、さらに署名にもそれが用いられなくなった南北朝期にも、なおそれは完全に失われたわけではなかった。かの法阿自身、自らを「中原法阿」とよんだことがあったのである。そして、恐らくは応安から明徳のころ、これは全く失われたであろう。それにかわって現われるのが、小字名を名前に付けることで、法阿は、一方では「谷法阿弥」といわれたこともあった。「谷」は、太良荘内の小谷の地名であり(図10参照)、多分、そこが彼の居住地だったのであろう。もとよりこれは、同一の名前の人を区別するための方便とみられるが、いずれにしても、かなり注目すべきことといわねばならぬ。

だが同時に考えてみなくてはならないのは、禅勝・実円等には、多少ともうかがうことのできたある種の個性的なものが、同じころを境として、次第に失われてゆく点である。この時期以後、われわれは、彼等二人のような、谷の百姓の中心になるような主役的人物を——少なくとも正長ごろまで——見出すことができない。もとよりそこには、史料の性格、そのあり方の影響もありうるであろう。しかし、ほぼ同時期の百姓等申状が、地域的にまったくはなれたそれをとってみても、文章といい、発想といい、非常に類型化してくる事実は、軽々に見逃すことはできない。南北朝期のそれとは明らかに異なる世界のあり方を、そこに考えるのでなければ、この事実は理解できないであろう。このことはしかし、禅勝・実円のころにみられた、あの大形な追従の言葉が姿を消して、より卒直な、生活そのものに即した訴えが、集団のそれとして現われてくる事実と表裏をなしている。類型化が、それ自体にみられる点にこそ注意が向けられる必要があり、また「寺家様の御領」という意識は荘の続く限り抜き難いものであったとしても、こうしたある種の卒直さと図太さこそ、新たな世界の特色であった。

あえていえば、それは、『太平記』を成立させた背後にある世界と、狂言そのものを生み出してきた世界との相違とでもいいうるであろうか。そして、そのちがいの現われてくる理由が、前述した、歴史を消失した所職《しょしき》の出現と深いかかわりをもつことは疑いない。ここで所職は、はじめて得分権＝利権としての姿を全面的に現わすが、それはまた所職の均質化・普遍化、すなわち非個性化の過程が、ゆきつくところまでゆきついたことを意味している。売買・質入・譲与はもとよりのことであるが、それは均質であるがゆえに、いくらでも分割可能であり、普遍的であるが故に、どのような権利をもそれをもって表現することが可能である。ただ、何者かによって補任され、また何者かを補任しうるという、義務と権利は、最後までそこについてはなれないとしても、これは、所職がなしうる発展の極限にまできたものといわれよう。それゆえに、所職の世界は、広く深く農村のすみずみまでもとらえたのである。名主職はもとより、一反々々の耕作権＝収穫権までもが、すべてこの世界の中にとらえられた。一つの名主職がいくつにも分割されて——縦に分割すれば加地子名主職・名主職・作職・下作職等々となり、横に分割されれば二分一・三分一・四分一等々となる——、それ自体が一個の所職となってゆくことも、こう考えてはじめて理解できるであろう。

惣百姓が「非個性的」になってきたことの背景は、このような事情に求めることができよう。と同時に、彼等の要求がより生まなものになり、生き生きとした一種の明るさを保ちえた理由もまたこの方面から考えてゆくことができる。彼等は、いかなる所職でももちうる可能性をもちえたのであり、ここでは、「下剋上」の条件は、ある意味で無限にありえた。貴賤を問わぬ一種の平等観が生れえた現実的根拠は、ここにあったといえよう。

しかしくり返していってきたように、それは所職の世界の中でのことである。とすれば、ここでは、こうした所職の発展を可能ならしめた条件は、どのようなものだったかが考えられねばならず、また、そうした現実の発展にもかかわらず、何故、所職の世界がそれをとらえ、長く生きのびたかが、問われなくてはならない。それに本当に答えることは、後日に譲らなくてはならないが、いまは、惣百姓の諸側面にふれることによって、多少、この点に近づいてみたい。

所職が得分権として固定化したことの背後には、田畠に賦課される年貢公事が定量化した、という事実があった。年貢米・畠地子等が定まったのは、すでに鎌倉末・南北朝初期のことだったが（暦応の収取基準はほぼそれを定めた）、応安前後にはほぼ完全に固定化し（領家方一六三・九四二三六石、地頭方六〇・四二一八石という基準。領家方は暦応以来同じであるが、地頭方は一三六四〈貞治三〉年ごろからこの額が固まる。なお、半済後はその二分一となる）、明徳のころまでに、その過程は完成する（基準量から河成・押領等を引いた「定米」まで領家方は完全に固定化してしまう）。

夫役についても、同様の過程がうかがわれるが（暦応の基準では、領家方永夫六人といわれ、延文の訴訟の際には、領家地頭方各十五人とされている）、脇袋・宮河の非法にみられるように、屢々《しばしば》恣意的に賦課されることがあり、百姓等の一味神水しての訴訟はこの点に集中している。半済後もこの問題はなお残り、守護方から随時賦課される京上夫・陣夫・野伏等に対し、彼等はなおいろいろ訴えなくてはならなかった。だが、これも明徳のころまでに一応の基準は（領家・地頭・預所方各四人、計十二人）決っていった。*

＊一三九〇〈明徳元〉年、京上夫役の過重を訴えた地頭方在家百姓等は、これがすでにきまった基準であるといっている。後年、本所方守護夫は十五人といわれているが、結局、これにおちついたのであろう。

のみならず、こうした負担の定量化に並行して、それが換銭・代銭納されてゆく過程もまた進行してゆく。鎌倉期の雑公事が畠地子・請料銭・修理替銭・公事銭等々の形で代銭納された点についてはすでにのべたが、延文のころから、年貢米もまた、一部をのぞきほとんどすべてが市場で換銭されるようになった。* 寺家に対する夫役は早くから代銭納されているが(暦応の基準、表12参照)、預所・代官のそれについても、定量化したものが、年貢公事のうちから彼等の得分として差引かれる形がきまり(一三七一〈応安四〉年から、この形がみられる)、守護方への夫役も、定まったものは年貢から立用されるようになっている(臨時のものは、その性格により、少なくとも半分は立用されたとみられる)。

*その確実な年は、一三五九(延文四)年からであるが、それ以前にもすでに行なわれていたであろう。また現物で運送された早米についても、百姓の訴えによって、運賃を下行されるようになり、その量も、やはり明徳ごろには完全に固定化している。

四十年の内乱を通じ、百姓たちが自らの前進と闘いを通じてかちとった最大の収穫は、これらの点にあった。彼等自身の努力を基礎とする社会的分業の発展が、その条件をつくり出し、彼等の一味神水、逃散をも辞せぬ闘いが、それを現実化していったのである。

もとよりそれは、大量の米・畠作物・手工業製品の換銭を可能にする、現地の流通機構の発展を前提としている。鎌倉期以来の遠敷市は、すでに建武のころには、市日のきまった定期市になっていたが、小浜の市場も延文のころには非常に繁栄した市場になり(図8参照)、太良荘の年貢米等は、こうした市々で販売されたであろう(一三六〇〈延文五〉年の、合定西向の和市の起請文には、二・四・八・九の日がみられ、市日の情況もある程度推測できる)。そこで得られた銭を「さいふ」に組んで送ることも、一三六六(貞治五)年には、その事実が確認でき、以後しばしばその例がみられる。一定の信用・金融組織の発展が、そこに並行してみられたのであるが、この時期、そうした流通・金融の中心は、間違いなく小浜にあった。

ここには早くから「小浜津問」といわれた問があり(一三四〇〈暦応三〉年にはその存在がしられる)、北陸の海上交通の一結節点だったが、一三六四(貞治三)年ごろには「政所屋問心性」・「宿問道性」などの人の名もみえ、かなり秩序だった組織のあったことが推測される。すでにそれは一個の都市といいうるだけの成長をとげていたとしてよかろうが、例の石見房覚秀の出現以来、小浜と太良荘との関係は、金融面を通じて密接な関係が生まれていた。後年「一日も小浜へ出入仕候はては、かなわぬ在所にて候」(一四五一〈宝徳三〉年)といわれるほどになった関係は、十四世紀末にすでにできていたとしても、不自然はないであろう。

もとよりこれも、百姓たちの成長の生み出した結果にほかならないが、こうして生まれた新たな都市と、切り離し難い関係をもちつつ、彼等自身の組織――惣百姓も、一個の自治的な共同体として、その形をととのえてきた。この組織はそれ自体としては、なにより定量・代銭納化した年貢・公事負担のための組織である点にその基本的な性格がある。未進百姓の年貢銭を立てかえ、請負い、年貢米等の売却にも一半の責任をもち、ある時には寺家の要求に応じて、現地での銭の調達も行なう。と同時に一方では損亡減免を要求し、無理な慣例のない要求は拒否し、場合によっては代官に対して一味神水・逃散し、あるいは強訴する。かつて、名主たちが個々の主従関係を通じて行なってきたことを、いまは小百姓たちをもふくめたこの惣百姓が行なっている。

当然、彼等は祖先のもっていた特定の人への従属意識からは解放されていたので、年貢公事を負担している寺家にたいする場合でも、一定の負担を代償に、一定の保護をうける「契約」といってもよいほどの意識が、そこに育っていたといえよう。法阿の言い切ったあの考え方は、深く彼等の中に定着していったのである。この組織の中心にいる人々は、いうまでもなく、法阿・乗蓮等々の裕福な百姓たちであった。およそ十人内外のこれらの

図8　市の塔

1359(延文3)年，長井雅楽介によって建立された五重の宝篋印塔で，通称「市の塔」といい，小浜の市場町にたてられていたものといわれる．現在は和久里にある．

人々は、やはり、名主職所有者であり、寺家に対して多くの負担を負う人々だったとみてよかろう。有徳な百姓・「器用の百姓」などといわれた彼等の富力が、惣百姓の中心として、全体の負担の責任を負うことを可能にしていた。もとより彼等も農民であり、この谷に屋敷をもち、自ら作職をもつ田畠の耕作を営んでいたが、一方に名主得分(これも、作職の負担が固定化するとともに、一定の量になっていたであろう)を手中にして、さらに、年貢公事の立てかえ等を通じて、小百姓たちに対する米銭の貸付等も行なっていた。彼等はそれによって作職・名主職を集めたであろうが、逆に寺家に対する負担を、より規模の大きい金融業者、あるいは富裕な人(例えば代官など、後述参照)から借りて弁じなくてはならぬ場合があり、ある場合、それが彼等の没落の原因ともなりえた。自然そこに彼等相互の金融面での組織、「憑子《たのもし》」も生れることになってゆく。

彼等の富の程度、生活の実態は、多少後年の例ではあるが牛三疋と「からすき」、多くの家具・畳をそなえた屋敷をもつ泉大夫の財産目録を通じて、ほぼうかがい知ることができる（表14。泉大夫については、後述する）。彼等の中に「合定」を兼ねる人のあったことは、さきにのべたが（応安ごろの領家方孫三郎、地頭方案主大夫）、惣百姓を代表し、公文とともに年貢の送進に責任をもつこの役は、富裕な百姓たちの中でも、次第に一定の比重をもつようになってきたものと思われる。前述したように、「合定」は、年貢の売買に責任をもち、散用状を自らの署名で書くようなことも一時期みられたが（一三六五〈貞治四〉年の案主大夫）、京に上って、寺家に年貢を納入する仕事に当たったこれらの人々は、ある時期、しばしば寺家から未進、損免分等について、請文を書かなければ帰郷させぬ、と強要されたこともあったので、とくに送進中の責任は、当然完全に彼等個人に負わされていた（一三五九〈延文四〉年の西向・案主大夫、一三八五〈至徳二〉年の平内、一三九四〈応永元〉年の平内大夫・豊前大夫、一三九六〈応永三〉年の豊前大夫などはその例である）。古くからこの役に付随していた給分は、一三七八（永和四）年を最後にみられなくなるが、*恐らくそれは、年貢収納方法の変化（「さいふ」の使用等）にともない、この役が百姓の中の役になっていったためと考えられ、当然、別の形での保証はあったであろう（後年みられる、「収納酒五斗」などは、あるいはこれにかわるものかもしれない）。しかし、いずれにしても一三七二（応安五）年ごろから現われる「政所屋」が、彼等の活動の舞台だったと思われ、後には、年貢の収納・保管・出納などをも扱った「政所屋」（一四五六〈康正二〉年には、「政所屋給」がはじめて現われる）は、彼等の後身であったとしてよかろう（建武のころに現われる「倉本百姓」は、その先駆的な存在であろう）。

＊一三三九（暦応二）年には、地頭方から一石一斗五升がひかれ、一三六二（貞治元）年の領家方散用状では、一石七斗五升の給分が、

綱丁弁たるべしとして、未進に加えられている。永和には領家方から五斗であるが、いずれにしても問題点だったと思われる。

こうした富裕な百姓たちから、「出挙利銭等を取り請け、農粁として、勧農の業を遂げ」ているのが、惣百姓の中で圧倒的な多数をしめる小百姓たちの実態であった。少なくとも、そうした点で、彼等はなお名主職所有者たる富裕な人々に依存しなくてはならず、かなり後になっても、借銭の質物として、自分の子供を渡さなくてはならぬような人もあり(一四四九〈文安六〉年に、西山の左近大夫が、太郎の泉大夫に弐貫文を借り、八歳の子を質に入れている)、また年貢につまり、借銭を返せぬために、逃亡して身をかくさねばならぬ人々も少なくなかった。* 当然、こうした事情から、特定の人の「下人・所従」や「譜代下人」等になる人々もあったと思われるが、ただその場合も、多くは債務を契機とする隷属であったと思われ、鎌倉初期のそれとは、また違った面がでてきている点が注意されねばならぬ。さきの藤三郎時真のような意識をもつ人も、なかったわけではない(一七二頁)。彼等の生活の実態は、黒神子(一三四七〈貞和三〉年蓮仏に追補された女性)の財産目録(表14)から、ほぼ推測しうるが、むしろここでは、彼等小百姓が「屋敷分と号し、面々、僅小宛の免畠を給」わり、「脇在家」とよばれ、「在家御百姓」と自らをよぶようになっていることに、注目する必要があろう。

＊一三六五(貞治四)年に「平八チクテン」といわれ、一三九〇(明徳元)年、「越中権守逃散」といわれているのは、そうした例である。なお越中権守については、例の法阿が越中入道といわれたことから、あるいはそのあとの人とも考えられ、そうなれば、法阿の末路も、このようなものであったことになろう。その点は、富裕な人でも変りはなかったろう。

ある場合は竹林なども背に負うことのあった、私有性の強いこうした「在家」を根拠地とし、彼等は「山やき」・「山田」などをひらき、「往古より持来る田畠」に対する耕作権＝収穫権を、「作人重代所職」＝作職として、保有するまでになっている。散田された田畠は、すべてこうした所職によって構成されるようになり、名田もま

表 14　百姓の財産目録

	泉大夫(1450〈宝徳 2〉年)	黒神子(1347〈貞和 3〉年)
穀　類	大豆 1 石　したのもみ 6 米 1 石　もみ 1 俵少 稲	米 5 斗 粟 1 石
家　畜 農工具	牛 3 疋 つきうす 2,　すりうす 1 からすき	マサカリ 1 鍬 2,　手斧 1
衣　類	はかま,　まくら	布小袖 2,　綿 2 帷 2,　布 2 端
家　具 什　器	茶うす 1,　茶わん 2,　かなわ 1 あふらつほ 1,　手取 1 なへ 3 大小,　つほ 2 わん 1,　折敷 1 束 みつて,　桶 6 大小 たらい,　ろうし 戸 17 本,　たたみ 5 畳	金輪 2,　鍋 3 大小
武　器	鑓	
史　料	「東寺百合古文書白河本」140〔東百ハ 239〕	「東寺百合文書」し 10〜12〔17-2〕

た、名主職の下にこうした所職が成立していたと思われる(南北朝期から、「助国名田一反」、「定国名田二反畠二反」が、宛行・売買譲与の対象になっている点に注意)。彼等はこうした所職を、若干の任料・請料等を弁ずることによって、「重代」のものとして、譲与・売買・質入を行なっていたのであり、そこにこそ、彼等が自らを「惣百姓」の一員となし、また一味神水の起請文に拙いながら略押を書いて、連署に加わることのできた現実的な根拠があった。いわばこうした作職所有者＝小百姓が、全体として、名主職所有者＝富裕な百姓に、年貢公事負担にともなう「出挙利銭」＝金融的側面で依存しているところに、惣百姓の組織の特徴がある。さきに、惣百姓の世界が所職の世界であるといってきた理由はここにある。「作職」は、いかにそれが近似していようと、決して近世的な所有の形式ではなく、あくまでも中世的なそれだ

ったといわなくてはならぬ。そして所職が、鎌倉中期に名主の地位をとらえ、ついにここにいたって、一般小百姓の耕作・収穫権までをもとらえたことによって、それは外延的な発展の極限にまで到達したことになろう。なぜなら、補任され、補任する点にその一面の本質をもつ所職は、ここにおいて、もはや何ものをも補任しえぬところにまで到達したからである。それは所職の自己否定の過程の最後に現われた形であった。

同時に内容的にも、またそれは極限にまで発展していた。前述したように、所職が得分権＝利権として、普遍的・一般的な存在になることによって、補任・被補任の関係も歴史的・個性的な性格を失ない、一般的・抽象的なその関係のみが、そこに残ったのである。もしもその関係がなくなれば、それは所職の世界の完全な終末を意味するであろう。

そしてそれゆえに、惣百姓の組織は、中世的な百姓の共同体の極限まで発展した形を示すものといいうる。中世初期の彼等の共同体は、最初から「百姓の習、一味なり」といわれるような側面——横の結びつきをもちつつ、なお本百姓と小百姓の縦の主従関係こそが主要な側面であった。* それは当初は「補任」の形式すらもたぬ歴史的・具体的な関係だったがいまやここにいたってその両側面の比重は完全に逆転したとしてよかろう。ここでこそ、百姓たちの「一味」が主要な側面となり、本百姓と小百姓との個別具体的な主従関係は、名主職所有者＝本百姓と、作職所有者＝小百姓との一般的な関係、いわば「層」と「層」との「重層的関係」になったといいうる。黒田俊雄氏の指摘された「座的構造」とはまさにこれであり、この時期にいたって、この側面が全面的に表面に現われるのである。事実、名主職所有者＝本百姓たちは、南北朝期までには明らかに「宮座」を構成するようになっており、小百姓たちについても、なんらかのそうした組織(作職所有者としての組織)を想定することは不可能ではなかろう(例えば、「同名百姓」という言葉など、こうした点から注意してよかろう)。

＊五八頁注参照。黒田俊雄氏が、この「一味」の側面を、中世の村落共同体の本質ととらえられたのは、一面では、真実であり、重要な発見といわねばならぬが、この側面—主従関係の側面の意味が、これによってうすれていった点に、問題があると思う。

とすれば、惣百姓が外に対して自らを示す場合、ときに名の名前のみをもってしたことは、自然なことであり(南北朝期まで、しばしばその例がある)、また、その名の名前乃至秩序自体、南北朝初期以来、ほとんど全く固定して動かなかったことの意味も、自然に解けてくるであろう。名の名前のみならず、それは名に結ばれなかった地頭方についても、同様にみられたことであるが、もとよりこのことは、所職それ自体が、もはやそれ自身としては発展しえぬ極限まできていたからにほかならぬ(名の名前が、完全に固定化するのは、鎌倉末、南北朝期以後、各地の荘園でみられる、いわば一般的な現象である)。この固定化の過程は、応安・明徳の間、負担が完全に定量化した時に完成した。

だがわれわれは、ここでもう一度、所職の世界が、これほどまで深く日本の社会をとらえたことの意味を考えてみなくてはならぬ。そのことこそが、一方でさきの法阿についてのべたような意識を広く生み出しつつも、社会の末端の農民にいたるまで、「末代の御器」・「末代の御百姓」という隷属意識・依存意識を貫ぬかせた現実的な根拠だったとすれば、これはけっしてどうでもよいことではあるまい。後述するように、それは一面では非所職所有者にたいする蔑視、差別感と表裏をなすものであるとすれば、問題の根はいよいよ深いといわねばならぬ。もとよりこれは、中世社会のみを考えるのでは解決のつかぬ、日本の社会の特質に関係する問題であり、その「アジア的特質」と深くかかわる問題であろう。その解決は将来を期さなくてはならないが、ただこうした特質の根底に、一般農民の土地私有の未熟さ、また逆に国家的な土地支配の強固さのあったことは、指摘しておいて誤りあるまい(それは、かつて石母田正氏がマルクスの言葉を引用しつつ指摘された、「自営農民の自由な零細的所有」〈石母田正「古代貴族の英雄時代」石母田正・太田秀通『論集史学』三省堂、一九四八年所収〉にもかかわる問題と思われる)。

だがしかし、所職をここまで発展させた力が、日本の社会の根底にあってたえず脈々と動いていたことを考えねばならぬ。惣百姓の組織の背後にあって、なおその姿を十分には現わさぬとはいえ、農民たちの生産と生活そのものの発展のなかから生み出される、真に新たな秩序は、明らかに一定の成長をとげつつあった。

なによりそこで注意されねばならないことは、さきにふれた百姓の居住地を示す地字の名称が、その名前に付されはじめている事実である。太良荘の谷のなかにさらにわかれる小谷。それは古くからの農民たちの居住地であったろうが、いまそれが谷ごとにおのおの一定の秩序をもった集団に成長しはじめようとしているのだ。後に、正長の検注(一四二八〈正長元〉年)で全面的に姿を現わす「鳴滝」・「谷」・「太郎」・「西山」等々の地字がそれで、戦国期にはそれ自体が「村」といわれ、現在にいたるまで「組」として一定の機能を果たしている。その農民の組織の史料上の起点は、南北朝末期——事実上は鎌倉後期——にまで遡れる(図10参照後述)。

その機能は、十分明らかになしえていないが、用水・排水・山林等をはじめ、神社の祭にいたるまで、農民の生産と生活の基礎であったと考えて誤りはないと思われ、これこそが、「名」——「所職」を基礎とする中世的共同体と、本質的に異なる、真に新たな農村と考えてよかろう。名実ともに、それは「地縁的」な共同体であり、同じ小谷にすむものの組織であった。その意味で、南北朝末期、近世的農村はこの太良荘の谷でも、その萌芽を明瞭に現わしたといってよいであろう。所職を極限まで発展させ追いつめた対立物、その力の根源は、ここにその姿を現わした。農民の土地私有の一定の発展を、それとして認めることによって成り立ちうるこの組織は否応なしに成長し、惣百姓の組織に浸透し、やがてそれをくい破って自らの全貌を現わすだろう。

しかし、室町期をいま迎えようとしているこの谷では、惣百姓とこの新たな力は、ある種の均衡を保って安定していた。長い戦乱の事実上の終末を迎えて、農民たちはある解放感のなかで、その生活を楽しみはじめていた。それはまさしく狂言的な世界である。

祈禱の下手くそな山伏を「なぶり」、女性を「強儀」に捕えて妻とする。山賊が現われて衣裳をはいだかと思うと、酔っ払っていたといってあっさりあやまる等々。狂言のテーマそのものがそこで現実におこっていた。そこに現われる大名小名や太郎冠者・次郎冠者の姿は、まさに、谷の百姓それ自身の姿だった。

そしてそれが、いままでのべてきたような意味でにせよ、百姓たちの前進のなかで生れ、その生活そのものの中から現われてきたが故に、それはわれわれを心からの笑いに導びくのである。しばらくはそこにとどまり、笑いをたのしむこともよいであろう。だが、それが真実の解放ではなく、仮のそれであることを忘れてはならない。いまはそれ自らのまえで演じさせ、笑いをもってみている支配者たちが、やはり、彼等を支配しているという現実を甘くみてはならぬ。所職の世界を彼等自身が破らないなら、支配者自身も、それをある形で破りうるのだ。

惣百姓の動きに関連して、なおつけ加えておきたい点が、一、二ある。その一つはこの時期の農村における女性の果たした役割である。この荘の歴史には、実に多くの女性が現われる。預所が女性に相伝されたという事情も、たしかにそうした現象を多少特殊に生み出したことは事実であろう。鎌倉中・末期、われわれは凡下《ぼんげ》の娘で御家人と執拗に争った藤原氏女、御家人の妻で、ついにこれを打ち負した中原氏女、そして、預所として谷に下り、百姓たちに輿を担がせて、彼等を使いまわした藤原氏女等をすでにみてきた。だが、南北朝期に入って以後も、こうした階層の女性とともに、全く普通の農民の女性の姿を、多く見出すことができる。

阿賀丸の妹で、丸とともに夜討にあい、疵をうけた御々女に、われわれはなお刀をとって闘う女性の姿を想像することもできよう。また、真村名々主真良の妻で、自らも真利名半名の名主であり、真良の死後、法阿と手をにぎって、強引に娘若鶴女を法阿の息子の嫁にしようとした善日女——若鶴女もこれを拒否する——も、注目してよい女性であろう。彼女がこのような動きをしたのは、未進が弁済できず、自名を惣百姓請にしてもらわざるを得なかった故であろうと思われ、結局、そのために名を乗蓮に奪われてしまうが、彼女は最後まで望みをすてずに訴えつづけたのである。

このように訴訟の当事者として姿を現わす女性たちの数は、この時期多数に及び、正式の未進徴符等の文書にも、責任者として名前がのせられている。当然彼女たちが名主職・作職等をそれ自身の財産として所有していたことは認められねばならず、そこに、多少とも個性ある人の現われ得た理由があろう。狂言に登場する、あのたくましい女性こそ、彼女ら自身の姿であった。だが、すべての場合そうだったとはいえぬにしても、多くの場合、彼女たちの背後には、その訴訟に利害をもち、それを支える男性の姿が見出しうる。御々女の知基(夫であろう)、賀茂氏女の快俊(子息)、善日女の法阿(後夫であろうか)、若鶴女の宮河(質物にとったともいわれるが、妾とでもしたのであろうか)、などがそれであり、やがて室町期に入ると、真村名四分一名主の鈴女に代って代官として現われる宗音(一四五六〈康正二〉年)のように、完全に女性の意志を代行するようになってゆく。南北朝期はまさにそうした方向が支配的になろうとする過渡期に当たっているといえよう。こうした男性たちの関心は女性の独自に所有する所職・財産にあり、それが、女性に対する男性の「協力」という形をとりつつ、次第に男性の支配下に入ってゆく過程が、そこに見出されるとしてよいであろう(高群逸枝氏は正当にも、この時期を、嫁取婚に婚姻形態がうつりかわる過渡期としておられる)。

だが、こうした事実は、古代の早くから家父長制家族が確立したとする見解に対し、反省を迫りうるだけの力をもってはいないだろうか。少なくともそこに、ギリシャ・ローマ的な家父長制を考えることは全く誤っているので、女性はなおこの時期においても、男性の意志の従属物には決してなってはいない。そして、日本の社会の特質をさぐってゆく道は、従来からの盲点であるこの面からもひらけてくるのではないかと思われる。東アジアの後進国として、早熟的に古代国家をつくり出した日本の社会のあり方にかかわる問題が、ここにはひそんでいるといえよう。

物百姓にかかわるもう一つの問題は、鎌倉期からあらわれる「間人《もうと》」のような人々の問題である。もとより、これらの人々の姿はほとんど史料に現われることはなく、ただ正長のころ、「昨日、今日、地下ニ在付候やうなるまうと」として現われるのみである。こうした人々が、「御百姓」とはっきり区別された存在であったことは、これによっても明らかであるが、そこに、いかなる意識が生れていたか、それ自体を確認することはできぬ。

しかし、注目すべき点は、谷の名主職所有者たちに現われてきた閉鎖性である。鎌倉後期から顕著になってきたこの傾向は、谷のそとの人が名主職をもつことを極力拒否しつつ、名主職所有者たち自身の連帯感を強めていったのであるが、それが、一面で外部の支配者(地頭代等)に対する排斥として現われるとともに、他面、谷のそとの被支配者が名主職をもつことを排除してゆき(鎌倉後期の宗氏・国安に対する態度にそれは最も明らかである)、内部の作職所有者たちからも自己を区別することになった点に、注意しなくてはならない。「座的構造」・重層的性格は、まさしくこのようにして形づくられてゆくのであるが、同様の意識が作職所有者＝小百姓たちの、作職非所有者(これを「もうと」とみることはほぼ誤りないと思われる)に対する場合にも、生れなかったとは、決していえぬであろう。もとより、たえず逃亡・欠落の危険にさらされている彼等小百姓たちにとって、「もうと」の運命は、明日のわが身の運命でもあったのであり、当然、本百姓の場合に比して、差別意識ははるかに弱かったに相違ない。狂言にあらわれる猿引や餌差が、なお人間として、自己を主張することのできている事実から考えても、それは明らかであるが、ただ、所職がついに作職すらもそのなかにとらえたことによって、差別意識の生まれてくる現実的条件ができてきた事実を、見逃すわけにはいかない。もとよりそれは、所職の世界の崩壊とともに崩れ去るべきものであったが、その解体の仕方のいかんによっては、より強烈に再現する可能性がありえたのであり、日本の農民たちはついにその可能性が現実に転化することを避けえなかったのである。われわれは、この事実のもつ意味を十分にかみしめてみなくてはならない。

(2) 公　文——地侍

禅勝の二十年になんなんとする努力によって、公文職は一応彼の子孫に確保された。その子の一人謝免兵衛次郎は、父の敵を討って荘から去ったが、もう一人の子息熊王丸にこの職は無事うけつがれ、長じて弁祐と名のるこの人は、じつに数十年もの間(一三六二〈貞治元〉年から一四一九〈応永二十六〉年までの五十七年)、これを確保してその子政信に譲ることができた。勧心半名々主職・内御堂供僧職もまた、ほぼ同様、弁祐にうけつがれた(ただ彼は晩年この所職を手放さなくてはならなかった。後述)。

しかし、若き禅勝の野心と旺盛な活動力は弁祐のものではなかった。むしろ晩年の禅勝のあり方こそ、彼のうけついだものであった。再三の恩補によって、彼は寺家と、ぬきさしならぬ関係をむすんでいた。それはいわば寺家被官人ともいうべき立場であり、その軌道からはずれることは、自らの決定的失脚を招いたであろう。

一方、彼は一個の名主職所有者として、惣百姓の一員、富裕な百姓の一人にほかならなかった。内御堂供僧として、金融面でのルートも欠かなかったであろう。しかも父禅勝は、百姓たちに対して、完全に頭を下げていたのである。その意味で、彼は百姓たちの利害からも、決して離れることはできなかった。とすれば、彼の果たすべき役割は、おのずと決ってくるであろう。年貢の徴収・売却・送進等に、百姓の代表ともいうべき立場で全般的な責任を持ち、それを円滑に取り運ぶこと。それが公文の役割であった。そこから、一方では「さいふ」を用意し、送文を書き、同時に、守護方＝国方からの様々な賦課に対して、現地で交渉するとともに、その情況を寺家に書き送って指示をうける仕事がでてくる。と同時に、こうした賦課に当って、百姓たちの要求(例えば年貢からの立用の仕方等)を寺家に書き送り、損亡の時には、彼等の損免要求を忠実に寺家に対して代弁する。

当然、ある情況下では、この地位が鋭い矛盾の焦点にもなりうるわけであるが、彼自身が、子供の代をふくめて、ほぼ応永年間はその地位を保った、という事実そのものが、その時期、こうした情況がほとんどなかったことを証明しているといってよいであろう。もし「地侍」という言葉を使うなら、この荘では、彼弁祐ないしそのあとをついだ人のみが、唯一の地侍であったといえよう。それは地下百姓の中の人であるとともに、なんらかの権門の被官人＝侍である点にその特徴を見出しうる。

彼等の前には、だから、二つの道がありうる。一つは権門との関係を辿って、あるいはその内部に地位を得、あるいは他荘の代官になってゆく道(後述する下久世荘の岡弾正弘経は、その好例であろう)、他は、百姓たちを代表する立場を貫く道(これは、新たな国一揆につながる道である)がそれであるが、弁祐のあとの人をふくめ、太良荘の公文は、東寺に頼って前者の道に進むことはなかった。むしろ半済方を通じて、はるかに身近な守護の被官になってゆく方が自然であり、事実彼のあとの人は、その方向に進んでゆく。狂言の大名小名は、

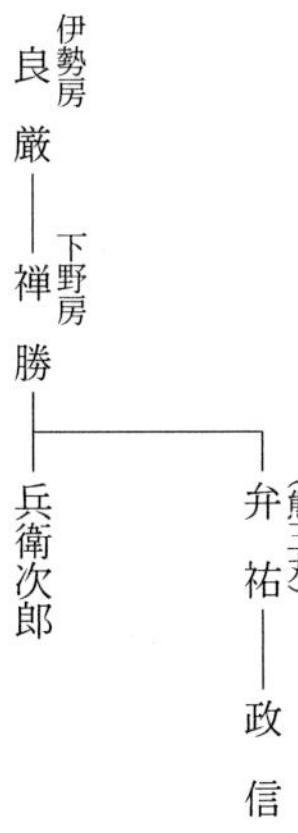

系図9　公文職
(勧心名々主)

図 9　日枝神社の社殿

現在日吉谷の奥にある日枝神社は，古くは，十禅師，室町期には山王といわれている．

このような人において、最も適切な現実的姿を見出しうるであろう。

弁祐が供僧の一人だった内御堂(旧薬師堂)については、覚秀のあとをうけた讃岐房祐秀以後、別当職が誰にうけつがれたかは明らかでない。ただ、この職が太良宮禰宜職(丹生神社、のちに一宮といわれるこの神社は、薬師堂と、谷をへだてて向い合っている)をも兼ねていたことは間違いなく(一四三二〈永享四〉年、この両職と、供僧職を東寺から補任された士仝という人がいる)、覚秀同様、荘内における重要な地位であったろう。

一方、さきにふれた小野寺の別当職は、一三六二(貞治元)年に、下総房朝賢から地頭代法師丸に渡されたが、その経済的基礎は、いつのころからか(恐らくこの前後であろう)、勧進名として、この寺に得分の一部があてられることになった勧心名(その半名であろう)であった。一三五七(延文二)年のころ、その名主は善《(禅)》覚であったが、はるか後年、一四五五(康正元)年、この名について請文を出している人もまた禅覚であって、彼は小野寺年行事といわれている。祈禱寺だったとみられるこの寺は、こうして惣百姓の中から年行事がきめられ、維持されていたのではなかろうか(現在小野寺は、台風のために潰れ寺となっているが、祈禱寺で檀家がないため、なかなか再建されないといわれる)。

さらに古くから十禅師とよばれてきた神社は、禰宜職があり、暦応のころ藤大夫時末がその地位にいたが、はるか後年(室町中期)、山王といわれるようになったこの宮の禰宜は藤太郎であり、恐らく時末のあとをひく人であったろう。一四三八(永享十)年の棟札に、大願主として名前をあらわす道性が、当時、時沢半名々主だったことも参照されるので、この宮は、時沢名(時末は、時沢名々主の一族である)と深い関係のある宮だったろう。しかし、この宮も、室町中期に禰宜職が、永徳庵という寺庵の坊主に拾貫文で売られて以来、「山林をハ被切取候て、無修理より候て、既ニ仮屋つふれ候て、地下出仕止候」という状態になったため、地下としてこれを造営し、新禰宜(あるいはこれが、右筆として棟札に名前を出す朝賢か?)に五貫文で売ったといわれており、次第に、地下の神社となりつつあった(もとよりこの造営がさきの棟札の造営である)。

三社のうちの若宮についてはほとんど知ることはできないが、いずれにしてもこの小野寺・山王等にみられるように、かつてある名(勧心名・時沢名)と密接に関係していた現地の社寺が、次第に惣百姓のものとなってゆく過程を、ここから読みとることができよう。なおさきの棟札には、「大工遠敷中村左近」の名前があるが一四四三(嘉吉三)年ごろ、東寺御影堂の鐘を鋳た太良荘大工は六郎権守行信という人であり、こうした手工業者が荘内に住み、また荘の百姓等と深い関係をもつようになっていたことも注意しておかねばならぬ。

(3) 代官たち――荘園経営者

応安の国一揆の敗北は、やはり、時代の転換をはっきりと示した事件だった。それは、伝統ある若狭国国人たちを、多く滅ぼすことによって、いわば一国的な規模で(少なくとも、最も伝統ある遠敷郡において)、領主的な所職にまつわる過去の歴史を消滅せしめた。

得宗の支配が、権力的な手段で歴史を否定しただけに、その滅亡後、とくに若狭国では所職に付着する歴史の復活は、著しい激しさをもって行なわれた。若狭・脇袋等の諸氏の動きにみられるように、かつて地頭御家人といわれた人々は、元弘の乱を契機に、過去の歴史を動員し、手の及ぶ限りの所職を追求して互いに衝突した。その激しい争奪の中では、荘園所有者としても、「荘家の警固」のために、彼等を代官としなくてはならなかった。だが、一旦所職を手にした彼等の収奪ぶりは、鎌倉期の地頭の百姓に対する支配をうけつぎ、乱暴をきわめたのである。むしろ、その貪欲さの点において、貨幣の魅力を知った彼等は、過去の地頭以上だったといえよう。もとより、すでに定量化した年貢公事の味を知った(得宗支配下では、むしろそうだった)百姓たちの抵抗も激しく、一種の混乱状態がそこに生まれたのだった。それは「悪党」の時代の、最も激しく集中的な出現であった。

だが、建武の動乱はそれをある程度整理し(若狭氏の後退等)、暦応・貞和の小康の中で、負担の定量化、所職の得分権化は一段と進む。そこに一時期安定した祐実・教重のコンビによる代官は、たしかに一面、他の荘園では重代の下司・公文と戦闘を交え(祐実)、他荘の訴訟の請負に一役買って、年貢を勝手に持出すようなこともあったが(教重)、脇袋彦太郎とは多少その色彩を異にしていた。なお「悪党」的な一面をもっているとはいっても、得分権化した所職を各所で請負い、収取の実務を行なった、いわば所職請負人ともいうべき寺僧の代官(祐実が、そうだったことは一六九頁参照)のタイプがここには見出されるので、それは、鎌倉末期の山僧・借上の代官の系譜をひくものということができよう。だがこの国の伝統的な力は、なお強かった。観応の国一揆は、このころ国衙の機構を掌握し、次第に支配を強めつつあった守護(その影響は、太良荘にも明らかである)に対する、国衙領に多くの所職をもつ遠敷郡の国人たちの抵抗、という一面をもっていたように思われ、太良荘でも長い歴史を背景にもつ脇袋国治が祐実を斥けて代官となったのである。しかし、むしろこれと対立する傾向をもちつつ幕府を支えた、大飯郡の国人を中心とする文和の国一揆、幕府の半済令（一三五二〈観応三〉年）を背景に、国中寺社本所領を悉く人給に宛てたという守護細川清氏の支配は、混乱を通じて過去の伝統を再びかなり整理したといえよう。脇袋もその間に消えるが、ただ清氏の給人には国人を排除し切るほどの力も条件もなくて、太良荘はこの間、河崎・宮河という二人の国人の代官を経験した（細川の給人とみられる大高五郎よりも、河崎の方が力をもっていたとみられる点に注意）。だが同じ国人といわれても、河崎・宮河の支配が、脇袋のそれと多少違っていた点については、すでにのべた。それが、混乱や「負物」を通じて行なわれ、脇袋のような歴史性を失っていた点を注意してきたのであるが、さらに、彼等が単に「代官」といわれて、必ずしも「地頭代」とのみいわれなかった点にも、注目しておく必要があろう。一方代官阿賀丸（預所代）の不満はそこからでてきたのであるが、いずれにせよ、これらの事実が、国人もまたすでに一個の所職請負人としての一面を備えはじめていたことを示す、とはいえないであろうか。事実、他国の国人、海老名季政（播磨か？）・宇治親安（山城）が、太良荘の訴訟を請負い、代官となっていることを考えなくてはならない。若狭国国人とても、機会さえあれば、当然、他国の所職を請負ってゆくことは、十分ありえたであろう。だが、彼等はまだ、請負人としての仕事に徹しえなかった。歴史の制約をうけていないだけに、彼等の収奪は、脇袋と同じ本質——つまり過去の地頭の方式を踏襲しつつ、脇袋以上に貪欲であった。河崎が「国一の悪党」といわれ、宮河がそれ以上といわれた理由はそこにある。そしてそこには、なお所職に得分権以上のものを見出そうとする意欲が残っていたと思われる。同様の意味で、阿賀丸も快俊も、やはりなおこうした意欲を残していたといわなくてはならぬ。

そして、こうした人々が、あるいは百姓等の排斥によって追われ、あるいは殺され、あるいは、政変にまきこまれて守護から得替されてゆく過程で、歴史の制約とこうした意欲は、つぎつぎに封殺され、消滅していった。

応安の国一揆は、そうした力の最後の反撃にほかならなかった。とすれば、それはけっして新たな封建領主たちの連合組織などといえるようなものではなく、所職のもつ伝統的・歴史的因縁に執着をもち、過去の地頭的な収取に固執する人々の最後の抵抗ということになろう。むしろそれは鎌倉期の国御家人たちの共同の訴訟――末武名々主職の訴訟にまで介入したあの連帯の伝統をうけつぐものであり、そこに、戦闘に際しての一時的な共同行動を加味したもの以上を出なかったといってよい。

そして、その決定的な敗北によって、そうした歴史は完全に消滅する。それは若狭国における「悪党」の時代の終末にほかならない。太平記の世界は、ここでもその成立の条件を失ったのである(太平記が、細川頼之の管領就任をもって筆をおいているのは、もとより偶然ではない)。と同時に、太良荘ではすでにそれ以前から現われていた新たなタイプの代官――山伏の代官の支配が、安定した軌道にのってゆくのである。狂言的世界の全面的展開は、この面でもはじまった。

宮河の追放後、地頭方代官となった寺家公文禅舜の下で、地下代官として活動した法師丸についてはすでにのべたが、一三六二(貞治元)年に教実となのるようになったこの山伏は、後年、禅朝と名を変え、さきの公文弁祐と並んで、数十年間(少なくとも一三六一〈延文六〉年から、一四〇四〈応永十一〉年まで)、一方代官として、その地位を保ちつづけたのであった。のみならず、その跡をうけついだ朝禅(朝賢)・栄賢等の人々(後述)もいずれも山伏だったのであり、この谷は、まさしく一時期、山伏の谷といってもよいほどの状況を呈したのである。*

*彼等が、どこからきたのかは、明らかでないが、後に一四四五〈文安二〉年、東寺修造に奉加した越前国丹生北郡田中荘の応神寺の寺僧の中に、朝禅・栄賢の名前がみえることは、参照されてよい事実であろう。

それは、内御堂をおさえた石見法眼覚秀の残した遺産にほかならないが、その意味でも、彼等山伏の代官は、三山僧・借上的な代官の、発展した姿を示すといえるであろう。

彼等が、寺家から、また百姓たちから期待されていた点は、「荘家の警固」ではなく、まさしく、その金融業者的な側面にほかならなかった。覚秀と同様、寺家は、彼の富力と金融力によって、所職からの確実な得分の収入を期待し、百姓たちも、年貢公事等の負担を調達しなくてはならぬ時、彼等からの「出挙利銭」の融通を期待したであろう。と同時に、しばしばおこる守護方からの課役・反銭等の賦課に対しては、寺家を代表する現地の実力者として交渉を行ない、守護代への礼銭等をかかさず、荘への被害を最小限にくいとめることが、寺家・百姓等の両者から望まれたのであった。

彼等の仕事も、またそこからきまってきた。百姓等の代表たる公文とともに、寺家側の代表として年貢等の売却を行ない、とくに和市についての責任をもつこと。守護方との交渉に当たって必要とした費用等(もとより寺家の認めたもの)の国で下用したものを差引き、これを寺家に送ること。定量化した年貢公事の基準にもとづき、年々の決算を散用状に作成し注進すること等の仕事が、明徳ごろまでには、ほぼ軌道にのってきたのである。そして、その仕事に応ずる得分も、年貢のなかから引かれる形が定まってくる(領家方については一三七七〈永和三〉年の年貢から、五石ひかれたのを初見として、以後ほぼこの形が固まる。地頭方は、暦応の基準で十五石ひかれた点をさきにのべたが、この時期は所見がない)。だが、もとより彼等とても、限定された得分のみに満足していたわけではない。夫役を徴収することこそなかったが、手作を多くすることもあり、また金融を通じて、百姓等の名主職を集めることもできた。逆に、和市の不正を通じて利を得ることもあり、守護方との交渉費用などを過大に報告して、得分をひそかにふやすことも可能だった。ある限度内で、当然彼等は実際にこうしたことを行なったであろう。しかし、それが一定の限度をこえた時、彼等は百姓たちの排斥にあい、寺家から罷免されねばならなかった。そして、その点を警戒するが故に、寺家は代官の補任権だけは確実に手中にし(名主職・公文職等のそれは、事実上、ほとんど行使されていない)、きびしい請文をとって、「被官人」として扱っていたのである。

だが、公文のように、百姓等から規制されぬ自由な立場にいただけに、ときにその例はあったにせよ(後述)、代官の地位が、やはり長期にわたって比較的安定しえた事実は、発展した流通秩序をもつようになった現地の事情に対し、こうした代官のあり方が一応適合的だったことを示している。

こうして、代官の仕事は、いまのべてきたような内容に一般化し、その得分もすでに固定してきた。とすれば、ここではもはや預所代・地頭代等々の歴史的な区別は無意味と化したといえるので、自然そこに「代官職」という一般的な所職が生まれてくる。この荘では、一応支配そのものが領家方・地頭方に分れていたため(いわば、「太良荘地頭方」というのが、一つの荘園名である)、なおしばらくは二人の代官がそれぞれにおかれていたが、やがてその区別自体意味を失い、同一人が両方の代官に補されるようになってゆく(補任状は最後まで別々に出される)。いわばそれは、収取の実務そのものが所職となり、得分権となったことを意味しているので、この面での所職の発展が、ゆきつくところまでいったところに生れた形であった。

だがわれわれは、ここにもまた、百姓たちの場合と同じ非個性化を感ぜざるをえない。あの強欲ではあるが、活動的な「悪党」の面貌は消え去り、ここに現われる代官たちは、年々の収支を扱い、散用状を書くことに専念する、一種の「事務家」としての風貌すら帯びている。とくに注目すべき点は、こうした人々に、農業に対する関心がほとんど窺われない点である。たしかに「手作」する人もなかったわけではないが、それはむしろ百姓たちから忌避され、結局罷免される理由にすらなっている。また請文には「新開田畠等、興行の時」ということがいわれてはいるが、こうした代官たちがとくに積極的にそれをすすめたという事実はほとんど知ることができない(但し、永享・嘉吉以降は事情は違ってくる。後述)。それが史料の制約からくることかどうかなお検討の余地はあろうが、恐らくそれは、相当の程度そのまま認めてよいことのように思われる。やはりそれは、所職が完全に得分権と化し、具体的・歴史的性格を失い、職務が一般化したことの結果ではなかったろうか。「悪党」的な風貌を失うとともに、代官たちは、かつて地頭が農業経営を自ら行ない、農民を従者として従えようとしたあの旺盛な意欲も、あわせて、ほとんど失ってしまったのではなかろうか。とすれば、この時期の代官たちに地頭と質的に異なる封建領主の新たな出現を考えることはもとよりできないので、むしろそれはかつての「勧農」を「出挙利銭」によって、完全に代置できるような発展した条件の上に現われた、中世的領主――地頭に代表される――の一面の発展した姿を示す、といいうるであろう。ただ、農民に最も直接する支配者たる彼等が、一時的にせよ生産を真に支配する意欲をほとんど欠いていたことの意味は、もっと考えられなくてはならぬ。狭義の室町期の問題は、恐らくは、そこからとけてくるであろう。

(4) 東　寺――荘園所有者

四十年の内乱で東寺もまた多くを失った。本来の供僧供料荘(本供僧方)をとっても、弓削嶋・新勅旨田はほとんど支配下からはなれ、大成荘にも現地にまでは手が届かなかった。この太良荘にしても、預所職と、領家・地頭両職の半分を、半済によって失ったのである。この荘の地頭職をふくむ、後宇多院・後醍醐天皇の寄進による尨大な荘園群も、真に東寺の手に確保されたものは、十指をもって数えうるほどのものだったといっても、過言ではないだろう。

しかし、問題を逆にみれば激しい内乱のなかでともあれこれだけのものを確保しえたことに注目すべきものがあるといえよう。のみならず、内乱の途中で東寺が新たにくわえた荘園も、山城の大荘、上下久世荘をはじめ、けっして小さいものではない。また支配機構の点でも前述した通り、本供僧方・学衆方等々の諸方供僧による荘園支配の方式が整い軌道にのったのも、内乱の渦中でのことだった。これらの点をあわせ考えれば、この内乱は、東寺の荘園支配を発展せしめた、といい切って、まず誤りないであろう。しかし、いまその全貌をのべるのは力にも余るし、その場所でもない。ここではとくに気づいた注目すべき点を、二、三のべるにとどめておきたい。

その一つは、内乱の後に、東寺の手中に残った荘園所職が、ある意味では、きわめて雑多なものだった点である。そこには、上は本家職(例えば太良荘本家職は、内乱の途中、一三五四〈文和三〉年、東寺のものになった)をはじめ、領家職・地頭職・預所職・公文職等々から、下は名主職(寺辺の水田群)にいたるまで、見出すことができるが、これはこの時期の諸権門の所領構成に共通する特徴であったろう。

いわばそこには、本来ならば公家的・武家的・庶民的とでもいうべき、すべての性格の所職がかき集められているのであって、この時代の特色は、まさにそうした点に、よくあらわれてるとしてよいであろう(北山文化の特色は、そのような点にあったといわれる)。それと同時にそれはこれらの所職がすべて得分権として均質化したがゆえに可能になったことであり、内乱後の現在、それらは名目はともあれ、実質上は全く同質だった。当然支配の方式も同質化してくるので、各方供僧が所職を所有し、その中の一人が収取に責任をもつ給主職ないし所務職として、一定の得分を与えられつつ、代官を補任するという形が、東寺のみならずほぼ普遍的な方式として現われてくる。そしてこれが、歴史的性格を失った所職が、この面でゆきついた最終的な形であったことは、もはやくり返すまでもなかろう。

それとともに、注目すべきもう一つの点は、こうした所職の同質化にともなって、荘園支配の実務に当たる寺家公人《くにん》たちの比重が、非常に大きくなってきたことであろう。所職が、具体的な主従関係を通じて支配されていた時期には、現実にその所職をもつ人々の影にかくれ、これらの公人たちの果たす役割は寺家内部の限定された範囲内にとどまっていたが、鎌倉後期ごろからその活動は次第に広範囲にわたるようになり、ついにこの時期にいたって、荘園支配の実務は、ほとんど彼等の手中に掌握されたように思われる。

供僧諸方の公文所のすべてを総括する惣公文所が、彼等の活動の中心であり、あるいは代官として、あるいは上使として、諸荘の現地との間を往復し、収取の実務にも携る。こうした彼等の活動の全貌を明らかにすることは、今後を期さねばならないが、ただここで注意しておきたい点は、古くからの寺家公人の系譜をひく人は一応別として、この時期、外部から新たに寺家に入った人の性格である。例えば太良荘に現われた実増は、「日吉上分物」を酒肴料として東寺に出しうるような人であり、矢野荘の代官としてよくしられている明済は、多額な用途を東寺に寄付して、公文所法眼になっている。また矢野荘三野寺の寺僧頼金は、ある供僧の青侍となり、ついに夏衆《げしゅう》の地位を得て、東寺に入ったのである。このような道をとることはしなかったが、太良荘の覚秀なども、もしその意志があれば、十分そうなることができたであろう。とすれば逆に、旧来の公人の系譜をひく人も、同様の性格をもつようになっていたことを推測することは自然であり、これはまさしく山僧・借上的代官の体制化ともいうべき体制であった。東寺はいわばこうした荘園所職の請負人群を、自らの内部に組織することによって、その荘園支配を保っていた、ということもできるであろう。と同時にいまのべた頼金のような人で、寺内に入らずにそのまま現地にとどまっている人々が多くあり、それが東寺の各荘に対する支配を支えている点が、あわせて注目されねばならない。「寺家被官人」といわれたこうした人々の実例は矢野荘に多く見出され(田所本位田氏・奥山氏・小林氏等)、太良荘の公文弁祐なども事実上、そう考えてよい面をもっていた。また、寺家公文祐舜と、その代官となった山伏教実との関係にも、こうした被官関係を推定することは可能であろう。彼等の多くは、現地では「地侍《じざむらい》」であったが、後年、太良荘・大山荘の代官として現われる、下久世荘の地侍岡弾正弘経や、同じく下久世荘に田地をもちつつ、太良荘の代官になった中尾弥五郎幸聡の例(後述)が示すように、寺家被官人たちは、寺家との関係を通じてひろく各地の代官として活動し、寺家の荘園支配の一端をになってゆくのであった(矢野荘の本位田氏が、新見荘の代官になっているのも同じ例である)。それはなお後のことであるが、ともあれ内乱期にもえ上った爆発的といってもよいほどのエネルギーが、結局はこうしたところに落ちつき先を見出して鎮静したことの意味を、あらためてここで考えてみる必要があろう。

これは、決して東寺のみのことではなかろう。後述する守護職をもつ権門の場合をふくめ、諸権門の支配体制は、恐らくほぼこれに準じて考えることのできるものになっていたに違いない。そして、こうした諸権門のもつ所職の新たな分野を、武家領・寺社本所領等々の形で再編し、おちつかせたところに、室町幕府の安定は、一応かちとられたのであった。

とすれば、南北朝の動乱は、いかに評価したらよいのだろうか。少なくともそれを、言葉の真の意味で、「革命」ということは不可能である。もしも、あえてこの言葉をつかうなら、それは、完全に流産した「革命」であり、それが日本の社会の発展に、真に寄与した現実的結果は、中世的所有の形式である所職を、ついにゆきつくところまで発展させることによって、中世国家の最も発展した形態を生み出し、それによって、次の社会が誕生する地盤をゆたかにつくり出したことに求めるほかない。そしてもしもそれを「革命」たらしめなかった原因を探ることを試みるとすれば、それは一方で、「所職」という所有の形式のもつ根強さの根源をさぐり、他方同様の意味でそれにかわりうる所有の形式と、それにもとづく真に新たな思想を生み出しえなかった、農民や地侍の

表15　東寺諸方供僧とその荘園支配

<table>
<tr><th colspan="2">供僧名</th><th>当初口数</th><th>設置年月日</th><th>設置者</th><th>供料荘</th><th>諸方支配</th></tr>
<tr><td rowspan="6">本供僧</td><td>講堂→塔婆</td><td rowspan="2">5</td><td rowspan="2">延応二・三・廿一</td><td rowspan="5">行遍</td><td rowspan="7">弓削嶋荘
太良荘
新勅旨田
平野殿荘
大山荘
本寄進田

垂水荘
大成荘
新寄進田
(河原城荘)

矢野荘
拝師荘
上桂荘
院町
(信太荘)
(高田余田)</td><td rowspan="7">本供僧(十八口)方

廿一口供僧方</td></tr>
<tr><td>金堂</td></tr>
<tr><td>灌頂院</td><td rowspan="3">10</td><td rowspan="3">建長四・二・十四</td></tr>
<tr><td>食堂</td></tr>
<tr><td>西院不動堂</td></tr>
<tr><td>八幡宮</td><td>1
2</td><td>文応元
文永九</td><td>亀山天皇</td></tr>
<tr><td>新供僧</td><td>御影堂</td><td>3</td><td>正和元・三・廿一</td><td rowspan="2">後宇多院</td></tr>
<tr><td colspan="2">伝法会衆</td><td>7</td><td>応長二・二・廿一</td><td>(三田・平田郷)</td><td>学衆方</td></tr>
<tr><td colspan="2">勧学会衆</td><td>5</td><td>元亨三・三・廿一</td><td rowspan="4">後醍醐天皇</td><td>宝荘厳院執務職(三村・速水・葛野
大野・初倉荘等)</td><td>宝荘厳院方</td></tr>
<tr><td colspan="2">講堂供僧</td><td>6</td><td rowspan="2">正中二・正・一</td><td rowspan="2">最勝光院執務職(新見・美和
原田荘等)</td><td rowspan="2">最勝光院方</td></tr>
<tr><td colspan="2">灌頂院護摩堂供僧</td><td>6</td></tr>
<tr><td colspan="2">不動堂不断護摩供僧</td><td>25</td><td>元弘三・九・一</td><td>大山・太良・新見各地頭職
(内、大山・新見は建武三より不知行)</td><td>太良荘地頭方</td></tr>
<tr><td colspan="2">大勝金剛供僧</td><td>24</td><td rowspan="2">建武三・六・十五</td><td rowspan="3">足利尊氏</td><td rowspan="2">新開荘(建武四より美作荘・因嶋
観応二より両荘不知行)</td><td rowspan="2"></td></tr>
<tr><td colspan="2">千手供僧</td><td>10</td></tr>
<tr><td colspan="2">鎮守八幡宮供僧</td><td>30</td><td>建武三・七・朔</td><td>久世上下荘</td><td>鎮守八幡宮供僧方</td></tr>
</table>

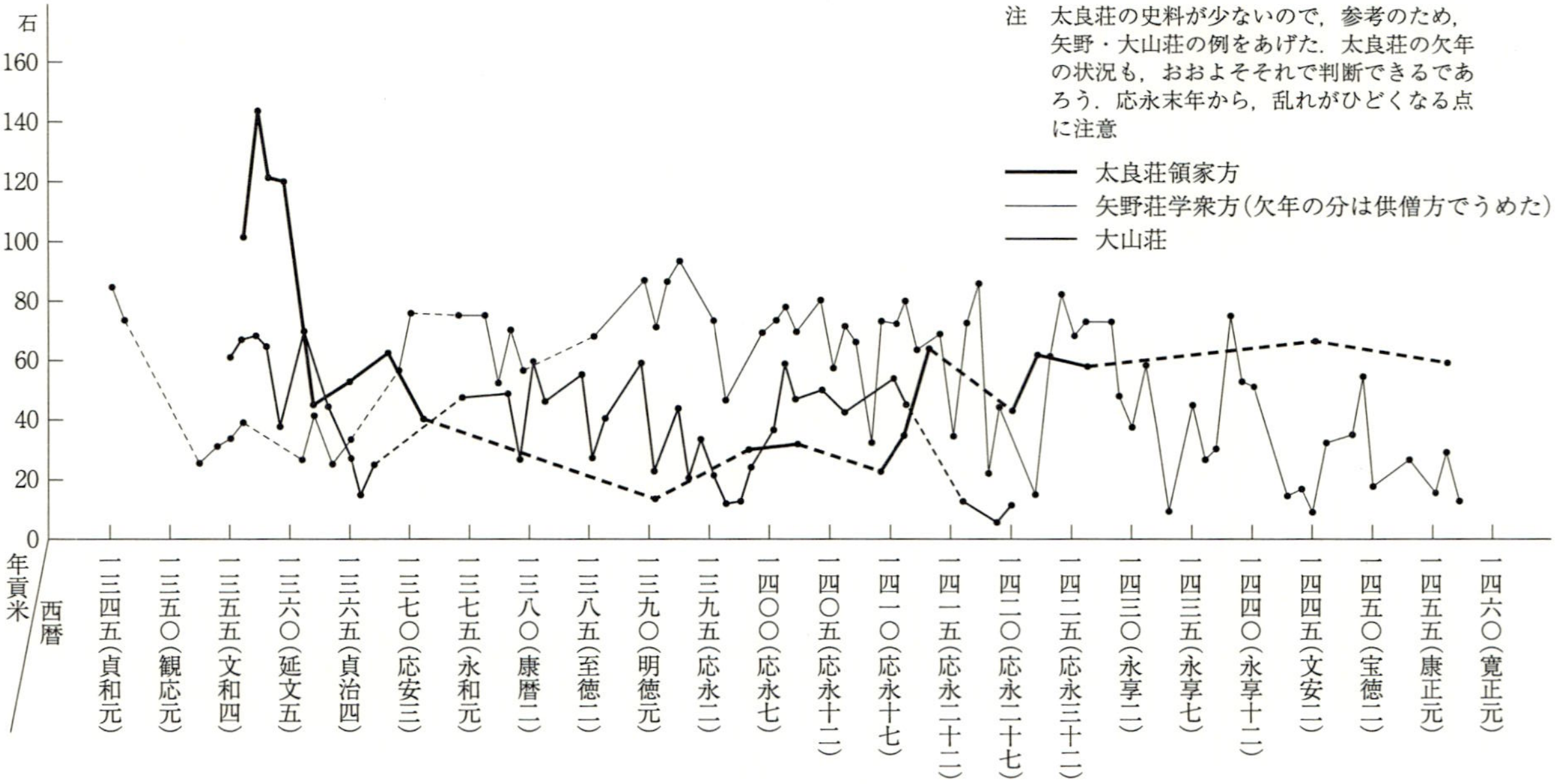

南北朝・室町期　東寺領荘園の年貢収取状況

力量の不足のもつ意味を、徹底的に追究してみなくてはならぬであろう。日本の農民の担ったアジアの農民に共通する問題――土地私有の未熟等――と、その独自な問題を考えてゆく道も、そこからひらけてくるであろう。

第三章　停滞期の荘園

第一節　一色氏の支配

一　守護の国支配

応安の国一揆を破り、多くの闕所地を得た守護一色《いっしき》範光は、その跡へ被官人を入れた。太良荘（渡辺弁法眼直秀、のち上野左馬佐になる）の半済方をはじめ、国富荘・名田荘（遠山入道）等で、いずれも被官人の乱妨が問題になっているが、逆にこの戦いで守護方に加わった国の人々のうち、青《あお》一族（青郷に本拠をもつ）・三方《みかた》一族（三方郷に本拠をもつが、若狭氏といわれたこともあり、事実この郷は鎌倉末期まで若狭氏が地頭をしているので、そうみてもよいであろう）等は、一色氏の被官になっていった。このような関係を通じて、守護一色氏の支配は、ひろく若狭国全体に及んでゆくのである。しかもほぼ応安年間を境にして（一三七二〈応安五〉年、日吉社神輿造替段銭について、幕府が、守護使入部による譴責を認めたことが契機であろう）その課税及び徴収権は著しく強化され、国衙の機構が完全にその手中に帰したことにより、その面を通じても、任国に対する守護の支配は、著しく強められることになってきた。

太良荘を例としてみると、国方といわれるようになった守護の手で賦課されてきた負担は、およそ次のようになるであろう。

(1) 日吉御輿造営用途（一三七二〈応安五〉年）・外宮役夫工米（一三七三〈応安六〉年）・大嘗会米（一三七六〈永和二〉年）等のように、中央政府から賦課されてくる課役（応安以降、こうした課役の賦課が、あらためて、しきりに問題になっている点に注意。それは、桑山浩然氏「室町幕府経済の構造」〈永原慶二編『日本経済史大系2 中世』東京大学出版会、一九六五年所収〉に指摘があるように、この時期が、段銭免除権が朝廷から幕府にうつる転換期に相当することを示すものであろう）。

(2) 八幡宮放生会・上下宮流鏑馬役（一三七七〈永和三〉年）のように、「国中神事の役」として、地頭・御家人に賦課される課役（太良荘の地頭方には、この時にはじめて賦課され、大きな問題となった）。

(3) 兵粮銭五貫文（一三七一〈応安四〉年）・築地析足五貫文（一三七三〈応安六〉年）・仏事析足一貫五百文（一三七四〈応安七〉年）のように、守護がその都度必要とする用途。もっともこの場合も、守護が幕府から命ぜられた国役出銭を賦課する場合もある。また同様に、要用に応じて賦課される、京上夫・野伏・陣夫等の夫役。

もとよりこうした課税の一部が守護を通じて行なわれることは、鎌倉後期以来例があり、南北朝動乱を通じていよいよその権限は強化されていたとはいえ、太良荘のような守護使不入の地に対しても、全面的に課税を強行しうるようになった点で、これは明らかに一時期を画していた（表16参照）。

当然、こうした課税の一つ一つについて、太良荘などでは、寺家から、また現地の公文・代官などからの抵抗がたえずあり、(1)・(2)については多く免除を認めて催促を止めねばならず、(3)についても、ある限度内に定量化してゆくことになったとはいえ、根本的には、その権限が後退することはもはやなかった。

そして一三九一（明徳二）年、明徳の乱に当たって、それまで山名氏清の支配下にあった税所今富名——小浜という若狭国の中心的な都市をふくむこの名を、「小国の微貢ならんよりは、大荘の恩補にはしかず」（『明徳記』）として与えられて以来、この国に対する一色氏の支配はいよいよ安定した軌道にのった。

時の守護一色詮範は、一三九三(明徳四)年以来、しばしば将軍義満・義持を小浜に迎え、一三九五(応永二)年、八幡宮に大鳥居をたて、一四〇〇(応永七)年にはさらにこれを新造し、一方、一・二宮(若狭彦・姫神社)に保護を加えるなど、その支配を権威づけてゆく。

いわゆる「守護領国制」は、こうして、若狭国に実現されたといってよかろう。しかし、いままでのべてきたことからも明らかなように、これをすぐに「地域的封建制の成立」と考えることは、もとより当っていない。いま課税権の掌握・強化といってきたが、その際の基本的台帳は、なお国の大田文《おおたぶみ》――しかも鎌倉中期に作成されたそれを全く踏襲した大田文にほかならぬ(太良保本所方の反銭等の賦課に当たっての基準田数は十二町九段廿歩。それは文永大田文の二十五町八反四十歩の完全な半分である)。荘・郷・保・名等々の行政単位は、多少の修正はうけたとしても(例えば、さきの河崎荘は、文永大田文にはない荘園である)、基本的には、なんら変ることなく維持されている。新たな都市小浜にしても、行政上はあくまでも、税所今富名の中の一つの浜(津)以上のものではなかったのである。*

*この浜は、一四〇五(応永十二)年までには、皇室領となっていたようであるが、一四〇九(応永十六)年、内裏からの使として下った三人がからめとられ、追い失われ、一人は誅されており、一四一二(応永十九)年に、この浜に着岸する鉄船の公事を内裏へ直納すべきことが、幕府から命ぜられ、以後ほそぼそながら、それがつづいたようである。

ただ、そうした単位を構成する所職が得分権として均質化し、百貫文の在所とか、二百石の荘とかいわれ、専ら得分の大小によって評価されるようになってきた点にこそ、くり返しのべてきた時代の新たな発展が現われており、またその圧倒的多数が守護の被官人のものとなり、逆に所職をもつ人の圧倒的多数が、その被官人となっているという事実は、一まず認められてよいことであろう。

しかし、もとより若狭国の国人・地侍のすべてが、一色氏の被官人になったわけではない。本郷氏のように、奉公衆として将軍に直属している国人もあり、太良荘の弁祐のように、東寺の被官人になった地侍もあったので、その数もまた、決して少ない数ではなかったろう。

所職についても同様である。東寺領太良荘や官厨家領国富荘などのように、ともあれ、鎌倉期以来の権門が保持しつづけている所職も、また少なくなかった。もちろんこの場合も、国富荘領家職・太良荘領家・地頭職は半済され、守護代三方弾正左衛門尉範忠が、太良荘本所方の代官職を望み（一四一一〈応永十八〉年）、国富荘地頭方御封米を領家方半済分に混じて押領する（一四二五〈応永三十二〉年）ようなことが広くみられ（「壬生文書」）、守護被官人の浸透は、室町期を通じて進んでいたであろう。しかし逆に、太良荘の半済方が「南禅寺すいうん《（瑞雲）》庵」の「永代之所領」になろうとし（一四〇七〈応永十四〉年、「東百」し八（一八五））、同荘の半済方代官が、事実「相国寺大徳院」であったこと（一四〇八〈応永十五〉年、「東百」タ（七二）太良荘地頭方引付）などが示しているように、守護の半済分が、禅宗寺院をはじめとする寺社のものになる場合も、しばしばみられたことが考えられなくてはならない。また石橋和義が守護の時であるが、一三六一〈康安元〉年、耳西郷半分地頭職が、翌年、佐分郷内岡安名地頭職が、いずれも、臨川寺に与えられたことがあり（「天竜寺重書目録」）、名田荘が、南北期末期、徳禅寺徹翁和尚のものになったことも、周知の事実である（「大徳寺文書」一）。

室町期、こうした禅宗寺院の果たした役割は、それとして考えらるべき問題であろうが、その荘園支配が、「庄主」といわれる徴税請負の専門家によって行なわれたことは、太良荘半済方の例からも確認できる（「東百」タ

〔七二〕太良荘地頭方引付、高鳥居文書等参照〕。いずれにせよ、若狭国の所職が、一色氏のものにぬりつぶされていたわけではなく、なお独自な被官人や収取組織をもつ諸権門の支配が入りまじっており、しかもその所職が、一個の得分権として、貸借・質入等を通じて、依然活発に流動しているのが実情であった。

こう考えてくれば、守護被官人の支配の方式が、さきに太良荘の本所方についてみた東寺の支配方式と、なんら異なるところがなかったことも、自然に理解できるであろう。

守護による半済、といわれても、それは全く所職に付随する得分の機械的分割にほかならない。太良荘の半済は、それを明らかに示しているので、守護被官の支配下に入ったのは、領家方・地頭方各々の南北朝期以来(ほぼ暦応の収取基準以来)固まっていた基準年貢米の完全な半分であった。しかも同時に各名田畠・馬上免・地頭佃・散田方等の収取単位のすべてが、また機械的に半分に分割され、本所方・半済方とに分けられたのである。ただ、それに応じて、実際の田畠についても、本所方・半済方がきまっていったようであるが、それは得分の分割に応じたものであって、谷の農民の生活秩序は、これによって、基本的にはなんら変ることはなかった(永享・嘉吉以後は状況は変ってくる。後述)。

半済方の得分を手中にする人は、やはり給主職所有者であり、収取の実務に当たるのは代官職所有者だった。しかも「半済方御代官は、毎年御替り候」(一三九七〈応永四〉年、「東百」ツ三五―三八〈八九〉)といわれており、いまのべたように相国寺大徳院が代官となり、「半済方庄主」によって実務が行なわれたこともあったのである(一四〇八〈応永十五〉年)。

これが、鎌倉期と本質的に異なる、新たな封建領主の農民支配などでないことは、もはや明白であるが、守護の足下にあった税所今富名でも、事情は同様であった。一三九九(応永六)年、この名では、「里方名、散田、并に寺社人給まで逃散」ということがおこり、守護代小笠原三河入道明錬は、名の代官を更迭されたのである。これは、後述する太良荘の代官と百姓の関係となんら変りなく、守護代ほどの人でも、百姓等の訴訟の前に名代官職を失わねばならなかった(「今富名領主次第」)。

被官人の代官職はこのように不安定なものであったが、逆にこの面をとらえて、所職をひろくこの国をこえてかちえていったひとびともあったのである。もとよりそれは、一色氏との被官関係を通じて行なわれてゆくので、一色氏が守護職をもつ丹後国の郷・保・庄の給人に、明らかに若狭国の人とみられる、青氏(青七郎三郎、青七郎左ェ門)・三方氏(三方弥四郎)等が見出され、他方、丹後国吉原庄に本拠をもつ吉原氏が、若狭国太良荘の半済方代官になった事実(一四二八〈正長元〉年ごろ)が、その状況をよく示している(「丹後国田数帳」参照)。

これは、東寺の被官人たちが、寺領の各所の代官になっていった動きと、全く本質を同じくする動きといわねばならず、この点でも、一色氏の支配は、東寺の支配と同質だったといえるであろう。「守護領国制」という用語は、こう考えてくると、誤解を招きやすい言葉であり、守護の支配と雖も、所職の再編成の上に立った公家・寺家の権門の支配と、本質的には異なるものではなかった。

だが得分権化した所職の秩序の背後で、都市と農村の一定の分化を前提とする新たな生活の秩序は、次第に成長をとげつつあった。その結節点である小浜——そこには、一四〇八(応永十五)年には南蛮船も着岸している。亜烈進(アラジンか?)という帝王よりの進物たる、象・山馬・孔雀・鸚鵡等、異国の鳥獣が人の目を驚ろかせたが、この船は翌年までいて、船を新造して大陸に向う。南蛮船はまた、

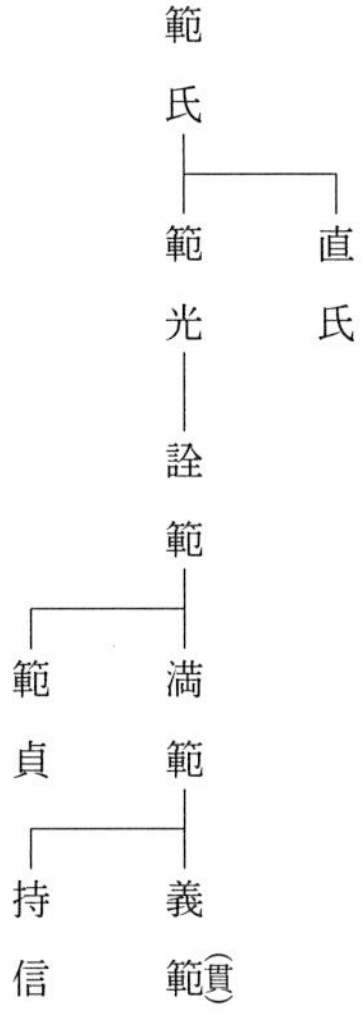

系図10　一色氏系図

表 16　守護方からの賦課

西暦	年号	領家方				地頭方						人兵 夫粮 ・ 馬銭 (貫)	臨時料足 (貫)	守護代等礼 (貫)	守護借用 (貫)	合計 (貫)
		細守 々護 雑 用方 (石)	越御 飯 賃米 (貫)	二節 季 傭 人夫 (貫)	勧進猿楽 (貫)	細守 々護 雑 用方 (石)	越御 飯 賃米 (貫)	節供料 (貫)	修琓 飯・ 理采 女・ 替 (貫)	節季傭夫 (貫)	勧進猿楽 (貫)					
1371	応安 4											8.955				8.955
1375	永和 1							0.86	0.86					4.254		4.254
1376	永和 2							0.5	0.5		0.452		8.852			8.852
1377	永和 3												1.0	4.384	7.3	12.684
1378	永和 4							1.0	0.5				12.0	2.46		14.46
1390	明徳 1	3.167										2.5	2.55	2.7	2.5	10.25
1398	応永 5	3.167										4.162	3.5	2.11		9.772
1402	応永 9	3.16											1.8	2.5		4.3
1403	応永10					2.0	0.2	1.0	1.5				0.6	3.5		4.1
1404	応永11	(3.16)											2.5	1.7		4.2
1409	応永16	3.16	3.4									1.2	2.1	4.0		7.3
1411	応永18	3.16	1.2											3.75	7.5	11.25
1413	応永20	0.66	2.5			4.0		1.0					3.6	13.5		17.1
1414	応永21				1.0							8.1		4.0		12.1
1419	応永26				1.5									3.8		3.8
1420	応永27	3.16	2.5	1.4	1.0							6.75	1.5	6.0		14.25
1422	応永29	3.16	2.5	1.4	1.0		1.2	1.0	1.5	0.7	0.5	4.5	0.3	3.0		7.8
1426	応永33	3.16	2.5	1.4	1.0							3.0		4.5		7.5
1427	応永34					2.0	1.2	1.0	1.5		0.5	8.172		3.9		12.072

1444	文安 1												2.5		2.5
1445	文安 2										0.3	1.8	2.5		4.6
1448	文安 5											0.8	1.2		2.0

註　領家方・地頭方年貢散用状より作成．「領家方」・「地頭方」のほぼ定量化した賦課については史料のないところは空白にしておいたが，ほぼ，定量だけは毎年かかるものとみてよい．なお，地頭方3分の1，領家方3分の2の比率で，賦課されたと思われるものを換算し，合計しておいた．文安以後は，やや賦課の方法がかわっており，そのままそれ以前とは比較できない．

一四一二(応永十九)年にも二艘着岸、「宿は問丸本阿弥」といわれている。そしていまや、外国貿易にもかかわるようになったこの町の問丸たちは、一四二一(応永二十八)年には訴訟をおこし、守護又代官長法寺民部丞入道々圭を、名代官職から退けるほどの力量をそなえるにいたったのである(「今富名領主次第」)。

もとより、この町に立つ市場は、いよいよ繁栄の度を加えたと思われるが、一方、例の遠敷市場も、今富名内の市場として、一四〇七(応永十四)年には「日市」――常設の市場になった。

すべてこれらの事実は、一個の自治都市が次第に形づくられてゆく過程を示すといえるであろうが、そこと近隣の農村との関係は、「一日も小浜へ出入仕候ハてハかなわぬ」ほどの密接なものになり、「守護方の地に関をすゑられ候て、四五十日」往来を留められると、「御百姓手をすり候て、守護しんたいに成」らざるをえないほど、生活そのものの中で、切り離し難いものになってゆきつつあった(一四五一〈宝徳三〉年)。

やがてそれは否応なしに自己の全貌を現わし、独自な論理をもつであろうが、応永年間を中心としたこの時期、さきにのべたような理由から、この秩序はなお完全に所職の世界の中におかれていた。

太良荘に則してみると、守護方からの賦課は、十五世紀に入るころには、ほぼ定量化してくる。ただ、人夫・馬、守護代・又代官への礼銭等は不確定であり、ときに臨時の賦課や借銭などがあって、その都度、問題になってはいるが、正長のころまでの四半世紀、なかに一四〇六〈応永十三〉年、守護代小笠原三河入道が滅ぼされるようなこともあったが、守護一色氏の国支配は、概して安定した状況にあったとみてよいであろう(表16参照)。

二　半済下の荘園

守護支配の安定は、同時に、東寺の太良荘領家・地頭方半分——いまは本所方——にたいする支配の安定でもあった。山伏の代官教実と公文弁祐が比較的長くその地位を確保しえた期間が、ほぼその時期に当たるが、問題は、半済という事態に支えられた、その「安定」の内容にある。

いま山伏の代官教実の安定といったが、それは地頭方のことで、領家方代官は、一三七五(永和元)年から数年、有円という人がみえ(この人は、禅覚ともいわれたようで、そうだとすると、小野寺にかかわりをもつ、勧進名々主であり、やはり山伏に近い人であろう)、一三八二(永徳二)年以後、「寺家之御代官と申なから、上方御奉行」といわれた、長田弾正蔵人が下向したこともあった。

じつはこの長田は、「守護臨時課役免除の計略」のために、この年、領家方所務職を与えられた松鶴丸・善一(松鶴丸は名儀人、善一が主体で、長田はその知音の人。請人に綾小路町の銀細工善宗を立てている点が注意されるが、どのような人かは明らかにしていない)の代官であり、現地で「地頭・領家・預所殿」と寄合い、守護方からの夫役の負担方式を、「一方分に四人宛十二人」ときめたのである(「東百」ハ一—一二(九四))。

実際、応安以後の守護の支配の浸透に対し、東寺は無為にすごしていたのではなかった。応安年間を通じて、何回となく半済停止を幕府に訴えつづけ、一三七九(康暦元)年には、光信法印に「領家方半済所務職」を与え、「一円幷預所職事秘計」を請け負わせたこともあった。これに対し、幕府は一三七〇(応安三)・七三(応安六)・

七九(康暦元)年と、度々乱妨停止を一色範光に令しているが、事態はなんら変らず、むしろ前述したような様々な負担が、つぎつぎに守護方から賦課されてくる(表16)。

すべてそれは、新儀のことであり、一つ一つが免除のための訴訟を必要とする。しかし、そのためには、京では寺家が幕府奉行人に対して、現地では代官・公文が守護方の人に対して、「一献銭」・「酒肴料」・「礼銭」等を出さねばならず、たとえ免除を得たとしても、それは随分高価につくことだった。例えば一三七七(永和三)年、八幡宮幷上下宮流鏑馬役が「国中地頭御家人役」として地頭方に賦課された時、寺家は京都でも訴える一方、現地で代官・公文たちに、神事奉行・税所代海部左衛門尉と交渉させ、ともかく免除されたが、そのために海部に出した銭は、十二貫文近くにも及んだのである。それは結局、年貢の内から出さねばならなかったが、その際、代官・公文が実際に使った額以上を寺家に報告し、差額を着服しているのではないか、という疑いもおこり、教実・有円・弁祐は、不正のないことを起請して誓っている。

一円回復の訴訟をあとまわしにしても、「守護臨時課役免除の計略」をしなくてはならない理由はここにあったが、それも現実にはなんの効果もなく、ただ負担の分担方式をきめる程度の成果しかなかった。しかもそれすら、頻々たる守護方からの賦課によって、たえず動揺してやまない。

このころ、守護京上夫が毎月二、三人責め立てられること、西津方の細々朝夕役に召し仕われることを不満とした百姓たちは、「かの守護京上と申すは、本所御方に宛申す夫なり。もしかの夫、一度難渋あらば、寺家御分の所領、煩申すべし」といい、「公方において、停止される様御方便」あり、それがだめなら、「御公平《年貢》を以て、御下行あるべき者なり。なお以てその儀なくば、守護夫懈怠の時、もし煩出来の時、御百姓等の所行と、仰を蒙るべからざる者なり」といってくる(「東百」し一二乙―一三〔一四八〕)。これはいわば、相手の弱みを逆手にとった脅迫であるが、一方で夫役の定量化・負担方式の公平を望んだ百姓たちは（一三九〇〈明徳元〉年）、結局は、守護方との折衝をうまくやり、「りんしゆ《臨時》の御公事」をできる限り減らしてくれるような代官を要求し、このようなこともせずに、手作を多くやり、負担の年貢からの立用を拒むような代官に対しては、差額着服を彼等の方から訴え、逃散して追放することもあった（一四〇七〈応永十四〉年）。

守護方からの負担（折衝に要した費用をふくめ）を、できるだけ地下に転嫁しようとする寺家、逆に年貢から立てかえさせようとする百姓、その間に立ちつつ、適当に差額を懐に入れようとする代官・公文。その利害の対立は一つ一つの問題についておこり、動揺はなかなかやまないが、しかし、何度も何度もこうした対立・折衝がくり返されるうちに、守護方からの負担そのものをふくめ、おのずとそこに一つの慣習が生れてくる。

守護方からの賦課は、領家・地頭方それぞれ定量化したものがきまり（表16）、守護代・守護又代官等にたいしては、年々、「礼銭」をつけとどけるのが慣例になる（当然、これは可変的である。表15参照）。また臨時の賦課、人夫・馬等の動員については、代官・公文が寺家に注進、その諒解を求めて原則的に年貢から立用し、領家方三分二、地頭方三分一の割合で負担する。そしてこれらのすべてが、「国下用」として、散用状に年々書き上げられ、あらためて代官・公文が偽りないことを起請し、寺家の承認をうける。

一方、役夫工米・一二宮造営反銭・即位反銭等の中央からの公式の賦課については、配符（留守所下文）が入ると、代官・公文が状況を注進、これをうけて寺家は幕府・守護と京で交渉し、京済により国催促停止、あるいは免除の幕府奉行人奉書・守護施行等を得て国に下す。その際、必要とした「一献銭」・「沙汰用途」等は、適当な額（すべてではなかったろう）を地下に負担させる。

十五世紀前半には、ほぼこのような慣行ができ、ある程度、円滑にことがはこぶようになってくる。だが一面注意すべき点は、東寺自身、なお半済・守護使入部を公的には承認しておらず、逆に守護もまた、国大田文に「太良保」と記されているこの荘に対する課役賦課を、当然のこととしていた点である。とすれば、これはあくまでも事実上の慣行でしかなく、ことあるごとに、一定の手続と取引がくり返し行なわれねばならなかった。そしてまた、その過程では当然、守護が免状のくだる前に使を入部させたり、臨時の賦課を新たに行なったりすることもあり、逆に東寺が幕府に訴えて、あらためて半済停止・一円回復の奉書をもらうこともありえた(一四一三〈応永二十〉年・一四二六〈応永三十三〉年)。

寺家と百姓、その間に立つ代官・公文の関係についてもまったく同様である。完全に慣行化したものはともかく、こうした新たな動きが、守護方からにせよ寺家側からにせよ、多少でもおこれば、そこに必要とした費用、あるいは余儀なくされた負担を、寺家と地下のどちらがどう負担するかについて、あらためて一々交渉し、起請文によって確定してゆかねばならぬ。

守護とは一応関係のない損亡免除や、寺家独自の臨時の賦課についても、全く同じ駆け引きが行なわれた。いわば、ここではすべての人が満足していなかった。東寺は一円回復・課役免除をのぞみ、また守護は課役賦課・一円支配を欲し、百姓たちは負担ができるだけ少なく定量化することを要求していた。そしてその間に立つ代官は、できるだけ多くのものを手に入れようとしていた。すべての人々は、相互にある種の不信をいだいており、そこには、たえまない小さな対立が、いつでもおこりえた。それにも拘らず、守護も寺家も、百姓も代官も、当面この「慣行」を決定的にくずすだけの動機もなく意欲もかいていた。歴史を無視する人たちはそれを克服する力を欠いており、歴史になお未練をもつ人々はそれを主張し切る力をもっていなかった。自然、対立はいつもなれ合いと取引によって処理され、その際の饗応と賄賂は、当然のこととして行なわれる。ここでは、非法はそれ

一覧表(補注 14)

1427	応永34		兵粮米・陣夫(弁)
1429	正長 2	大嘗会反銭(免)	
1430	永享 2	外宮役夫工米(免)	
1434	永享 6	(課役免除御判下知状)	
1437	永享 9		和州発向陣夫(免)
1443	嘉吉 3	多田院反銭(免)	
1444	文安 1	造内裏反銭(京済)(直務御教書)	
1445	文安 2	一宮造営反銭(免) 内宮役夫工米(免)	
1446	文安 3	一国平均反銭(反別 100 文) 守護夫	
1447	文安 4	十如院反銭(免)(課役免除御判下知状)	要銭 20 貫文
1448	文安 5	外宮役夫工米(免)(反別 180 文)	
1449	宝徳 1	(守護使不入御教書)	15 人夫
1450	宝徳 2	一宮造営反銭(免)	
1451	宝徳 3	外宮仮殿神宝反銭(免)	(安堵綸旨)
1452	享徳 1		国方要脚反銭(催促停止)
1453	享徳 2	内宮役夫工米反銭(免)	
1454	享徳 3		平均反銭(免)
1455	康正 1	十如院造営反銭(免)	陣夫(弁), 借銭(弁), 屋形下向迎夫(弁)
1456	康正 2	造内裏料反銭(京済・国でもとられる)(反別 100 文)	
1457	長禄 1	御所御造作料反銭(反別 100 文)	国方要銭, 京上夫, 15 人夫, 百日房仕, 屋形下向夫, 借銭
1458	長禄 2	御所造営反銭(京済)	国方要銭
1459	長禄 3	(課役免除御判)	湯山夫, 用銭
1460	寛正 1		用銭
1461	寛正 2	外宮役夫工米(免)(反別 80 文)	
1462	寛正 3	高倉御所造作反銭	
1463	寛正 4		馬役・要銭
1464	寛正 5	譲位方反銭(免)(反別 80 文)	
1465	寛正 6	大奉幣米(免)	反銭・陣夫, 借銭
1466	寛正 7	大嘗会反銭(免)(反別 80 文)	要銭

表 17　段銭等賦課

1371	応安 4		潤月御所贄殿新足(弁)
1372	応安 5	日吉神輿造営用途(免)	
1373	応安 6	役夫工米(免)	築地料足(弁)
1374	応安 7		仏事料足(弁)
1375	永和 1	外宮役夫工米(免)	
1376	永和 2	大嘗会米(免)	
1377	永和 3	八幡宮・上下宮流鏑馬役(免)	
1380	康暦 2	日吉段銭(免)，役夫工米(免)	
1382	永徳 2	八幡宮放生会上下宮流鏑馬役(免)	山城国発向陣夫(弁)
1387	嘉慶 1	賀茂社造替公家進等要脚段銭(反別 50 文)	
1390	明徳 1	(大小国役免除の訴訟)流鏑馬役	
1394	応永 1	相国寺山門造営段銭	
1396	応永 3	一二宮修理料段銭(免)	
1397	応永 4	外宮役夫工米(免)	
1399	応永 6	興福寺供養出立料段銭(弁)	
1400	応永 7		兵粮料足(弁)
1401	応永 8		京都普請役(免)
1403	応永10	外宮役夫工米(京済)	
1406	応永13	官庁反銭(京済)(反別 30 文)	守護借用
1407	応永14	内宮役夫工米(京済)(人夫国役免除訴訟)	
1409	応永16		得銭(弁)
1410	応永17	外宮役夫工米(京済)	
1411	応永18	一二宮造営要脚反銭(免)(反別 50 文)内宮役夫工米(京済)	
1413	応永20	(一円御教書)	
1414	応永21	即位要脚反銭(免)(反別 50 文)	
1415	応永22	奉幣米(免)	伊勢向陣夫(弁)
1418	応永25	一二宮段銭(免)	狸穴の検知
1419	応永26		徳銭(弁)
1420	応永27	一宮反銭(免)	
1424	応永31	一二宮造営反銭(免)	
1426	応永33	(一円御教書)	

自体「法」となり、私的な関係がそれ自体「公」のことである。いままで「安定」といってきたが、その実態は、じつにかくの如きものだった。それはまさしく、不安定の上に立った「安定」であり、停滞そのものだったといわなくてはならぬ。

だが、上は天皇から、下は一般の農民にいたるまで、すべての人が「所職の世界」の中にあり、しかもその「所職」が、もはやこれ以上発展しえぬところまでゆきついてしまったとすれば、こうした事態の現われることは、必然的な成りゆきであった。狭義の室町期——ほぼ応永年間を中心とする前後数十年の安定がこのような意味で、中世社会の発展が極点にまで達したところに現われた「停滞」だったことを、われわれはここに、はっきり確認しておかねばならぬ。

だが、停滞の下にも動揺はあり、安定の下にも不安定はあった。やがて、停滞を崩す動きが、どこから生れてくるかを考えるために、この数十年に太良荘でおこった、いくつかの目立つ事件を、年表風にあげてみよう。

一三九七(応永四)年、代官(教実と並んで、その地位にいた人であろう)の不法を訴えた、百姓の逃散(「東百」ッ三五—三八〔八九〕)。

一四〇一(応永八)年、守護普請役の公文弁祐への賦課(一応免除)(「東百」フ一—一六〔七五〕)。

一四〇六(応永十三)年、恒枝保との係争地、三町の田地に反銭の課されたことからおこった境相論(「東百」リ三五—四六〔二五六・二七一・二七二〕)。

一四〇七(応永十四)年、この点をふくめ、手作を多くし、守護方との折衝をよくしない、一方代官禅慶に対する百姓の神水逃散、禅慶の罷免(「東百」ッ三五—三八〔一九一〕)。

一四〇八(応永十五)年、代官朝賢・公文弁祐の隠田の発覚(「東百」タ(七二)太良荘地頭方引付)。

一四〇九(応永十六)年、守護方から、代官朝賢に対して、五十貫の徳銭の賦課(「東百」ツ一八―三四(二四八))。

一四一一(応永十八)年、守護代三方範忠が本所方代官職を要求(「東百」タ(七七)太良荘地頭方引付)。

一四一三(応永二〇)年、東寺の訴訟で、半済給人を退ける奉書が与えられるが、代官朝賢は半済方と語らい、荘を押えようとしたといわれて罷免。乾嘉がこれにかわる。半済はもとより変らない(後述)。

一四一五(応永二十二)年、守護一色義貫の北畠満雅討伐のため、伊勢向の陣夫が賦課される(「東百」ツ一八―三四(二〇四)・三五―三八(二〇一・二一三・二一五))。

一四一八(応永二十五)年、百姓が狸穴を掘ったのを、守護代が、銭壺を掘ったのだとして、百姓を召し置く(「東寺古文零聚」三(東百ォ一二五))。

一四一九(応永二十六)年、守護方から徳銭を賦課(「東寺古文零聚」三(東百ォ一二七))。


これらの一連の事実の中で、とくに目につくのは、代官の非法とその罷免が、比較的しばしばみられる点と、守護方からの賦課が、代官等の富裕な人々に対する「徳銭」をはじめとして、次第に重くなりつつある点であろう。

前述したように、代官の地位は、年貢の収得・販売のかなめをにぎっていただけに、いわば忠実な「事務家」たることを望まれていた。教実は、一応その期待に答えたのであるが、彼の前後に現われる代官たち――多くは山伏――は、必らずしも、そこにとどまってはいなかった。もともと富裕な借上の系譜をひく彼等は、あるいは実際に収取した年貢と散用状面のそれとの差額を懐に入れ、あるいは隠田をする等、得分外の収入を得ていた。

そうして積んだ富を動かして、名主職等の所職をさらに集めることもできた。

だが、一旦その非法によって所職を失った時、年貢販売を中心とする貨幣流通の焦点にいただけに、彼等はかえって多額な負債に苦しむ場合もありえたであろう。それは、いよいよ活発の度を加えつつある貨幣流動の渦中にまきこまれた、所職所有者の分解の一様相にほかならないが、もとより公文や百姓たちの場合にしても、事態は同様だった。彼等もまた、負債によって所職を失う人と、逆にそれを得て富を積む人とに分解しつつあり、守護方から賦課されてくる負担の重みは、それに拍車を加えたであろう。

こうして、新たに「所職の世界」からはじき出された人々は、次第にその数をましつつあった。それがやがて一定の力にまでなり、それ自体動き出す時――その時こそ安定が崩れ停滞が破れる時である。ここではもはや、過去の歴史や因縁にたよることは、全く不可能だった。あからさまな貸借破棄――「徳政」こそが、そのスローガンとならねばならぬ。それは、なお「所職の世界」の自己回復運動たる一面を失ってはいない。しかしこの動きに応じ、あらゆる階層の人々が新たな意欲をもって動きはじめた時、「所職の世界」はついに最後の崩壊期に向って、すべりこんでゆかなくてはならなかった。

三　正長の徳政一揆――最後の検注

一四二三(応永三十)年、数十年の間、太良荘公文であった弁祐が死んだ。長い在職期間中、彼はいつも現地の事情を細々と寺家に書き送り、恒枝保との係争がおこった時は(一四〇六〈応永十三〉年)、祖父良厳・父禅勝と同様、「故実の状」を進めてこれに貢献したこともあった。その間には、一度、「隠田」を半済方代官から摘発されたことがあったが(一四〇八〈応永十五〉年)、そのほかには大過なくこの職をつとめ上げ、一四二〇(応永二十七)年にはそれを子息兵衛三郎政信にゆずり、天寿を全うして死んだのである。その意味で彼こそまさに半済下に安定したこの谷を象徴するような人物だったといってよかろう。

だが、晩年の弁祐の家計は、決して楽ではなかったようである。禅勝からうけついだ勧心名々主職(四分一名か?)・内御堂供僧職・公文職(給田五反内本所方給田二反半)等が、彼のもっていた所職だったが、そのうち供僧職を、彼は十年の本銭返の契約で他人に売らなくてはならなかった。のみならず、勧心名もまた、事実上彼の手をはなれ、代官朝賢のものになっていたようにみえる。さして積極的に自分のために動いたとはみえぬこの人だけに、貨幣流通の渦中で、彼は相伝の所職を失いつつあった。そのうえ不幸にも、彼のあとつぎの政信がまた、弁祐のあとを追うように、一四二五(応永三十二)年に死んでしまった。あとにのこされた後家は、一人、公文給の一部を自作して、かつがつ生活をたてなくてはならず、公文職は一時、空職にならざるを得なかった。この長い歴史をもつ公文一族の滅亡のあとを狙った人、それが前代官下野房朝賢(朝禅)だった。

朝賢は、一四〇四(応永十一)年、教実のあとをうけ、但馬房禅慶とならぶ一方代官となった人物で、教実と同様、やはり山伏だった。*補任の当初から、彼は公文弁祐と「所縁」ありと自らいっており、勧心名の一部(四分一名以上、小野寺との関係もあろう)をもっていたとみられるので、弁祐とは姻戚ないし貸借関係などでつながっていたのであろう。

*前述したように、小野寺別当に下総房朝賢という人がおり、これは別人であることは間違いないが、恐らく、そのあとをうけついだ人ではなかろうか。また越前国応神寺に一四四五(文安二)年に姿をみせる、権律師朝禅は、多分、彼その人ではなかろうか(「教護」一三八三号)。

一四〇七(応永十四)年、禅慶が百姓から排斥されて一方代官を罷免されると、朝賢はその跡をあわせ、領家・

地頭方一円の代官として、荘に臨むこととなった(以後、代官は一人が常態となる)。恐らく、彼自身は、小野寺をこの谷における居所としていたであろう。「時々大みねゑ入候て、るす」をしたり(一四一一〈応永十八〉年)、「風度他行」し、「熊野へ立」ってしまう(一四一二〈応永十九〉年)ことがあり、現地で事件があったりすると、弁祐は一人で困らされることがあった。そのころ、彼は通称を「北坊」といっている。

　彼は、守護方から五十貫文の徳銭を賦課されるような富裕さを備えており(一四〇九〈応永十六〉年)、内実はともあれ(この徳銭を十貫文弁じているが、寺家から免除の沙汰用途五貫文を求められると、「計会」といっている)、やはりかつての覚秀などと同様、金融面で主に活動する「有徳」な人だった。年貢銭をしきりに「割符」によって送っていることも、この面での彼の活動範囲を示しているように思われる。しかし、彼は決して「事務家」に甘んじられるような人物ではなかった。この谷にも、名を「三棟」(名主職の一単位を、このようによんだこともあった)集めており、隠田をしたとして、公文弁祐とともに半済方代官から摘発され、ようやく許されたこともあった(一四〇八〈応永十五〉年)。

　一四〇七(応永十四)年、半済方が「南禅寺すいうんあん」の「永代之所領」になろうとしたとき、「御一円の御沙汰」をするように、と彼は寺家にすすめているが、それに応じて寺家が訴訟をおこし、いざ沙汰用途を地下に求めてくると、一円が「治定の御時ならてハ、御百姓等ニ申付事、ゆめ〳〵あるましく候」(「東百」ツ三六―四九〈一〇五〉)といってこれを断るなど、なかなか駆引を使う人だったのである。弁祐はどうも朝賢にふりまわされ気味だったようで、かなりぬきさしならぬ関係が、朝賢との間にできていたようにみえる。

　ところが、一四一三(応永二十)年、寺家の一円沙汰は一応成功し、「当寺造営之時分」なるが故に被官人の半済をとどめ、一円雑掌に渡すべし、という幕府御教書が一色義範(貫)に下る(「東百」ノ一―八〈一五六〉)。寺家はそこで、あるいはこの沙汰に功があったのではないかと思われる供僧の一人、金蓮院杲淳に領家・地頭両方代官職(地下代官補任権をもつ所務職、あるいは給主代官職といってもよかろう)を与えるが、この時、朝賢は地下代官を罷免されてしまった(杲淳は、後年、荘の地下代官となる中尾弥五郎をまず荘に下したようである)。もとより、野心家の彼がそのまま引っ込むはずはない。朝賢は「守護方を相語い、折紙を取り御領を押え、御年貢を取り散し候はんと」したといわれ(「東百」ハ五〇―五九〔一五六〕)、寺家の一円沙汰で刺戟されている守護方にとり入り、逆にその一円支配下に荘を入れようとしたようにみえる(現実は、もとより半済の状態はかわらない)。だがそれはかえって彼の破局を招き、名主職を没収され、「領内を掃うべし」ということになってしまう。

その彼にかわり、一四一四(応永二十一)年から杲淳の下で代官になった人は、乾嘉。「嘉副寺」といわれ(「教護」一〇一一号)、相国寺の鹿苑院と関係があったかと思われる禅僧だった。(補注15) 例の「庄主」といわれる荘園請負人は、このような人をさすのであろう(禅僧の荘園経営に果たした、広範囲な役割は、このころの半済方代官が同様の人だったこととあわせ、注目すべき問題だと思われる)。

だが、およそ十年ほど続く乾嘉の代官期間中、朝賢はなおこの谷に隠然たる力をもって、反撃の機会を狙っていた。彼の跡の名主職は、その弟子北坊(「いまの北坊」とよばれ、彼の二代目である)が歎いて安堵されているが、もとよりその背後には朝賢がいたことは間違いなかろう。公文弁祐・政信のあいつぐ不幸は、そこにおこったのである。この機会を逃さじと、彼はさっそく上洛、寺家に対して公文職・内御堂供僧職・勧心名(四分一)等、弁祐の跡の所職を与えてほしい、と訴えてでる。弁祐をつぐものは、「所縁」ある自分をおいてはない、というのがその主張だったろう。しかし、朝賢は決して見通しなしにこの上洛をしたのではなかった。じつは、政信の死ぬ半年前、一四二四(応永三十一)年、朝賢を罷免した金蓮院杲淳にかわり、新たに金蓮院杲慶が代官職を与えられていたのである。当然、乾嘉の地位は不安定になるだろう。朝賢は、それを反撃の絶好の機会としてとらえたのだった。だが彼自身は、まえのことがあるだけに、すぐ代官になることを望むわけにはいかない。さし当たり自分の要求は、弁祐のあとをうけて公文になることだけで満足し、彼は友人栄賢を代官として推したようにみえる(栄賢はやはり、一四四五〈文安二〉年、越前国応神寺の僧として、権律師朝禅とならび、権律師栄賢とみえる人であろう)。

しかし、乾嘉に特別な失があったわけではない。朝賢と違って、きちんとした事務家だったと思われるこの人は、「御代官、守護方あいしらい、ねんごろに御座候間、御公事、先々よりは少減候」といわれ(「東寺古文零聚」三〔東百ォ一二七〕)、百姓たちからも支持をえていた。徳銭とか、狸穴の検知とかいろいろ事の多かったこのごろ、守護方からの賦課をある程度定量化しえたのは(前述)、恐らく乾嘉の力によるものだったろう。朝賢時代には全くみられぬ散用状が、この人の代になると年々、形式も整えられて作られているのも、単に史料の残存状態による、とだけいえぬものがあったように思われる。朝賢のつけ入る隙は、ほとんどなかったといわねばならぬが、時代はすでに、乾嘉のような人には不利な方向に動きはじめていた。

一四二六(応永三十三)年、多分、さきの杲慶の努力が実ったのであろう。再び「被官人の押妨を退け、一円、寺家雑掌に沙汰付けよ」という御教書が下るが(「東百」ノ一―八〔一八三〕)、事態は、到底それが実現できるようなものではなかった。この年、近江には馬借《ばしゃく》一揆がおこり、さらに翌年二七(応永三十四)年には、赤松満祐が播磨に退いて幕府に叛し、この国の守護一色義貫は、その討伐のための出陣を用意しなくてはならなかったのである。一円回復の御教書は、もとより遵行されなかったのみか、守護方に抑留されてしまい、逆に、兵糧米・陣夫が本所方にもあいついで賦課されてくる。百姓たちが、「江州之御陣、野伏人夫卅人分かけられ」、「名主御百姓并地頭方御百姓、昨日今日地下ニ在付候やうなるまうとまて、如此しんろう仕候、計会中々無是非候」といって、費用の年貢からの立用を要求したのは、まさしくこの時のことと思われるが、その申状にそえて、在陣があまりに「永々の事にて候間、少々百姓等、たいくつ仕候て、かけおちを仕候へきあてかいにて候」と、荘政所宛に書状を書いたのが、かの栄賢だったことに注意しなくてはならぬ(「東百」フ一―一六〔一二二一〕・一七―四〇〔一二一六〕)。この年の散用状は乾嘉によって作成され、二十五石の兵粮米と、陣夫入目五貫文が差しひかれており、このときの賦課の実情を示しているが(「白河本東百」百三十六〔東百ハ一五二・一五三〕)、その乾嘉とならんで――ないしはその代官という形で――、栄賢を現地にすべりこませることに、朝賢は成功していたのである。実際、このような状況になると、乾嘉のような人よりも、朝賢・栄賢のような人の方が頼りになる面が、百姓たちにとっても、あったのだろう。この年、恐らく半損を要求した百姓たちに対し、乾嘉が散用状に記したのは三分一損だった。

一四二八(正長元)年、周知の正長の土一揆は、そこにおこった。そのおこした波紋の範囲はけっして畿内だけにかぎらない。播磨国矢野荘でも周知の土一揆がおこり、丹波国大山荘でも百姓たちが政所を襲撃して焼き払うという一揆がおこっているが、若狭国のこの荘でも、道性入道(翌年の検注では、時沢半名々主職をもつ)を「ちやうきやう《(張行)》の本人」とする「四人百姓」が、徳政を求めて動き、「地下のさくらん《(錯乱)》、中〳〵無是非候」といわれている(「東百」し一〇―一二甲〔一二〇〇〕)。これこそ朝賢の思う壺だった。寺家への彼の働きかけはにわかに活発をきわめ、ついにこの年十二月、彼は公文職をはじめ内御堂供僧職・勧心名四分一等、すべての弁祐の所職を寺家から与えられた。だがこれは、それ自体「徳政」だった。なぜなら供僧職は弁祐が、勧心名の別の四分一は朝賢自身が人に売ったものであり、他の所職(公文職と勧心名四分一)も、弁祐のあと代官乾嘉が管理していたからである。とすれば道性を動かしていたのは彼朝賢だったことになろう。事実、彼はこの年、道性に勧心名四分一

（これがあるいは人に売ったそれか？）を与えており、栄賢もまた公然と代官を名のって登場した（「東百」ッ三五—三八（一九五））。しかし、ことは朝賢の筋書通りには運ばなかった。この「無法」に対し乾嘉もまた反撃にでる。俄然彼を支持する百姓たちは、朝賢に背いて「地下へ不可入よしにて、神水を仕」り「他国仕るべし」といい出す。乾嘉もまた、朝賢の非法をならべて東寺に訴えてでる。

二人の代官をそれぞれの中心にして、谷の百姓たちは真二つに分裂した。それは、翌一四二九（正長二）年に入ってもつづく。乾嘉を支える百姓たちは、丁度このころ半済方代官がかわった機会をとらえて一円回復を望み、寺家の気を引くとともに、半済方百姓をも味方に引き入れた。「本所半済地頭領家御百姓等」と署名した彼等の目安は、「当御代官（栄賢）かふうき《（風儀）》就諸事ニ候て無正躰候」といい、「先代官（朝賢）のちうけん《（中間）》、ちう《（昼）》夜ニ京いなか上下仕候、如何様の事をか、たくミ候らんと心もとなく候」とのべて、新代官上使の下向を望んでいるが（三月、「東百」し一〇—一二甲（二〇〇））、一方、代官栄賢も、「去年の如く又八人出候へ」と、守護又代官松山が折紙を入れてきたと、注進してくる（三月、「東百」ッ三五—三八（一九五））。

停滞はここに破られた。貨幣流通の発展に伴う所職所有者の分解は、ついにこの谷の百姓を二つに割って対立させるほどまで進んだのである。この錯乱を立て直し、所職の秩序を回復するために、寺家もまた、否応なく動き出さねばならなかった。

六月上使祐賢・新代官快光が任命され、検注——というより年貢確定の使命を帯びて現地に下る。谷では公文として朝賢がこれをまちうけ、上使・代官に協力、ここにじつに百年ぶりに、荘に対する検注が開始される。「寺社幷名主百姓等代次」のことが、「寺家補任の有無を糺明」して定められ、「名方庄《（ママ）》百姓等任料之事」がきまった上で、「百姓名寄、田数土貢等之事、春成夏麦秋成等之事」が、帳簿にのせられてゆく（「白河本東百」百三十七

表 18　室町期の名主職所有者の田畠保有

百姓名前	名	名田	名畠	領家方田	地頭方		田地計	畠地計	田畠計
					田	畠			
平大夫	宗安半名 真村¼名	反　歩 15.0025	7.　0		1.　0	1.270	16.0025	8.270	24.2725
道性	時沢半名	7.308	7.　0		1.　0		8.308	7.　0	15.308
平大夫	末武¼名	5.180	0.270		7.080	2.016	12.260	2.286	15.186
北坊	定国半名	10.130	2.095		075	120	10.205	2.215	13.060 (＋7.5升)
和泉大夫	助国¼名	6.125	1.　0	0.180	1.210		8.155	1.　0	9.155
介大夫	助国¼名	6.125	1.　0			0.150	6.125	1.150	7.275
大和大夫	末武¼名	5.180	270	1.　0			6.180	0.270	7.090
右近太郎	真村¼名	4.0025	2.　0				4.0025	2.　0	6.0025
右馬大夫	勧心¼名	4.150	1.　0				4.150	1.　0	5.150
公文方	勧心¼名	4.150	1.　0				4.150	1.　0	5.150

註　1429(正長 2)年 6 月，領家・地頭方名寄帳より作成．但し，これは本所方のみであり，半済方の田畠は全く考慮に入っていない．

2 町以上	1 人	(内 1 人名主職所有者)
2 町～1 町 5 反	2	(内 2 人　〃　)
1 町 5 反～1 町	1	(内 1 人　〃　)
1 町～5 反	9	(内 6 人　〃　)
5 反～1 反	14	
1 反以下	33	
帳はずれ	4	
計	64 人	(内 10 人名主職所有者)

（東百フ九五、ァ一七九、と九二）。

だが、所職の秩序にかわるべき原理は、もとよりそこにあったわけでなく、これは逆にその行き詰りを明らかに示す結果となった。検注は、半済下の荘の体制——それ自体、鎌倉後期の体制の連続にほかならぬ——を基本的に再確認し、ごく部分的にそれを修正、新たなものを加えたにとどまったのである（表18参照）。

(1) **領家方**　鎌倉後期の七名は、完全にそのまま維持され、すべてが田畠とも半済——半名であり、その多くがさらに半分（四分一）に分れており、分割は完全に機械的である。保一色も全く同様であって、ただ二十二筆に散田され、十三人の作人が作職をもっている。わずかに異なるのは、百八十歩の新開のみで、この検注が新たに加えたのはこれだけだった。

各名の田地には、河成を除き、分米と反別二十三文の修理替銭が義務づけられているが、助国名のみは請料銭一貫五百文(三貫文の半分)を出すことになっており、これまた、その額まで鎌倉後期の踏襲にほかならぬ。これが春成となり、各名畠に反別二百文の地子がかかり、半分宛、夏成・秋成とされる。

(2) 地頭方 これも鎌倉後期に完全につながる。その単位は、(A)馬上免、(B)二石代、(C)散田、(D)新開、(E)帳ハツレ、(F)尻高であるが、そのうち、(B)は二石佃、(C)は地頭田であり、(D)・(E)のみが、この検注で新たに加えられた。

田地には、分米のほかに、(A)(B)(C)には反別二十三文の修理替銭、(A)は反別百文、(C)は反別二百文の請料がかかる。これが春成になるが、畠地子は(A)が反別二百文、(C)が反別三百五十文、(D)が反別百文宛で、それを均分して夏成・秋成とし、(F)の栗代・炭木藁代が冬成となる。

領家方とちがい、ここでは、この単位はすでに地目でしかなく、散田され、多くの作人の名前がそこに見出せる。だがそれ自体、鎌倉後期の状態の連続以外のものではない。ただ、領家方より多少多い新開三反小四十歩と、田数の書き上げのない「帳ハツレ」分米六斗八升二合五勺が注じ出されたのが、新たな収穫だった。

これによって、領家・地頭両方の年貢公事の基準は、暦応の基準と比べて若干増加し、所職の秩序は、一まず回復されたとしてよいであろう。だが、その生命力の枯渇は、もはやおおうべくもなかった。

むしろ注意すべき点は、この旧い秩序の枠を通して、ついに新たな谷の秩序が姿をみせてきた点である。ここに名前をみせる百姓たちは、この荘に住むすべての人を示すものではなく、またその名前が書上げられた田地も、経営面積の実態を示すものではない。だがその名前の肩に書かれた、「太郎・ナルタキ・谷・西丸田・尻高・西山」等の小字名は、彼等の住む小谷を示しており、前述したように、そこにこそ、彼等の生活と生産に即した新たな組織が生れつつあったのだ（図10参照、二一八頁に前述）。その小集落の各々には「おとな」といわれる重立った百姓がいたと思われ（「教護」一五〇九号）、当然その人々が名主職を多くもっていたとしても、本質的に名の体制と異なる新たな地縁的村落の中心はすでに育ちつつあった。小谷のそれぞれの奥にある小さな寺社は、その小集落の精神的な中心となっていたであろう（従来、それのなかった鳴滝谷に、意足寺——現在の長英寺か？——が禅宗の寺としてできたのも、大分あとのことではあるが、こうした動きの中でのことであろう）。近世的農村はもう誕生していたのである。だがともあれ秩序を回復した所職の世界は、なお生きつづけることをやめない。むしろそれは最後の力をふりしぼり、最後の前進をなしとげようとする。この検注こそがそれであった。

この検注に当たって、東寺は乾嘉も栄賢も退け（政所屋家具について、先代官〈乾嘉か？〉にも不審な点があったといわれる）、新代官として快光（快幸）を補任した。この人は、寺辺に相伝の小名田をもつ人で（寺家公人か、被官人か明らかにしていない）、いずれにせよ、寺家に身ぢかなところにいる人だった。これ以後、寺家は、もう現地の山伏や、禅僧の庄主などを代官にせず、快光のような人——寺家公人か、寺家被官人しか補任しなくなる（東寺領では一般的にそういえる）。ある意味でこれは、荘の支配が寺家に引きつけられたことになり、支配が強化されたかのような錯覚もおこさせただろう。だがこうした代官は現地に時々下向するだけであり、年貢の収納売却に立ち合って散用状を書くことがその仕事だった。快光はそれに最適な人のようだったが、これによってかえって、現地は寺家から遠ざかったのである（和市の責任も代官からはなれ、公文の手にうつってゆく。公文の和市起請文がこのころから現われるのは、それを証している）。

恐らくこうした体制を各荘でととのえた東寺は、一四三四（永享六）年、将軍義教から、大山・矢野・太良の三荘について、課役免除・守護使不入の御判下知状をうけ、さらに翌年太良荘の「一円御教書」を求めて訴訟をおこしてゆく。義教《よしのり》の専制は、たしかに、このような東寺の荘支配強化に、有利な条件となったであろう。

太良荘でも、珍らしく平穏な日々が続いたようであるが、それは、まさしく嵐の前の静けさであった。一四三七(永享九)年、この荘に陣夫を求めてきた守護一色義貫は、このころ、大和で転戦していた。彼自身を滅ぼし、それを命じた将軍義教をも滅ぼす内乱の嵐は、もうすぐそこまできていたのである。

その間、山伏、権律師朝賢は、公文も罷免されていた。一四三一(永享三)年ごろ、半済方でも行なわれた検注の案内者になった、というのがその理由だった。その跡をうけたのは、彼を讒言したといわれる弟子北坊＝慶賢であった。停滞が破れるとともに、時代は再び——否、以前よりも一段としぶとい人間を生み出しつつあった(慶賢が、公文になったのは、正式には多少おくれ、一四三九〈永享十一〉年以前のことであろう)。

朝賢自身もまた、決して谷から離れ去ったのではない。一四三八(永享十)年、道性が願主となり、百姓たちの手で造営のなった山王宮(現在、日枝神社)の棟札に、彼は「右筆」として姿をみせる。だが、この谷における山伏の時代は、恐らく彼とともに去った、といえるであろう。

第二節　武田氏の支配

一　嘉吉の徳政一揆と享徳の牢人一揆

一四四〇(永享十二)年、「万人恐怖」の的だった将軍義教の疑いをうけ、若狭国守護一色義貫は、武田信栄に攻められて大和で滅ぶ。信栄は一色氏にかわって新守護として若狭国に入り、太良荘をめぐる事情はここに一変する。以後百年、この国を支配する武田氏の支配がはじまったのである。

だが、翌年、将軍義教は暗殺され、嘉吉の乱がおこる。停滞を権力によって支えようとした専制支配者をのりこえ、新たな時代の流れは大きくあふれはじめた。若狭国もこの年、戦乱にまきこまれたが(近江の朽木氏が、十一月三日、この国に発向している。一色氏の与党の動きであろう〈「朽木文書」〉)、その混乱も一応収まった一四四三(嘉吉三)年になると、太良荘を新たに支配する人々の姿も、はっきりわかってくる。半済分給人(給主職をもつ人)は山県下野守で、その代官として在荘したのは山内入道中欖。いずれも以後長くこの荘にかかわる人々である。この年の地頭方算用状は、翌年(文安元)寺家に送られ(代官は、恐らく岡弘経だったと思われる)、このころ、東寺はこの機会をとらえて、一円回復を実現しようとしていた。一色氏時代の慣行をつづけ、あわよくば一円支配も、と東寺は狙ったのだろうが、それが全く甘かったことは忽ち明らかになる。

この年、若狭国寺社本所領の代官職は、すべて得替、新守護方に付すということがいわれ、東寺は周章しなくてはならなかった。武田に「参仕」していたという宝厳院法印聖清が、しきりにここで動いて(この人は、少なくとも応永初年から若狭国三町一宇をもっていた宝厳院のあとの人であり、その関係もあってこのように動いたのである。三町一宇は、太良荘の一部であったと思われ〈恒枝保との係争地か?〉、応永初年、慶信という人がこれを預り、山川という人と争っている事実がしられる)、多少の曲折の上、宝厳院が守護方からの口入で代官職を与えられる形をとり、この年(一四四四〈文安元〉年)の末、ようやく供僧中宛に「当知行に任せ、直務を全うすべし」という御教書を与えられ、東寺の支配は保証された(「東百」フ一一―六〈一一〇〉、せ武家二九―六四〔「武家御教書并達」七五〕)。

正長以後、地下の人を代官とせず、「寺官」を毎秋くだして所務をする形にかえたことが、一応ここで幸いしたということができよう。宝厳院はそれを理由にして直務を願ったのであり、自らもまた、新たに岡弾正弘経を代官に採用する。弘経は下久世荘の地侍、のちに大山荘代官にもなった寺家被官人である。地侍がこのような方向にその活動の場面を見出していることは、それ自体、とくに注意しておく必要のある事実であろう。だが、寺社本所領代官職の守護方知行は、翌一四四五(文安二)年には、正式のこととなり、ここに、太良荘をめぐる情勢は、従来になくきびしいものになってきた。

その中で、のちに東寺修造の大勧進上人となる正覚院宝栄は、一四四二(嘉吉二)年のころ、太良荘に下っていたが、そこで、御影堂の鐘を鋳て寄進しよう、という大工六郎権守行信に出会う。この大工は、若狭国に一所ある「細工所」の一人の「大工」だったといわれるが、このころの谷には、こんな人も住んでいたのである。東寺の期待は大きく、二尺六寸の鐘をという注文だったが、そのためには他国の細工所・大工の力を借りねばならず、百貫余の銭がいるので、結局二尺の鐘を鋳ることになった(「東百」ヌ一—一二(二五九・二九五)、一三—二〇(二九二))。

そして一四四三(嘉吉三)年六月になって、ようやく鐘は完成、東寺に運ばれる。だが、その運送のための人夫の負担は太良荘の百姓等に命ぜられ、五十人の人夫をつけ、五貫文の運賃で今津までおくられた。百姓たちは当面、「惣として」この費用を「借り違え」、ともかく命に従ったが、寺家はそれを年貢から立用することを拒み、百姓たちは不満だった。

元来、この運送自体、宝栄の判断だと、よほど「堅く仰せ付け」られないと、百姓たちは承引しないような情勢であり、「京まで付け送れ」と山をかけて命ずれば、ようやく今津までは送るだろう、というほどの空気が当時の現地にはあったのである。

実際、百姓たちの懐工合も、全体としてつまってきていた。いままで様々の負担を、あるいは惣として、あるいは個々に、高利の銭を借りて処理していたのが、段々に累積したのであろう。いわば惣百姓そのものが、所職の世界からはじき出される可能性もでてきたのであるが、それを打開する道はすでに多くの前例が示していた。嘉吉の徳政一揆は、若狭国でもおこっていたのである。

霜月、宝蔵御造営米——御奉加借米の調達に下った代官岡弘経に対し、地下人はいう。

徳政事ハ、日本国平きんに行候。取わけ当国事ハ、なにと様なる借物にても候へ、さた申へからす候由、つちいっき置定候間、引かけ一大事候、沙汰申始候ハヽ、此庄之難儀にて候(「東百」ヌ一―一二〔一九三〕)。

京都ニハさやうニ御座候共、田舎の大法者、神社仏物ときらわす、徳政ニやふり候、此御米ニかきり候て、沙汰仕候ハヽ、又とくせいをあらたむるニて候、さやうニ候ハヽ、御願もわつらい候ハんと存候(「東百」ッ三五―三八〔一一七七〕)。

彼等は徳政を口実に、奉加借米を堅く拒否し去ったのである。だがすでに「土一揆の置定」、「田舎の大法」がここに生れ、京都の法を全く無視した事実を、われわれは注目しておかねばならぬ。「田舎」はすでに所職の世界を離れようとしている。それをなんとか確保するため、東寺もまたいやが応でも動かねばならなかった。(補注16)

一四四九(宝徳元)年は、義政が将軍に就任、畠山持国が管領になった年だった。その機会をとらえ、東寺は山城国の久世上下・植松・東西九条・巷所《こうしょ》等の諸荘、矢野・大山・太良の三荘について、守護使入部停止と安堵とを請い、十二月、「惣安堵御教書」を得る(「東百」せ武家六五―九七〔「武家御教書并達」七七〕)。この御教書は、翌年、守護武田信賢を通じ、守護代内藤筑前入道昌庵から粟屋右京丞を経て、給人山県・代官山内に伝達されてゆく。その経過からみても明らかなように、東寺は守護使不入の実現のために、なみなみならぬ力をいれていた。だがそれだけに、各方面への一献銭は多額にのぼり、太良荘の百姓たちには、四十二貫文という尨大な「不入方御一献」が臨時に賦課されてくる。当時の百姓にとって、これは随分重い負担だったに違いない。しかし、その賦課に当たっても、東寺のとり立ては強硬だった。「地下計会」の事情をのべた度々の詫事によって、十貫文は免除されたが、この年の末までに百姓たちは二十貫文を進上、残る十二貫については、翌年(一四五一〈宝徳三〉年)、「五文字の利平を加え」、奔走して送るという請文(寺家に対する借書)を書かされたのである(「東百」ハ五〇—五九〈二四二〉)。たしかにそこには、現地をしっかり支配下におこうとする東寺の積極的な姿勢がうかがわれた。もしもそれによって守護からの賦課が本当になくなるならという期待は百姓にもあった。彼等がともかく二十貫文を進上したのはその点に期待をかけたからだった。

東寺の意欲的な態度は、現地の百姓たちの間におこった訴訟に対しても現われる。当時(一四五〇〈宝徳二〉)、助国名々主和泉大夫道心は、半済方代官山内入道と対立していた。そのことのおこりは、百姓間の貸借・土地の質入にあった(和泉大夫は、泉大夫とも書き、十念ともいわれていたようである)。一四四八(文安五)年、半済方居住の百姓介大夫は、同じ半済方百姓太郎大夫に、米二石・銭八百四十文を貸した質物に田地一反をとっておいたが、太郎大夫が一貫文しか返さないので、この田地をおさえ、知行下にいれようとした。ところが和泉大夫は、この田地は前に太郎大夫に貸した三貫文の質物に自分がとったものだとして、その権利を主張したのである(「東百」ハ五〇—五九〈二四一〉)。

訴訟は介大夫によって半済方代官のもとにもちこまれ、山内入道は、「公方之御下地を謀書仕候て、永主ニ成候ハん」としたといって、和泉大夫を「堅せっかん」したといわれる(「東百」ハ二一—三五〈四一〇〉)。あるいはここで、彼の家内の追捕などのこともおこったのかもしれぬ(一四五〇〈宝徳二〉年七月、表14、家内注文参照)。

だが和泉大夫は本所方代官岡弘経と懇だったので、岡を通じて寺家に訴訟をもちこむが、これにたいし、寺家側では、太郎大夫・介大夫を召喚するという、積極的介入を試みたのである。荘が半済されて以来、これはかつてない積極的態度だったといわねばならぬ。百姓たちを寺家の下に掌握しようとする態度がそこにしめされたのだ。当然、山内入道はこれに強く抗議する。半済方に「居住之御百姓」を「召上らるべき事、更々心得申さず候」(「東百」ハ二一―三五(四一〇))。にわかにここで、百姓の帰属が問題化してくる。それが、「居住」の如何によってきめられようとしている点、注目しなくてはならないが(従来からも、半済方百姓と本所方百姓は、このような原則で分かれていたとみてよいであろうが、ただ、現実の生活は、両者共同で行なわれていたと思われ、このように鋭く問題になったことはなかった)、俄然ここに、守護方と本所方との関係は、和泉大夫をめぐって緊張してきた。その間にはさまって、百姓たちも苦境に追いこまれてゆく。借書を出してしまった不入方一献銭の催促は、一四五一(宝徳三)年の夏をすぎてもなおきびしい。残る十貫文に加え、寺家は利足をも容赦なくとり立てようとしてくる(注意すべき点は、このころ半済方代官が本所方の土地、保一色五反半を手作しており、その分にかかる一献銭四百五十八文は、「京都闇得難儀候」と代官がいうので、出さないと百姓がいっていることである)。

一方、守護方からの賦課は、寺家の不入強行に対する報復的意図をこめて、いよいよきびしい。上下宮神事の人夫を、「使をあまた付」けて催促、やむなく五人出しても、なお「此間未進ニ悉かり立候ハん」という有様で、「此人夫を出候ハす者、本所御百姓、一人も守護方の地をふますましき由、評定」したといわれる。この小さな谷間で、これを本当にきびしくやられたら大変なことであり、そうでなくても、「一日も小浜(守護領)へ出入仕候ハてハかなわぬ在所」。前に実際、天竜寺領で同じようなことがあり、百姓が反抗したのに対し、「守護方の地に関をすゑられ候て、四五十日被留候也。御百姓手をすり候て、守護しんたい《(進退)》ニ成候」という実例がある。いまは、「先、国をつくのい候上にて、しかと御定候て、後々莵角被申候ハぬやうニ、御さたあるへく候」。

もともと、

御不入事ハ、半済方にもそむく事にて候、今ハ御百姓身持大事候、半済方よりも、縦不入ニ成候共、公事者以前ニ相替ましき由、京都《(守護)》より被仰下候間、其分にてあるへき由、連ゝ被仰候。内ゝ其儀にて候間、地下内にてさのミそむき申候ハん事、御百姓の難儀候。

たしかに「当代《(武田)》のあいしらい、先《(一色)》ニ相替候」といえるであろう。

その上、この年、

田舎者、事外長つゆにて、秋中はふりくらし候、いまた二日三日とも晴やらす候て、計会仕候、結句、去月晦日之大風、けしからす吹候て、晩田者、半損ニ過候。又犬しゝ《(猪)》以外多候て、畠物其外沢田なとハ手付なく候、はや洪田へおり候て、ふミしたき、くいそんさかし候、言語道断なる式にて候、更ゝ迫ゐす候(「東百」ぬ五二号〔一〇六〕)。

という状態で、「御下地なと、事之外しほれ候て、未得苅候」。だから当面、不入方一献は十貫文だけにして、利足は勘免してくれ、というのが百姓たちの要求だった。

いつになく、百姓等の申状はリアルに谷の実情を報じている。情勢のきびしさは、まさにこの点に如実に現われていた。もとよりこれは単なる愁訴ではない。「御百姓、大事ニなり候ハぬやうニ御さた候ハヽ、御目出度候、今ハ御百姓身持大事候」。自分たちを「大事」にすることが、寺家のためにもなるのだ、と彼等は寺家に迫っている。一見、居直った強い発言ともいえるが、しかしこれは、やはり寺家の「御百姓」という立場によりかかったものの言い方であり、けっして真に自らの足で立った人々の主張とはいえない。鎌倉末期、得宗の権威によりかかって損亡をいいたてた祖先たち、寺家「末代御器」といって一味神水した南北朝期の百姓たち。その思考様式から、百年以上の年月を経たいまもなお、百姓たちは解放されていないのだ。ここに思想の長い停滞のあることを、われわれは、少なくとも一面の事実として、認めないわけにはいかぬ。

だが他面、この申状のリアルさそのものが示しているように、もはやこうしたもたれかかった百姓たちの立場を許さぬ状況は、刻々と迫りつつあった。寺家も、守護も、それ自身の立場を固めるため、次第に真剣になりつつあった。百姓たち自らの前進がつくり出したこの状況に、彼等が真正面から立向わねばならぬ日は近いのだ。

この年(一四五一〈宝徳三〉年)十一月、寺家は諸荘とともに太良荘の安堵の綸旨を得て、さきの御教書をさらに補強(「東百」ミ一―八〔一〇八・一九〕)、一方、岡弾正弘経を退け、中尾弥五郎幸聡を新代官に補任する。中尾は岡と同様、下久世荘と寺辺に、一町一反小の田地をもつ寺家被官人、以前からこの荘に関係をもち、半済方代官山内入道とも多少交渉のあった点が買われたのであろう。*

*一四一三(応永二十)年、金蓮院杲淳が代官職となった時、地頭・領家方の年貢を請負った人に、弥五郎という人がおり、一四五〇〈宝徳二〉年、山内入道の抗議の書状は、彼宛に出されていて、すでに知り合いだったらしくみえる。

守護方との関係を調整しつつも、なお不入を貫ぬこうとする寺家の態度が、そこに窺われるが、守護方は依然強硬だった。不入の御教書などあってなきが如く、「庭はきの夫」といって十五人夫を賦課してくる。その上百姓たちは、外宮縦殿段銭免除の一献銭を、さらに十貫文、寺家から賦課されねばならなかった(「東百」ハ一三―二〇〔二四三・四一三〕、五〇―五九〔四一四〕)。

そして、一四五二(享徳元)年閏八月、守護所はにわかに和泉大夫父子を小浜に召し出し、これを斬った(「東百」

ハ二一―三五)。と同時に、和泉大夫の住宅は追捕、資財・雑具を運び取られ、九月に入ると半済方代官は、人夫を本所方百姓の家別にかけ、「泉大夫下地」を急いで苅れ、と「本所半済之おとな」たちに命じてくる。のみならず、本所方の竹を伐り、それを「本所之人夫」で小浜に運ばせたのである(「教護」一五〇九号)。守護方自体、すでに臨戦態勢に入っていた。もとより不入の御教書などけしとび、寺家は供僧等連署、「大訴」して、守護方による所務職押領を「公方様」に訴えねばならなかった(「東百」ニ一八八―二〇一〈五八〉)。

だがそれは、この年から翌年にかけ、若狭国に蜂起した牢人一揆のはしりだった。和泉大夫は徳政を企てて牢人を引き入れようとした、として斬られたのであり(「東百」ハ五〇―五九〈二五四〉)、守護方の臨戦態勢は、おこりつつあった一揆に対してとられたのだった。牢人――その実態は明らかでないが、その名からみて、やはり所職の世界からはじき出された人々として間違いあるまい。一色氏の守護職改替、武田氏による代官職の全面的没収は、この国に、代官職を奪われた多くの「牢人」たちを生み出していたに違いない。その中には、この国土着の国人もいたであろう。この一揆は、当面、きびしさをましてきた武田氏の支配に対する、彼等の反撃だったと思われる。しかしその要求を、彼等が「徳政」と表現し、和泉大夫のような地下のおとな百姓(彼の財産目録は表14参照)とも結ぼうとしている点こそ注意されなくてはならぬ。すでに「置定」・「大法」をすらもった土一揆と、牢人一揆とが結びつく可能性がそこにみえている。所職の世界からの疎外者たちの反撃は、かつての悪党や国一揆をはるかにこえて、いよいよ大規模に、いよいよ組織的になろうとしている、といわなくてはならぬ。だが、和泉大夫たち(平大夫という人も、彼と行動を共にしており、公文慶賢がいち早く、荘から姿を消しているのも、これと無関係なことではあるまい)は、なお地下では孤立していた。百姓たちの中には、彼等を、寺家に敵対するものの張本とみる人々が、多かったようである(「教護」一五一〇号)。その可能性は実現せず、牢人一揆は孤立していった。彼等は、翌一四五三(享徳二)年の暮まで蜂起をつづけ、北方から近江に攻め入る形勢を示し、近江の朽木氏も、その鎮圧のため若狭に陣をとっている(「朽木文書乾」)。

しかしもうそのころまでには、太良荘は寺家の手にもどり、事態は平静に復していた。牢人一揆は敗北し去ったのであろう。

二　中尾弥五郎——寺家の一味同心

一四五二(享徳元)年から、荘には新たな公文包枝二郎左衛門清兼が現われる。恐らく一揆となにかのかかわりのあった慶賢とかわり、新たに補任されたのだろうが、この人は、守護方ともかなり深い関係をもつ(あるいは被官人か?)この辺の地侍だった。*

*鎌倉時代、建久以来の御家人に包枝太郎頼時がおり、一二七三(文永十)年、田文作成の御教書を、守護代渋谷小馬十郎恒重(経重)からうけ、これを郡郷荘保政所に伝達した包枝進士太郎入道光全という人があり、その流れをはるかにくんでいる人であろう。

守護方と交渉のある新代官中尾・新公文清兼の下、役夫工米・反銭の賦課はあったが、比較的平穏な年がつづく。だが、この小康はごく短かかった。

一四五五(康正元)年、畠山弥三郎政長は、「紀州当国《河内》牢人等」・「和州泉州近国之軍勢幷悪党等」を相語らい、河内国に乱入、同衛門佐義就は綸旨御旗をうけて、「凶徒退治」のために発向する(「長禄寛正記」)。

やがて応仁の大乱となって爆発する戦いがここに始まったが、それは若狭のこの荘にも、すぐにはね返ってくる。守護方からの陣夫動員・兵粮米賦課が開始され、公文清兼は給人山県下野守のもとに召しおかれてしまう(「東百」し四―五(一二三一))。

やがて、七月末、守護武田信賢自ら国に下向。在々所々の代官はみなこれをまちうけ、「御礼」をするという事態にまでなってきた（「東百」ハ一三―二〇〔三八一〕）。守護方はこのように戦乱に備え、現地をいよいよきびしくおさえようとしているのに、太良荘には寺家代官すらいないのだ。

百姓たちは、しきりに中尾の下向を要求しはじめる。都市の人々をよび返そうとする、農村の声は、否応なしに高まってきた（これは、この荘のみではない。新見荘等、一般的にみられる現象である）。

御代官、御下向候て御あいしらい御申候へく候（「東百」し四―五〔二三一〕）。

返々御代官様をは憑申候処ニ、御無沙汰候て無御申候間、かやうに延々と候哉……此御左右により候て、陣夫を留申候て、可歎申候（「東百」ハ二一―三五〔二七九〕）。

代官がいなくては、守護方との免除の交渉すらできないではないか。そのうえ、「尻高之御百姓」（尻高は、荘内の小字、やや特殊な地帯だったようにみえる〔校注二四〕）は陣夫を勤めようとしない。それを糺明してくれぬなら、「惣庄之御公事を打留候て、可歎申候」（「東百」ハ二一―三五〔二七九〕）。これに応じて中尾が下向した十一月には、今度は、借銭三十貫文が守護方からかかる。半済方代官山内によれば、「これは当年申かけ候て、毎年借用可申」き意図であり、「かやうに手を入そめ候て、御寺領をおとし候ハんくわたて」という人もある。中尾は、このきびしい状勢を注進し（「東百」ハ三六―四九〔四〇六〕）、寺家よりの訴訟を促すとともに、陣夫費用二十三貫文余の半分を年貢から立用することをとりきめて、一まず帰京した。

この時の報告で、中尾が「米の価が安いから年貢は売らぬ方がよい。現米を送ると運賃が九分賃で大変損だ」というので、寺家もそれを信じて年貢米売却をひかえた。ところが翌一四五六（康正二）年、真村名をめぐる訴訟で上京してきた百姓宗音によると、運賃は六分賃だし、和市も高いという。俄然、中尾の処置が疑われ、上使乗琳(栄俊)が下向、米を売ったところ、宗音の言と一致する。着服の事実は明らかだった。のみならず年貢銭を京に送ってひそかに私用したとか、政所屋三郎右近も三斗の年貢をだましとられたとか、算用状の和市も実際より安かったという事実も、つぎつぎに明らかになる(「東百」エ一〇―二四〔一八四〕、ハ一三―二〇〔二八三〕)。もちろん代官は更迭である。当面寺家は二人の上使を(乗観祐成・乗琳栄俊)下し、現地の実状を注進させる一方、新代官には、境内に住む勾当讃岐定増を補任した。この混乱に乗ずるかのように、守護方からの賦課は連続的にかかってくる。

この年は春に借銭がかかり、夏には京済の慣行だった内裏料段銭が国でもとられる。翌一四五七(康正三)年にも屋形上洛御礼という要銭二十貫文がかかり、十貫文にへらしてもらって「御屋形《(守護)》様御内喜阿弥陀仏」から八文子の高利で借用。ようやくすませたと思うと、今度は「御百姓中器用ニ申懸」ける、といって、馬上三騎・上下十四、五人の使が入り、地下中から五貫・十貫とせめとる。さらに南北朝期のころの公事、「預所方百日房仕」をこと新らしくもち出し、五十貫文も賦課。やっとのことで十貫文までへらす、という有様だった(「東百」ハ二一―三五〔三九四〕、フ四一―五三〔一九三〕)。「田舎のつまり」、「地下の計会」の中で、代官下向を求める百姓たちの声は、いよいよ強く、いよいよ高くなってくる。

いかやうの御使を御付候共、百姓等之事ハちくてんハ仕候共、公方の御あいしらいハ仕ましく候。人をも御下候ハて、自然国方御とかめなと候ハん時、御百姓等の緩怠と仰らるましく候。……地下ニ御代官をおすへ候ハすハ、成物なとをも、為地下取立進上申事あるましく候(三月十二日、「東百」ハ一―一二〔二九八〕)。

御代官之御座候ハねハ、諸事に地下を御あなつり候間、何事の御佗言も不立候。いかにも御領をつよく御知行候ハんために申上候(六月、「東百」フ四一―五三〔一九三〕)。

此条々……悉御扶持候ハすハ、御下向候共、乍恐御年貢等一粒もさた申ましく候（九月廿九日、「東百」ハ一三―二〇〔三九四〕）。

これだけいわれて、ようやく下向した定増は、半損・三分二損などという激しい損免要求に迎えられ、「上使を下してほしい」と悲鳴をあげるほかなかった。その上、孤立した彼は、宿所とした政所屋の三郎右近に頼るほかなく、その言いなりになって、右近の都合いいように、百姓間の訴訟を裁決してしまう。ほうほうの態で帰京した定増は、以後、よく現地へ下向しようとしなかった。「御領をつよく」知行するためには、もう、単なる事務家などではどうにもならないのだ。

これをみて、中尾弥五郎は代官職を回復せんと策動をはじめる。彼を被官として従える供僧の一人、宝泉院快寿はこれを支持したようで、地頭・領家方供僧たちは連署の起請をして、その動きを封じなくてはならなかった（「東百」ヱ一〇―二四〔一八四〕）。だが弥五郎は現地に直接働きかける。定増を不満とする百姓たちは、その策動のよい対象となったろうが、のみならず、彼は守護被官を通じて、武田に口入を頼むにいたった。

一四五九（長禄三）年、「国之物忩以外」という事態がおこり、城郭の構築のための竹木と人夫が荘に賦課、「国中、以外のさわき」になってきた（「東百」し八〔一九九〕。これは、越前国における、甲斐氏をめぐる戦いによるものであろう。永原慶二氏の御教示による）。それとともに、百姓等の注進も、寺家にとってきわめて「物忩」なものになってくる。

これ程の大儀にて候ニ、御下向まてハ候ハす共、御中間を一人被下候て、国の時宜いかやうに候やと蒙仰候ハす候。口惜次第ニて候。たとい、御百姓をハ人とおほしめされ候ハす共、上様を大事に思召、御領を御領とおほしめし候ハゝ、かやうの御ふそくハあるましく候哉、返々無面目次第にて候、これほとにおもわれ申候てハ、已後とても、中々無申事候間、御下向候共、御目にかゝり申事、努々あるましく候（「東百」ハ二一―

三五〔三八一二〕)。
といった百姓等は、中尾を名指しで新代官に要求した。もとより寺家は拒否するが、百姓はさらに定増の当を失した処置をあげて、「惣庄一身同心ニ誓文を仕」り、神水して、「当御代官之事者、努々叶申ましく候。縦御承引候ハて、御下向候共、惣庄悉乞食を可仕候」とまで言い切ったのである(「東百」ハ一一—一二〔三一二〕)。この動きにのって、中尾はついに公然と、自ら守護被官として、守護口入をうけて代官職を要求、宝泉院快寿もこれを擁護する。寺家被官人のみならず、供僧も寺家を裏切ったのだ。東寺は寺をあげての大騒ぎとなった。供僧をはじめ、中綱・聖・夏衆《げしゅう》・公人・門指《かどさし》等、全寺官たちは一々起請して一味同心。宝泉院と義絶、一切かの坊に出入・経廻せぬこと、私用でも音信せぬこと、弥五郎と音信・参会せぬことを誓い合う一方、幕府・守護に訴訟する。まさに前代未聞のこの騒動は、東寺そのものが崩壊の道に足をふみこんだことを、如実に示したといえるであろう。

だが、東寺は力をふりしぼってそこからの脱出を試みる。この年(一四五九〈長禄三〉年)の暮、太良荘をふくむ諸荘について、段銭臨時課役免除・守護使不入の御判下知状を将軍義政からかちえ(「東百」ホ三九—五四〔一〇六〕)、翌一四六〇(長禄四)年には、太良荘半済預所職——すでに全く東寺の手を離れたこの所職が、五十ケ年、年貢を半分渡すという契約で、大弐法橋寿快に渡され、その回復の訴訟が行なわれる。仰々しい契約状と請文が書かれた末、得られた成果は、ただ一片の奉行人奉書にすぎなかったが、これは、あくまで荘を確保しようという、寺家の意志表示にほかならなかった(「東百」ア二一一—三五〔一三六—一三九〕)。現地には、騎馬以下数十人の使を以てする守護方用銭がかかり、三分二損を要求する百姓の起請文も送られてくるが、代官はなかなか決まらず、ようやく十月、納所法橋乗珍(植松荘、寺辺水田に作職をもつ公人中の寺官)が補任され、収拾の萌しがみえてくる。そして、一四六一(寛正二)年に入り、中尾(今は入道浄立)は「未来際を尽し、競望致すべからず」と起請、宝泉院も、彼を在所に入れぬこと、「洛中洛外在家等夜宿の儀、有るべからず」として、弥五郎を召放つ意志を明らかにし、事は一応収まった(「東百」セ二一―三七〔五一〕、セ二一―三五〔五一・五二〕)。

三　応仁の乱前夜

一四六〇(寛正元)年ごろから、太良荘の百姓は、隣の今富名の百姓と用排水相論をおこしていた。

当時、太良荘では、太良河等の下水を排水するため、埋樋(筒伏井)〔校注二五〕をつくり、荘内を流れる今富名の大井の下をくぐらせて流していた。もとは、この下水はそのまま今富の大井に流れ込んでいたが、文安年中の大地震で塘《つつみ》が高くなり、排水不能・水損の状態になったため、半済方代官山内入道が費用を出し、この筒伏井を埋めて、排水できるようにしたのだといわれる(「東百」ハ五〇―五九〔三二六・三三八〕)。

相論のおこりは、今富名側がこの埋樋の水で田地が水損するとして、樋の口を塞いだことにあり、太良荘側は、これでは下水の行き場所がなく、同様に水損する(洪田の部分)といって訴えたのだった。争いは長く続き、果てなかったが、この相論は注目すべき事実をわれわれに教えている(図10・11、口絵2参照)。この埋樋による排水の方法は近世をこえて現在もなお行なわれているが、その起点が「文安年中」に見出され、しかもそこに半済方代官山内の貢献があったという点、まず注目されねばならぬ。太良荘側では否定しているが、今富側ではもとは大沼だったところに田地ができたといっており、そこに新たな安定度の高い田地が生れる可能性はこの方法によってひらかれたとしてよいであろう。自ら手作を行ない、現地に新たな根を下しはじめた半済方代官は、このような面でも、百姓たちの生活と生産の発展に一定の寄与をしているので、ある意味では、田地開発の面での中世的停滞はすでに破られつつあった、といわねばならぬ。と同時に、このような埋樋の管理・用排水の利用を通じて、百姓たちの生産に結びついた地縁的結合が、いよいよ強まったであろうことも、見逃すことはできない。同じ太良荘百姓等といわれても、この相論を争った主体は、むしろ近世の村に近づいた彼等の結合であり、相論を通じて、ますますそれは固まっていったと思われる。

もはや、寺家の支配が存続しうる条件はなかったといわねばならぬ。中尾弥五郎のような人すら使いこなせず、境内に住む寺官しか代官に任命できぬような東寺が、すでに百姓等の要求に答え現地の生産に密着しはじめた代官をもつ守護にかなうはずはないのだ。

だが東寺とてもそれに気づいていた。だからこそ、一四六一(寛正二)年以来、東寺はこの埋樋の問題をとり上げ、何度も守護領今富名の不法を訴えたのである(「東百」ハ五〇—五九〔三二六・三二八〕)。それは、谷の百姓たちを支配下にひきつけようとする、東寺の最後のあがきだった。

翌六二(寛正三)年に上使乗琳(栄俊)が下向し、百姓たちの憤懣の的だった尻高名の名主を新たに補任していることも(芝田太郎左衛門貞信という人。「白河本東百」八〔東百ノ三二〇／四〕)、また同様の努力の現われ

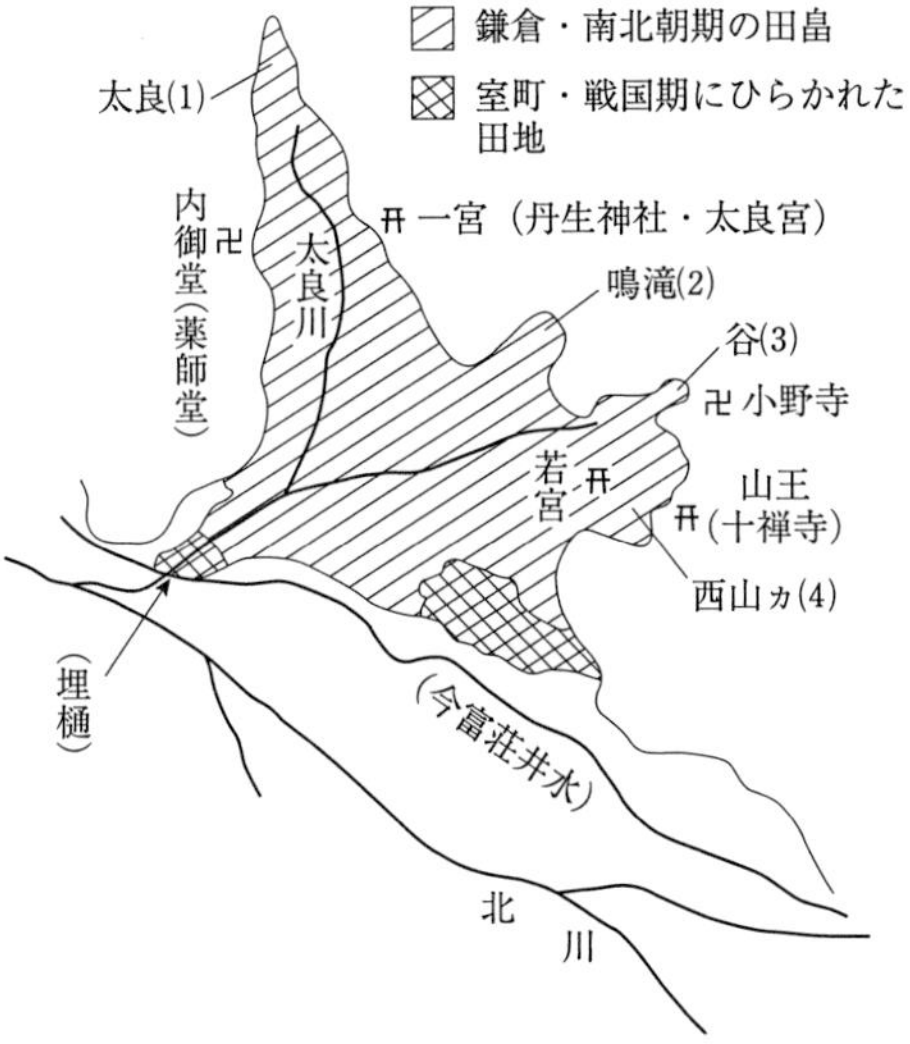

	1429年(正長2)	1588年(天正16)	現　在
(1)	太良	太良	太良
(2)	鳴滝	鳴滝	鳴滝
(3)	谷	谷	貞国
(4)	西山カ	宮のこし	日吉

図10　太良荘下水と今富庄井口 (1)

図11　太良荘下水と今富庄井口 (2)
左が北川，中央が太良荘の下水，右が現在は高塚，栗田といわれている，かつての今富庄への井水.

であろう。地侍清兼にかわり、六四(寛正五)年から、前公文慶賢が再び公文として姿をみせるのも、百姓とのつながりを回復しようとする試みの一つだったかもしれぬ。一時的な小康は、これで再びかちとることはできた。だがそれが最後だった。決定的な破局はついにやってきたのである。

一四六三(寛正四)年以来、山県下野守にかわって姿をみせる新給人山県黒法師は、寺家の免除要求を無視して、馬役・人夫役の賦課を強行する一方、本所方百姓にたいしても検断権を行使、谷の完全支配にむかって決定的な一歩をふみ出した(「東百」ハ三六―四九〔三三一〕)。一四六四(寛正五)年から翌年にかけ、さきに牢人一揆に加担した和泉大夫の子息泉大夫は、半済方の山の木を伐り売ったとして、守護方から闕所され、家を検封される(田地と山を人に売った彼が、買人との約束ありとして、この行動にでたのに対する処罰。「東百」ハ二一―三五〔三三九〕)。竹木を伐る人夫も動員され、まさに享徳の事態は再現されたのであるが、これを退ける力は、もう寺家にはなかった。その上、泉大夫の子供弥太郎がまた、六六(文正元)年に父の債権を請求し、左近大夫と論争をおこす。弥太郎は半済方に住み本所方の名をもち、左近大夫は本所方に住み半済方の名をもつ。すでに、「検断の事は、一円に半済方より御沙汰あるべし」(「東百」

ハ一—一二〔三六〇〕）といわれており、この訴訟は完全に半済方代官の手で行なわれていた。とすれば、どちらが敗れても、本所方の名か屋敷かが押えられることになる。百姓たちは、「後日の御とかめ」をうけぬようにと寺家に注進してくるが、寺家はただ事のおこらぬことを祈るのみだった。

すでにそのころ、京にいよいよ色こくなってきた戦雲は、この国をおしつつもうとしていた。この年（一四六六〈文正元〉年）、百姓たちが負った「去年中の臨時反銭」は、じつに六十余貫文にも及んだのである。陣夫・借用銭・免除の一献銭等が、積り積ってこれだけになったのだろう。これでは手のつけようもなく、公文慶賢は「如今者、御百姓等も、かうさくの了簡、努々あるましく候」といい、百姓等は、

> 庄下ニ御代官を御すへ候て、御百姓等之力ニも御なり候ハ丶、いかやうにも勘忍可申候、さ候ハすハ、一向ニ地下をあけ申すへく候（「東百」ハ五〇—五九〔三四四〕）。

と注進してくる。だが乗珍は下ろうとしなかった。やはり地下の要望に応じて、数年前、新見荘に代官として下った祐清は現地で命をおとしている（補注17）。寺官たちにとって、現地下向は粮物がかかるだけでなく、ときには命すらかけねばならぬことがあったのだ。強い力を求める農村の声に応える能力は、もはや東寺にはなかった。現地には、四月に用銭十五貫文余、七月には大嘗会《だいじょうえ》反銭免除の一献銭五貫文が賦課されてくる。前々からの負担五十貫文余がなお残り、あちこちからの借銭の「利平、いよいよ大儀」であり、「事の外、庄下つまり候」という有様。破綻はこの面からも迫っていた。

九月、

> 半済方より御けんたん之事、御本所方をもおしなへて可被召由被仰候、其外竹木等、御用のまゝ被切召候、人夫なとも如半済方めし候。

といわれ、「国中諸権門領をおさゑらるへきよし、被仰出候」と注進されてくる(「東百」ハ一三―二〇〔三九七〕、ナ一一―一四〔三一紙背〕)。迫り来る戦乱を前に、守護もまた態勢をととのえるために全力をあげはじめた。

そして十月、「世間物忩に成候て、道ふさかり候間」、地子も送れぬ。「徳政之儀ニより候て、国ハ更々しつまりゑす候」、「庄下、事外ニたいくつ」、「御代官、御下向候ハ、返〻公私御目出候」という、公文・百姓の各々の注進状が東寺に届けられる(「東百」ハ三六―四九〔三九九〕・五〇―五九〔三四七〕)。だが、それを最後として、現地からの声は全くとだえた。応仁の乱は、完全に、太良荘をのみこんでしまったのである。

終章　崩壊期の荘園

応仁の乱中、太良荘・大山荘・平野殿荘等は醍醐寺三宝院に預けられ、一四七八(文明十)年、京都の戦乱が収まるとともに東寺に返付された。諸荘に対する将軍義政の安堵が形の如く行なわれ、太良荘についても、下地を寺家雑掌に沙汰付けらるべし、という奉行人奉書が、守護武田信賢に宛ててくだされる。だが、荘は東寺の手には返らなかった。もちろん東寺はまだ諦めたわけではない。他の諸荘のなかには、細々とでも、なお年貢銭の送られてくる荘園は残っているのだ。将軍義稙《よしたね》の代に入った一四九〇(延徳二)年にも、義澄《よしずみ》の時の一四九六(明応五)年にも、諸荘と一括して、太良荘も幕府の安堵をうけている。多分、東寺内のこの荘に対する支配機構も、この前後までは、ともあれその形骸は残していただろうが、すべてはもう徒労でしかなかった。

東寺領太良荘の歴史は、これで終る。だが、いまや戦国大名として立つ若狭武田氏の領国支配下で、給人山県氏を「殿様」としていただきつつ、荘の機構は、なお百年の長きにわたってその生命を保ちつづけている。本所方・半済方の区別は依然として立てられ、「半済方助国名四分一」のごときかつての名も(一五二七〈大永七〉年、そのうちの一反が売買されている)、保一色・地頭田のごとき単位も、変ることなく存続している(「高鳥居文書」)。「公文包枝備後守」という人が、一五一七(永正十四)年にいたことも確認できる(「日枝神社棟札」)。すべては、ある意味で、全くもとのままだったのであり、武田氏の支配は、少なくとも、年貢・地子収取の基本的形式において、かつての東寺領時代の荘の体制を完全に踏襲していた、といわねばならない。だが、それはもはや、「所職

表 19　太良荘本所方指出(1551〈天文 20〉年)(高鳥甚兵衛氏所蔵文書)

区分	項目	数量	計	内訳		備考
米方	3名半本役	36.583石	55.783	引出物	27.95	3.95 地下之引出物 色々御下行／24.0 公事給 8 人分 百姓へ下行，人足給
	保一色本役	19.2		残	27.833	92.984（残・地頭田分・落下地）
	地頭田分				30.701	
	落下地				34.45	
	預所本役				16.28	半済方へ納所
銭方	高塚に在	200文	7.471	750 殿様の竹藪引		
	地子成銭	6.321貫				
	落下地地子	200				
	殿様の竹藪	750		6.721		
	地子成銭				8.980	半済方へ納所
	2 月段銭				14.109	内藤玄蕃へ納所
	8 月段銭				3.687	久村殿へ納所
	8 月段銭				15.0	中村大蔵へ納所
公事	永夫銭				18.0	陣・在京の時 2 人詰，飯米路銭
	国〻しめ夫				6.0	年中 20 人
	入木	月柴 30				
	正月礼銭	265				
	同上	一升かがみ 5 枚				
	小野寺より正月礼	100 茶 10 たい				

の秩序」とはいえぬであろう。公文職・名主職等の所職は、この間に、得分権としての意味を失い、消え去った。ただ、個々の作職に固定した負担が、そのまま維持され、それをとりまとめる単位として、名が存続していたのである。とすれば、ここではむしろ、百年の長きにわたって、百姓たちが、戦国大名武田氏の支配下で、負担をともあれ固定させたままになしえてきたことの意味こそが問われねばならない。もちろん、武田氏とても、すべてをそのままにしておいたのではない。一五五一(天文二十)年の本所方指出(表19参照)にみられるように、新たに開かれた田畠を、「落下地」として年貢地子を収取し、反銭を二月反銭・八月反銭と恒常化している点など、ふるい秩序をはみ出して、収取を強めようとする志向は明らかである。しかしその志向が、ついに、三名半本役・保一色本役・地頭田

分・預所本役・地子成銭等の中世的形式をうち破ることができなかった点こそ、注意されねばならぬ。なんら具体的にたどり得ぬとはいえ、そこにわれわれは、百姓たちの抵抗の百年のあとを見出すことができる。ここでは、かつての所職の秩序の遺産は、彼等の抵抗のよりどころとなったのである。

だが逆に、われわれは、彼等百姓たちが百年もの年月の間、それしか支えとなしえなかったことの意味も、また考えてみなくてはならぬ。この間、彼等自身、前進しなかったわけではない。谷の口に向って、田地の安定化と拡大は明らかに進んでおり(図12参照)、小谷の集落はすでに「村」とよばれ、四つの「村」から二人宛の乙名がでて、谷の生活を秩序づけていた(公事給として八人分が百姓に下行されている点に注意)。だがその生産と生活そのものから、所職の遺産にかわるべき新たな体制と思想を独自に生み出すことは、彼等もまたなしえなかったのである。

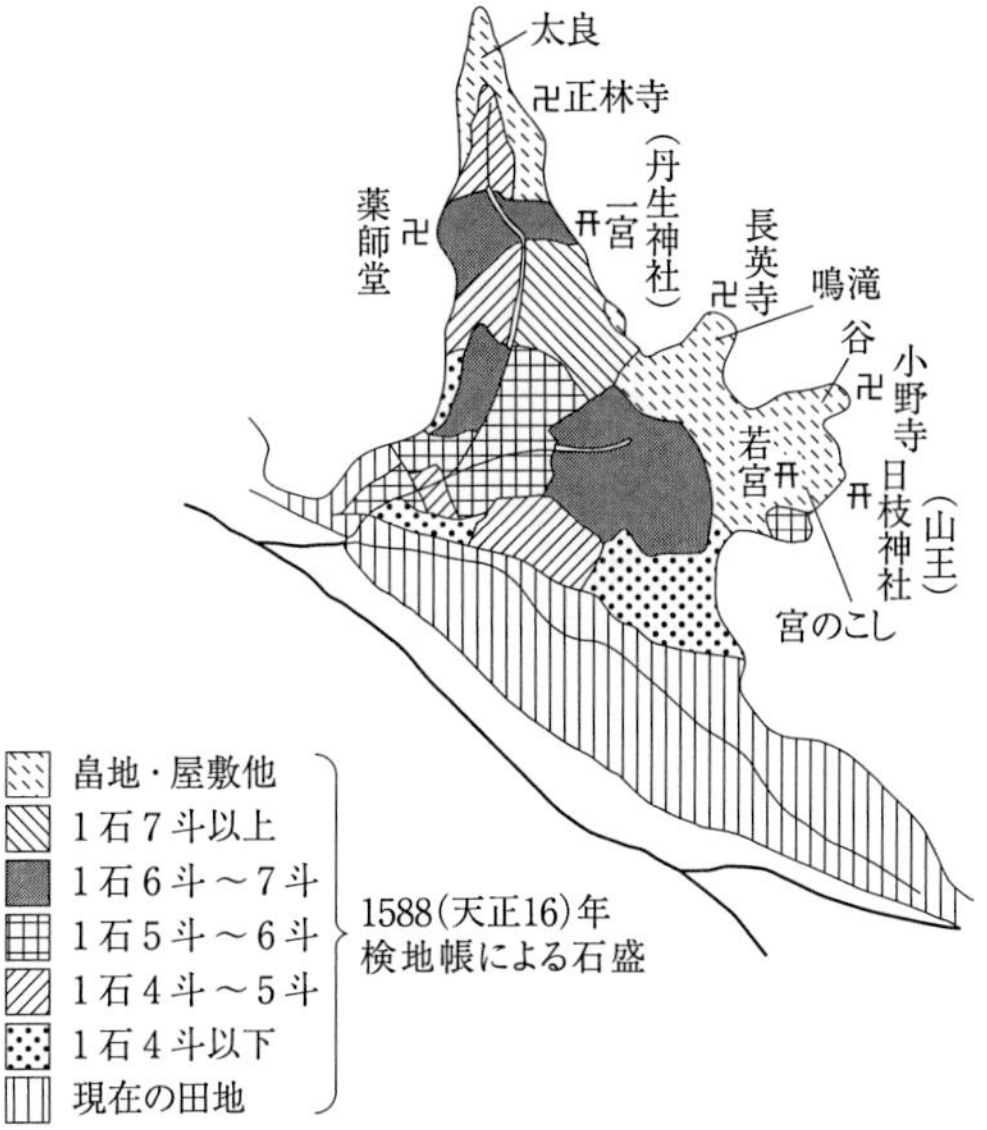

図12　太閤検地当時の太良荘

それはまた、別の意味で、この谷に一つの本拠をもち、自ら作職や竹やぶ等をもって谷の生活に密着しつつ、これを支配していた給人山県についてもいいうることだった。百姓等の生活の秩序に新たな独自な形を与えることを、ついに彼はなしえなかった。

図13　高鳥甚兵衛家の墓地

鳴滝谷にある高鳥甚兵衛家は，現在，太良荘における旧家であり，中世の古文書を蔵していた．それによると，同家は貞国名に古く関係し（南北朝期），あるいはその名主の系譜をひくのではないかと思われるが，室町期から戦国期にかけ末武名等をふくめ，急速に作職を集め，戦国期には「孫権守」と称し，荘の有力なおとな百姓であった．この谷の奥にある長英寺にも深い関係があると思われるが，同家の墓地は，その近くに独自に営まれている．

なお1588（天正16）年の検地では，「甚大夫」として現われ，圧倒的に多くの田畠を保有しており，1604（慶長9）年の日枝神社棟札には「大願主孫権守正清」として姿を現わす．

そして一五八八（天正十六）年、浅野長政によって行なわれた太閤検地は、太良荘における所職の秩序の生命を、完全に絶ち切った。それは、田畠七拾壱町五畝五歩、石高九百五十一石二斗九升七合の近世的農村、太良荘村の誕生であった。中世はその「自由」とともに滅び、専制的な幕藩体制がその歩みを開始する。それはまぎれもなく百姓たちの敗北である。しかしその上に立って、日本の社会が進歩をとげたことをわれわれは苦渋をかみしめつつ認めねばならぬ。

　日本の中世の百姓たちは、所職の世界の中に生き、その遺産にしか、彼等の「自由をまもる砦」を求め得なかった。そこには、いかに形が似ていようとも、村落共同体を抵抗のよりどころとなしえたといわれる西欧の農民たちとは異なる問題がある。日本の農民たちは、この点においてこそ、まぎれもなくアジアの農民だった。三百年の長きに及ぶ専制的支配の下に、農民たちが苦しまねばならなかった理由も、またここにある。だが、われわれは、この苦渋を誇りとかえねばならぬ。中世の農民の苦闘にこたえる責任は、それによってのみ果たされうるであろう。

表 20　天正検地当時の状況

畠作物内訳

	畝								
大　豆	348.19	あずき	10.10	あ　わ	6.　0	まめ・きひ	3.　0	荒　畠	153.　0
あ　さ	101.　1	あぶら木	10.　0	あ　い	5.20	な	1.25	畠	94.15
大豆・いも	73.25	大豆・ささけ	8.10	大豆・きひ	4.20	ごま・いも	1.10	新開畠	1.10
ささけ	46.25	い　も	7.25	そ　は	4.　0	あい・いも	0.25		
き　ひ	15.　5	ごま・ささけ	6.　0	小　豆	3.　0				

保有石高別農民構成

100石以上	1人	甚大夫　157.4685
50～100	1	喜平　82.074
40～ 50	3	弥右衛門　41.469　　徳右衛門　45.596 勝右衛門　41.6905
30～ 40	1	二郎左衛門　34.495
20～ 30	3	九郎右衛門　25.288　　宮下　24.714 治大夫　28.022
10～ 20	16	
5～ 10	18	
1～ 5	39	
1以下	41	
計	123	

田畠の構成

畝		畝		石	石
7105.5	田方分	5793.10	—	849.349	951.297
	畠方分	1149.10	—	85.03	
	居屋敷	162.15	—	16.918	

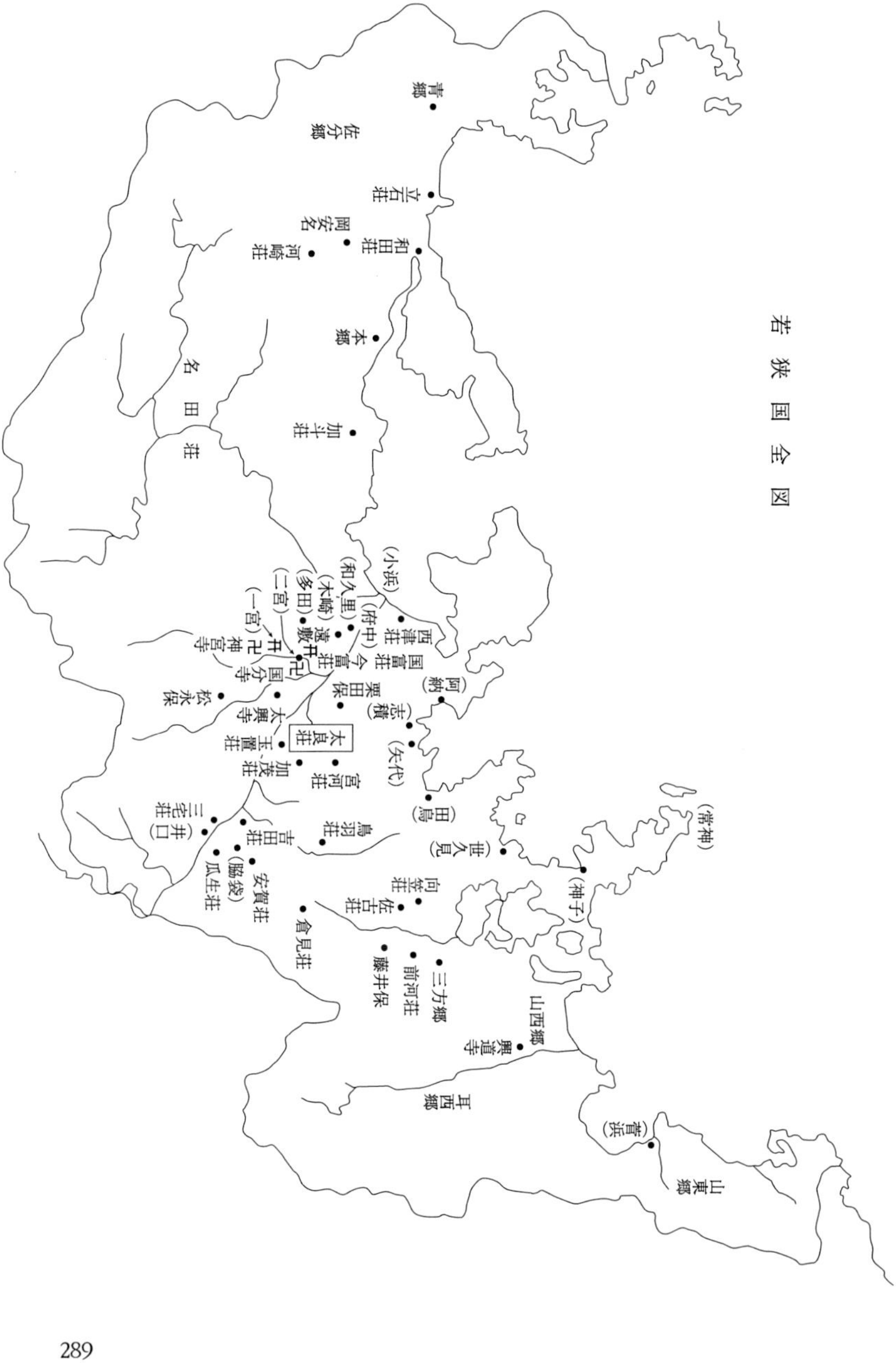

青郷
佐分郷
立石荘
岡安名
和田荘
河崎荘
本郷
名田荘
加斗荘
(小浜)
西津荘
(和久里)
(府中)
(木崎)
遠敷
(多田)
(二宮)
(一宮)
国富荘
今富荘
阿納
栗田保
志積
神宮寺
国分寺
松永保
太興寺
太良荘
玉置荘
(矢代)
宮河荘
加茂荘
田烏
鳥羽荘
三宅荘
(井口)
吉田荘
世久見
(常神)
(神子)
向笠荘
佐古荘
安賀荘
(脇袋)
瓜生荘
倉見荘
三方郷
前河荘
藤井保
山西郷
興道寺
耳西郷
(菅浜)
山東郷

若狭国全図

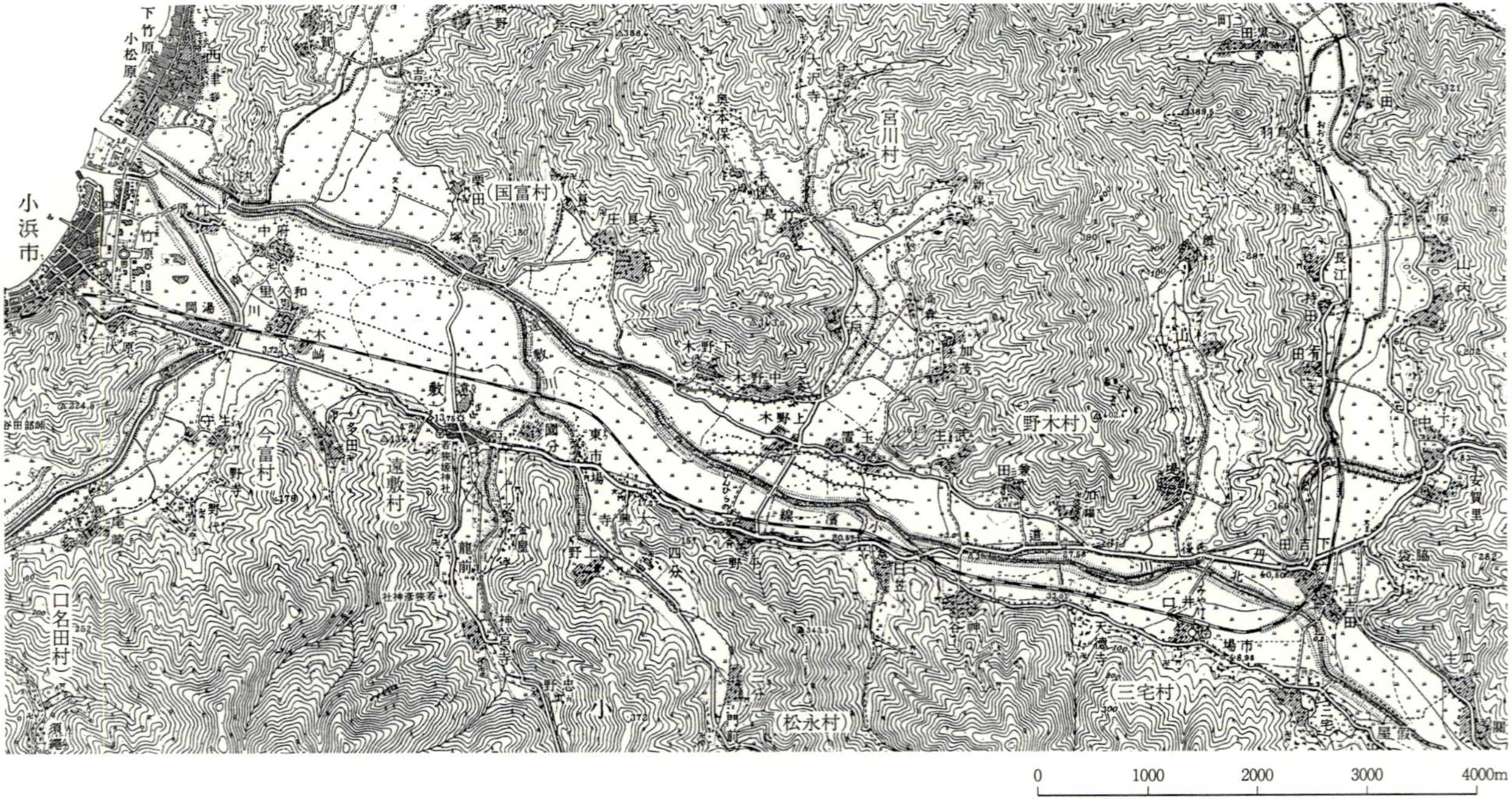

〔国土地理院５万分１図(「鋸崎」1957年,「西津」1959年,「熊川」1959年,「小浜」1962年)をもとに作成.〕

福井県遠敷郡主要部地図

参考史料・文献

ここで使用した太良荘の史料は、ほとんどすべて、

東寺百合文書（東京大学史料編纂所々蔵影写本による）

白河本東寺百合古文書（国会図書館所蔵）

教王護国寺文書（赤松俊秀編、巻一―五）

東寺古文零聚（史料編纂所々蔵写本による）

に収められたものである。このうち、東寺百合文書・東寺古文零聚の史料については、黒田俊雄・井ケ田良治の両氏によって作成された詳細な文書目録（柴田実編『庄園村落の構造』創元社、一九五五年所収）があって、史料の探索に非常に便利であり（ごくわずかの収録もれがある）、教王護国寺文書の刊行は、この荘の研究に一時期を画する役割を果たした。ただ白河本東寺百合古文書には、この三者に収められていない史料がごく僅かあるが、これは、従来の研究には、ほとんど利用されていない。また東寺百合文書のうち、タ、太良荘地頭方引付には、この荘に関連した記事が多数含まれているが、大日本史料に収載されたもの以外、残念ながら見ることができなかった。このほか、現地の史料として、

高鳥居文書（京都大学所蔵影写本及び高鳥甚兵衛氏所蔵文書）

日枝神社棟札

があり、これについて、黒田・井ケ田両氏から筆写されたものを拝借したほか、現地で高鳥家の御好意で拝見することができた。厚くお礼を申し上げたい。なお、引用史料の典拠は、一々についてあげるべきであったが、煩雑にわたるの

と、ごく必要なもののみにとどめた。

この荘について言及した著書・論文は、古くから非常に多数あるが、戦後発表されたものの中で、主なものをあげる

永原慶二『日本封建制成立過程の研究』岩波書店、一九六一年刊。

鈴木良一「純粋封建制成立における農民闘争」渡部義通他編『社会構成史体系Ⅰ』所収、日本評論社、一九四九年刊。

稲垣泰彦「日本における領主制の発展」『歴史評論』一四九号、一九六三年。

黒田俊雄・井ケ田良治「若狭国太良庄」柴田実編『庄園村落の構造』所収、創元社、一九五五年刊。

井ケ田良治「庄園制の崩壊過程——室町時代の東寺領太良庄」『同志社法学』四五号、一九五八年。

安田元久「半済下の庄民生活——若狭国遠敷郡太良庄」『史林』四二巻、六号、一九五九年。

黒田俊雄「荘官的領主制の形成」竹内理三編『日本封建制成立の研究』所収、吉川弘文館、一九五五年刊。

大山喬平「鎌倉時代の荘園の勧農と農民層の構成——若狭国太良庄のばあい」『歴史学研究』二六一・二六二号、一九六二年。

佐藤　愿「中世社会の農民——特に初期の農業経営と村落構造をめぐって」『日本史研究』五九号、一九六二年。

田中　稔「惣村の成立と構造——東寺領若狭国太良庄について」『文化』二五巻二号、一九六一年。

横井　清「鎌倉幕府御家人制度の一考察——若狭国の地頭、御家人を中心として」石母田正・佐藤進一編『中世の法と国家』所収、東京大学出版会、一九六〇年刊。

佐々木銀弥「荘園体制下の分業形態と手工業」『日本史研究』六二号、一九六二年。

『荘園の商業』吉川弘文館、一九六四年刊。

これらの諸論稿に負うところは多いが、一々引用することをしなかったので、ここにまとめて記した。なおこのほか、私自身もいくつかのものを書いたが、それはすべてこの書の基礎になっているので省略した。〔校注二六〕

補注

（1）（八頁）「若狭国鎮守一二宮〈号上下〉禰宜代々系図」にみえる、十二代禰宜景継にかかわる註記によって、師季の孫に、永田太郎時信という人がいた事実を知ることができる。恒枝保内には長田（永田）という地字があり、師季自身をはじめ、その嫡流と推定される時信はここに本拠をおいていたものと思われる。とすれば、「東殿」平時信はこの人をさすとみるのが自然であり、本文の記述は訂正されなくてはならない。ただ、さきの註記に、師季と時忠を従父兄弟として時忠とこの一族との関係をとくに強調した記述がみられる点はあわせて注目する必要があろう（拙稿「若狭国における荘園制の形成」竹内理三博士還暦記念会編『荘園制と武家社会』吉川弘文館、一九六九年所収〔④〕、「中世における婚姻関係の一考察」『地方史研究』一〇七号、一九七〇年〔⑭〕参照）。

（2）（五三頁）大橋寛治氏旧蔵「若狭国守護職代々系図」によると、一二三一（寛喜三）年～一二五九（正元元）年の守護は六波羅北方探題重時であり、一二六〇（文応元）年以後は「〈号北殿〉陸奥守時輔朝臣」となっている。しかしこの時輔が重時の子時茂の誤りであることは、佐藤進一氏『鎌倉幕府守護制度の研究』（東京大学出版会、一九七一年刊）が明らかにしている通りである。また高橋氏が重時流北条氏の被官だったことも、同書の紀伊・播磨等の項に明証されている。従ってこれを「得宗被官」としたのは誤りであり、本文の如く訂正した（以上、石井進氏の御指摘による）。なお高橋氏が守護代となるのは一二六〇（文応元）年のことであり、乗蓮の訴訟が表面化するのは一二五三（建長五）年――探題長時のとき――なので、本文の叙述はやや不正確であるが、このままとした。

（3）（七四頁）「十八口の連署状」とした誤りを、本文のように訂正。

（4）（八七頁系図5）「東寺古文零聚」三に収められた系図の断簡から、鳥羽国範の父は鳥羽（稲庭）源内定範であり、国範は中原時国の養子となっていること、範継は定範の子中務入道の子息だった事実が判明する。これによって、中原・小槻両氏の関係についての疑問は氷解する。当然、心蓮を時国の女とした本文の記述は訂正を要する。

（5）（二〇四頁）さきにこのときの異国降伏の祈禱を一二七九（弘安二）年と八四（弘安七）年の二回と考えたが、これは八三（弘安六）年のごく末の指令と考えた方がよいと思われるので、本文のように訂正した。なお一二七五（建治元）年にも、諸国の寺社に祈禱が命ぜられていたと思われる。

（6）（二二〇頁）一二七七（建治三）年には九〇頁でふれたような供僧の請文が出されているが、このときに国衙に転倒されたかどうかは明らかでない。また大嘗会米賦課は一二八八（正応元）年から翌年にかけてのことであり、本文の如く訂正した。

（7）（二五一頁）前掲「若狭国守護職代々系図」により、群書類従本の「布志井」は「布志那」と訂正できる（佐藤進一氏の御教示による）。佐藤氏はこの布志那氏を出雲佐々木氏の一族で、後醍醐天皇の隠岐脱出をたすけた義綱と推定されている（『南北朝の動乱』中央公論社、一九六五年刊）。一三三五（建武二）年、名田惣荘新給人として、同荘須恵野村を押領した布志名判官雅清も、その同族であろう（大徳寺文書）。

（8）（二五四頁）さきに上使を平五郎祐実としたが、友実とするのが正しく、祐実とは別人である。友実は一三四二（康永元）年と翌年、矢野荘にも上使として下っている（東百テ七―一五〈二一〉）。

（9）（二六九頁）前注の誤りを本文のように訂正した。祐実は矢野荘にも深い関係をもち、学衆々議を奉ずる立場にいた人で、一三五五（文和四）年までに死んでいる。

（10）（二七七頁）大高重成の守護在職は一旦中断している。この点を含めて、佐藤進一氏『室町幕府守護制度の研究』上（東京大学出版会、一九六七年刊）参照。

(11)（二七九頁）さきに「佐竹」としたが、本文の如く「佐野」が正しい。

(12)（二〇〇頁）貞治四年学衆方引付（東百ム（四一））によると、宇治親安（二〇一頁）の代官は宮河奥新左衛門尉であり、一方、貞治三年のものと思われる十二月十九日付の知基書状（東百し四―五（二九二））には「九帖《ママ》の下司との内外なく申承候」とある。親安の父が東西九条の代官であったことは別に明らかなので、知基こそが、宮河奥左衛門尉であることは間違いない。さきの宮河弾正忠と、この人との関係をあらためて考えれば、種々補正すべき点がでてくるが、それは今後の機会に譲りたい。なお、この知基書状のなかで、彼が所職を快俊に奪われたことをなげき、「人目、実めんほくなさ申はかりなく候、国人ほうはい《傍輩》のあさけりこの事にて候」といっているのは、国人たちの意識を示すものとして興味深い（これらの点、河内祥輔氏の御教示による）。

(13)（二〇四頁）前掲「守護職代々系図」によって群書類従本の「近郷よりの見継勢」は「近江ヨリノ見継勢」と訂正できる。安賀荘は古くから山門領であり（勝尾寺文書）、このころ荘を知行していたのも山門の金輪院だった点を考えれば、この「見継勢」は山門側の人々とするのが自然であろう。こう考えると、応安の国一揆は一面では若狭に強い影響力をもっていた山門勢力と守護との戦いだったということもできる（前掲拙稿「若狭国における荘園制の形成」参照）。

(14)（二五〇―二五一頁）表17にはなお補正すべき点があるが、可能な限りの訂正にとどめた。

(15)（二五七頁）さきに乾嘉を「鹿苑寺」の僧としたのはもとより誤りで、乾嘉は一四二五（応永三十二）年には鹿苑院領近江国柏木荘にも庄主として現われ（山中文書）、一四五八（長禄二）年まで相国寺都聞職として活動している（蔭涼軒日録）。（この点、後藤紀彦氏の御教示による）。

(16)（二六七頁）さきに「文安の徳政一揆」としたのは誤りで、本文のように訂正した。以下にその理由をのべる。誤りの原因は宝栄の北陸下向を一四四四（文安元）年以降とみた点にあり、鐘鋳造を翌年から翌々年のこととし、本文の百姓等申状(東百ッ三五―三八〔二七七〕)を四六(文安三)年と推定したが、太良荘地頭方引付(東百タ〔一一八〕)、嘉吉三年六月十八日条には「乗真法橋、突鐘を迎えんがため下向」とあり、鐘の鋳造・送進がこの年のことだった点は明らかであり、そのことに関連する条項をふくむさきの申状もこの年のものとしなくてはならぬ。とすれば本文所掲の岡弘経書状(東百ヌ一―一二〔二九三〕)で、百姓の言った言葉としてのべられている「日本国平きん」の徳政は、前々年の嘉吉徳政一揆の結果発せられた徳政令をさすとみるのが自然である。若狭国では、それはこの年なお有効とされ、京都ではどうであろうと、「田舎の大法」では「神社仏物ときらわず」徳政にやぶる、といわれている点は、注目すべき事実と思われる。また前掲引付〔一一七〕、嘉吉二年九月九日条に、「当庄代官の身躰に就きて、百姓目安等を捧ぐ」とあるが、快幸の罷免、宝厳院聖清とその代官岡弘経の登場の契機は、この目安にあったものと思われ、恐らくそれは、この国の独自な徳政一揆と深い関係があろう。

(17)(二八一頁)　さきにこれを「乗観祐成」としたのは誤りで、本文のように訂正する。

(一)(二二頁)　佐藤進一氏『増訂　鎌倉幕府守護制度の研究』(東京大学出版会、一九七一年刊)が明らかにしているように、若狭国守護は忠時のあと、北条泰時の子時氏、ついで経時となり、寛喜三(一二三一)年から六波羅探題重時となる。そのころ経時はまだ執権ではなく、その意味で「執権北条経時が守護をかねた」としたのは誤りであり、本文のように訂正する。なお「守護職代々系図」は、時氏の就任を安貞二(一二二八)年としており、この年は忠時が所職を没収された前年に当る。

(二)(二七頁)　行遍が宣陽門院の信任を得ていた事実は、承久二(一二二〇)年の四年前、建保四(一二一六)年、女院が阿波国宍咋荘を高野山蓮華乗院に寄進したとき、すでに確認することができる。この点については、日本塩業大系編集委員会編『日本塩業大系』史料編古代中世(一)(日本専売公社、一九七四年刊)、解題八頁参照。

（三）（三一頁）　多賀宗隼氏『鎌倉時代の思想と文化』（目黒書店、一九四六年刊）二六八頁に、安達景盛が実賢について灌頂を受けたこと、これよりさき行遍に受法灌頂を請い、「性麁なる荒入道」として拒否された景盛が、実賢のこの好意にむくいるべく、自ら奔走して実賢を大僧正、東寺一長者とし、醍醐寺座主にも就任させたという事実が指摘されている。一方、行遍は東寺を去ったのち、得宗御内人安東蓮聖に接近しており、この両者の対立に、鎌倉幕府内部の対立が深くからんでいたことは確実である。この点、拙著『日本の歴史10　蒙古襲来』（小学館、一九七四年刊［⑤］）一一五頁にもふれておいたので参照されたい。

（四）（七六頁）『続図録東寺百合文書』（京都府立総合資料館刊）文書図版六六～六九頁。解説と読み本五五～五八頁に、これまでの東大史料編纂所架蔵影写本の錯簡を正し、文永十一（一二七四）年の聖宴書状四通が復原されている。この成果によって、七六頁、七七頁の史料とともに、本文を訂正した。なお前刷まで、全くの不注意からこの引用史料に一行の脱落があったことに気づかず、今回はじめてこれを訂正した。この点、前刷までの読者におわび申し上げる。

（五）（一三四頁）　東百京二五—二七上（一四二）、年不詳九月、僧正某書状案を、これまで正和ごろのものと推定して、北条煕時への働きかけと考えたが、これは宝治元（一二四七）年、関東に下向した北条重時にあてた書状で、三八頁の訴訟の促進に関する文書であることに気づいたので、本文の一部を削除、東百な二五—二六（五九）、延慶四年三月十二日、大僧正成恵書状案（鎌31・二四二四九）、「東寺古文零聚」三（東百レ三四四）、（正和四年）九月三十日、法印遍禅書状案などにより、補足を加えた。

〔追記一〕　第一刷が出版されてから、すでに五年を経過したいまとなってみると、本書の全般にわたって細かい誤りが目立ち、書き過ぎと思われる箇所も多い。ことに、前述した「太良荘地頭方引付」（東百タ）の公開によって、主として南北朝・室町期に関して補足しうる事実も少なからずでてきたが、ここでは重大な誤りの修正・補足を補注の形で行なったほかは、誤植の修正、簡単な字句の訂正のみに限定せざるをえなかった。周知のように、東寺百合文書の原本は、現在京都府の所蔵に帰し、府立総合資料館で整理が進行中であるが、そのなかには多数の「新発見」の文書が含まれていると聞く。いまなお未公開のこの文書が公開されたとき〔校注二七〕、本書は当然、あらためて全面的に書き直さなくてはならぬこととなろう。その仕事にとりかかりうる日が一日も早く来ることを心から願いつつ、いまは、この程度の補正にとどめ、後日を期したく思う。

なお補注のなかに記した方々をはじめ、本書の誤りを御指摘いただいた多くの方々に、この機会をかり、心から御礼を申し上げたい。（一九七一年七月二十七日）

〔追記二〕　今回は第二刷以後に気づいた誤りについての修正・補足を補注として加え、誤植を訂正した。見落した誤りはなお多いと思うし、補足すべき点も少なくないが、それはまた別の機会をまつことにしたい。（一九七五年二月二日）

あとがき

この荘園について勉強しはじめてから、もう十五年以上の年月がたつ。卒業論文のテーマにこれをとり上げたのは、史料の豊富な荘園だからという、ほんの偶然のことからであり、それをもとに小さな論文を書いたこともあるが、その前後の私の生き方――ひいては学問に対する態度を反省するようになってからは、この荘について、すべてを新らしく考え直し、かつて多少とも人の目にふれてしまったものにかかわるべきものをつくり出すことが、私の課題にならざるをえなかった。それは、全く〝馬鹿げたこと〟であり、またこのような細かい個別荘園の研究は、歴史学にとって、むしろ有害といわれているが、性来愚鈍な私にはこの道以外に、とるべき道を知らなかったのである。

しかも、散佚した卒業論文当時の史料を、あらためてすべて集め直す(この時、鈴木良一氏に、一方ならぬお世話になった)ことからはじめたこの仕事を、とうとう十年以上もやりつづけ、結局、このような「よしのずいから天井のぞく」式のつまらぬものしかまとめられなかったことを考えると、自分の非力と不勉強を恥じざるをえない。

もちろん、こうした不出来なものを人目にさらす必要もまたないのであるが、機会を与えられたことを幸いに、この荘園を一応卒業して、次の仕事にとりかかるふみきりにしたいという勝手な気持から、あえてこのような形にまとめてみた。いまはただ、これが歴史学に対し、少なくとも有害でないことを祈るのみであるが、同時に、この鈍重な私の歩みに対し、きびしい御批判・御叱正をいただけば、望外の幸と思っている。

それにつけても、いろいろとお礼を申し上げねばならぬ方々は多いが、とくに、このようなものを発表する契機をつくって下さったのみならず、現地への調査にもつれていっていただく等、数々の励ましをいただいた永原慶二氏、史料の探索をはじめ、種々の点で御指導いただいた宝月圭吾氏、不器用な私の歩みをいつも御叱正いただいた川崎庸之氏には、この機会をかりて、衷心からの感謝を捧げたく思う。同時に、生活そのものを通じて、多くのことを教え、励まして下さった、私の職場(都立北園高校)の皆様にも、心からお礼申し上げたい。また出版に当って、紙数超過等の勝手をこころよく聞き届けて下さり、いろいろとお世話になった越百代氏をはじめ、塙書房の方々の御好意に深謝したく思う。

一九六五年七月二十一日

網野善彦

Ⅱ　太良荘の基礎的研究

鎌倉時代の太良庄をめぐって

一

この時期のこの庄についての研究は、最近黒田俊雄氏（『庄園村落の構造』所収）と安田元久氏（「荘官的領主制の形成」（『日本封建制成立の研究』所収）の研究が発表された〔校注二八〕ことによって一段階を画したといえる。黒田氏は全史料にわたって諸階層の動きを分析され、安田氏はとくに預所《あずかりどころ》真行房定宴《じょうえん》の動きを明らかにされた。そして両氏はいずれもこの庄の事実をもとにしてそれぞれの階層の本質、或いは庄園領主側の動き一般にまで考察をすすめておられる。いま私にはこうした一般的な問題にまでふれてゆく力はないのであるが、ただその考察の基礎になっているこの庄をめぐる人々の動きについて疑問な点がいくつかある。すでにあらゆる角度から論じつくされているかにみえるこの庄について、あえてここで再びとりあげたのは、一つにはこの点を示して両氏の御教示を仰ぎたかったからである。

それは主として庄の支配者側の動き、すなわち仁和寺《にんなじ》菩提院《ぼだいいん》と東寺供僧《ぐそう》とのもつれが、この庄の「百姓」といわれた人々の動きと深い連関をもっている点にある。黒田氏の場合はこの観点がとりあげられていないために叙述に具体性をかいており、安田氏によってはじめてこの点の指摘がなされたのであるが、氏の考察の焦点はむしろ預所定宴の活動にのみあわされていて、このもつれがじつは彼の動きにも深い関係のある点が見逃されているかに思われる。そのため氏が定宴に関連してのべられた「荘官的領主制の形成」についても、かなり事実と相違する点があるように思われた。

このことから自然「百姓」といわれた人々の動きをどう考えてゆくかについても両氏——とくに黒田氏の見解に補足を加えたい点がでてきた。それは元寇をさかいとした前と後との時期での百姓の動きのちがい、とくに後の時期の百姓の動きの評価と関連している。南北朝の内乱をもたらした力はこの時期の動きであったが、それをどう評価するかは内乱そのものの評価をきめることにもなるであろう。もとよりそうした問題についてはこの庄の事実のみであれこれいえることではないので、それは後日を期したいが、いままでこの庄の事実は内乱を評価する場合、ときにかなり重要な材料とされたこともあるので、気づいた点をのべたいと思う。もとより両氏の論稿にふれられている点はできるだけ重複をさけたので、できうれば両氏のそれをあわせ読んでいただければ幸である。

なお蛇足であるが、この論旨は以前『歴史評論』(二七号、一九五一年)誌上に発表した私の愚論とは全く無関係なものであることをおことわりしておきたい。

二

東寺領としてのこの庄の出発が菩提院行遍による東寺への寄進と、彼につながる雑掌《ざっしょう》真行房定宴の現地での活動にあったことはすでに両氏によって指摘されている。そしてこの定宴の活動が成功したのは、承久の変を契機にしてこの庄のみならず若狭国全体にめだって活潑におこなわれた地頭の非法に対する現地の百姓の強い反撥を組織しえたからであったことも同様にすでに明らかにされた。地頭に対する抵抗の中心であった歓心をはじめとする五人の百姓の「名《みょう》」が、この時はじめて安定してきた点がそこで強調され、これら名主と定宴との間にはこの時をさかいに一種の「主従」関係がむすばれていったといわれている。安田氏はそこに「荘官的領主制」の出発を考えられており、たしかにこの時期の庄園を一応安定させた要因はここに求めることができるであろう。

しかし氏はこれを出発点として、ともあれこうした定宴の支配は維持され「形成」されていったとみておられるのであるが、定宴のつながる菩提院と東寺供僧との間にやがてきざしてくる対立を考えにいれてみるとむしろ氏とは逆の結論がでてくるように思われたのである。以下この対立の展開に則して、定宴の立場が変化していったあとをたどってみたいと思う。

東寺領とはいわれているが、文永のころまでのこの庄に対する直接的な支配は、じつは菩提院とそれにつながる人々の手にあったということができる。それは現実に承久以後の庄の混乱を安定させたのがこれらの人々であったことから自然なことだったので、預所職の知行権《ちぎょうけん》は菩提院門跡《もんぜき》行遍の手ににぎられ、正預所には彼とつながる聖宴僧都が立っており、現地と深いむすびつきをもつ雑掌定宴は一応その代官として動いていた。しかし行遍の死(一二六四・文永元)後、この庄の庄務がはじめて実質的に東寺供僧の手にうつったのをさかいとして事態はかわってきた。(1) 聖宴と定宴とはなお前と同様の地位にあったが、すでにこのころまでに、この庄と同様の出発をした菩提院の手に庄務がにぎられていた他庄のことに関連して菩提院と東寺供僧との間に対立があり、(2) 東寺供僧は現地に対する無力な立場を改善しようとしていたことを考えると、行遍なきあとの彼等の地位は決して安定したものではなかったといわねばならない。

すくなくとも一二七一年(文永八)ごろまでに(3)、定宴がその地位を安定させるための努力をはじめているのは、このこととの関連で、考えられるのではなかろうか。その努力は翌年にみのって彼の息女が正式の預所に任命されているのであるが、しかしこの措置は現にこの時以後も罷免されることなく正預所として庄にのぞんでいる聖宴の立場とどう関連しているのであろうか。安田氏はこれを聖宴と定宴との深い関係から自然のこととしておれ(二三七頁)、たしかにそれは一面の事実であろうが、必ずしもそれだけで解決のつくこととは思われない。一つの想像としてそこに新たに預所任命権を得た東寺供僧に、聖宴をさしおいてむすびつきをもとうとする定宴の意図をうかがうこともできるのではなかろうか。正預所が形の上では二人いるという事実、また定宴自身が形の上ではかげにしりぞいて息女に補任状が与えられたということも、こう考えてみると一応理解できると思う。

しかし聖宴自身も決してそのままでいたわけではなかった。このころ現地では周知の末武《すえたけ》名をめぐる相論が再燃し、名は中原氏女と藤原氏女との間に争われていたのであるが(一二七〇・文永七。この相論については黒田氏二一〇頁以下参照)、いつのころか聖宴はこの相論に介入し藤原氏女を積極的に支持し、氏女の補任を供僧に要求しているのである。その時期については一応二様に考えることができるのであるが(4)、彼のこの動きは彼にむすびついてきた藤原氏女を名主にすえることによって、かつて預所名であったこの名の権利を恢復し、自らの立場を強化することを意図したものではなかったろうか。そしてさきの定宴の動きを一応事実として考えにいれてみると、それに対抗するためのことであったとすることも可能になってくる。

この時(七〇年)の相論には百姓もまた介入しているのであるが、その動きを安田氏は「きわめて巧妙」と指摘されている(二七二頁)。しかしもし聖宴の介入が七〇年のことであったと仮定すれば、訴論人両方の非をついてこの名を預所の名として自分たちに配分してほしい、と望んだ百姓たちの動きは氏の指摘される以上に時期を得たものということができるであろう。そしてまたこの仮定をとらず聖宴の介入が七三年のこととしたとしても庄の支配者間におこった微妙な動揺とすくなくともほぼ時期を同じくして、このような百姓の動きのみられることは、後年の百姓の動きと考えあわせると注目に価する。しかし一面この動きの先頭にはなお歓心が立っており、あくまでも預所を表に立てることによって自らの利害をつらぬこうとするこの時期の彼等の動き方は、まだ定宴の下庄当時と本質的に違ったものではないことも注意されねばならない。新らしい動きはすでにきざしていたのであるが、それはなお歓心等の背後にあった。

一方この聖宴の介入は、藤原氏女にも科ありとの理由で供僧によって拒否されるが、彼はこんどは藤原氏女との黙契の下に彼の「下人」(順良房快深)を彼女にかわってあらたに強く名主に推薦し(七四年)、一旦はその希望が実現されようとする。ところがここで彼の希望をうちくだく別の強い力が働いてきた。

それは黒田氏がのべられた通り、守護所の介入によるものであったが、その背後には蒙古襲来にともなう幕府の緊張があったとみられる点を補足したい。そのことは、すくなくとも一二七六年(建治二)以前に、この国の御家人にも「蒙古国事可致用意」(5)という幕府の命が下っていた事実から推測できる。その内容はくわしくはわからないが、ともあれ御家人の動員態勢をととのえようとするきびしい動きであったことは明らかであろう。

聖宴の介入に現地で反対していた脇袋範継(中原氏女の夫)が訴訟当初の口調をにわかにかえてこの名が御家人領であることをいいたて非御家人たる聖宴の下人には名主の資格なしといいだしてくるのはこうした事情と関連あるのではなかろうか。それはこの国の御家人たちと守護所に支持されるので、聖宴は一歩しりぞいて再び藤原氏女を前面に出すが、彼女もまた同様非御家人と断ぜられ、ついに守護所は領家の補任状を無視して名に点札を立てるという強硬な態度にでてくる。聖宴の希望はこうしてくだかれてしまうが、このきびしさはやはり当時の緊張と関連させて考えることができると思う。もちろんこれにはこの名が元来御家人の補せらるべき名であったという事情、また聖宴に対抗した範継が現地の有力な御家人の一族であったことも当然考えにいれねばならないが、それがとくにこの時期にきびしくいいたてられてくることに注目したいのである。(6)

聖宴はまもなくその希望をはばまれたまま死ぬが、その結果定宴ははじめて正式の預所になることができた。しかしこうした動きがすでに支配者側の動きに敏感になっていた百姓に影響してゆくのはむしろ自然であってすでに度々紹介された定宴とその子息である預所代静俊との争いも、やはりこの動きとむすびつけてみると生きてくるように思う。黒田氏はそこでとくに定宴の下人(十郎成近)(7)の活動を重視され(二一七頁以下)、安田氏はまた両者の現地に対する支配の仕方のちがいからくる対立をみておられるが(二七八―二七九頁)、聖宴の死んだ年(七四年)の前後に定宴の別の子息、大蔵丞(8)があらたに下庄している事実はとくに注目しておられない。しかし事件の原因をそこに求めることもできる。静俊はすでに二十年前から預所代(形式的には又代官)になっていたのであるからいわば聖宴時代の代官だったといえる。しかし預所の交替にともなって新たに現地に下った大蔵丞は新預所定宴自身を直接代表する人と百姓の目にはうつったとみることもできよう。この情況の中で静俊の百姓に対する措置の失敗がおこったのである。百姓が彼の命に従わず、むしろ大蔵丞をたてようとし、そこから大蔵丞と静俊、ひいては定宴自身と彼との対立が生じてきた事実の意味はこう考えてみると、聖宴と定宴との交替と関連させて理解することもできると思う。そしてさらに推測を重ねるならば、ここにもまた支配者の交替に則して自らの利益を見出そうとする百姓の動きを考えることもできる。

しかし聖宴と定宴との関係については推測の部分が多いのでさらに後考をまちたいが、一方ここでこのころからにわかに活潑になってきた東寺供僧の動きに注目したい。それはなお菩提院ににぎられていた他庄の現地支配を自らの手にうばおうとするものであり、その試みは他庄ではかなり成功しているのである。[9] この動きがなぜおこってきたのか、それ自体一つの問題であるが、これについてはいまは明かにしていない。ただ一つ、同じころ(七五年)供僧が異国襲来にたいする護国の秘法勧修のためとして供料の増加を要求していることが注目されるので、その原因とはいえないにせよ目的達成の手段として蒙古来襲が利用されている点は見のがせないことといえよう。[10]

しかし当面この供僧の動きがこの庄の問題に関連してきたこととしては、黒田氏がさほど重視されなかった(二二五頁)一二七七年(建治三)の雑掌定宴の地頭に対する訴訟がまた別の意味をもって注目されてくる。供僧十八人の連署によって六波羅にもちこまれたこの訴訟[11]は明らかにこの供僧の動きにつながるものといえるが、問題はこうした動きの前に立たされることになった定宴自身の立場である。さきにものべたように元来菩提院との関係でその地位を確立してきた彼の立場にたってみれば、現地の支配に手をのばそうとするこの供僧の動きは、むしろ彼の動きを掣肘する性質のものであったといえるので、到底たやすくついてゆける動きではなかったとみられる。この時の訴訟が、寛元・宝治以来のすべての地頭との懸案をとりあげ、法理の上に立った整然たるものでありながら、黒田氏も指摘されたように、それがかえって訴える力を弱め、何等の生気も感ぜられない[12]のは、まさにこの訴状を書いた当時の定宴自身の立場に理由があったのではなかろうか。百姓の利害をまもって立った往時の情熱は、もはやここではもやすすべもなかったのであろう。

こうして聖宴にとって代った定宴自身の地位も、ここではすでに安定を欠いてきているのであり、承久以後に一応かたまったかにみえた庄の体制はすでにいろいろの面からくずされようとしていた。最初にのべたように安田氏はこの時期に定宴の支配がなお前進しているとされているが、こうみてくるとその見方は支持できない。

三

いままでのべてきたように、元寇の前後のころから、この庄で従来一応信頼の下につながれていたいろいろな関係がもつれだし、やがて冷たい利害の関係にかわる新しい動きがみられるようになってくるのであるが[13]、ここでは前にも指摘してきた百姓の動きについて考えてみたい。すでにこのことは一般的にも「名の解体」というような観点から指摘されており、この庄についても両氏の論稿に―とくに黒田氏のそれに詳しいのであるが、前節の動きと関連させると、両氏の見解とわかれてくる点があり、補足すべき点もあるので、それをのべたい。

このころの百姓の動きについて従来のべられてきた点に二、三気がついたことを加えれば、すでに一二六九年(文永六)から、わずかながら年貢の未進が見出され、それ以後一年乃至二年おきにそれがみられること[14]、七六年(建治二)には、はじめて損亡《そんもう》ということがいわれている点が注意される[15]。さらにまた寛元のころには事実として得がたいものであった銭で、わずかずつ年貢が代納されるのもこのころからで、七八年(弘安元)以後はほぼ毎年みられる[16]。これらの点はこれ以後急速に表立ってくることで、鎌倉後期の百姓の動きの淵源はこのころまでさかのぼってみることができよう。しかしそれらの点が百姓自身の生活の中で、具体的にどうむすびあっているのかはまだ充分な結論を得ていないので後考をまちたいが、一般的にいってもまさにこの時期に農業技術の改良、農具の普及にともなう生産力の上昇がみられ(この庄でも新田畠の開発、稲の品種分化の事実が指摘されている)、手工業者の独立と商業の活潑化がはじまるといわれている点から考えて、この損亡未進の原因は決して単純ではないと思われる。このころ、未進の理由として年貢につまって方々から借物をして借主にせめられたというとのいわれている例(九一年、源八の場合)があり、その百姓が余り名主らしからぬ名前の持主である点に注意されるが[17]、こうした例を一方にだしながらも、あらたな農民の前進がはじまってきていることをみなければならないと思う。

しかしここではこうした動きの中で、庄の出発以来、定宴と歓心等の名主との間にむすばれていた関係(第一節参照)が急速に破綻してゆく点を中心にのべてみたいと思う。

それはすでにかなり前からそのきざしをみることができるが、一二七八年(弘安元)に歓心の遺名をめぐって争われた相論がとくに注目される。

この相論は歓心に対して不満をもつ彼の甥の子息と、彼(歓心)の所従達の間で争われたものであるが、黒田氏はそこで所従といわれた人たちが三回におよぶ百姓連署状におされて[18]、一旦は全名を、訴訟ののちにも半名を得た事実をあげて「百姓名の実質とその秩序がくずれて下人所従が独立してくる具体的な一例」(二一九頁)とされている。たしかに一応それでよいのであるが、ここに一つ注目すべき事実がある。それはこの庄の末武名をのぞく百姓名の名主職補任状が正式に文書として書かれるのは[19]、じつはほぼこの訴訟の時からであったという点である。(最初の補任状[20]は七三年(文永十)に聖宴の手で書かれているが、これはこの訴訟に先行する同じ歓心名をめぐるもつれの際に名主に与えられたものであった。)名主の地位がこうした文書による権威によって裏づけられなければならなくなったことの背後には当然さきにみたこの時期の農村の新しい動きがあったことはいうまでもなかろう。定宴との結びつきによって歓心等が固めてきた過去の体制そのものがここで動揺してきているのである。名はたしかに形式化し変質しはじめてきた。そして農民の前進を背景に名主の地位にある人々自身あらたに動きはじめようとしているのであり、いまの彼等にとってはかつて歓心等のいだいていた支配者に対する「信頼」はすでに過去のものになっていたのである。もはや彼等は定宴をたのまなかった。この相論の過程で一旦所従たちに名を与えた定宴の措置は、新たに訴訟がおこるとともにくつがえされ、百姓たちは彼を無視して直接東寺に参じて供僧の判決を求めたのであった。[21] そこには活潑化しつつあった供僧の動きに応じてゆく政治性すらみとめられるように思うが、定宴の不満げな発言にもかかわらず訴訟の最後的な判決は彼の手をはなれてはじめて東寺供僧の年行事によっておこなわれたのである。[22]

こうして新たにおこってきた農村の流動状態の中で、補任状の授受もなしに定宴と歓心等との間にむすばれてきた関係は急速にくずれてきた。しかもこの動きに便乗して供僧はさらに露骨に定宴自身の立場をせばめてこようとするのである。

一二七九年(弘安二)に、彼は死後の「妄念」をさけるためとして、子供たちの協力を訴える置文をのこしているが、[23] これはこうした彼の立場に立ってはじめて理解できる。そして同じ年、死期も迫った老残の身にあらぬ疑をかけられて憤りながらも供僧に愁訴しなければならなかった彼の気持も、[24] こう考えると自然である。その意味で安田氏がこの置文に定宴の将来に対する「一応の確信」(二八四頁)をみておられる点には疑問があり、定宴を「預所として申し分のない忠実な人物」(二一〇頁)とする黒田氏の見解はもとより支持できないし、その叙述も具体性をかいていると思われる。定宴の生涯はこれでおわるが、この点は彼以上に困難な事情に立たされた彼のあとの人々の動きをたどることによって、さらに明らかにすることができる。

四

前節にのべたような農村の新たな動揺にともなう承久以後の体制の崩壊は、定宴の努力で一応の安定をみていた地頭との関係をもまた不安定にしたのは当然のことであった。すでに度々紹介された一二八七年(弘安十)から九四年(永仁二)にいたる領家と地頭との相論[25]はこの端的な現れである。そしてそれもまた歓心等に対して不満をもつ百姓(国安)の動きによって直接のきっかけをあたえられたのであるが、ここで地頭はこの機会をとらえてはじめて自らこの百姓に名主職補任状を与え、現地に大きく干渉してくる。その過程は黒田氏をはじめとするいままでの紹介にゆずり、ここでは、前節との関連で、訴訟の解決にあたった定宴の息女預所浄妙の動きについて二、三の補足を加える。

その一つはこの訴訟の発端において、すでに彼女の不手際があったとみられる点である。訴人(国安)に一旦名を与えながら、反対者(歓心等のあとをひく三人百姓)の不満におされて、彼女自身この判決をくつがえそうとしたことが、訴人を駆って地頭の下にはしらせ、地頭の干渉をよんだのであった[26]。もとよりそれは当時の情勢ではいつかはおこらなければならないことであったが、預所の立場をせばめる機会をうかがう東寺供僧にとって、これはさらに一歩前進する機会になった。

訴訟の途中、浄妙がその地位を息女と交替した事情は充分明らかではないが(地頭との訴訟の停滞の責任をとったものか?)、息女の補任にあたって「相伝の所職にあらず」[27]という留保条件をつけられたのはこうした事情を考慮にいれる必要があろう。浄妙はまたこの失態の責任をとわれて「莫大な科料」を課せられたともみられる

のである。(28)

こう考えてくると九四年(永仁二)にようやく成立した和与を「地頭の惨敗」とする黒田氏の見解(二二八頁)は支持しがたいものになってくる。たしかにその和与は訴訟前の状態を確認したものではあるが、浄妙がここでも ち出してきた定宴以来未解決の懸案のすべてが地頭の進止としてぬきさしならぬ確定をみた一面をみる必要があろう。なにより地頭を惨敗せしめるだけの力はすでに彼女にはなかったといえる。

しかしまた訴訟を契機とした地頭の干渉、東寺供僧の進出はすでに前進しはじめていた百姓に大きな影響を与えたことは当然であり、こうした預所の窮地はたちまち彼等の衝くところとなった。

訴訟後まもなく百姓は損亡を訴えはじめて減免を得ているが、(29)このように混乱した現地の立て直しのために下庄した預所は、たちまちその非法条々をあげた百姓の訴状によって迎えられたのである(30)(一三〇〇・正安二)。

かつては定宴に対する信頼の下におこなわれてきた雑多な夫役奉仕のすべてが、ここでは非法として冷たく拒否されることになり、定宴の「妄念」(前節参照)はまさに事実となってあらわれたのである。こう考えれば両氏によってともにとりあげられた「祖父(定宴)に対して七代までもの忠誠を誓いながら」といった彼女の反駁は、いまいましげな恨みの言葉とはみえても、「誇らしげ」な勝利(黒田氏二三一頁)をかたるものとは到底思えないし、またこのころになおも「荘官的領主制の成立」(安田氏二八三頁以下)を考えようとすることは事実とちがうのではあるまいか。そこにみられる「かつて百姓の利益を守って戦ったものの子孫とは思えぬ百姓に対する冷淡さ」(安田氏二八八頁)にこそ問題の焦点があると思われ、預所の「暴力的傾向」(黒田氏二二九頁)のみられる面が注意されねばならぬが、それは彼女の焦りからくるものとみることができ、もとより地頭を敗北にいたらしめるほどのものではなかった。

この訴訟そのものは預所に有利な裁定が下るが、それが何等「勝利」ではなかったことは、その翌年までの間に三人百姓(歓心等のあとをひく人)の預所に対する訴えに応じて、東寺供僧がついに定宴以来預所の権利であった百姓名の名主職補任権をとり上げるという措置にでていることから明らかである。[31] ここで東寺供僧は菩提院行遍に寄進されたすべての庄で、その影響をほぼのぞき去ることに成功し、[32] 預所は現地に対する独自な支配権を失ったのであった。

しかしそれはまた一面預所の支配をのぞこうとする百姓たちの独自な利害がとおったことであった点もみのがされてはならない。[33] やがて彼等は供僧の支配をもまた排除してゆこうとするのである。

五

こうしてとくに元寇の前後から、名主職に立つ人々に代表された百姓たちは、支配者側の分裂を敏感にとらえ、それなりに自己の利害をつらぬこうとしていたのであるが、ではそこでつらぬかれようとしていた彼等の利害とはいかなるものであったろうか。

ここで、預所の非法等々を訴えた百姓たちが(前節参照)、同じころ地頭に対しても、ほぼ同じ内容の夫役を非法として訴えている事実が注目される[34](一二九九年・正安元)。黒田氏はこれを百姓が地頭と預所に対して「真向から」対立したものとされているが(二三二頁)果してそうであったろうか。百姓の立場にたってみれば、ここで地頭が現地に干渉してきたことは、ある意味では二重の(預所、地頭)支配が身にふりかかってくることを意味した。それはこれ以前からそうだったともいえるが、元寇前のそれと、両者それぞれが自らの私的な利害をあらわにしてのこの時期の追及とはまた性質がちがったものといわねばなるまい。そう考えるとこの時の百姓の訴訟は、そうした二重の追及をさけようとする試みであったとみられないこともない[35]。そしてこの地頭に対する訴訟はさほど発展せず、預所に対してはさきにみたような結果におわっていることは、彼等がその鋒先をより強く弱い方にむけたものとみることもできよう。百姓はもっと現実的だったのではなかろうか。

さらにこれよりすこし後(一三〇一年)この庄がにわかに国衙領にされた時、まもなく支配を回復した東寺供僧は、国衙の新司に協力した罪を問うて、いくつかの名主職を改易しているが、このことも百姓の動きの一面を示している[36]。この措置は三人百姓の動きをおさえようとするものであったといえるが、しかもそれは彼等の訴えによってただちに修正されねばならなかったのである[37]。もとより百姓は東寺供僧の意のままにもなっていなかった。

これ等の事実のみでは、なお充分明らかではないが、一三〇二年(正安四)にこの庄の地頭職が得宗の手に入り、なにものをも圧するほど強力な権力が現地に及んでくるに及んで、百姓の動きは更にあらわになった。関東から下った実検使は有無をいわさず名をあらたに結びなおし、それぞれの名主に任料を出させた上であらためて補任状を与えていった。東寺供僧は預所からとりあげた名主補任権をここでたちまちうばいとられたわけで、当然得宗被官を相手どった訴訟がおこされた。

前二回の地頭との訴訟とはちがい、この訴訟をあつかう雑掌が定宴のあとをひく人でなかった[38]ことも注目されるが、なにより百姓自身、もはやこの訴訟に何等の支持を与えなかった。むしろ彼等は強力な得宗被官に追随し、その力を利用して東寺からの課役をできるだけ排除しようと動くのである。その最も端的なあらわれは一三〇四年(嘉元二)からはじまり、毎年執拗につづいて五年後にはついに全年貢の三分の二に及ぶ減免をかちえた損亡[39]の訴訟であった。その訴状の一つに百姓が地頭側では減免がおこなわれようとしている[40]といって東寺に迫っていることに、その意図がどこにあったかはしられよう。預所との間にさきに問題になった夫役も、雑掌の訴えにもかかわらず勤められなくなっているが、地頭の威をかる[41]という雑掌の言葉はむしろこの場合事実を指摘しているものとみられる。

もとよりこうした百姓の動きの背景に二重三重の負担に苦しむ農民の声が強く流れていたであろうことを否定するのではない。しかし彼等自身なおこの時期には名主職をもつ人々に代表されており、すくなくともその人々の動きには単に苦しみを素直にのべるのとはちがったもっと積極的な図太いものがあったことをいいたいのである。供僧にとりいって預所をしりぞけ、国衙の新司が入ればすぐそれに従い、さらに得宗の力が加わればその威をかりて、供僧の支配を拒否した「百姓」の動きは、泥くさく見とおしのきかぬものではあろうが独自に政治的である。それは定宴と歓心等の時代とは全くちがった新たな動きといえよう。それはいわゆる「悪党」といわれる人々の動きにつながるものであり、それ自身自らの私的な利害を求める独自な動きであった。そしてそれが支配者自身、互いの私的な利益を求めて争うという、この時期の権力の分裂状態があってはじめてゆるされ得た動きであったことは、いままでのべたことで明らかであろう。それが南北朝の内乱によってはじめて本当に表にあらわれた動きであったことはいままで指摘されてきた通りであるが、果してそれは真に「革命的」といいうるものであろうか。おさえられていた動きの爆発という意味で「革命」という言葉をつかうことが一応ゆるされたとしても、こうした動きがあらわに時代の前面にでてくることにどういう意味があるか、また社会の前進にどう貢献しうるものであったかがもっと具体的に問われねばならぬであろう。

六

農民の前進、それにともなう農村の動揺の中で、支配者自身もまた動きだそうとするのであるが、この庄では得宗の力がすべてそれをおしとどめていた。それだけに元弘の変によって得宗の権力がのぞかれるとともに地頭職をめぐってあるいは名主職をめぐって、おさえられていたあらゆる力はむきだしにあらわれ、もつれあい、衝突する。このことは黒田氏の論稿にくわしく、また度々論ぜられているのであるが、前節でみた百姓の動きと関連させてみるとやや違った観点もでてくるように思う。

それは主に例の一三三四年(建武元)八月の百姓五十九人による地頭代追放の訴訟についてである。黒田氏によってこの動きの中には名主の利害が明らかに動いていることが明らかにされており、にもかかわらずここに農民の大きな前進のあったことが一般的に指摘されてきた。たしかにそれはその通りであるが、さきの名主たちの動きの性質を考えにいれてみると、もっとそれを具体的にできるのではなかろうか。得宗の力がのぞかれたあと、若干のもつれののちにこの庄の地頭職は東寺の手にはいり、すべての権力は東寺に集中されることになった。こうなると乱以前のように二つの対立する権力の間に立って一方の力を利用して、利害を通してゆく道は百姓の前にふさがれることになってくる。

しかもやがて地頭代に末武名主脇袋彦太郎国広(42)が任命され、預所代、上使がそれぞれ現地に下り、新たに地位を得た欲望をあらわにして彼等に迫ってくるに及んで、百姓はついに窮地におちいったといえる。かつての領家(東寺)預所、地頭の課役はすべて彼等の上にかかってきた。ここでこそ彼等は三者に真向から対立する以外に逃れる道はなかった。

この年の五月からはじまった百姓の訴訟が三方からの苛責を訴えて、月を追うごとにその要求をまし、強くなってゆくのはそこに原因があった。しかしその要求をこまかくみてゆくと、得宗の支配下で認められていた特権をそのままにすることをのぞみながら(修理用途)一方そこで課されていた課役は永仁の和与当時の状態に返すという寺側の言葉をとらえてこれまた免除を要求する(上葉畠地子、新田畠所当米等)という、かなり虫のよいものであったことが注意される。(43) 明らかにその態度には乱以前よりの延長がみられるのであるが、こうみてくると「百姓は寺家末代の御器」とか「寺家一円となり百姓貴き思をなす」(44) などの言葉は「奴隷的」どころか図太い意図をかくす心にもない美辞麗句ともみることができるのである。(45)

脱出の道はどこかにみつけられなければならなかった。最も弱い部分が突破されねばならなかった。そうなると百姓に立ち向った三者(領家、預所、地頭代)の中、かつて御家人として百姓名の名主から区別された存在だったとはいえ、現地の名主から成上った地頭代脇袋国広が最も不利だったと思われる。しかも彼は丁度このころ三人百姓のあとをひく実円と名主職をめぐって鋭い対立関係にはいっており、実円を窮地においこんでいた。黒田氏の指摘通り、きっかけはそこに与えられた。ここにいたっては保身のための不透明な態度はゆるされず、実円等ははじめて一味同心という手段に訴えて窮地をきりひらいたのであった。それはたしかに実円等、名主職をもつ人々の私的な利害をつらぬいたことであったが、一面五十人余の多数の百姓がはじめてそこに署名したことはやはり注目されねばならない。なお多くの紆余曲折はあったにせよ混乱を克服する一つの力はすでにそこにきざしていたとすることができるのではなかろうか。

内乱の中でさまざまな力がもつれあい、争ってゆく中でこの動きがどう展開してゆくか、その過程は今後さらにあとづけてみたいと思っている。

多くの問題をあとにのこしてしまったが、私なりにこの庄をめぐる人々の動きを考えてきた。もとより黒田、安田両氏の論稿、とくに黒田、井ケ田両氏による文書目録によるところは大きいのであるが、にもかかわらず妄言を費し、両氏に失礼にわたるような言葉がなかったかをおそれる。両氏のきびしい御教示を心からお願いしたいと思う。

(1) 五五年(建長七)に行遍が一旦庄務を供僧にわたした事実があり、そこで雑掌定宴の地位の保証が求められているが、名主(末武名)の補任はこれ以後も行遍の命で聖宴が行っており(五八年)、実権はなお彼の手にあったとみてよいと思う。

(2) 大和国平野殿庄、伊予国弓削嶋庄等はこの庄と同じ性質の出発をしており、この点は安田氏の論稿に詳しい。平野殿庄でも七〇年ごろにこの対立が表面化している。

(3) 東寺百合文書ヌ25―13〔三二三〕(鎌15・一一一六八)、欠年号十二月廿六日付の預所職を求めた彼の書状は、七一年ころのものと考えると自然に理解できる。その冒頭に「太良庄未進米云々」ということがいわれているが、この庄に年貢未進が最初にみられるのは六九年であり、七一年にもそれがみられることが、この推測の根拠である(東寺文書は7〔二二〕、年貢支配状参照)。

(4) リ47―60〔二八四〕(鎌14・一〇五三二)(以下東寺百合文書はその分類函記号のみをあげ、文書名を省略する)、十一月廿九日、聖宴書状は明らかに藤原氏女をおしているが、この時ともみられるし、七四年に快深をおす直前、つまり七三年の暮のものとも考えられる。黒田氏の作成された目録にはこれを定宴書状とされているが、これは誤りである。

(5) メ51―70〔二九〕(鎌16・一二三八三)、建治二年六月、若狭国御家人等申状。この時までに下されたという関東御教書は京都大番役を一時免除したといわれる「北条九代記」建治元年九月七日条の記事にむすびつくのではないかとも推測される。

(6) こうした動きは当然この国の御家人の地位をいよいよ封鎖的にしてゆく結果をもたらしたと考えられる。ではここでおそらく御家人たることをほとんど断念しなければならなかった非御家人・凡下の人々はこれ以後どう動いていたのであろうか。元寇以後とくに御家人の地位をめぐって相論のおこってくるのはこの地方にとどまらず全国的なことと思われるが、本稿の主題ともはずれるので、今後の問題としてのこしたいと思う。

(7) 黒田氏はこの人物を百姓を射殺し切殺そうとした「十郎殿」と同一視されているが、「大日本古文書」(東寺文書三・と15〔一〇三〕〔鎌14・一〇六一六〕)も疑問視しているように、後者は平野殿庄の預所十郎光清のことである。

(8) のちには大蔵入道としてあらわれ、盛光となのる人(安田氏二八一頁)。このことは範継の快深下庄に対する不満をのべた書状「東寺文書」一・は11(文永十一年)二月十六日付書状〔一二四〕〔鎌15・一一五四五〕が大蔵丞にあてられていること、またこの年彼がその作分の年貢を出していること(東寺文書は7〔二二一―二七〕〔鎌15・一一七四九〕、年貢支配帳)によって知られる。

(9) 懸案の弓削嶋庄雑掌補任権を手にいれていることなど(安田氏二八〇頁)。

(10) 東寺文書三・と30〔一八〕〔鎌16・一一九七四〕、東寺供僧連署申状案。

(11) な23―24〔二三〕〔鎌17・一二九八五〕、建治四年二月廿三日、供僧等連署申状。

(12) ホ56―70〔五〕〔鎌17・一二九五八〕、建治三年十二月、雑掌申状案、この雑掌は別に名前はないが間違いなく定宴であろう。

(13) 一般的にも「惣領制の解体」ないし「惣領よりの庶子の独立」といわれている動きも、同じ本質をもったものであろう。この庄でもそうした事例の一つとして、この地の有力な御家人鳥羽西迎の甥(姪婿?)としてその口入によってはじめて末武名主となり、大番役の代勤もしたことのある脇袋範継が西迎の子国茂と対立関係にはいっていることがあげられよう。

(14)(15)(16) 東寺文書一・は〔二二〕、年貢支配状等参照。

(17) ゑ16―23〔八〕〔鎌23・一七五七六〕、正応四年三月廿日、百姓源八起請文、源八は正安四年の早米納帳(東寺文書・は51〔三五〕)に「源八厳円」と書かれており、この文書の場合他の用例から考えて名主職になにかの関係をもつ人とみられないこともない。しかしこの場合厳円は明らかに時沢名主であるので、こうした書き方にどういう意味があるのか明確に断定はできない。

(18) イ25―41〔一一〕〔鎌17・一三〇六三〕、弘安元年五月、百姓等申状はその一つであるが、ゑ23下―29上〔四〕〔鎌17・一三〇二一〕、弘安元年四月廿一日付、定宴による歓心名主職補任状参照。

(19) この訴訟の時歓心の甥の子のひいた証文が、註(20)の聖宴による補任状と、百姓の申状のみであった点に注意する必要がある。これ以後も七三年以前の名主職補任状は証文としてひかれた例をみない。

(20) この補任状(ゑ23下―29上〔四〕〔鎌17・一三〇二一〕)は歓心の死後、その名を要求した甥に与えられたものであり、ここにすでに歓心等に対する不信がみられる。また七八年に定宴によって所従に与えられた補任状がこの聖宴の補任をくつがえすものであった点も、前節にのべたこととの関連で注意される。

(21) ア66—70〔三二〕、五月廿二日付定宴書状。

(22) さ21—23〔三〕〔鎌17・一三〇六一〕、弘安元年五月廿九日、東寺年行事下知状案。

(23) ヱ55—66〔一二〕〔鎌18・一三四一一〕、弘安二年二月三日、定宴重譲状案。

(24) や1上〔五〕〔鎌18・一三七六七〕、弘安二年十一月十一日、定宴書状。

(25) 黒田氏二二六頁以下。稲垣泰彦氏「日本における領主制の発展」(『歴史学研究』一四九号、一九五一年)。

(26) ヱ1—9〔四二〕〔鎌21・一五九〇三〕、弘安九年五月、助国名主職補任状案、京1—15〔一九〕〔鎌遺研八・二八〇〕、弘安九年八月、百姓国安重申状、ヱ1—9〔四二一—三〕、弘安十年五月十一日、助国名相論裁許状案(地頭による)等参照。

(27) ゐ29—37〔六〕〔鎌23・一七三七九〕、正応三年六月、預所職補任状案、安田氏二八五頁参照。

(28) な23—24〔五一〕〔鎌27・二〇八〇六〕、正安三年六月、預所申状案に「助国名沙汰出来之時預所奉被行巨多過料之刻」云々とあることによる。助国名をめぐる相論は一二九九年(正安元)から国安と関係ある国友と三人百姓との間でおこなわれており、この時にも預所が一旦三人百姓に与えた措置が国友の訴えによってくつがえされようとしているので、或いはこの時のことも思われる。しかしことの重大性からいえば本文の時期とした方がよいと思われたのでここでは一応こうしておいた。

(29) う1—12〔六〕、永仁六年八月—十一月、東寺供僧月行事日記。

(30) ア1—12〔三四〕〔鎌27・二〇四一二〕、正安二年三月、預所陳状。

(31) 註(28)預所申状案、ここで預所はこの権利のとりあげられることを歎き訴えているのであるが、その訴えがいれられなかったことは一三〇二年(正安四)三月の末武名主職補任状(ア63—70〔三六〕〔鎌遺研一二・四七二〕)以後の補任状が東寺供僧政所下文の形式をとっていることから明らかにしられる。

(32) 弓削嶋庄については第二節註(8)参照。平野殿庄においても、長い迂余曲折の上、一二九一年(正応四)に供僧は預所補任権を手にいれた。

(33) 註(28)預所申状案参照。この申状で預所はその得分であった助国名の雑事用途をとりあげられることを歎いているのであるが、それは三人百姓等の訴えによるものであり、供僧の措置はこれにこたえたものであった。なおこの点については次節参照。

(34) ヱ1—19〔一九〕(鎌26・二〇一三九)、正安元年六月五日、百姓等重申状。

(35) 坂東夫、京上夫、入木入草、房仕、農中五、六、七月の夫役などが預所と地頭の両方から課されてくることに対する百姓の反撥であった。後述のように建武の時には、それに供僧の上使が加わり三方からの公事となったのである(六節参照)。

(36) 黒田氏はこの新司を得宗の実検使とみておられるが、こう訂正しておきたい。末武名、時沢名は脇袋国広に(ア63—70〔三六〕、ヱ1—7〔四二/四〕(鎌遺研一二・四七二、鎌27・二一〇三五))助国名は国友に与えられた。助国名からは三人百姓が時沢名からはその一人厳円がのぞかれたのである。

(37) ゑ10下—16上〔一九—一〕(鎌28・二一一二七)、正安四年七月十日、実意奉書(助国名主職補任下知状)案により三人百姓はこの名の権利全部乃至一部を回復し、ゑ10下—16上〔一九〕、建武元年八月時沢名主実円陳状の中にひかれた正安四年六月廿二日の実意奉書によって厳円が名の権利を回復したことが知られる。ただこの補任状は奉書の形をとって下文の形式をとっていない点が注目される。この年におこなわれた得宗の実検がいつおこなわれたかがわからないので断定はできないが、あるいはその時の動きと関係あるのではなかろうか。もしそうとすれば本文にふれたように三人百姓に代表される百姓の主流が供僧に離反して得宗の支配下に入った直接的な原因がしられるわけであるが、これは一つの推測にとどめておく。

(38) 供僧政所公文頼尊があたっている。

(39) 一三〇六年—二十三石、七年—三十石、八年—四十二石余、九年—八十四石、この間百姓はたえず訴え、公文に散用状を書かせなかったこともしばしばあった。

(40) ヱ1—9〔三〇〕(鎌30・二三七一七)、嘉元四年八月、百姓等重申状。

(41) ゐ32—40〔八—一〕(鎌29・二三二四七)、嘉元三年六月、雑掌頼尊重申状。

(42) 黒田氏は国広と脇袋彦太郎とを同一視することになお疑問をのこしておられるが、それは、建武元年二月に末武名主に任命された小槻頼国(リ35—46〔四一〕)が国広とどういう関係にあるかを疑問とされたからであった(二四六頁)。しかし時沢名をめぐる実円との相論の際、国広が行直という人物を代官として表に立たせていることを考えると頼国もまたその代官乃至一族とみることができるのではなかろうか。そう考えると国広＝彦太郎ということはもっとすっきりしてくる。

(43) ッ1―10〔二三―一〕、建武元年七月、百姓等申状。

(44) 註(43)。

(45) 黒田氏は五月から七月までの動きと八月の一味同心との関連は「明らかでない」(二四七頁)とされている。しかし註(43)文書に東寺側から「百姓が地頭代(国広)を蔑如する」という非難があったことが記され、黒田氏のいわれる通り百姓は一応それを否定してはいるが、すぐあとに「云京上夫云農夫云細々朝夕御公事等」といっていることからみて、すでにこの時に八月の爆発のきざしは充分あり、鋒先はすでに国広に向けられていたことが知られる。

付記 史料はすべて史料編纂所所蔵東寺百合文書影写本によっているが、鈴木良一氏の御好意により史料の全筆写を借覧させていただいた。ここに心からお礼を申し上げたい。

若狭国太良庄における惣百姓について

文永、弘安の役を契機に顕著になってきた社会的動揺は、いうまでもなくその根本を農村における新たな動き、先進地帯では初期に安定していた名《みょう》の体制が動揺して惣《そう》・惣百姓といわれる新たな関係がでてくる点に求めることができよう。それはまた一方では惣領制の解体をよびおこし、そのなかから「悪党」といわれた武士たちの動きが目立ってくるのである。

ここで私は太良庄の事実にそくして、この動きが南北朝・室町期にいかに展開してゆくかを考えてみたいと思う。この庄についてはすでに黒田俊雄、井ケ田良治氏の詳細な論稿[1]があるので、いまは主として惣百姓の動きを中心にこの時期の問題をとりあげてみたい。すべてにわたってこの両氏の論稿を参照していただければ幸である。

一　いわゆる「悪党」をめぐって

この庄で名主を中心に百姓が全体として動く形のでてくるのは弘安以後のことであるが、もとよりそれは文永以前にまでさかのぼって考えることができる。そこでとくに注意されるのは、鎌倉前期の地頭に対する抵抗のなかで現地でぬきがたい根をやしなったと思われる周知の名主、歓心・時沢・真利に対する不信が表にあらわれ、それが名主職をめぐる相論にもつれてゆく過程において、こうした形が姿をあらわしている点である(2)(歓心死後の西念・宗氏の訴訟も、助国名の復活を要求した国安のそれも一応そう理解できよう)。また度々指摘されるように、それは一面では「所従・下人」としてこれら名主のもとに従っていた人々がその権利を主張しはじめる過程ででてきたことでもあった。

新たに土地に対する権利が強く問題にされようとしているのであり、すべてはそのなかでおこってきたことといえる。もとよりここで名主の背後にある小農民の土地私有のすべてが固まってきたとはいえぬであろうが、やはりその方向に農村がはっきり動きはじめてきたとはいえるであろう。名主たちの動きももとよりそれに対応するものであった。と同時にこのころはじめて補任状を以て確認されるようになった名主職の意味もそれ以前とはちがったものがみられるようになる。公事《くじ》負担者としての地位は当然一定の得分を保証するものであったろうが、それは現実の土地の耕作、占有からはなれたものになろうとしている。

そしてこの動きのすべての背後に商工業の農業からの分離という分業の発展が動いていたと考えられる。

一方こうした名主の相論の過程で、庄は新たな地頭の介入をゆるすことになった。この地頭の動き自体、すでに以前とちがった動機がうかがえるのであるが、別にのべたようにこの地頭と預所《あずかりどころ》の両者の間に立った百姓の動きもまた独自であった。この時期の名主が地頭・預所の双方から補任状をうけている事実がなによりもよくそれを物語っていると思うが、つぎつぎに介入する外部の勢力のなかにあって、強いものを利用し、弱い力を排除する点で、彼等はきわめて敏感に実利的に動いているのである。初期の主従関係を規制していた「道理」はすでに過去のものになろうとしているのであって、それはこの時期の武士にも共通する動きであった。「悪党」といわれるのはまさにこの動きそのものをさしているといえようが、それに商工業の発展にともなう新たな欲望の成長をみうるのではないかと思われる点については別にのべた(3)。

かつて石母田正氏は伊賀国黒田庄にそくして悪党の「頽廃性」をつかれ、それを「健康な」百姓に対置されたことがあったが、それは事実の一面を鋭くついたものであるとはいえ、むしろそこに新たにあらわれた貪欲なといってもよいほどのエネルギーが注目される必要があろう。それはすぐに頽廃し、ほろびてゆくものではなく、むしろ室町期を通じて社会を支配するものになっていったといえるのではなかろうか。

その意味でまたこれを批判する角度に立たれた松本新八郎氏の指摘された、この時期の惣および党・一揆の「革命性」も、じつはこうした性質の力であったことを知る必要があると思われる。もとよりその根底に真に革命的といいうる動きがなかったというのではないが、石母田氏の指摘されているように、それを支配している動きは社会の被抑圧者たちの声を真に代弁しうるようなものであったとは思われないのである。

しかしそれは、この動きの南北朝以後における展開を考えることによってはじめて明らかにしうることであると思う。

二　禅勝と実円

元弘の乱は、こうした欲望をはじめて爆発させた点で、この庄の歴史に画期的な意義をもっている。とくに鎌倉末期に、すべての動きを得宗《とくそう》の力がおさえていたこの地では、それはきわめてあざやかであったといえよう。得宗によってほとんど完全に下地の支配権をうばわれた東寺供僧《ぐそう》と預所、地頭職をうばわれた若狭氏、所職をうばわれた隣庄(恒枝保《つねえだ》)の公文《くもん》等が、相互に対立しながら現地でもつれあい、そのなかに「得宗給主代の権威をかり」という言葉をもって相手を非難し、その支配当時に失った所職《しょしき》を回復し、また新たに所職を手にいれようとする名主たちの訴訟もからんで、激しい動きがあらわれてくる。

しかしここで注意したいことは、元弘の乱の直後、早くも周知の実円(時沢の孫)が京に上って東寺の積極的な働きかけを要請していることであり(4)、さきに百姓の政治的な敏感さといってきたことはなによりこの人たちのものであったといえよう。恐らくそれには鎌倉末期からの公文禅勝(歓心の孫)も行動を共にしていたと思われる。かつて彼等の祖父たちが地頭に反撥し、預所、領家と結んでこの地に根をはったことの記憶が、その行動を支えていたともいえようが、いま彼等の真にめざしていたことはもとよりはるかにそれをこえるものがあったとしなくてはならぬ。惣百姓五十九人の連署のもとに地頭代追放に立った彼等の行動にもそれは明らかであるが、彼等がまた近隣の地頭と結んで前地頭若狭氏の所領をおかしたといわれたこともよくしられた事実である。恐らく彼等の指導のもとに書かれたと思われる「百姓は寺家末代の御器」とか「寺家一円となり百姓貴き恩をなす」という言葉は、たしかに政治の転換にある種の期待がよせられたことを示しているとはいえるであろうが、こう考えてみるとそれを単純に抑圧された人々の素直な幻想とみることはできないと思う。むしろそこに、この機をとらえて三十町にみたぬ庄をこえて広い舞台にのり出そうとする野心がはいっていることに注意しなくてはならず、その立場にたてばこの言葉は図太い意図をかくす美辞麗句とみるほかないと思われる。

もとより一方すでに指摘されているように彼等自身、その名主職の相論の解決に惣百姓の力をかりなくてはならなかった点も見落されてはならぬであろう。そしてまたこの連署の先頭にも名前をつらねているとはいえ、公文禅勝は上使の高質をとるために百姓の家を追捕したとの非難を惣百姓からうけたことのあったこともみなくて(5)

はならぬ。公事の負担を排除し、外部の勢力を利用する点ではなお彼等に依存しなくてはならなかったとはいえ、それは彼等の野望を強く制約する力になろうとしていた。

　しかし建武の内乱のなかで、禅勝・実円の野望には大きな蹉跌がおこった。守護代をひきいれたという理由で、二人はともにその所職をほぼうばわれたのであるが、これに対して二人は以後その回復に執拗な努力をしている。そして実円は四年、禅勝はじつに十七年もの年月をかけてついにこれに成功するのであるが、ここに示された二人の異常なまでの所職に対する執着はそれ自体注目に価することであるといえよう。彼等の野望を実現するためには、なによりもまず庄における所職の確保を前提としなくてはならなかった。しかもまた、そのためには彼等は惣百姓、すくなくとも他の名主たちの支持をえなくてはならないのである。

　実円が自らの無実を証明する名主たちの証言を得ようとしたこともすでに指摘されているが、彼の場合、一三四二年(暦応五)の新見庄前雑掌契状をめぐる用途の賦課に対する惣百姓の反撥を最大限度自己に有利に利用していると思われることが注目される。度々紹介されているように(6)、それは、百姓に不利な証言をしたという理由で助国名主蓮仏に対する激しい惣百姓の攻撃に発展してゆくのであるが、じつはこの動きのきっかけをつくったのは、実円その人であったとみられる(7)。蓮仏はその弁明のなかで、百姓が自分を「古敵」と称したといっているが、まさに実円こそそれをいうにふさわしい立場にあったといえるのであり(8)、この訴訟の直後に懸案の彼の名主職還補が実現されていることも、この動きを考えると自然に理解できると思われる。

　禅勝の場合、その一つの機会は観応の擾乱におとずれたといえると思う。擾乱のなかで守護代を追放した国人の一揆、おそらくはその一人であろう近隣の地侍瓜生《うりう》(脇袋《わきぶくろ》)国治を惣百姓が庄の代官に推し、東寺にそれを要求(9)したことは、惣百姓の動きの発展をも示す注目すべき事実であるが、建武の時、先頭に立ってその先代の追放を要求した禅勝と実円がその署名に加わっていることにいまは目をむけたい[10]。かつての敵の一族とむすぶことを何等不自然としないこの行動に、この時期の名主の動向をうかがうこともできるが、まさにこの混乱ともいえる事態のなかで禅勝の強力な所職回復運動がおこなわれていたのであった[11]。

しかしこの時は、彼の論敵隆祐の妨害と、文和にいたる現地の争乱のなかで国一の悪党といわれた国人河崎日向守が国治に代って庄をおさえるということがおこって成功しなかった。そして一三五五年(文和四)この河崎がしりぞけられ、別の国人宮河弾正忠が代官になるに及んで[12]、つづく第二の機会がまた禅勝の前におとずれたと思われる。

恐らく宮河はそこに何等かの役割を果したのではないかと思われるが、禅勝はこの機をとらえて隆祐との取引に成功し、ついに公文職に還補されたのであった。念願の所職回復を果して、彼と実円の前には再び道がひらけてきたともいわれよう。

しかし元弘以来二十年を経たこの時期の惣百姓はすでに彼等を支持しなかった。代官宮河とともに年貢を追及する彼等に対して、惣百姓が一味神水して山林に交わるとまでいって排撃し、これを宮座から除くという挙にでたこともよく知られた事実である。代官と結ぶか、惣百姓につくか、彼等はここに岐路に立ったともいえるであろう。そしてついに二人は惣百姓と和睦してゆく。彼等の地位は認められた。そしてその和睦の直後、惣百姓は二人をまじえて代官宮河の追放に立ち上ってゆくのであった[13]。

それは建武の脇袋に対する追放とは逆であったともいえる。ここでは惣百姓こそが主体だったのであり、彼等はそのなかの一人にすぎなかった。

よくいわれるように、ここに無軌道ともいえる宮河とその代官の横暴に対する農民の怒りがついに二人の野望をおさえてゆく過程をみることもできようが、しかし事実はなおそう断じることを許さない。もとよりその動きの底にこうした憤激のあったことは事実であろうが、禅勝と実円をおさえた力にはまた別の欲望が入りこんできていることがしられるのである。さきの河崎の知行当時に庄にあらわれ、宮河とは名主職をめぐって対立関係にあったとみられる法阿という人の存在がここに注意されなくてはならない。しかも宮河とのつながりの推測される禅勝と実円もまたこの人と微妙な対立状態にあったと思われるのであり、恐らく法阿は、当時宮河と対立して現地にあったべつの預所阿賀丸(後述)とむすんでいたとみられるのである。[14]「およそ天下動乱の間、寺社本所御領、時の権門のために押領の条、今に国中平均の法なり」[15]と東寺に出した陳状のなかでうそぶいたこの人は、禅勝・実円以上の図太さをもっていたといわれようが、こうみてくるとこの惣百姓の動きもまたさきのように素直にはうけとれなくなってくる。

といってもここでは法阿自身の利害はさほど露骨におし出されることはなかったが、[16]そこにはまたこれ以後宮河にかわってしばらく現地の代官となるさきの阿賀丸の支えも考えられなくてはならないのである。

一方禅勝・実円にそくしていえば、二人の野望を決定的に終焉させる契機もまたここにつくり出されていた。おそらくこの動きのなかで禅勝と阿賀丸との間に対立がうまれてきたものと思われる。一三六一年(延文六)八月廿五日の夜、禅勝はにわかに夜討にあって庄の堂でたおれた。そしてそれから一ケ月とたたぬうちに彼の子兵衛次郎は父の敵として阿賀丸を討ったのである。

これとほぼ時を同じくしてこの国の守護細川清氏は政争に敗れて一旦この地に入り、やがて堺に没落してゆく。公文と預所をあいついで失った現地はこの動乱の渦中におかれ、ついに半済《はんぜい》は決定的な形で定まってきたのであった。

三　惣百姓

すでに余りにも周知のこととなっている禅勝と実円の行動を中心に、いままでいわれてきたことに私なりの推測を加えた肉づけをしてみたのであるが、ではこうした名主たちの野望をともあれ封ずるほどにのびてきた惣百姓の力の根源はどこにあるのだろうか。またそれがそのまま抑圧に対する素直な憤激とはならず、たえず別の動機の入ってくるのをゆるさなくてはならなかった理由はどこに求めたらよいのだろうか。ある意味ではそれは解決ずみの問題ともいわれよう。「名主と農民との矛盾」にそれを求めることはもとより誤りないといえようが、ここではその矛盾の性質について二、三気づいた点をのべてみたいと思う。

さきに惣百姓という形がでてくるについて、商工業と農業の分業の発展との関連で考えてきたが、周知のようにこの時期にはいってそれはいよいよ顕著であった。遠敷市《おにゅう》との関係、庄内の倉本百姓などはよく知られた事実であるが、このころの庄は小浜《おばま》にすむ借上《かしあげ》とも深い関連をもつようになっていた。ここで借上といったのは石見房覚秀のことであるが、この人はすでに鎌倉末期に年貢につまったこの地の名主に銭を借し、そのかわりに名主職を得た上、薬師堂の復興に功があったということでその供僧職《ぐそうしき》をも与えられていた。このことからこの時期の地頭代(得宗被官の代官)もすでにこうした人と深いかかわりをもっていたことも推測されるが、建武にはいると覚秀は東寺の借銭を融通しており、[17]あるいはこの時地頭職を借上に請所とさせたといわれているのは彼のことではなかったかと思われる。[18]南北朝のいつのころか、彼は銭壺をほり出し東寺に多額な用途の貢献をしたこともあった。[19]そして南北朝末の彼は二つの名主職と薬師堂供僧職の所持者であり、太良宮の禰宜職《ねぎしき》でもあったのである。[20]

この事実は一面すでにこのころには小浜と庄との間には切りはなし難い関係がすすんでいることを推測させる。が、反面注意する必要のあることは、覚秀は南北朝期を通じてこの地の名主職所持者であったにもかかわらず、惣百姓の度々の連署のなかにはついにその名をつらねることがなかったという点である。

それは、この庄の末武名主職をもっていたといわれるさきの国人瓜生国治の場合も、また禅勝にかわって公文となった近隣、体興寺の住人、願成、隆祐父子の場合にもいいうることであった[21]。

このことは一面では名主職の分化がさらにすすみ、現実の耕作からはなれた名主職所持者があらわれていることを示すものであるとともに、反面惣百姓のまとまりがすでに完全に地縁的な原則に立っていることをも推測させうる事実といえよう。名主職所持者であれ、外部の人が入らないのが自然の形だったのではなかろうか。

惣百姓が東寺からの借銭を現地で調達し、またそれを惣として請けおい、名主の未進銭をたてかえる——この場合も銭は覚秀のところからえている——ような、よく指摘される動きも、そこから考えてゆくこともできよう。それは惣百姓の都市との切りはなし難い関係を示すとともに、また惣百姓の土地を外部のこうした力から防衛しようとする志向もそこに動いていたのではなかろうか。なお未分化な点をのこしているとはいえ、ここに都市に対立する一個の地縁的な共同体の成立をみることができると思う。

しかしいうまでもなくその共同体自身、なお安定したものではなかった。すでに鎌倉末期からみられた名主職の売買・質入は、いまのべたように一方では覚秀のような人が庄にかかわってくる契機をつくり出すとともに、惣百姓の内部にもかなりの土地の移動をよびおこし、一定の分解をよびおこしていったことは一般的にも認められている事実であろう。貨幣の貸借を通じて「器用の百姓[22]」となってゆく人々があらわれる一方、子供を質に入れ、土地を失う人々のでてきたことは、室町期を通じてこの庄でも確認される。もとより惣百姓の動きを代表していたのはこの時期にはのちに「四人百姓」「八人百姓」などといわれた、「器用の百姓」たちであったと思われる。

さきにみた惣百姓の矛盾する側面の一つはまさにこの人たちのものであったといえよう。禅勝と実円をおさえ、のちには彼等自身のなかからあらわれてきた金融業者に反撥した動き[23]には、それらの人々を動かしていたものと質を同じくする動機をみることができるであろう。それは一種の「嫉妬」であったとすらいいえよう。「徳政」を要求した動き自体にこうした側面がみられるのではなかろうか。惣百姓全体の動きからはなれて徳政をのぞんでゆく人が、こうした人々のなかからでている事実[24]には、裏切られた欲望の逆の激しいあらわれがうかがわれるように思われるのである。

しかしすべてがそうであったわけではない。禅勝・実円の場合にしても、いまあげた金融業者の場合にしても、それは惣百姓すべての動きとしてあらわれているのであり、徳政が惣百姓全体に支持される場合のあったこと[25]はこの庄をめぐっても確認される。都市の支配に対する農村の反撥ともいえる動きが、そこにうかがわれてよいのではなかろうか。

そこにはただ単に「器用」の人々の動機だけでない、すでに土地を確保しつつあった個々の農民の意向が底を流れているとしなければ理解できぬものがあるといわれよう。年貢銭をはじめとする貨幣負担の調達をはじめ、外部の人々との交渉についてはこれら「器用の人」に依存しなくてはならなかったにせよ、また彼等自身、こうした人々の動機と無関係ではありえなかったにせよ、すでに一定の地縁的な関係をむすびつつあったこれら個々の農民はやはり惣のすべての動きを強く規制しつつあったといわなくてはならない。

南北朝期にみられた数十人に及ぶ人々の署名は室町期にはいると史料の上にはあらわれなくなるが、それには別の事情も考えねばならず(26)、むしろ逆に結合の強化をそこにみることもできるであろう。

ではこうした個々の農民は、「器用の百姓」といかなる関係をとりむすんでいたのであろうか。問題の焦点はまさにここにあるといわれようが、この庄に則してはそれはついに明らかには知りえなかった。すでに年貢負担者として公認されているこれらの人々のすべてが、器用の百姓と特定の隷属関係をもっていたとは考えられず、屋敷をもつ人の多かったとみられることも注意されるのであるが、もとよりそれはそのままではこうした隷属関係のすべてを否定することにはならない(27)。

この点については今後をまちたいが、ここではこの問題を一応のこしたまま、こうした現地の独自な成長に対して、東寺をはじめとする支配者が、いかに対処していたかを考えてみたいと思う。

四　南北朝の内乱

建武の動乱がこの庄に対する東寺の支配に与えた影響は大きかった。幕府や守護によって度々軍勢甲乙人《こうおつにん》の乱妨停止《らんぼうちょうじ》が命ぜられる一方、現地の事情が一時ほとんど分らなくなってしまうことがこれを証しているといえよう。禅勝と実円の失脚もまた守護使の入部をまねいた結果だったのであるが、この二人の更迭のあと、一三三九年（暦応二）のころから庄の体制は混乱を脱して再びととのえられてきた。領家方と地頭方とにわかれ、前者は預所代、後者は地頭代が、それぞれ現地にあって、公文とともに庄務を処理する形がでてきたのである(28)。守護の兵糧米徴収、人夫の賦課も一三四一年（暦応四）には正式に停止された。ときに名主の相論にからんで守護側の介入がなかったわけではないが(29)、それはむしろ異例のことで、すべては東寺のもとで処理されていたようにみえる。それは形の上では鎌倉期の体制の復活といわれよう。また東寺の一円支配はここに成立したともいいえよう。しかしそれを形どおりにうけとることにはもとより疑問がある。

すでに年貢が現地で銭にかえられることが日常化しており、つとに元弘のころには借上に請所とさせることすらおこなわれたことから考えて、現地の発展は寺の支配にかかわりなくすすみ、事実上の遊離がそこに進行していたように思われる。

その点を考える上に注意されるのは、鎌倉末期にあれほど問題にされた雑公事が、この時期には百姓との間にほとんど全く問題になっていない点である。自然その内容についてはしりうることが少ないのであるが、京上夫は領家、地頭両方それぞれ十五人と定量化し(30)、また預所の得分も全く固定化していること(31)、さらにまた各名の雑公事、畠地子が銭納化されているとみられる点(32)などから考えて、鎌倉期からみると大きな変化がそこにあらわれているのではないかと推測される。それはすでに東寺と現地との関係が貨幣を媒介とした、ある意味で間接的なものになりつつあることを示しているとはいえないであろうか。そこにまた現地の代官や公文・名主の地位が特殊な意味をもってくる点があったのではないかとも考えられる。地頭代がこうした隙に乗じて年貢銭を私用することは可能だったのであり(33)、実円の所犯条々といわれた箇条(34)のなかにもそうしたことをうかがうこともできるのである。このような点に、禅勝・実円の所職に対する執着の理由の一つがあったのではないかと思われるが、それは推測の域をでない。

自然、問題はむしろこうした地位に立つ人々と一般の名主、農民との間にあったと思われるが、政治状勢の一時的な安定はそれを表に出すことにもならず、守護の交替もまた現地に何等の影響も及ぼさぬまま十年ほどがすぎていった。そしてこの間の変化のすべてを表面化したのは観応の擾乱であった。

はげしく現地をおそった動乱のなかで、惣百姓は東寺の意志をはなれて独自に動きはじめる。さきにのべたように、国人瓜生国治はその要求のなかで代官に補任されたのであった。まえにみた形からすれば、当然預所代が彼とならんでいたはずであるが、地頭代として補任された彼は、現地をほとんどゆだねられたかにみられる。それは外部の激しい動きから庄をまもるために、東寺のとったやむをえざる処置であったともいえよう。しかしそれはすでに現地から遊離しつつあった支配体系の完全な混乱の口火をきったことにもなった。翌一三五三年(文和二)にあわただしくおこなわれた預所の下向と地頭代の補任は、(35)こうした事態に対処する東寺側の体制回復の努力であったろうと思われるが、現地はその思う通りにはならなかった。下向した預所の横死という事態までともなって庄は瓜生から「国一の悪党」といわれた河崎日向守の手にうつったと思われ、(36)その間に下った守護細川清氏によって、領家職は一旦半済され、給人に宛てられるということすらおこってきた(文和四)。(この給人は大高八郎であったとみられるが、この人と河崎との関係は明らかでない。)尊氏の下知状(37)によって最悪の事態はまぬかれることはできたようであるが、それは恐らくは宮河弾正忠という新たな国人を代官(預所)とするという代償をはらった上でのことだったように思われる。(38)しかも一方では同じ時に阿賀丸というさきに横死した預所の弟にもまた預所職を与えねばならず、(39)東寺の支配は全く混迷のなかにあったとしなくてはならない。ここにあらわれた二人の預所の間に当然おこってきた対立のなかで、さきにみた禅勝・実円と法阿の惣百姓を背景にしたあの動きがおこってきたのであった。惣百姓の激しい損亡免除の要求がついに禅勝・実円の追放となり、さらに宮河の追放に発展していったことについてはすでにのべた。

しかし周知の宮河とその代官の非法はこうした事態のなかにおいて考えてみる必要があろう。おどろくべき不法な公事夫役が、憤激をもってここにあげられているのであるが、それは国人の封建領主化への動きというよりも、鎌倉末期から元弘の変直後と同質の、あの異常なまでに貪欲な欲望の、より露骨な表現であったとみられるのではないだろうか。動乱のなかで、彼等の地位すら保証されていないのだ。何を彼等が顧慮する必要があったろうか。

激しい抗議の前に宮河は退いた。しかしさきにもみたように、その抗議すら農民の憤激の素直な爆発といいえぬところに、この時代の大きな問題があろう(40)。

自然多くのくすぶった矛盾をのこしながら、一応預所に阿賀丸、地頭代に禅舜(現地は法師丸)の地位がきまって、七年ぶりにある落ちつきが庄にもたらされた。年貢散用状も四年分まとめてつくられ、その間の未進米も預所、公文、惣百姓などによってうけおわれてゆく(41)。和市の起請文もはじめて正式に書かれたのであった。しかしそれも三年とはつづかない。

さきにみたように一三六一年(康安元)、公文・預所が互いに相討ちになるという現地の矛盾の爆発につづいて、それ自体は偶然であったが守護細川清氏の謀叛と没落という非常事態がおこり、現地は再び混乱におちいった。苦境に立った現地唯一人の寺側代官、禅舜の交渉をよそに細川方の兵糧米、人夫の徴収は容赦なくおこなわれ、その没落後、宮河からの討ち入りにつづいて、新守護石橋和義による半済給人が庄に入ったのである(42)。この半済は東寺の努力にもかかわらず、ついに停止されなかった。

しかものこされた庄の立直しも東寺の思うにまかせない。公文はともあれ禅勝の子息に定まり、預所も一応快俊(阿賀丸の従父兄)にきまったが、それは長い訴訟(阿賀丸の妹御々女との)をあとにひき、安定しないのである。混乱にともなう出費を、すべて百姓の責任による未進として現地に賦課しようとする東寺に対して、百姓もまた強硬であった。寺を代表する代官はその時いなかったのだ(禅舜は早く京に帰っていた)。すべては寺の責任であり、百姓の負うべきことではない。もとより丁重さは欠いてはいないが、彼等の訴状にはそういう口吻が明らかにうかがえる(43)。

早くも半済方にとりいろうとする人もそのなかにあらわれているのであり、さきの法阿はその一人であった。名主職の補任についても、恐らく惣百姓の主流は半済方から下知をもらうようになり、事実上東寺の手からはなれつつあったと思われる(44)。

そこで預所となった快俊自身、すでに先例傍例の意味はなく、守護方に秘計をめぐらさなくては庄は成り立ちゆかぬといい、守護の催促にしたがって自らその軍役に応じてゆくのであった(45)。もしこれを拒否すれば、一円庄を請負うといった半済給人の圧力もあったといわれるが、彼自身むしろそれをよしとする面のあったとみられる点に注意しなくてはならぬ。預所職の訴訟に不利になった彼は、やがて守護代(斯波道朝の代官完草上総介)の奉公人となっていったとみられる(46)。そしてまたそのことが、東寺にとって更に決定的な事態をよびおこすもとになったのであった。

時の守護斯波道朝の没落、越前杣山城への引退は、この庄に南北朝期最後の衝撃を与えた。一旦は一円回復を喜んだ東寺は、一色範光の守護補任によって、逆に前守護と内通との理由で預所職を没収され、加えて再び半済のうき目にあわなくてはならなかった。一応まぬかれたとはいえ、地頭方もまた地頭代が前守護の軍役に応じたとの理由で給人に付されようとしたのである(47)。

この事態は室町期を通じてもはや動くことはなかった。敵対する国人の一揆を撃破し、明徳の乱によって今富名(小浜)を山名氏よりうばって、守護一色氏の支配は強化されてきた。ここにいたって再三にわたる幕府の奉書が何等の効果をも示していないことに注意しなくてはならぬ。応安ごろから、守護を通じて諸種の課役反銭の公然たる賦課がはじまり、守護方からの借銭、人夫賦課も容赦なくおこなわれてくる。政治状勢の安定とともに、いわゆる守護領国制はこの庄においても固ってきたのであった。

五 「守護領国制」

半済後、なおしばらくは庄の体制は動揺をつづけた。東寺側は失った所職を特定の人に請負わせて守護方に秘計をめぐらせ、一円回復の訴訟をつづけ、一方守護方も人夫、借銭を一種恣意的に庄に賦課して、現地は一時圧倒的な守護の力にほとんどおおわれた時期もあった。そのなかで負担の定量化を望む惣百姓の声が聞かれるようになってくるが[48]、やがて応永にはいるころから、新しい事態に応じた東寺の体制もほぼ定まってきたようにみえる。

領家方と地頭方は形の上の区別をのこしたまま本所《ほんじょ》方として統一される方向にむかい、その所務職が東寺側の人に与えられるとともに、多くは現地の人から一人または二人の代官を採用し、現地における寺側の代表者として守護方との交渉にあたらせるという形が一応おちついてきた[49]。頻々として庄に賦課される諸種の反銭を京済する慣習もできて守護使の入部はともあれ回避され、守護京上夫の人数も一定してきた[50]。と同時に、人夫・国役の賦課をとどめ、あるいは一円を回復するための訴訟も機会をとらえておこなわれたのであった。

一方地下の代官には一定の得分が与えられ、惣百姓を代表する立場に立つ公文とともに、年貢を徴収し、それを市場で銭にかえ、守護方との交渉に要した雑用などを差引いて寺におくること、また惣百姓の動きについては寺側の代官としてこれに対し、その状況を掌握することがのぞまれたのであった。

こうして応永のなかばごろには、領家・地頭両方からの年貢高も一応固定した額が定まってきたのである。[51] しかしすでに南北朝期に形式化していたとみられる夫役は、守護方からの夫役が圧倒的な比重で賦課されるに及んでそれにとってかわられ、事実上ほとんどおこなわれなくなってきたものと思われる。[52] 室町期も大分すぎたころ、庄でつくられた鐘を運送する臨時の人夫を出させるにあたって、寺側は相当の決意で現地に立ちむかわなくてはならなかったことからも、事情はある程度うかがえると思われる[53](それも夫賃は年貢から下行した上でのことである)。

名主職の補任も形の上では寺の手から全くはなれ去ったわけではなかったが、これも事実上おこなわれなくなっており、[54] 年貢が現地で貨幣化されることが完全に慣習となっていることをあわせ考えれば、現地に対する東寺の支配は全く遊離したものであったといわなくてはならない。すべては地下の代官の手中にあったともいえるであろうが、もとよりその人が東寺の思うように動いたとは考えられない。訴訟の費用を一献銭、沙汰用途などの名目で、現地での調達を強要することもおこなわれているが、これはむしろ端的にその寄生化を示すものといえよう。

現地に独自に発展してきた経済関係によりかかり、それに寄生してゆく方向がすべてにわたって明らかにうかがえると思うが、では半済方といわれた部分に対してはいかなる支配がおこなわれていたのであろうか。

そこでもまた支配はかならずしも強固であったとはいえないように思われる。半済方の代官は、現地に手作をおこなうようなこともあったが、[55] 一面毎年かわるといわれるほどの頻々たる交替があったともいわれている。[56] そして恐らくこの代官の上に立つ人と思われる「庄主」という人の存在もしられ、半済方そのものが南禅寺の手にわたるということすら問題になりえたような状態であった。[57] とすると、半済方の支配も、すくなくともこの時期には東寺側のそれとさしたるちがいはなかったといえるのではなかろうか。

その両方を通して庄に対していた守護自身にしてもそれは同様ではなかったろうか。恒常的に賦課される京上夫は半済方、地頭・領家方の各々から固定した人数が賦課されてはいるが、それは諸種の名目で賦課される反銭同様、国役としての性格をもったものと思われる。ときに催促される軍役はそれぞれの代官が応じたものとみられるが、それは鎌倉期の守護の権限の延長と考えることができよう(58)。これにともない徴発される陣夫も、あくまで庄の機構を通してのことであり、惣百姓はそれに応じながらも、東寺側からその費用を立用させるなど、独自に動きうる余地を充分にのこしていたのである。ときに賦課された徳銭、借銭、要銭などにしても、それは東寺の借銭と本質的に変るものではなかったろう。反銭の徴収を名目に現地をおびやかした守護使のとる使料、またその免除をのぞむ東寺側からすい上げる一献銭にいたってはいうをまたない。

すくなくともそこには農村を真に支配しようとするもののきびしい努力をうかがうことはできない。自然新たな権力機構をつくり出す必要も意欲もそこには生れる余地はなく、古い機構と現地の関係に寄生する性格はむしろ露骨であるといわねばならない。宝徳のころ、小浜へかよわなくては一日もなりたちゆかぬという百姓に対して、関をかまえて封鎖し、これをおさえようとした守護の支配には一種のきびしさはでてきているといえようが(59)、やはり本質は同様なものであったといえるのではなかろうか。

その小浜こそまた守護の支配の中心であったともいえよう。小浜をふくむ今富庄を「小国の微貢ならんよりは大庄の恩補にはしかず」(『明徳記』)としてとくにそれをのぞみ、そこに居所をおいた一色氏のあり方からもそれをうかがうことができる。将軍義満の来臨を度々迎え、「南蕃船」が着岸したといわれる都市小浜は当然この国の経済の中心となっていたと思われるが(60)、そこにまた恐らく守護の寄生的な性格が鋭くあらわれていたのではないだろうか。室町幕府の酒屋、土倉に対するような関係をここに考えることはできないだろうか。のちの武田氏のときであるが、守護の「御内《みうち》」に喜阿弥陀仏という人があり、八文子で惣百姓に多額の銭を融通している事実はこれを考えてゆく上に手がかりになると思われる。(61) いま寄生的といってきたが、それはある意味では鎌倉末期にあらわれてきた動きの体制化であったともいえよう。よくいわれる室町幕府の「拝金主義」はこう考えてみることもできるように思われる。

そしてこうしたすべてのよりどころとなっていたのは古代政権と武家政権をあわせた権威であり、その機構であったが、それが全体として生きた現実世界に対しては寄生的な役割をはたしていたともいえよう。

惣百姓が半済後の事態のなかで、なおその独自性を失わなかったのは、ここに一つの根拠があったとしなくてはならない。

形の上では半済方と本所方とにわかれ、また実際の土地にそくしてもその区別はあったようにはみえるが、彼等の独自なまとまりは決して失われてはいなかったと思われる。(62) 惣百姓を一応代表する公文が、東寺との連絡にあたるとともに、守護方に奉公することも義務づけられていたようであり、恐らくは半済方の事務もとったと考えられる点にもその根拠の一つは見出されよう。(63)

この時期の彼等の東寺に対する態度にはむしろ露骨に脅迫的なものすら感じられる。守護による京上夫の賦課に対し、その停止の訴訟を要求した彼等は、もし不可能ならその費用は年貢から立用してほしい、それもできないというなら自分達が守護夫をなまけてそのために庄が守護方にとられても自分等の知ったことではない、とまでいっているのである。(64) さらにまた彼等は守護方との交渉をうまくやり、「諸方の旦那廻り」をして臨時の公事を拒否できるような代官をのぞみ、手作をして百姓を召しつかうような代官に対しては一味同心、神水逃散までして東寺をおどし、これを拒否してゆくのであった。[65] それは単に強力な守護の支配に対して東寺の庇護をたのむというような弱々しいものではない。言葉の上での修飾はともあれ、利用できるかぎり東寺を利用しようとする図太い強さこそ彼等のものであった。そこに鎌倉末以来のはげしい動乱のなかできたえられた彼等の強さをみることもできようが、反面それはすべてをすて去ったもののもつ強さとはおよそ異質のものであることが考えられなくてはならない。そしてまたこの点に、あの寄生的な体制とその支配をゆるす弱さのあることが注意される必要があろう。

もとより彼等は半済方にすべてをたくしているわけではない。守護の反銭の免除にさいして半済方の百姓までが、本所の力をかりようとし、また本所方の百姓とともに東寺の一円を望んだような動きのなかにその一端がうかがえるといえよう。[66]

しかし彼等のなかに幾多の矛盾が考えられることはさきにもふれたが、この時期にはまた別の形の対立がみられる。すこしあとのことになるが、守護方からの陣夫がしきりに賦課されてきた時、惣百姓は「尻高《しんだか》」の百姓がこれを勤めないために、夫役が自分たちだけに課されることを憤り、もしも寺側がこれに対して処置をしないなら「惣庄の公事をとどめる」といい、すべてを尻高に負担させることを要求している[67](ここで「尻高」といわれている地域は一つの名とされているが、あるいは惣百姓の本流からはなれた別の部落だったのではなかろうか)。それは一面では彼等の統制力がいよいよ強くなりつつあることを示しているといえようが、反面やはり自らに対する抑圧が他のものにも同様であることをのぞむ気持が動いていることをみのがすわけにはいかない。同様のことはさきにもふれてきたが、それは外部に対する強硬さの背後にある弱さと一応照応するものであったといえよう。真に自らの足で立とうとする動きはなお完全には彼等のものではなかったのであり、ここにこそ東寺の支配がここにいたっても存続しうる根拠があったといわれるであろう。[68]

すべては現地の新たな関係の未成熟に求めることができようが、それについては今後更に細かく検討してゆきたいと思っている。

六　東寺の支配の終末

いまみてきた半済後の体制は、正長にはいるころ若干変化してくる。このころ現地の代官と前代官との間に衝突があったようで[69]、恐らくはそれが直接の契機になったものと推測されるが、東寺は一四二九年(正長二)、久々に領家方・地頭方の検注をおこなうとともに、これ以後在地の人を代官に採用しなくなってきたのである。代官はすくなくとも東寺の荘園に深い関係をもつ人が任命され、現地にはただ公文のみがあるという形がとられるようになった[70]。一応それはさきにみたような状況のなかで、代官がともすれば百姓と取引し、寺側の利益代表者の性格が弱まりがちになる傾向に対して東寺のとった対策と考えられよう。

一方またこの国の守護も一四四〇年(永享十二)には一色から武田にかわり、現地の情勢はようやく変化の萌しがみられるようになってくる。すでに徳政をのぞむ土一揆はこの国にもおこっていたのである[71]。

新守護武田がこの国の本所寺社領の預所職に補任されたことは、この庄もまたその手中におちいる危険にさらすこととなったが、ともかく本所の直務がみとめられて危機が切りぬけられると、逆に東寺側の動きが積極化してくる。東寺は反銭以下臨時課役の免除、守護使不入を望む訴訟をおこない、一四四九年(宝徳元)には幕府によってそれが認められ、翌年守護もそれを施行するところまでこぎつけたのであった[72]。それは東寺にとって新たな希望をひらくかに思われたであろうし、また四十二貫に及ぶ多額な訴訟費用(不入方一献)の調達をいつになく積極的に請けた百姓もまたあるいはその喜びを共にした面があったとみられぬこともない[73]。

しかし現実にはこのことは守護側を刺戟し、現地の緊張はかえってましてきたのであった。百姓泉大夫の訴訟をうけつけ、その論人を召したことは、あるいは東寺の新たな自信のなさしめたことであったともみられるが、それは半済方代官の強い抗議にあわなくてはならず[74]、また不入になっても公事は前とかわらぬということが半済方から通告されてくる。上下宮神事への人夫の動員も、拒否すれば守護方の地をふませぬという脅迫をともなって賦課されたのである(百姓が小浜に入立たなくては一日も成立ちゆかぬといったのはこの時のことであった[75])。

しかも一四五二年(享徳元)さきの泉大夫はにわかに守護方にめされ、小浜で斬られた。これを契機に守護側はその住宅を追捕し、惣庄の所務職もまた押領の危機におちいった。東寺側の奔走によってこの最悪の事態はようやく回避されたが、もとよりこのなかで不入云々は完全にけしとんでしまったといえよう。

たしかにこの前後半済方の支配は前にくらべて急に強化されてきたように思われる[76]。半済方の代官(山内氏)は公文・百姓の訴訟を仲介し、東寺側の代官とも意志の通ずるところはあったと思われぬでもないが、それを指揮する山県氏の動きにはすべてにわたってきびしさが感ぜられるように思われる。中央の政治状勢の動揺と緊迫とはようやく本格的に現地に迫りつつあった。

なか二年おいた一四五五年(康正元)、現地は守護の下向、借銭、陣夫の賦課のまえに再び緊張する。これに対して下向した代官中尾弥五郎の注進によれば、この借銭三十貫は「寺家の手なみを見候ハんため」であり、次第によってはこの年をはじめとして毎年借用し、ついには「寺領をおとし候ハんくわたて」であるといわれたのである[77]。

しかもまたこの代官中尾自身、その不正を偶然のことから寺側に暴露され、更迭されながらなお権門の口入をうけ、のちには明らかに守護の被官としてその口入によってあらためて代官職を要求してくるのであった。東寺の内部にも彼を支持する人がでているのである。

一方現地には屋形礼銭、国方要銭などの名目による守護の賦課はいよいよきびしいのであるが、そのなかでこの前後、代官の下向を要求する惣百姓の声が強くなってくる。いうまでもなくそれはよくいわれるような単純に東寺の支配をのぞむような性質のものではなかった。むしろそれは守護側からの臨時賦課を負担した責任を百姓に転嫁し、年貢からの立用を拒もうとする東寺に対する激しい不信のあらわれであった。「代官が下向しなくては百姓は逐電しても守護との交渉はしない。代官がいなければ成物も進上しない」という言葉を彼等は東寺になげつけているのである。(78) そしてまた彼等は、これにこたえてようやく下向してきた代官(定増)に、わずか一年ののちには早くもその非法をならし、一味同心してその罷免を要求した上、むしろ東寺のきらう中尾を代官にすべきことをのぞんだのであった。(79)

一四五九年(長禄三)、この年は「国の物忩」ということがいわれ、所々の代官はみな下向したといわれた年であった。およそこの年中つづいた「物忩」がいかなる動きであったかは、いま明らかにしていないが、(80)代官の下向しないことを怒り、「たとい御百姓をハ人とおほしめされ候ハす共、上様を大事に思召、御領を御領とおほしめし候ハヽ、かやうの御ふそくはあるましく候哉」といったすぐあとに惣百姓が要求したことがこれだったのである。

すべての事情は東寺に不利に動いていた。これに対しては東寺自身、供僧の一味同心という異例の挙にでて、事態ののり切りを策さねばならなかったのである。

そしてこの年の末、他庄とともに反銭課役以下の免除、守護使不入を命ずる義政の判物が与えられ、危機は三度回避された。翌年(長禄四)にはあらたに半済方と預所職を大弐法橋寿快という人に五十年契約で与えてその回復を策すという試みすらなされた。新代官もきまり、中尾もまた違乱せざることを誓って、一時的な小康状態があらわれたのであった。もちろんこの試みは効果なく、半済方からの陣夫、借銭の賦課は依然きびしかったと思われるが、最後の危機は一四六六年(文正元)に庄をおそった。

年のはじめに百姓の訴訟にからんでおこった守護方からの検断のおそれが、幸いきりぬけられたのもつかのま、公文・惣百姓はまた「屋形在陣により庄下迷惑」と注進してくる。去年の臨時反銭ののこりは五十貫余もあり、旧冬の反銭も二十貫を国済した上、守護方からの礼銭、要銭の催促もきつく、代官の下向が「一向地下をあける」とまで強く要求されたのであった。[81] やがて九月には守護は国中権門領をおさえるといわれ、[82] 十月、「世間物忩により道ふさがり、馬借《ばしゃく》動かず地子も進上しえない。徳政により国中しずまらず」という緊迫した公文・惣百姓ともどもの注進[83]を最後として、現地からの具体的報告は見られなくなる。応仁の乱は恐らくこの庄をものみこみ、それとともに庄の現地は事実上完全に東寺の手からはなれ去った。

ここに惣百姓は利用すべき東寺の力を失った。彼等の前にはようやく真剣さを加えてきた守護の支配が正面から迫ってきたであろう。旧い権威は自壊するとともにその力をほとんど失った。ただ実力あるもののみが生きのこりうるきびしい世界がひらかれようとしている。その試煉のなかで、あの弱さをのこした惣百姓の図太さにどういう変化がでてきたかはすでにこの庄についてはたどることはできない。今後の私自身の課題としてそれはのこしたいと思う。

(1) 柴田実編『庄園村落の構造』(創元社、一九五五年)所収両氏論稿(「若狭国太良庄」)、及び、井ケ田良治氏「庄園制の崩壊過程——室町時代の東寺領太良庄」(『同志社法学』第四十五号、一九五八年)。なお両氏には史料その他について大変御迷惑をおかけした。ここに心よりお礼申し上げたい。

(2) 拙稿「鎌倉時代の太良庄をめぐって」(『史学雑誌』六七の四、一九五八年)〔本巻〕参照。

(3) 同「元寇前後の社会情勢について」(『歴史学研究』二三一号、一九五九年)(のち『悪党と海賊——日本中世の社会と政治』(法政大学出版局、一九九五年)に収録)〔⑤〕。

(4) 東寺百合文書ゑ10下—16上(二九／一)、建武元年八月日、実円重陳状「実円去年六七月之間度々企上洛之、当庄可為御一円之由申上」云々。

(5) 同文書ヱ10—24(四六)(以下百合文書は分数函号のみをあげる)、建武元年六月廿六日、百姓等申状。

(6) 井ケ田氏前掲論稿、福田栄次郎氏「惣村の発展」(歴史学研究会・日本史研究会編『日本歴史講座』第三巻、東京大学出版会、一九五八年所収)。

(7) ヱ1—9(六〇)、康永元年十一月日、蓮仏重陳状「同状(百姓等状)云実円差申蓮仏於預所御代官方之申詞於支証之処」とある点が一つの手がかりとなる。

(8) 註(7)文書に「依助国名事古敵当敵之族貪欲之余動挟宿意」云々とある、「古敵」というのは助国名が鎌倉中期に歓心、時沢、真利の各名主との相論の過程で復活し、この三名から各々名田がさきとられた問題をさしていると考えられるので、この推測をしてみた。なお「当敵」というのは井ケ田氏の指摘にあるように、石見房覚秀であろう(前掲書二七二頁)。

(9) 脇袋彦太郎国広のことで、国治自身この庄の末武名の名主であった(後述参照)。

(10) このことを要求したハ13—20(一九)の百姓等重申状の末尾に「実円禅勝和談之由被仰下之条不便事けまんたく以彼仁共のけうかいにあらすけ」という言葉があり、これの解釈はいろいろに考えられるが、一応この程度に解しておいた。

(11) ハ1—12(三三—一)、延文元年六月廿五日、隆祐申状「去観応年中奉属五辻殿歎申之」とある点。

(12) このあたりの事情は第四節に後述する。

(13) これについてやや理解がちがうが、井ケ田氏二八三頁以下参照。

(14) これについて井ケ田氏は宮河と阿賀丸の結びつきを考えられ、さらに末武名主乗蓮の阿賀丸とのつながりを加え、法阿は宮河に敵対することによってこれらすべてを敵としたと推測されている(二九一頁以下)。

しかし第四節にものべたように阿賀丸と宮河はむしろ真向から対立していたのではなかろうか。氏は、し12乙—13〔二八〕、延文五年四月廿八日、預所阿賀丸起請文に「延文元より同三年間宮河弾正忠被補御代官候ける事不存知候」とある点と、ハ1—12〔四二〕、延文三年十一月、百姓等申状に宮河を糺弾した百姓が「預所御代官依為一躰之(「也」と大日本史料にある点が誤解のもとである)以同前也」とあることをあげておられるが、この言葉は同文書の「預所御代官存知上者不当百姓巨細候歟」という言葉に照応しており、むしろ預所代(恐らく阿賀丸)と百姓との「一躰」を示していると思う。こう考えれば前の文書もまた宮河の未進を課された阿賀丸の不信の表明と解されよう。とすると真村名の問題で宮河と対立関係にあった法阿が阿賀丸から延文元年に宛行状を得ている点(この文書にはやや疑問もあるが)も一応理解できよう。また法阿と禅勝・実円の対立については、し8〔一二乙—一三〕、延文三年八月二十二日、禅勝実円起請文で二人が「法阿若鶴女の相論の名田に点札を立てるようにすすめたことはない」といっている点(これは惣百姓との和睦の直後にでている)また、は140〔一三二〕、七月二日、公文熊王丸(禅勝の子)注進状に法阿が熊王の母のもつ名をとり上げようとし「百姓等の中、谷法阿弥か半せいの人々にとり入候て、しやうけ(庄家)のことともある事無事やう〳〵の事ともついせう(追従)事申事かくれなく候、こせんせう(故禅勝)(マヽ)くわんか法阿ニせん□んしたるなき事寺へちうしんして候へとも、けんくう(結句)わか身うちころされてそんして候」とある点からほぼ推測できる。以上のような点から宮河—禅勝・実円対阿賀丸—法阿の対立を推測してみた。

(15) し12乙—13〔二六一—一〕、延文四年六月日、真村半名々主法阿申状。

(16) とはいえ、さきのハ1—12〔四二〕の百姓等申状に「百姓善日女称有罪科之不及是非御沙汰無故令佗傺既庄家ヲ牢籠仕条不便次第候」とあるのは彼と無関係ではない。善日女と彼とは真村名の相論を通してみると非常に深い関係にあったようにみえるからである。

(17) ゑ29—37〔三〇〕、建武元年十二月日、預所代散用状、は119〔八九〕・120〔八八〕、建武元年十二月十九日、領家方畠地子注文、同天役注文「自領家方御塔供養時拾貫文借進用途且〻返了石見房方へ」。

(18) ヱ10—24〔四六〕、建武元年六月廿六日、百姓等申状「然而近年被成当庄地頭職於請所之時入注文被渡借上方之畢」とある点。

(19) ヌ10―24〔三三〇〕、年月日不詳、太良庄掘出用途事等条々、彼は国司守護よりの検断をおそれて母（小浜の女房）とともに上洛した。

(20) 井ケ田氏二五五頁、三〇六頁。禰宜職を覚秀が所持していたことは、これより大分前に同じ職に実円が二貫文の任料を賦課している事実とあわせ考えると、かなり注目すべき点がでてくると思われる。この点、西垣晴次氏より御指摘いただいた。

(21) 覚秀の助国名の場合には、ッ39―46〔四六〕、康安元年九月廿八日、領家方名々年貢員数注文によると、蓮仏と半分ずつもっているがこの二人の下には泉大夫、泉介、十念という人があり、署名はこの人の名でおこなわれている。また末武名主職をもっといわれた国治が代官として推された時に乗蓮という人が惣百姓の一人として署名しているが、この人が実際には末武名主であったと思われる。問題はこの人達相互の関係であるが、これは一応「加地子名主」として理解することができよう。

(22) ハ21―35〔三七四〕、（長禄元年）卯月廿八日、百姓等申状「是者御百姓中器用ニ申懸候間」といわれている言葉をつかった。

(23) ここでは一四五九年（長禄三）に代官の庇護をうけ百姓の土地を不法にとりあげたとして非難された政所屋三郎右近のことを考えている。

(24) 牢人をひきいれ徳政を企てたといわれ、守護方に斬られた和泉大夫道心（一四五二）、また徳政と称して地下を錯乱させた道性をはじめとする四人百姓の動き（し10―12〔二〇〇〕）は全百姓からむしろ非難されている。

(25) ヌ1―12〔一九三〕、（文安三年）十一月二日、代官某注進状、及びッ35―38〔一七七〕、（同年）十一月日、百姓等申状に「徳政事ハ日本国平きんに行候、取わけ当国事ハなにと様なる借物にても候へ、さた申へからす候由つちいつき置定候間」或は「宝蔵御造栄《（ママ）》米之事蒙仰候京都ニハさやうニ御座候共田舎の大法者神社仏物ときらわす徳政ニやふり候此御米ニかきり候て沙汰仕候ハヽ、又とくせいをあらたむるにて候」とあり、「奉加借米」の沙汰が拒否された。

(26) 第五節にふれたように東寺の支配が現地から遊離した事情が考えられねばならぬ。

(27) 井ケ田氏二五七頁、三〇二頁の江戸時代の事実から考えて、一種の被官関係は当然考えられなくてはならない。

(28) この時期には地頭職知行（地頭代ともいわれる）は祐実、現地の代官は兵衛四郎教重、預所は朝信という人かと推測され、現地の代官は大江盛信である。

(29) 井ケ田氏二六一頁にあるように時沢名の相論が守護方にもち出されたことがあった。

(30) 二節註(14)ハ1―12〔四二〕、百姓等申状、宮河の不法はこうした夫役を自らの恣意で大量に賦課した点にあった。
(31) これについては井ケ田氏前掲「崩壊過程」二六頁註(5)参照。守護に勘落される以前はやはりこういって誤りないであろう。以後についても私は本質的には変りなかったと思う。
(32) 助国名の雑公事は鎌倉末期、特殊に銭納化されているが、一三五一年(観応二)には、預所得分になっている末武名公事用途も銭納化されており、一四二九年(正長二)の検注では修理替銭、請料という形に統一されているものと思われる。銭納化された畠地子のとられるようになったのはやはり鎌倉末期からのことであった。
(33) さきにあげた新見庄前雑掌契状用途の問題はこの例となりえよう。
(34) ヱ1―9〔六七―一〕、貞和四年五月日、西願越訴状、隠田をし、「作人重代所職」に任料を課した、周知の非法。
(35) ツ47―51〔三二〕、文和二年八月廿六日、賀茂定夏譲状は問題のある文書ではあるが、のちに彼がこの庄で落命していることを考えれば「遠所下向」といわれたのはこう理解できるのではなかろうか。地頭代は中務丞行盛を請人とした熊鶴丸に与えられた。またこの翌年の本家役の吸収はすぐこれと関係させることはできぬにせよ、一つの体制整備であったろう。
(36) これは時期は確定できないが一三五五年(文和四)以前であろう。
(37) ナ1―14〔二八―二〕、(文和四)九月二日、尊氏下知状案。
(38) 問題は文和四年に源秀、平則義の二人が預所を与えられている点である。恐らくこれは現地の回復のために特別に委任された人と思われ、前者の場合には「たうねん給候ゆいしよをもつて後年にいらんを申候ましく候」(ア21―35〔三〇五〕、四月廿七日、源秀請文)といい、後者は「地下秘計更不道行者不日可辞申所務職事」(し14―16〔一九〕、文和四年六月十二日、左衛門尉平則義請文)といわれている。或いは後者が宮河その人ではなかったかと思われるが(宮河奥新左衛門尉という人がいる点から)弾正忠といわれた点が一致しないので、これは後考をまちたい。
(39) ツ1―10〔六〇／二〕、文和四年十二月十七日、東寺政所補任状案。
(40) 井ケ田氏二八八頁に指摘されたこの反撥の「農民的性格」は前節との関連でも、もちろん注目されねばならない。
(41) は38―57〔一〇四〕、延文五年三月十一日、領家方年貢散用状。
(42) 禅舜はこの時、預所・公文のない現地の立直しに下向しており偶然この動乱にであったのである。彼の報告はヱ25―31〔三一四〕、十月七日、は162〔一四六〕及びゑ1―10〔一七六〕、十月十二日の文書として残されており、この時の混乱をよく伝えている。

(43) し12―13〔三六〕、貞治二年三月日、領家方百姓申状「既於此時者寺家御代官方無地下一人御渡而今更加様御事蒙仰候間百姓等以外相存候事歎然有余者歟」。

(44) 二節註(14)熊王丸注進状参照。別の例はこのころの、文書ッ28―34〔二四〇〕、八月廿九日、乗蓮書状に見出される。ここで善日女が東寺に訴えているのに対し、乗蓮は「半成御方の事者この状を御目にかけ申て候へハたうちきやうしさいあるましきよし御下知候へハ寺家御事もとよりのきにて候へハへちのき候はしと存候てたのみ入候」といっている。このころ東寺に訴訟をもち出した人が、この善日女にしても十郎三郎安信、安大夫入道法願にしても、すでに惣百姓からはなれた人であった点が注意される。

(45) は165〔一六八〕、(貞治元)快俊書状。

(46) ゑ23―29〔二一五〕、年月日未詳、奉書条々断簡に「細河上総介」とあるのは井ケ田氏は細川清氏と解されたが(「崩壊過程」二三頁)これはこう解しなければ理解できない。

(47) この事情は井ケ田氏の論稿に詳しい。なおハ1―12〔六六〕、貞治六年卯月日、禅舜法眼申状案参照。

(48) ハ1―12〔九四〕、明徳元年五月日、地頭方在家百姓申状、し12―13〔二四八〕、九月日、地頭領家方百姓等申状。

(49) 一四一三年(応永二十)に金蓮院が両方の所務職をともに請ける前は、一応別々に与えられていたが、この時からはそれが慣習になっている。代官は山伏といわれた教実(禅舜の現地代官)以後しばらくはわからないが、応永年間に禅朝、朝禅、禅慶、朝賢、乾《(朝)》嘉が在地していた。この四人のなかには或いは同一人がいるのではないかと思われるが、このなかで朝賢はこの庄の名主職をもつ人、朝禅は公文弁祐と所縁のものといわれており、禅慶は百姓の不信をかって罷免されている。

(50) 京済の慣習は一四〇三年(応永十)ごろから定まってきた。守護夫はのちに本所方十五人、半済方十五人といわれており、ほぼこの程度だったと思われる。

(51) 井ケ田氏「崩壊過程」四四頁参照。

(52) 室町期にはいるころには東寺はなお夫役を取立てようとしているが、それは百姓の反撥によっておこなわれえなかったと思われる。この点についてはまた本節註(48)し12―13〔二四八〕の文書に早米の運送を百姓が拒否している事実のみられる点参照。

(53) ヌ23―27〔三一二〕、(文安二年)宝栄書状「鐘のほり候ハん時者太良庄へ堅被仰付候てのほせらるへく候哉なをさりに仰下され候ハヽ、承引申ましく候」。

(54) 室町期には事実として名主職の補任状はほとんど全くみられないといってよい。永徳二年の代官請文にはなお「名主百姓続目安堵等毎度可執申寺家為私計不可補任事」とあるが、応永二十年には「名主百姓等或罪科或闕分出来之時無隠密之儀可申入子細於寺家事」となっており、それは現地の代官（半済方もふくめて）の手にうつったのではないかと思われる。名主、百姓相互の相論も東寺にもち出されることはむしろ例外的であり、井ケ田氏も、「崩壊過程」三二頁で指摘されているように、主として代官の手で裁決されているのである。

(55) ぬ52〔一〇六〕、（宝徳三年）九月廿七日、百姓等申状「半済方御代官保一色五段半手作候」。東寺側の代官も同様であった。

(56) 本節註(52)ツ35―38〔八九〕文書「半済方御代官ハ毎年雖御替候」云々とある。武田氏の守護時代にはいると事情は変ってくる（後述）。

(57) し4―5〔二八五〕、（応永十四年）十二月六日、朝賢、弁祐注進状、これに答えた、し8〔二八七〕、十二月十一日、明済書状。「庄主」については「大日本史料」所収、応永十三年太良庄地頭方引付参照。それによると相国寺大徳院が半済方代官であったことがしられる。

(58) 「遠敷郡地頭御家人御中」として命ぜられるもの、流鏑馬役なども同様であろう。

(59) 註(55)ぬ52〔一〇六〕文書。

(60) 若狭国税所今富名領主代々次第。

(61) ハ21―35〔三七四〕、（長禄元年）卯月廿八日、百姓等申状。

(62) 井ケ田氏「崩壊過程」二五頁参照。

(63) それを示す事実は多いが、一例としては公文に守護方の京都普請役が課されたこともあげられよう。また公文はすでに東寺によって補任されていないらしい点も参照されよう。

(64) し12―13〔二四八〕、九月日、百姓等申状はその一例であるが、同様の例は多い。

(65) ツ35―38〔一九一〕、二月日（応永十四年カ）百姓等申状。

(66) ツ35―38〔一〇二〕、応永十八年十月廿七日、公文弁祐注進状「末代之御寺領御一円にて候へハ半済分も御扶持候へき由御百姓等歎申上候」とある点。また、し10―12甲〔二〇〇〕、二月廿二日、本所半済地頭領家百姓等申状「半済方の御百姓等もとく一円ニ御なり候へかしとまち申候」。

(67) ハ21―35〔二七九〕、(康正元)九月廿六日、百姓等申状。

(68) ここで弱さといってきたことのなかには小所有者(小地主といってもよい)に本来的な性格のあらわれもうかがわれようが、ここで問題になりうるのは、それ以上の支配者への依存である。

(69) 応永廿年に守護方と語らい庄を押えようとして罷免された山伏、下野房朝賢がここで公文職を望み、現代官(乾嘉カ)はその非法を強く非難している。百姓もまたこれに同調し、他国すると神水同心しているが(ハ50―59〔一五六〕、正長元年十二月十五日、代官訴状)朝賢は翌年には公文として検注にあたっている。この間の事情は明らかでないが、永享四年になると朝賢はまた半済方興行と代官を改める時に案内者をしたとの理由で公文職を召放たれようとしている(し10―12甲〔一〇三〕)。

(70) この時以後代官となった中尾弥五郎、定増、乗珎のうち定増については明らかでないが、前者は下久世庄、後者は植松庄の土地をもっているような人であった。また公文は朝賢、慶賢、清兼、慶賢と変っている。

(71) 第三節註(25)参照。

(72) 形の上では早く一三七九年(康暦元)、一四一三年(応永二十)、一四二六年(応永三十三)にそれぞれ一円回復の御教書がでているが、現実にはなんの変化もなかったのであり、それがはじめて現地に影響を及ぼすほどの効果をあらわした点に、この時の不入の意味が考えられなくてはならぬ。

(73) ハ50―59〔二四二〕、宝徳二年十二月廿四日、百姓等請文。ぬ52〔一〇六〕(前掲)。ハ21―35〔四〇一〕、(宝徳三年)十月廿一日、百姓等申状等参照。

(74) ハ21―35〔四一〇〕、(宝徳二年)十二月八日、山内入道中櫁書状、この人が半済方代官である。

(75) ぬ52〔一〇六〕文書。

(76) これについては一色氏と武田氏の性格のちがいに関する井ケ田氏の指摘があるが(「崩壊過程」三二頁、「構造」三〇四頁参照)、永享・嘉吉の乱前後の政治情勢の変化をみる必要があろう。

(77) ハ36―49〔四〇六〕、(康正元年)十一月廿八日、中尾弥五郎注進状。

(78) ハ1―12〔三六〇〕、(長禄元年)二月十二日、百姓等申状。

(79) ハ21―35〔三八二〕、(長禄二年)七月日、惣百姓等申状。

(80) 徳政により地下錯乱といわれ、道性入道をはじめ四人百姓の張行があったのは、あるいはこの年のことではなかったかと思われるが、それはなお明らかでない。(第五節註(66)し10―12甲〔二〇〇〕文書)もう一つの可能性は本節註(69)の朝賢をめぐる動きと関係したものと考えることもできぬではないが、この文書が「本所半済地頭領家百姓等」の署名で書かれている点、長禄四年に東寺の一円回復の訴訟が行われていることに照応するとみることもできるので、この年にあてて考える方がむしろ自然であろう。それにはこれと同じころ代官として現地にあったかとみられる栄賢という人の存在をたしかめねばならないが、それは確言できないのである。後考をまちたいが、もしこの年だとすればここで守護代の交替もあり、給人にも変化があったとみられ、さらに政所屋三郎右近を庇護した代官定増に対する百姓の一味同心はまさに徳政一揆そのものといえるので、「物忩」の実体がやや明らかになってくるのであるが、それは全く想像の域をでない。

(81) ハ50―59〔三六五〕、(文正元年)二月日、百姓等申状。

(82) ナ1―14〔三一紙背〕、(文正元年)九月十六日、公文慶賢注進状。

(83) ハ36―49〔三九九〕、(同年)十月十五日、公文慶賢注進状。ハ50―59、十月日、百姓等申状。〔校注二九〕

付記 数年にわたって筆写史料の借覧を許して下さった鈴木良一氏に重ねて心より御礼申上げたい。また、この稿を発表する機会を与えられ、種々貴重な御指導をいただいた中世史研究会の方々に厚く御礼申上げる。

校注

〔校注一〕**四頁**　本著作集収録に際し、須磨千頴氏ご所蔵の写真の原板を利用させていただいた。
〔校注二〕**七頁**　網野善彦著『海の国の中世』(平凡社ライブラリー、一九九七年)三九頁掲載の「平氏系図」では平時信の祖父経方を長田師季の兄とし、範国を曾祖父とする。
〔校注三〕**一〇頁**　前掲『海の国の中世』八五頁では院近臣若狭守源政家と推定している。
〔校注四〕**一二頁**　前掲『海の国の中世』九八頁では「八月」とする(須磨千頴氏のご教示による)。
〔校注五〕**一七頁**　前掲『海の国の中世』一一〇頁では、建保の検注後も官物は国衙に納められたと推定し、太良荘が半不輸の荘園であったとする。
〔校注六〕**二八頁**　前掲『海の国の中世』一二七頁では、「若狭の分国主は貞永元年(一二三二)、後高倉院の妃北白河院であり、知行国主は天福元年(一二三三)、その兄藤原基氏であった」とし、分国主と知行国主を区別し、且つ並立しうるものとして記述されている。
〔校注七〕**三三頁**　『中世東寺と東寺領荘園』(東京大学出版会、一九七八年)〔②〕I第2章一三六頁表2では、この欄に「御影供捧物」を記入している。
〔校注八〕**四八頁**　太良荘の畠地については『中世東寺と東寺領荘園』〔②〕II第四章第三節を参照。
〔校注九〕**四八頁**　荘政所の位置について前掲『海の国の中世』一四九頁では「太良谷の丹生の辺にあったのではないか」とする。
〔校注一〇〕**四九頁**　「交分」について、前掲『海の国の中世』一四九頁では、「交分は従来、斗に関わる斗出延分とされてきたが、そうではなく一種の付加税で、年貢収納に関与する預所・代官の役割に即して与えられる得分と見るべきであろう」と訂正している。

〔校注一一〕五〇頁　前掲『海の国の中世』一五〇頁では、「地頭給三町はこの地頭名の中から引き募られたのではなかろうか」とする。

〔校注一二〕五〇頁　前掲『海の国の中世』一五一頁では「忠清の後見恒弁法橋」とする。

〔校注一三〕五三頁　前掲『海の国の中世』一五三頁では、乗蓮は「宮河荘に住む」とする。

〔校注一四〕一〇五頁　写真の御堂は釈迦堂であり、安置されているのは釈迦如来像である。釈迦堂脇に薬師堂があり、薬師如来が安置されている(須磨千頴氏のご教示による)。

〔校注一五〕一一一頁　この関東下知状は、永仁二年四月日に雑掌尚慶と地頭代良祐との間で作成された和与状に基づき作成されたもので、事書のみ記した簡略なものである。ここでの著者による判決の要約は、和与状の記述に基づくものである。

〔校注一六〕一二八頁　稲垣泰彦「日本における領主制の発展」(『歴史学研究』一四九号、一九五一年、同氏『日本中世社会史論』東京大学出版会、一九八一年所収)において、稲垣氏は領主制を平安末期から鎌倉中期までの「初期領主制」と鎌倉中期からの「封建的領主制」に区分し、前者が荘園制に寄生するものであるのに対して、後者は下地中分などを経た地頭による一円的土地所有を基礎とするもので、荘園を否定するものとした。

〔校注一七〕一四〇頁　田数計、実計の数値が、合計の数値と合致しない箇所があるが、原表のままとした。

〔校注一八〕一六五頁　前掲『海の国の中世』三三三頁―三三七頁では、佐藤進一『室町幕府守護制度の研究』上(東京大学出版会)に基づき、この時期の若狭国守護を、斯波時家(家兼)―佐々木道誉―斯波時家―(石橋和義)―桃井直常―大高重成―斯波氏頼―斯波高経と推定し、その交替は建武三年七月から康永三年に至るまで八回に及んだとする。

〔校注一九〕一六七頁　「尻高名」については『中世東寺と東寺領荘園』〔②〕Ⅱ第四章第四節「名と非農業民」で考察が加えられ、それが非農業民―「職人」の名であるとした。

〔校注二〇〕一七八頁　『東寺百合文書目録』では、ここでの百姓申状の日付を「二月十八日」と「正平七年(観応三年)二月二十四日」としている。
〔校注二一〕**一七八頁**　ここまでの史料引用は、二月十八日の「若狭国太良荘百姓等申状」(東百ハ一三―二〇〔三六三〕)による。
〔校注二二〕**一七八頁**　ここまでの史料引用は、正平七年二月二十四日の「若狭国太良荘右近允等連署重申状」(東百ハ一三―二〇〔一九〕)による。
〔校注二三〕**一九五頁**　この文書は東寺百合文書の影写本にみえるが、『東寺百合文書目録』にみえない。
〔校注二四〕**二七四頁**　〔校注一九〕参照。
〔校注二五〕**二七八頁**　須磨千頴『荘園の在地構造と経営』(吉川弘文館、二〇〇五年)四、七三頁では「筒伏井」という埋樋の名はなく「筒」は「簡」の誤読とする。
〔校注二六〕**二九三頁**　太良荘を考察の対象とした著者の論文には以下のものがある。
「若狭における封建革命」(『歴史評論』五―一、一九五一年)。本著作集別巻に収録。
「鎌倉時代の太良庄をめぐって」(『史学雑誌』六七―四、一九五八年)。本巻収録。
「若狭国太良庄における惣百姓について」(『史学雑誌』六八―一〇、一九五九年)。本巻収録。
「若狭国太良荘の名と農民」(『史学雑誌』七〇―一〇、一九六一年)。のち、一部削除、加筆、訂正のうえ『中世東寺と東寺領荘園』東京大学出版会、一九七八年)〔②〕第四章に収録された。
「若狭国太良荘の成立について――中世荘園史の一齣」(『日本歴史』一八三、一九六三年)。のち、加筆、訂正のうえ『中世東寺と東寺領荘園』前掲)第四章に収録された。
〔校注二七〕**二九九頁**　京都府立総合資料館所蔵の「東寺百合文書」は一九八〇年より公開された。
〔校注二八〕**三〇五頁**　引用論文名の詳細は以下の通り。黒田俊雄「若狭国太良庄」柴田実編『庄園村落の構造』創元社、一九五五年、所収。安田元久「荘官的領主制の形成」竹内理三編『日本封建制成立の研究』吉川弘文館、一九五五年、所収。
〔校注二九〕**三五八頁**　本文書、『東寺百合文書目録』に見えず。

解説

稲葉伸道

本巻は『中世荘園の様相』（塙書房、一九六六年）、および、その叙述の基となった東寺領若狭国太良荘に関する論文二編を収録したものである。

『中世荘園の様相』は著者の最初の著書である。出版当時、著者は三八歳、東京都立北園高校教諭であった。東京大学文学部卒業論文である「若狭における封建革命」（『歴史評論』二七、一九五一年〔⑲〕＝本著作集別巻所収の意）以来、研究の主たる対象であった太良荘について、「この荘園を一応卒業して、次の仕事にとりかかるふみきりにしたい」（「あとがき」）という気持ちから、太良荘研究の総決算との意気込みで書かれたものである。本書は、東寺領若狭国太良荘の鎌倉時代から戦国時代までの歴史を主に東寺文書から読み解き、本百姓・小百姓らを中心に、預所・地頭・東寺・守護などの動向を丹念に追究したものであるが、そこには、一九五〇年代から六〇年代中頃までの中世史学界の共通課題や、太良荘史料の読解のなかで著者が見つけ出した諸問題が所々で叙述されており、戦後歴史学界（著者の区分でいえば第二期）における著者の位置や、その後に展開する「網野史学」の萌芽を知る上でも興味深い内容になっている。

本書の基礎となった論文は以下の通りである。

1「鎌倉時代の太良庄をめぐって」(『史学雑誌』六七—四、一九五八年)本巻収録

2「若狭国太良庄における惣百姓について」(『史学雑誌』六八—一〇、一九五九年)本巻収録

3「若狭国太良庄の名と農民」(『史学雑誌』七〇—一〇、一九六一年)

4「若狭国太良庄の成立について——中世荘園成立の一齣」(『日本歴史』一八三、一九六三年)

5「東寺供僧供料荘の成立と発展——鎌倉期の供僧の動きを中心に」(『歴史学研究』二八一、一九六三年)

6「鎌倉後期における東寺供僧供料荘の拡大」(『日本史研究』六九、一九六三年)

7「東寺供僧供料荘における年貢収取体系の発展と停滞」(『史林』四七—三、一九六四年)

このうち**3**と**4**は『中世東寺と東寺領荘園』(一九七八年〔②〕)第Ⅱ部第四章「若狭国太良荘」に一部修正し収録され、また東寺側の動向を追った**5**・**6**・**7**は同書第Ⅰ部第一章・第二章に改稿されて収録されている。

このほか、当時の著者の中世史理解を示し、本書の理論的背景となっている論文として以下のものがある。

8「一三世紀後半の転換期をめぐって——佐藤・黒田・大山氏等の論考によせて」(『歴史学研究』二六九、一九六二年)。のち『中世東寺と東寺領荘園』第Ⅱ部第四章第二節注〔②〕、および、『悪党と海賊——日本中世の社会と政治』(法政大学出版局、一九九五年)第Ⅰ部付論3〔⑥〕に収録された。

9「鎌倉末・南北朝期の評価について」(『日本史研究』六四、一九六三年)。のち『中世東寺と東寺領荘園』〔②〕第Ⅱ部第二章付論として修正の上収録された。

10「大会にふれて——「悪党」の評価の変遷を中心に」(『歴史学研究』二八三、一九六三年)。のち『悪党と海賊』〔⑥〕に収録された。

11「農村の発達と領主経済の転換」（永原慶二編『日本経済史大系２ 中世』東京大学出版会、一九六五年）。のち『悪党と海賊――日本中世の社会と政治』（前掲）第Ⅰ部付論２に収録された〔⑥〕。

12「「職」の特質をめぐって」（『史学雑誌』七六―二、一九六七年）。のち『日本中世土地制度史の研究』（塙書房、一九九一年）終章付論に収録された〔③〕。

さて、以上の基礎論考には著者の最初の論文「若狭における封建革命」は含まれない。なぜなら、著者自らがこの論文を「石母田（正）と松本新八郎のシェーマの適用」（『中世東寺と東寺領荘園』序章注40〔②〕）として完全に否定しているからである。しかし、著者の否定の意味を知る上でも、この論文について紹介しておかねばならない。

この論文では、当時の常識であった古代の奴隷制から中世の農奴制への発展を領主制＝封建制の成立とする考え方を前提として、この法則の下で鎌倉時代の太良荘の歴史がどのように貫かれているかを証明しようとしている。ここでは鎌倉幕府に結集した領主階級はまだ奴隷を抱える未熟な段階、すなわち古代から中世の過渡的段階にあるとされ、また、名主百姓の名田経営は「親類下人」と呼ばれる家内奴隷を所有する古代的家父長制的な経営とされる。前者の地頭領主制は、太良荘では地頭若狭氏の苛酷な支配として表れるが、それは荘園領主と結んだ在地の百姓＝名主の抵抗によって貫徹できず、未熟な領主制（封建制）に止まった。しかし、名主のもとにあった「親類下人」は一三世紀後半になると「脇在家」として表れ、彼等の成長が地縁的関係を生みだし、南北朝期において古代的荘園領主支配を否定し、かつ未熟な地頭領主制を克服する「大きな革命」を準備したとされた。「脇在家」に奴隷から農奴への成長を見いだしたのである。

ここでの著者は松本新八郎の南北朝封建革命説に大きな影響を受けたものとなっている。松本は鎌倉初期の内乱は「第一次の封建革命」であり、南北朝内乱こそが「大きな革命」であって、それは封建的小農民によって達成されるとしたが（『中世社会の研究』東京大学出版会、一九五六年、第五章「南北朝内乱の諸前提」。初出は一九四七年）、著者の太良荘の歴史像はその適用であった。その後、著者はこの論文を自ら否定し、「定式の枠に史料をあてはめて「読む」ような姿勢との闘い」（『中世東寺と東寺領荘園』「あとがき」［②］）のなかで新たに太良荘の歴史に取り組んだ。その結果が本書である。

＊

『中世荘園の様相』の全体構想をまず確認しておこう。

太良荘の歴史は以下のように時代区分される。

形成期 → 発展期 → 停滞期 → 崩壊期

形成期とは、開発領主出羽房雲厳の太良保が曲折を経て仁和寺菩提院行遍の尽力によって歓喜寿院領太良荘として立荘され、ついで延応二年（一二四〇）に行遍から東寺に寄進され東寺供僧供料荘園となった鎌倉時代前半の時期を指す。荘園形成の主役は領家である菩提院行遍と、その代官である聖宴と定宴であり、定宴による建長六年（一二五四）の検注によって太良荘の支配体制が確立したとされた。形成期において地頭が設置されたが、その支配は本百姓と定宴の共同による法廷訴訟で阻まれ、十分進展せず、領家と地頭の支配の棲み分けがなされた。

発展期とは、鎌倉後期から南北朝期の時期で、東寺供僧の直務支配、一円支配の進展と、現地における「脇在家」と呼ばれる小百姓の成長、彼等を含む「惣百姓」組織の形成、および「所職」の得分権化の進展の時期として特徴づけられる。

停滞期は応安の国一揆（一三七一年）の後、守護一色氏の守護領国制が始まる南北朝時代末期から、応仁の乱まで、崩壊期は東寺支配がほぼ終わる応仁の乱から一五八八年の太閤検地によって荘園の体制が滅ぶまでである。この時期には東寺領荘園の実体はなく、現地の構造のみが残されたとする。

以上の時期区分を先の「若狭における封建革命」と比較すると、その区分の特徴が明瞭になる。まず、当然のことではあるが太良荘という荘園の時期区分であり、荘園領主の支配構造が区分の画期となっている。「若狭における封建革命」には全くなかった視点であり、かつ、論文**5**・**6**・**7**の分析が基礎となり、太良荘を東寺領全体のなかでとらえている。太良荘は鎌倉時代に形成された中世荘園であり、ここには荘園領主東寺を「古代的」とする見方は全くない。太良荘を立荘した仁和寺菩提院行遍や東寺供僧の活動が東寺文書の分析から詳細に明らかにされるのである。この荘園制研究の方向は後の『中世東寺と東寺領荘園』でさらに徹底された。

第二に鎌倉後期から南北朝期を発展期として一括して時期区分していることである。これは「若狭における封建革命」が封建制に至る「大きな革命」の時期を南北朝期ととらえ、鎌倉後期がその準備段階であるとしたことと異なる。これは、松本新八郎の南北朝封建革命説(南北朝動乱を経て古代荘園制は崩壊し、地方大名の下に封建的ヒエラルヒーが成立し、室町時代以降は近世封建制確立に至る時期とする見解)との決別である。この間、一九五三年には安良城盛昭によって、太閤検地によって中世の家父長制的奴隷制を基礎とする荘園制社会が解体し、封建的小農が形成されたとする太閤検地封建革命説が発表された(「太閤検地の歴史的前提」『歴史学研究』一六三・一六四、「太閤検地の歴史的意義」『歴史学研究』一六七)。この説の歴史学界に与えた影響は大きく「安良城旋風」と呼ばれたことは周知のことであるが、著者はこの頃からそれまでの主流的立場を離れており、論争に直接関わることはなかった。しかし、荘園制が太閤検地まで存続するとする本書『中世荘園の様相』において明瞭なように、南北朝封建革命説をとらなくなった理由のひとつに安良城説があることは推測されるところである(論文**8**

において「かつて安良城盛昭の主張したことは、名を経営そのものとみた点に、例の家内奴隷制をめぐるさまざまの論争を生み出す結果をもたらした一面はあったが、なによりこの当然のことを一貫して主張し、「南北朝封建革命説」を打破した点にその本当の意義を認めうるのではなかろうか」としている)。

もちろん、著者が鎌倉後期から南北朝期を一つの時代とし、それが荘園制の発展期であるとしたのは、安良城説よりも太良荘、および東寺領荘園全体を見通しての結論である。太良荘については、鎌倉幕府滅亡後、建武政権によって地頭職が東寺に寄進され、領家方と並んで地頭方も東寺領となり、室町幕府のもとでもその体制を維持し、暦応から貞和にかけ一円支配の方式を固めたと評価した(本巻一六八—一六九頁)。その後、内乱の過程で守護による半済によって預所職と領家職・地頭職の半分を失い、他の弓削嶋荘・大成荘などの荘園も支配できなくなっていったが、「激しい内乱のなかでともあれこれだけのものを確保しえたことに注目すべきものがあるといえよう。のみならず、内乱の途中で東寺が新たにくわえた荘園も、山城の大荘、上下久世荘をはじめ、けっして小さいものではない。また支配機構の点でも前述した通り、本供僧方・学衆方等々の諸方供僧による荘園支配の方式が整い軌道にのったのも、内乱の渦中でのことだった。これらの点をあわせ考えれば、この内乱は、東寺の荘園支配を発展せしめた、といい切って、まず誤りないであろう」(本巻二三一—二三二頁)とするのである。定説では南北朝動乱の過程で衰退するとされていた荘園制を、東寺領荘園においては発展するととらえたことは、今日においてもかなり大胆な評価といえよう。

すでに永原慶二は「荘園制解体過程における南北朝内乱の位置」(一橋大学研究年報『経済学研究』六、一九六二年、のち同氏『日本中世社会構造の研究』岩波書店、一九七三年に収録)で、内乱期における個々の東寺領荘園の動向を分析し、七一荘のうち荘務・得分権が維持されたものが一四荘にすぎないこと、そのうち一一荘は地頭不在、下地中分による領家方一円支配、地頭職も保持する荘園であり、それらの支配方式も質的に転換したとしていたが、著者はあえて永原のように「解体期」とせず、「発展期」とし、室町以降「衰退期」を迎えるとしたのである。この点について著者はのちに「荘園制の転換と領国制の形成」(『シンポジウム日本歴史8 南北朝の内乱』学生社、一九七四年)において、本家職や得分権のみ所持していた荘園は内乱期に失ったが、東寺供僧の積極的な荘園経営によって鎌倉中期に四荘しかなかった東寺領が、その一円化、荘務権獲得の努力によって一三荘に増えたと見るべきだと再度主張している。このあたりの議論は本家職や代官請負制の評価に関わってもいるが、著者が荘園制「発展期」とまで言い切ったのは、ひとつには南北朝封建革命説否定へのこだわり、もうひとつには松本説を継承し当時の領主制論を主導した永原慶二が、南北朝期に荘園制を特徴づける「重層的所職所有体系」が崩壊し、在地領主制が本格的に展開する画期と位置づけたことへの反論の意味があったのかもしれない。

論文**9**は鎌倉・南北朝期をどのようにとらえるかを論じたもので、本書の時期区分の基礎となったものである。ここでも黒田俊雄・大山喬平・工藤敬一の所論と永原慶二の所論を比較しながら、永原批判を展開している。著者は、永原が荘園制の体制的意義の下限を南北朝内乱とする自説を堅持しつつも、内乱後も荘園領主の年貢取分が継続し「職」も表面上は残るとした点を問題にし、内乱期に名体制は固定化し、「停滞」することを東寺領で確認する。そして、下地中分・半済・守護請も新しい秩序を生み出したのではなく、旧い秩序を固定化させる結果になったと指摘し、南北朝内乱以降を「著しい混乱と停滞の時代」としてとらえるべきであるとした。論文**11**でも一三世紀後半から一五世紀前半を封建社会成立史上の重要な画期とする石母田正・松本新八郎・永原慶二・稲垣泰彦説とちがって、「中世を独自な運動法則に貫かれた一個の社会構成とみる見方」に立ち、この時期を「中世社会が発展をとげつつ停滞していく時期」ととらえて、農民経営と地縁的村落の発展、在地領主経済の転換、荘園領主経済の動揺を論じている。ここでいう中世を「一個の社会構成」とみる見方とは、日本史研究会史料研究部会編『中世社会の基本構造』(御茶の水書房、一九五八年)で登場した京都の戸田芳実・黒田俊雄・河音能平・大山喬平らの説である。とくに黒田俊雄は一〇世紀以後の荘園制を封建制と規定し、荘園領主と百姓との関係こそが封建的関係であり、在地領主制は副次的なものにすぎないと断じたことを指す。本書執筆時点において著者がもっとも意識したのは先の永原慶二と、この京都学派であった。とくに黒田俊雄と大山喬平は著者と同じ太良荘の事例分析を基礎としていることから、当然その論考に関心が寄せられている。

黒田俊雄は著者が論文**3**で建長六年の実検取帳・実検目録・勧農帳を使って太良荘の名体制を分析したその翌年に「鎌倉時代の荘園の勧農と農民層の構成」(『歴史学研究』二六一・二六二、一九六一年、のち『日本中世封建制論』東京大学出版会、一九七四年に収録)を発表し、同じ史料を使って均等名を虚構と断じ、百姓名は名主経営の単位ではないと論じたから、著者にとって無関心ではいられなかった。論文**8**は黒田らの所説について太良荘の事例にかぎって意見の違いを述べたものである。そこでの著者の主張は、鎌倉後期、一三世紀後半(文永以降)が荘園の基礎構造においてそれ以前と質的に異なるという立場から、主に名主と小百姓、村落共同体についての評価の点において行われている。しかし、両者の相違は、松本新八郎や安良城盛昭の古代的家父長的奴隷主として名主を位置づける見解(松本「名田経営の成立」前掲書所収)との相違ほどではない。著者は黒田が名主を農奴と規定したことには意見を保留しているが、すでに論文**3**において、名主を名田経営者とする見方を否定し、名主は年貢徴収者で「一種の小荘官」と規定していた。この点については黒田も名主を身分的には最下級管理者の役割を持つものとしている。両者の違いは小百姓の評価において現れる。著者は論文**3**では鎌倉前期段階の小百姓を名主の「所従」と見ており、その後、鎌倉後期以降の名主職を獲得するような動きや「惣百姓」の出現に小百姓の成長を見出すのに対して、黒田はそもそも小百姓は鎌倉前期段階で不安定ながらも耕作権(作手職)を保持する百姓であり、単婚小家族を基本とする封建的小農民として自立していたとした。また、黒田が名主と小百姓を構成員とする地縁的村落共同体の存在を鎌倉前期から認めているのに対して、著者は村落共同体の成立は鎌倉後期以降とし、それ以前における名主の血縁的共同体、氏族共同体の存在を強調する。著者は名主のもとに包摂される「親類・下人」「所従」の存在にこだわりを持ちつづけているのである。この点だけを見れば、著者は松本や安良城の名主の家父長的経営論にまだ半身を置いているといわねばならない。

さて、黒田・大山らの所論に対する批判の段階を経て書かれた本書において、著者の主張はどのようになったかを確認しておこう。

まず鎌倉前期の名主(本百姓)については、本巻五四頁で「散在する田地について、あるいは小百姓に宛て行ない、あるいは自作して、耕作を全うする責任と権利は、彼らのものであった」として徴税請負者としての「責任と権利」を述べ、「彼等が実際に耕作し、経営する田地は必ずしもこれと一致しているわけではない」として黒田説を受け入れている。しかし、名主の「田地に対する私有は(中略)なお不安定」としつつも、「彼らの経営」は「二町〜三町について、家族労働力を中心に、所従たる小百姓たちをも駆使しつつ行なわれた」として、自説は保持している(同五五頁)。また、小百姓については「年々、一色田・名田等を宛て作らされ、すべて一町以下、中には数十歩程度の零細な田地を耕作しているのがその実情で、その作田は年ごとに変ることもありえた」、「のみならず、農具すら満足にもたぬ人々もあったと思われ、種子・農料を他に依存しなくては、耕作することもできぬ場合が普通だったろう」とし、それゆえ、彼らは「地頭・預所・本百姓等に所従・下人として従い、血縁・非血縁をとわず、その「家」の中に包摂されざるをえなかった」が、それを「家内奴隷」と見るわけにはいかないとしている(同五六頁)。また、共同体についても、「本百姓とそれに従う小百姓の形成する家族的小共同体、その小共同体相互が血縁・姻戚、あるいは血縁を擬した主従関係で結ばれることによって形成される荘民の共同体」(同五八頁)として、鎌倉前期における地縁的村落共同体の存在を受け入れてはいない。自説はあくまで堅持されているといってよいだろう。共同体については「原始の共同体の残存」が強調され、百姓の「自由」が指摘されるのである。この共同体理解が、後の『無縁・公界・楽』(平凡社、一九七八年〔⑫〕)に展開することはいうまでもない。

鎌倉後期になると小百姓の権利は「作職」「下作職」として固定化し相伝されるようになり、「惣百姓」の一員として成長してきており、共同体については生産に即した共同体が成長しつつあったが、それはまだ「荘・名の秩序の下にかくれて」(本巻一四四頁)いるとして地縁的村落共同体の成立については認めていない。これは、「原始の共同体の残存」に着目する著者として当然であったが、当時発表された永原慶二「荘園制支配と中世村落」(『一橋論叢』四七—三、一九六二年、のち同『日本中世社会構造の研究』岩波書店、一九七三年収録)の太田荘の名と村落を検討した所説も影響を与えていたことは確実であろう。

＊

名主、小百姓、村落共同体などは、当時の学界の主要テーマであったが、著者にとって中世を一つのまとまりのある時代ととらえる最大の根拠は、中世が「所職」の時代であるという点にあった。本書の各所で繰り返し論じられるのが、この「所職」とは何かということである。これこそが日本社会のまさに「アジア的特質」を論じるキーワードととらえられたのである(本巻二一七頁)。

著者は太良荘の本百姓勧心らが地頭支配に抵抗する過程で預所定宴の「所従」として七代の忠誠を誓ってその権利を承認されたことを重視し、その「縦の人的支配関係」(同五五頁)、すなわち「主従関係の表現」が「所職の一面」であるとし(同一二八頁)、その権利が勧心の甥西念に補任状によって名主職として宛てがわれる段階から普遍的な私有の対象(得分権、利権)としての性格を強めていくとする。一三世紀末以降、「相互の信頼による主従関係に支えられた、所職の重層的な秩序は、雪崩のようにくずれだし」(同一一九頁)、「上は本家職から、下は名主職にいたるまで、所職が一面得分権として均質化してゆき」(同一三四—一三五頁)、小百姓の耕作権も「作職」「下作職」として「所職」の形式をとりながら固まっていくとした(同一三八頁)。その結果、南北朝期の終わりには「所職の均質化・普遍化、すなわち非個性化」が発展の極限まで到達したとする(同二〇八頁)。「所職」の二面性の一方はこの段階で消滅するが、一方の得分権のそれはその後も惣百姓の世界を拘束しつづけ、結局、「日本の中世の百姓たちは、所職の世界の中に生き、その遺産にしか、彼等の「自由をまもる砦」を求め得なかった。(中略)この点においてこそ、まぎれもなくアジアの農民だった」(同二八六頁)と結論づけたのである。

本書『中世荘園の諸相』においては「所職」の二面性のうち、得分権としての側面の発展に力点がおかれ、「主従関係の表現」については「それを奴隷制的とみるか、封建的とみるか、意見は大きく分れている」(本巻五五頁)として判断を明確にしていない。

本書出版の翌年、著者は論文**12**「「職」の特質をめぐって」を発表し、「所職」に対する考えをまとめた(この論文から著者は「所職」ではなく「職」の用語を用いる)。ここで著者は職の二面性を「得分権的、都市的な側面」と「主従制的、農村的な側面」であるとし、前者は「荘園制」的な「土地の論理」、後者は「封建制」的な「人の論理」を示すものであるとした。ここで「主従制」的側面を「封建制」的と言い切っているが、その判断の根拠は明確ではない。そもそも、著者は名主職・作職について語るが、本家職・領家職・預所職・下司職などの重層的職の体系の成立を論じてはいない。ここでは著者のまなざしは一三世紀後半以降の歴史に注がれているのである。

*

以上、本書の戦後史学史における位置について、当時の学界との関係を中心に述べてみた。太良荘という一個別荘園の歴史のなかに、個性的であり、かつ普遍的でもある歴史を叙述すること、著者にとって「よしのずいから天井のぞく」(「あとがき」)とは、そのようなことであった。石母田正の『中世的世界の形成』を多分に意識し、どこでも同じ歴史ではなく、太良荘における真に個性的な歴史を史料に基づき描き出すこと、それによって自らが無批判に依拠した石母田らの戦後第一期の研究を検証し、自ら普遍的な原理を見いだすこと、これが本書執筆の目的であったと思われる。そして、著者が中世社会を規定する要素として見いだしたのが「所職」「職」であったといえよう。

なお、著者はその後『小浜市史』通史編・上巻(一九九二年)に、太良荘を含む若狭国全体の中世史を叙述している(のち『海の国の中世』平凡社ライブラリー、一九九七年に収録)。ここでの叙述は太良荘が中心を占めており、本書が基礎となっている。若干修正がなされていて、気が付いた点については校注で示したので参照されたい。

初出一覧

※本著作集で用いた底本を【　】内に示した。

中世荘園の様相

『中世荘園の様相』塙書房、一九六六年二月

【同右第一〇刷、二〇〇四年五月】

鎌倉時代の太良庄をめぐって

「鎌倉時代の太良庄をめぐって」『史学雑誌』六七―四、一九五八年四月

【同　右】

若狭国太良庄における惣百姓について

「若狭国太良庄における惣百姓について」『史学雑誌』六八―一〇、一九五九年一〇月

【同　右】

■岩波オンデマンドブックス■

網野善彦著作集 第一巻
中世荘園の様相

2008年1月22日 第1刷発行
2018年6月12日 オンデマンド版発行

著 者 網野善彦《あみのよしひこ》

発行者 岡本 厚

発行所 株式会社 岩波書店
〒101-8002 東京都千代田区一ツ橋2-5-5
電話案内 03-5210-4000
http://www.iwanami.co.jp/

印刷／製本・法令印刷

ISBN 978-4-00-730761-4 Printed in Japan